Hermann Weber · Arbeitskatalog der Übungen und Spiele

Windmühle
GmbH
Verlag und Vertrieb von Medien

Hermann Weber
Arbeitskatalog der Übungen und Spiele

Ein Verzeichnis von über 800 Gruppenübungen und Rollenspielen

Herausgegeben von Dr. Peter Jung

Windmühle GmbH · Verlag und Vertrieb von Medien · Hamburg

CIP-Kurztitelaufnahme der Deutschen Bibliothek

Weber, Hermann:
Arbeitskatalog der Übungen und Spiele:
ein Verzeichnis von über 800 Gruppenübungen u.
Rollenspielen / Hermann Weber. Hrsg. von
Peter Jung. — Hamburg: Windmühle, Verlag u. Vertrieb
von Medien, 2. völlig überarbeitete und erweiterte
Auflage 1986.

ISBN 3-922789-22-6

2. Auflage 1986
Alle Rechte vorbehalten
© 1986 Windmühle GmbH, Verlag und Vertrieb von Medien, Hamburg
Printed in Germany
Herstellung: Kroha-Druck, 8164 Hausham
ISBN 3-922789-22-6

Für meine Eltern

Inhaltsverzeichnis

Vorwort des Herausgebers   I

Einleitung   IV

Übungen

    1.0 Individuum und Gruppe   1

    2.0 Dynamische Aspekte der Gruppe   131

    3.0 Kommunikation   365

    4.0 Arbeitsbezogene Aspekte der Gruppe   509

    5.0 Struktur und Prozeß des Seminars   685

Quellenverzeichnis   976

Register   978

Auf der 2. Umschlagseite wurde ein Faltblatt eingearbeitet mit der Darstellung von 5 Entscheidungsbäumen, die zum zu lösenden Problem hinführen. Gleichzeitig finden sie auf diesem Faltblatt zum besseren Verständnis ein Verzeichnis der Quellenabkürzungen.

Vorwort des Herausgebers

Anlaß zu diesem Buch war eine Erfahrung, die wohl jedem Trainer vertraut ist, die ihn aber immer wieder frustriert: Bei der Vorbereitung zu einem Seminar, manchmal auch im Verlaufe eines Seminares, hat man das Bild einer ganz bestimmten Lernsituation vor Augen. Gelänge es, diese Situation in der Veranstaltung herzustellen, dann könnten die Teilnehmer daran exemplarisch wichtige Erfahrungen gewinnen. In diesen Augenblicken geht man als Trainer alle jene Rollenspiele, Fallstudien, Demonstrationen, Interaktionsspiele u.ä. durch, an die man sich erinnert. Jeder hat dabei sicherlich seinen Satz an Übungen, aber keinem wird es möglich sein, sich an alles zu erinnern, das er jemals kennengelernt hat. In der Regel beginnt dann eine mühsame Kleinarbeit: Das Durcharbeiten der bekannten Publikationen nach einer passenden angeleiteten strukturierten Erfahrung. Und dabei erlebt man häufig ein Staunen darüber, wie viele verschiedene Möglichkeiten es doch gibt.

Mit dem vorliegenden Buch wollen wir an dieser geschilderten Erfahrung anknüpfen, sie in Zukunft aber auch ändern.

Einerseits soll das Buch einen Überblick über den größten Teil der vorhandenen Übungen und Spiele vermitteln.
Dazu sind diese in knapper Form nach verschiedenen Gesichtspunkten zusammengefaßt wie etwa: Titel, Ziel, Inhaltsangabe, benötigte Hilfsmittel usw.

Andererseits soll das Buch bei der Vorbereitung und/oder Durchführung von Lernveranstaltungen helfen. Dazu wäre eine reine Aufzählung ungeeignet, auch z.B. eine alphabetische Aneinanderreihung. Daher sind die strukturierten Erfahrungen nach inhaltlichen Gesichtspunkten, den Zielen, denen sie dienen, systematisch geordnet. Diese Systematik ist grafisch in der Form eines Entscheidungsbaumes dargestellt und auf einem herausklappbaren Faltblatt wiedergegeben. Damit hat der Benutzer den Entscheidungsbaum immer vor Augen und kann sich trotzdem gleichzeitig die Zusammenfassung einzelner Übungen anschauen.

Das vorliegende Buch soll nicht Bücher ersetzen, in denen Übungen ausführlich beschrieben sind. Es soll sie aber ergänzen, indem es einen systematischen Arbeitskatalog der Übungen und Spiele darstellt. Dadurch soll es die unproduktive Zeit der Suche bei der Vorbereitung von Seminaren verringern und helfen, während einer Lernveranstaltung strukturierte Erfahrungen zu einer ganz spezifischen Zielsetzung möglichst schnell aufzufinden. In dieser Weise soll es Trainern, Seminarleitern, ganz allgemein Veranstaltern von verhaltensorientierten Seminaren, eine Hilfe sein.

Aus dem heute schon sehr umfangreichen Angebot gruppendynamischer Übungen in der Literatur hat der Autor in der 2. Auflage des Buches die bekanntesten Publikationen bis 1983 ausgewählt - auch das sind schon mehr als 800 Beispiele!
Wir babsichtigen, weitere bisher nicht erfaßte oder in der Zwischenzeit neu erschienene Übungen in gleicher Weise darzustellen und in das Suchsystem einzuordnen. Um den Arbeitskatalog auf aktuellstem Stand zu halten, werden wir dafür vergriffene und nicht wieder neu aufgelegte Bücher mit Übungen aus dem System herausnehmen.

Dr. Peter Jung, Herausgeber
München, im Juni 1986

Einleitung

Mit diesem Werk soll Gruppenleitern, Trainern und Therapeuten ein Hilfsmittel an die Hand gegeben werden, das es ihnen ermöglicht, innerhalb kurzer Zeit eine ihren Absichten entsprechende gruppendynamische Übung zu finden. Das Buch besteht aus einem Katalog, in dem die einzelnen Übungen in ihren wesentlichen Zügen charakterisiert sind und aus einem Suchsystem, in dem die Übungen nach bestimmten Gesichtspunkten kategorisiert sind und ein schnelles Auffinden im Katalog erleichtern. Suchsystem und Katalog bedürfen einer ausführlichen Erläuterung.

Das Suchsystem

Bevor ich das Suchsystem genauer erkläre, möchte ich kurz auf die Schwierigkeiten eingehen, die sich bei der Kategorisierung der Übungen ergaben. In der von mir verwendeten Literatur herrscht ein beträchtliches Begriffswirrwarr, und so stand ich vor der Aufgabe, eine einheitliche Terminologie zu schaffen. Diese Aufgabe ist mir sicherlich nicht immer gelungen, und ich bitte den Benutzer um Nachsicht, wenn er eine Übung an einer für ihn "exotischen" Stelle findet. Um solche "Unfälle" auf das unvermeidliche Mindestmaß zu beschränken, versuche ich auf den folgenden Seiten, jede Kategorie kurz zu definieren.

Das Suchsystem auf dem herausklappbaren Faltblatt hat die Form eines Entscheidungsbaumes. Diese Form bietet meiner Ansicht nach mehr Übersichtlichkeit als ein Inhaltsverzeichnis und obendrein erspart man sich durch das Faltblatt das lästige Hin- und Herblättern.

Die erste Ebene des Suchsystems teilt sich in fünf Bereiche:
1. Individuum und Gruppe: Diese Kategorie bezieht sich auf psychische Prozesse, die in erster Linie im Individuum ablaufen.
2. Dynamische Aspekte der Gruppe: Hierunter fallen psychische Prozesse, die eine unmittelbare Wirkung auf Andere ausüben.
3. Kommunikation: Diese Rubrik umfaßt die verschiedenen Kommunikationsphänomene.
4. Arbeitsbezogene Aspekte der Gruppe: Dazu gehören die Prozesse, die speziell in der Arbeitssituation der Gruppe zu beobachten sind.

5. Struktur und Prozeß des Seminars: Dies ist sozusagen die Meta-Ebene des Geschehens in einer Sitzung oder in einem Training und bezieht sich immer auf die aktuelle Seminar- oder Arbeitsgruppe.

Soviel zum Eingang in das System. Ich werde die Bereiche nun einzeln vollständig beschreiben.

1.0	Individuum und Gruppe
1.1.	Soziale Wahrnehmung: die subjektive Wahrnehmung von sozialen Geschehnissen; die Frage heißt hier "Beurteile ich die Anderen richtig?" (vergleiche dazu Feedback 3.4)
1.1.1.	Demonstration von Wahrnehmungsphänomenen: Optische Täuschungen, sozial bedingte Wahrnehmungsbeschränkungen u.ä. werden in diesen Übungen demonstriert
1.1.2.	Abbau von Vorurteilen: insbesondere durch Feedback
1.1.2.1.	zwischen Individuen innerhalb der Gruppe
1.1.2.2.	zwischen Kleingruppen
1.1.3.	Geschlechtsrollenstereotype: Bewußtmachen und Abbauen von männlichem und weiblichem Rollenverhalten
1.1.4.	Minderheiten und Außenseiter in der Gesellschaft: Abbau von Vorurteilen gegenüber gesellschaftlich Isolierten
1.1.5.	Umgang mit Diskriminierung: Erleben von Diskriminierung innerhalb der Gruppe, siehe 2.2.7.
1.2.	Normen und Werte
1.2.1.	Analyse der eigenen Normen: Untersuchung der individuellen Verhaltensnormen
1.2.2.	Analyse der Normen in der Gruppe: Untersuchung des Konformitätsgrades in der Gruppe
1.2.3.	Analyse der eigenen Wertvorstellungen: Konfrontation mit den Wertvorstellungen anderer Individuen
1.2.4.	Analyse diskrepanter Wertvorstellungen zwischen Kleingruppen: Konfrontation mit den Wertvorstellungen gesellschaftlicher Gruppen
1.3.	Persönliche Entwicklung
1.3.1.	Verständnis für den Verlauf der persönlichen Entwicklung: Rückschau und Standortbestimmung
1.3.2.	Förderung der persönlichen Weiterentwicklung: Beheben persönlicher Schwächen und Fehler auf der kognitiven Ebene
1.3.3.	Einübung neuer Verhaltensweisen: Aneignung neuer "social skills" auf der interaktionellen Ebene

1.3.4.	Motivation, Erfolg und Mißerfolg: die Auswirkung von Erfolgs- und Mißerfolgserlebnissen auf die Motivation
2.0	Dynamische Aspekte der Gruppe
2.1.	Gefühle: Umgang mit den persönlichen Gefühlen und der Summe der Teilnehmergefühle (= Klima)
2.1.1.	kognitive Aspekte: das intellektuelle Verständnis von Gefühlen
2.1.2.	Training der eigenen Wahrnehmungsfähigkeit: die Wahrnehmung von Gefühlen bei sich selber
2.1.2.1.	durch Schärfung der Sinneswahrnehmung
2.1.2.2.	durch Körpererfahrung und Bewegung
2.1.3.	Training der Ausdrucksfähigkeit von Gefühlen: das Mitteilen von Gefühlen Anderen gegenüber
2.1.3.1.	verbal
2.1.3.2.	nonverbal
2.1.4.	Empathietraining: die Wahrnehmung von Gefühlen bei Anderen
2.1.4.1.	verbal: auf dem sprachlichen Kommunikationskanal
2.1.4.2.	nonverbal: auf dem nichtsprachlichen Kommunikationskanal
2.1.5.	Entwicklung von Offenheit und Vertrauen: Angstabbau in der Gruppensituation, Entwicklung von Risikobereitschaft unter den Teilnehmern, Vermittlung von Sicherheit und Geborgenheit
2.1.5.1.	verbal
2.1.5.1.1.	Interviews: Kennenlernen im Zweiergespräch
2.1.5.1.2.	durch Äußerung von Geheimnissen: Eingehen eines persönlichen Risikos
2.1.5.1.3.	andere Möglichkeiten: Sammelkategorie für alle anderen Aktivitäten zur Entwicklung von Offenheit und Vertrauen
2.1.5.2.	nonverbal
2.1.6.	Entwicklung des Zusammengehörigkeitsgefühls: die Gruppe soll sich als Einheit erleben
2.2.	Konflikttraining: Bewältigung von interpersonellen Konflikten
2.2.1.	Umgang mit Aggression: symbolische oder konstruktive Umsetzung von Aggressionsgefühlen
2.2.2.	Umgang mit Autorität: Bewältigung von autoritären "Schatten"
2.2.3.	Umgang mit Macht und Einfluß: Erlebnis von fremder Einflußnahme auf die eigene Person
2.2.4.	Umgang mit Rivalität: Bewältigung von Konkurrenzdruck
2.2.5.	Wahrung des Selbstwertgefühls

2.2.6.	Steigerung der Rollenflexibilität: Auflösung von eingefahrenen Rollenauffassungen und Rollenerwartungen
2.2.7.	Umgang mit Diskriminierung: Erleben von Diskriminierung innerhalb der Gruppe
2.2.8.	Integration von Außenseitern: Teilnehmern, die von der Gruppe abgelehnt wurden, soll die Möglichkeit zu einem neuen Zugang geboten werden
3.0	Kommunikation
3.1.	verbale Kommunikation
3.1.1.	Analyse der Kommunikationsstruktur: Wer spricht mit wem?
3.1.2.	Kommunikationsstörungen: Demonstration und Analyse von reduzierter oder fehlerhafter Kommunikation
3.1.2.1.	Einweg-Kommunikation: die Kommunikation fließt nur in einer Richtung, ohne Feedback
3.1.2.2.	andere Kommunikationsstörungen: Sammelkategorie für alle anderen Kommunikationsstörungen
3.1.3.	Kommunikationstraining
3.1.3.1.	Aufstellen von Kommunikationsregeln: Einführung von Kommunikationsregeln
3.1.3.2.	Zuhören und Paraphrasieren lernen
3.1.3.3.	Verbesserung der Kommunikationsfähigkeit: Sammelkategorie für alle anderen Formen von verbalem Kommunikationstraining
3.2.	nonverbales Kommunikationstraining
3.2.1.	allgemein: umfaßt alle Übungen, in denen mehrere nonverbale Kommunikationsformen zum Ausdruck kommen; spezifische Formen finden sich unter den folgenden Kategorien
3.2.2.	Blickkontakt
3.2.3.	Körperhaltung
3.2.4.	Stimme: paralinguistische Phänomene
3.2.5.	Gestik
3.2.6.	Nähe und Distanz
3.3.	Beratungstechnik und Hilfeleistung
3.3.1.	Beratung bei individuellen Problemen: insbesondere in der Klient-Berater-Situation
3.3.2.	Beratung bei Gruppenproblemen: die Gruppe befindet sich in einer Problemsituation und läßt sich von einzelnen Mitgliedern helfen
3.3.3.	Zuhören und Paraphrasieren lernen: siehe 3.1.3.2.

3.3.4. Empathietraining: siehe 2.1.4.
3.4. verbales Feedback: hier sind nur Übungen und Techniken aufgeführt, in denen die Teilnehmer unspezifiziert Feedback über sich erhalten. Im Unterschied zur Sozialen Wahrnehmung (siehe 1.0) lautet die Frage hier: Beurteile/verhalte ich mich richtig?
3.4.1. positives Feedback: die Teilnehmer sagen einander nur positive Dinge
3.4.2. gemischtes Feedback: die Teilnehmer sagen einander positive und negative Dinge
3.4.3. negatives Feedback: die Teilnehmer sagen einander nur negative Dinge
3.4.4. Allegorien: diese Übungen haben sehr großen Spielcharakter deswegen, weil die Teilnehmer einander mit Tieren, Pflanzen u.ä. vergleichen
3.5. nonverbales Feedback

4.0 Arbeitsbezogene Aspekte der Gruppe
4.1. Beobachtung des Problemlösungsprozesses: die Gruppe oder die Kleingruppen bearbeiten ein sachliches Problem und werden dabei beobachtet
4.1.1. Kooperation zwischen Individuen innerhalb einer Gruppe: die ganze Gruppe arbeitet an einem Problem
4.1.2. Kooperation zwischen Individuen innerhalb konkurrierender Kleingruppen: mehrere Kleingruppen arbeiten unter Konkurrenzdruck an einem Problem; die Individuen sind auf Zusammenarbeit angewiesen
4.1.3. Kooperation und Verhandlungstechnik zwischen konkurrierenden Kleingruppen: die Kleingruppen sind bei der Lösung des Problems auf ihre Zusammenarbeit angewiesen
4.1.4. Kooperation bei unklaren Zielvorgaben: die Gruppen müssen mit dem Zustand der Macht- oder Führungslosigkeit fertig werden, der durch die unklaren Ziele hervorgerufen wird
4.1.5. Kooperation bei unterschiedlichem Informationsstand der Teilnehmer: jeder Teilnehmer besitzt einen Teil der Lösung
4.2. Entscheidungsfindung in Gruppen: im Mittelpunkt steht die Entscheidung, nicht der Prozeß
4.2.1. Konsensusbildung: die Gruppe soll sich eine einhellige Meinung bilden
4.2.2. Synergiedemonstration: unterscheidet sich von Konsensusbildung da-

	durch, daß die Entscheidung der Gruppe an einem objektiven Maßstab gemessen wird
4.2.3.	Anwendung einer Problemlösungsstrategie: die Methode der Entscheidungsfindung ist vorstrukturiert
4.2.4.	Förderung der Akzeptanz einer Entscheidung: die Teilnehmer sollen erkennen, daß die Effektivität einer Entscheidung von ihrer Qualität und von ihrer Akzeptierung bei den Betroffenen abhängt
4.2.5.	Verbesserung der Entscheidungsfähigkeit: Sammelkategorie für alle übrigen Möglichkeiten des Individuums, seine Entscheidungsfähigkeit zu verbessern
4.3.	Führungskräfte-Training
4.3.1.	Analyse von Führungsstilen: es werden die verschiedenen Führungsstile analysiert und ihre Effektivität verglichen
4.3.2.	Analyse der Entwicklung von Führungsverhalten: entspricht der Kategorie 4.1. Beobachtung des Problemlösungsprozesses; anstelle der Beobachtung von Kooperation können auch Führungsverhaltensweisen untersucht werden
4.3.3.	Erweiterung von Führungsqualitäten: Verbesserung des individuellen Führungsverhaltens
4.4.	Förderung der Kooperationsfähigkeit
4.4.1.	zwischen Individuen innerhalb einer Arbeitsgruppe: die Gruppenmitglieder sollen erkennen, welchen Beitrag sie zur Verbesserung der Effektivität in der Arbeitsgruppe leisten können
4.4.2.	zwischen Arbeitsgruppen: Verbesserung der Beziehungen zwischen Organisationseinheiten
4.4.3.	Entwicklung des Zusammengehörigkeitsgefühls: die Gruppe soll sich als Einheit erleben, entspricht 2.1.6.
4.5.	Kreativität
4.5.1.	Aufbrechen alter Denkschemata: die Teilnehmer sollen eingefahrene Denkformen verlassen und ihre Assoziationsfähigkeit trainieren
4.5.2.	kreative Lösungsstrategien
4.5.3.	Förderung von kreativem Verhalten: die Teilnehmer sollen völlig neue Verhaltensweisen erfinden und ausprobieren
4.6.	Lern- und Arbeitstechniken: individuelle Möglichkeiten zur Verbesserung der eigenen Arbeitseffektivität
5.0	Struktur und Prozeß des Seminars
5.1.	Eröffnungsphase

5.1.1.	Kennenlernen: am Beginn der ersten Sitzung, um die Teilnehmer miteinander bekannt zu machen
5.1.2.	Anwärmübungen: zu Beginn der folgenden Sitzungen oder zwischendurch zum Auflockern
5.1.2.1.	verbal
5.1.2.2.	nonverbal
5.1.3.	Einführung ins "Hier und Jetzt": die Teilnehmer sollen alles "Dort und Damals" vergessen und sich ganz auf die gegenwärtige Situation konzentrieren
5.1.4.	Darstellung der Ziele und Schwerpunkte des Seminars: die Teilnehmer sollen durch eigene Aktion erleben, worum es im Seminar geht
5.2.	Prozeßanalysen: Analyse der Strukturen und Vorgänge in der aktuellen Gruppe
5.2.1.	allgemeine Analyse von Gruppenprozessen: umfassende Beobachtung der gruppendynamischen Vorgänge
5.2.1.1.	Beobachter beobachtet Gruppe
5.2.1.2.	Kleingruppe beobachtet Kleingruppe
5.2.2.	Analyse des Entwicklungsstandes der Gruppe: Analyse des Grades der Offenheit und des Vertrauens unter den Teilnehmern
5.2.3.	Analyse der sozialen Beziehungen zwischen den Teilnehmern: alle Arten von Soziogrammen
5.2.4.	Analyse der Kommunikationsstruktur: Wer spricht mit wem? entspricht 3.1.1.
5.2.5.	Analyse der Rollenverteilung
5.2.6.	Analyse der individuellen und Gruppenziele: zur Besprechung von Diskrepanzen zwischen beiden
5.2.7.	Erwartungen der Teilnehmer: die Teilnehmer äußern ihre Erwartungen an das Seminar
5.2.8.	Beurteilung des Verlaufs einer Sitzung: Stellungnahme und Verbesserungsvorschläge zur Sitzung in einem laufenden Seminar
5.2.9.	Analyse der emotionalen Befindlichkeit der Teilnehmer: Wie fühlen sich die Teilnehmer im Augenblick?
5.2.10	Feedback an den Leiter über seine Beziehungen zu den Teilnehmern
5.3.	Kriseninterventionen: Interventionsmöglichkeiten des Leiters in kritischen Gruppensituationen
5.3.1.	Aktivierung bei Müdigkeit und Unlust: Abschlaffung, verdeckter Ärger, Passivität oder Mutlosigkeit der Teilnehmer
5.3.2.	Konflikte unter den Teilnehmern

5.3.3.	nicht spezifizierte Situationen: Übungsmuster, mit denen beliebige Problemsituationen behandelt werden können
5.3.4.	Integration von Außenseitern: siehe 2.2.8.
5.4.	Schlußphase
5.4.1.	Beurteilung des Verlaufs der Sitzung/des Trainings: Äußerungen der Teilnehmer zu Stärken und Schwächen des abgelaufenen Seminars
5.4.2.	Beurteilung des Lernerfolgs: Einschätzung des Lernerfolgs durch die Teilnehmer
5.4.3.	Transferübungen: Anwendungsmöglichkeiten des Gelernten außerhalb der Gruppe
5.4.4.	Abschlußübungen: der "Schlußpunkt" des Trainings
5.5.	Bildung von Kleingruppen
5.6.	Train the trainer: Übungen speziell für Leiter und Helfer

Innerhalb ihrer Kategorien sind die Übungen nach zunehmender Strukturiertheit und Komplexität geordnet. Eine Ausnahme bilden die "Eröffnungsphase" und die "Bildung von Kleingruppen", die entsprechend ihrer Dauer gegliedert sind. Eine Differenzierung in weitere Kategorien erschien mir nicht sinnvoll. Zum Teil weisen die Übungen so große Ähnlichkeiten auf, zum Teil so große Unterschiede, daß sie nur nach vordergründigen Gesichtspunkten vergleichbar sind. "Sammelkategorien" sind Kategorien, die sehr heterogenen Übungen enthalten, deren Ziel aber identisch ist. Sie sind im Suchsystem mit ● gekennzeichnet.

Der Katalog

Alle wesentlichen Eigenschaften der einzelnen Übungen finden sich im Katalog, den ich nun ausführlich beschreiben will.

Name der Übung: In dieser Spalte stehen die Titel der Übungen so, wie sie in der Quelle angegeben sind. Gleiche Übungen können je nach Verfasser verschiedene Namen tragen.

Quelle: Hier ist angegeben, wo die ausführlich beschriebene Übung zu finden ist. Die neben dem abgekürzten Verfassernamen angegebene Zahl bedeutet die Seite; besteht die Quelle aus mehreren Bänden, ist die Bandzahl unterstrichen und durch einen Strichpunkt von der Seitenzahl getrennt (Beispiel: Vopel 1;27 bedeutet: Vopel, Band 1 Seite 27). Auf dem Faltblatt befindet sich eine Übersicht der abgekürzten Verfassernamen, und am Schluß des Buches steht zusammen mit den bibliographischen Angaben eine kurze Charakteristik der einzelnen Quellen.

Art der Übung: Die Übungen sind nach folgenden Typen unterteilt:
a) verbal - nonverbal: Eine nonverbale Übung unterscheidet sich von einer verbalen einfach darin, daß sie, bis auf das obligatorische Auswertungsgespräch, unter Schweigen verläuft. Besitzt eine Übung einen verbalen und einen nonverbalen Aspekt, ist dies durch den Ausdruck "(non)verbal" gekennzeichnet.
b) Einzelaktivität - Paaraktivität - Kleingruppenaktivität - Gruppenaktivität: Diese Angaben beziehen sich auf die möglichen Teilnehmerkombinationen während einer Übung. Wenn jeder Teilnehmer nur einen Fragebogen ausfüllt, handelt es sich um eine Einzelaktivität; wenn das anschließende Auswertungsgespräch eine substantielle Bedeutung für die Übung hat, ist dies in Form von "Einzel- und Gruppenaktivität" vermerkt. In den übrigen Fällen wird die Auswertung in der Gesamtgruppe wiederum als selbstverständlich betrachtet. Der Begriff "Kleingruppe" bedeutet hier wie überall, daß es sich um einen Teil der Gesamtgruppe handelt, der aus mehr als zwei Mitgliedern besteht. Mit Hilfe dieser Angaben soll der Leiter planen können, ob er (insbesondere "schwierige") Übungen innerhalb der relativen Sicherheit zwischen zwei Partnern oder in der mehr Streß erzeugenden Situation in der Gesamtgruppe durchführen will.
c) Rollenspiel und Planspiel: Eine definitorische Abgrenzung dieser Begriffe erscheint mir nicht sinnvoll; deshalb habe ich diese Angaben aus den Quellen einfach übernommen. Die Anzahl der Rollenspieler und ggf. der Beobachter ist jeweils angegeben. "Simultan" bedeutet, daß alle Teilnehmer gleichzeitig spielen, "in der Einzelgruppe" heißt, daß das Rollenspiel von einigen Teilnehmern der Gesamtgruppe vorgeführt wird.
d) Phantasiespiel: Die Teilnehmer erleben verschiedene Situationen in ihrer Phantasie

Dauer: Es sind Schätzzeiten angeführt, die entsprechend der Gruppengröße variieren können. Bei Rollenspielen ist die Dauer des Spielens angegeben, da mir dies ein besseres Maß für die Dauer der Übung erschien.

Ziel: Die Angaben über das Ziel sind aus dem oben beschriebenen Suchsystem übernommen; zum Teil sind die Ziele etwas geläufiger formuliert.

Gleiche Übung unter Stichwort: In diesem Feld ist bei zwei bzw. drei Zielangaben ein Verweis zu finden, wo die gleichlautende Übung nochmals zu finden ist.

Inhalt: In dieser Rubrik steht eine kurze Inhaltsangabe der Übung.

Besondere Bemerkungen: Als Ausrüstungsgegenstände für ein Seminar werden vorausgesetzt: Papier und Schreibzeug für alle Teilnehmer, Flip-chart, Flip-chart-Papier, Filzschreiber und Overhead-Projektor. Was darüber hinausgeht, ist in diesem Feld vermerkt.

a) Unterlagen: Dieser Begriff bedeutet, daß schriftliche Unterlagen erforderlich sind, die vorbereitet und vervielfältigt werden müssen.
b) Hilfsmittel: Dieser Begriff steht für Übungsutensilien, die nicht schriftliche Unterlagen sind. Sie müssen ebenfalls vor der Übung besorgt werden.
c) Videoaufnahme empfehlenswert: Wo mir eine Videoaufnahme der Übung sinnvoll erschien (insbesondere bei Rollenspielen), habe ich dies vermerkt.
d) Raum: Vorausgesetzt wird ein großer Gruppenraum mit verstellbaren Tischen und ungestörter Arbeitsmöglichkeit für 2 - 3 Kleingruppen. Wenn ein besonders großer Raum oder mehrere Räume erforderlich sind, oder wenn eine Aktivität im Freien stattfinden soll, finden sich hier Angaben dazu.
e) Leiter muß mit Widerstand aus der Gruppe rechnen: Dieser Hinweis bedeutet, daß der Leiter besondere Sorgfalt auf Vorbereitung und Durchführung der Übung verwenden soll. Die möglicherweise auftretende Probleme sind in den Quellen ausführlich beschrieben.
f) Leiter muß Input vorbereiten: Auf Vorträge und Referate, die für den Erfolg einer Übung von Bedeutung sind und die einer besonderen Vorbereitung bedürfen, wird hingewiesen, zusammen mit einer Angabe darüber, wo der Leiter Material zum Thema finden kann.
g) Moderationsausrüstung empfehlenswert: Übungen, bei denen der Einsatz von mehreren mobilen Tafeln (die mit Packpapier bespannt und mit Filzstift beschrieben werden) eine wesentliche Erleichterung bringt, sind durch diesen Begriff gekennzeichnet. Sollten Sie nähere Angaben zu Moderationstechnik und -ausrüstung wünschen, wenden Sie sich bitte an:
Windmühle GmbH, Verlag und Vertrieb von Medien, Tiergarten 16, 4300 Essen-Werden.

Weitere Bemerkungen, die mir wichtig waren, sind aus dem Kontext der Übung verständlich.

Die Literaturauswahl

Das Quellenmaterial setzt sich zusammen aus der Literatur, die von Trainern am meisten verwendet wird, deren Erstauflage vor 1980 erschienen ist und die möglichst viele Bereiche abdeckt. Hinzu kommen die englischsprachigen Bücher, die eine wertvolle Ergänzung im Bereich des Teamarbeits- und Führungskräftetrainings darstellen, und die drei Planspiele von SBANDI und KRAMER, um auch diesen Übungstyp mehr zu repräsentieren.

Ein vollständiges Quellenverzeichnis befindet sich am Ende des Buches; eine Legende der verwendeten Quellenabkürzungen ist auf dem Faltblatt angegeben.

Mit diesen Erklärungen, so hoffe ich, kann Ihnen dieses Buch eine wertvolle Hilfe zur Vorbereitung von Seminaren, Trainings, Jugendtreffs u.ä. werden. Es bleibt mir nur noch, mich bei Herrn Ernst August Bolte und Herrn Dr. Peter Jung für ihre wichtigen Anregungen und Ratschläge zur Gestaltung des Werks und für ihre liebenswerten Aufmunterungen des Autors zu bedanken.

Hermann Weber
München/Konstanz, im Mai 1981

Mit dieser Ausgabe des Arbeitskataloges liegt Ihnen die 2. vollkommen überarbeitete und erweiterte Auflage vor. Da in der Zwischenzeit zwei Bücher vergriffen sind und lt. Auskunft der Verlage auch nicht wieder neu aufgelegt werden, hielt ich es für richtiger die in der 1. Auflage erfaßten Übungen herauszunehmen und dafür eine neue m.E. wichtige Quelle zu verarbeiten, nämlich das von GUDJONS herausgegebene Buch "Spielbuch Interaktions-Erziehung". Herausgenommen wurden die Übungen und Rollenspiele von SBANDI und MAIER, SOLEM, MAIER.

Hermann Weber
München, im Juni 1986

Individuum und Gruppe

Name der Übung: Optische Täuschungen	**Quelle:** Antons 47
Art der Übung: Verbale Gruppenaktivität	**Dauer:** 1 Std.
Ziel: - Soziale Wahrnehmung: Demonstration von Wahrnehmungsphänomenen	**Gleiche Übung auch unter Stichwort:**

Inhalt:
Auf eine kurze Einführung zum Thema Wahrnehmung (siehe Antons 66) folgen Demonstrationen von optischen Täuschungen (z.B. Neckerscher Würfel, Pokalbild). Daraus werden Wahrnehmungs- und Gestaltgesetze abgeleitet.

Besondere Bemerkungen:
- Hilfsmittel: Dias, Folien oder Tafeln diverser optischer Täuschungen (Kippfiguren)
- Vorsicht: Demonstrationsstil paßt wenig zu gruppenzentrierten Seminaren

Name der Übung: Asch-Experiment	**Quelle:** Antons 177
Art der Übung: Verbale Gruppenaktivität	**Dauer:** 1 Std.
Ziel: - Soziale Wahrnehmung: Demonstration von Wahrnehmungsphänomenen - Normen und Werte: Analyse der Normen in der Gruppe	**Gleiche Übung auch unter Stichwort:** - Normen und Werte S. 59

Inhalt:

Die Gruppe hat die Aufgabe, in mehreren Durchgängen aus drei unterschiedlich langen Linien diejenige zu bestimmen, die in ihrer Länge einer Standardlinie entspricht. Vorinstruierte Tn benennen jeweils eine falsche Linie; dann wird gemessen, wie oft eine naive Versuchsperson, die immer als letzte stimmt, sich in ihrem Urteil beeinflussen läßt.

Besondere Bemerkungen:
- Das Experiment ist in einer modifizierten Version auch mit mehreren naiven Versuchspersonen möglich (siehe Antons 178)
- Hilfsmittel: 18 Tafeln mit Linien; bzw. Testheft mit Antwortblättern in der modifizierten Version
- Instruktion ist problematisch, denn die naive Versuchsperson darf nichts ahnen

Name der Übung: Kindsmörderin	**Quelle:** Antons 183
Art der Übung: Verbale Gruppenaktivität	**Dauer:** 45 Min.
Ziel: - Soziale Wahrnehmung: Demonstration von Wahrnehmungsphänomenen	**Gleiche Übung auch unter Stichwort:**

Inhalt:
Die Tn sollen aus 10 Fotos von weiblichen Personen zwei Frauen aussuchen, die Kindsmörderinnen sein könnten. Anschließend stufen die Tn alle 10 Frauen auf einer Rating-Skala nach den Kriterien "arm", "sympathisch", "intelligent" und "gepflegt" ein.

Besondere Bemerkungen:
- Hilfsmittel: 10 Fotos weiblicher Personen (beim Autor der Übung zu bestellen, siehe Quelle)
- Leiter muß mit Widerstand aus der Gruppe rechnen

Name der Übung: Cognac-Mädchen	**Quelle:** Antons 53
Art der Übung: Verbale Gruppenaktivität	**Dauer:** 30 Min.
Ziel: - Soziale Wahrnehmung: Demonstration von Wahrnehmungsphänomenen - Verbale Kommunikation: Kommunikationsstörungen; Einweg-Kommunikation	**Gleiche Übung auch unter Stichwort:** - Verbale Kommunikation S. 369

Inhalt:
Der erste Tn einer kleinen Experimentalgruppe erhält ein Bild und 10 Aussagen zu dem Bild. Nachdem er sich die Aussagen eingeprägt hat, gibt er die Informationen dem nächsten, der draußen gewartet hat, weiter, ohne aber irgendwelche Fragen zu beantworten. Es sollte für jede der 10 Aussagen ein Beobachter zuständig sein, der die Veränderung der Aussage mitprotokolliert.

Besondere Bemerkungen:
- Unterlagen: 1 Instruktion und 1 Bild

Name der Übung: Schrumpfendes Bild	**Quelle:** Gudjons 70
Art der Übung: Verbale Gruppenaktivität	**Dauer:** 1 Std.
Ziel: - Soziale Wahrnehmung: Demonstration von Wahrnehmungsphänomenen	**Gleiche Übung auch unter Stichwort:**

Inhalt:
Einige Freiwillige werden gebeten, den Raum zu verlassen. Die Gruppe stellt ein Bild in der Mitte auf, und der erste Freiwillige wird hereingebeten. Er präge sich das Bild ein, decke es ab und beschreibe es dem nächsten; dieser dem dritten usw. Die Gruppe achtet darauf, welche Details hervorgehoben werden bzw. verlorengehen und rekonstruiert zum Schluß den Veränderungsprozeß der Beschreibung.

Besondere Bemerkungen:
- Hilfsmittel: ein Bild zum Beschreiben

Name der Übung: Unregelmäßige Konjugation	**Quelle:** Vopel 5;26
Art der Übung: Verbale Kleingruppenaktivität	**Dauer:** 30 - 60 Min.
Ziel: - Soziale Wahrnehmung: Demonstration von Wahrnehmungsphänomenen - Verbale Kommunikation: Kommunikationsstörungen durch Projektion eigener Fehler auf Andere	**Gleiche Übung auch unter Stichwort:** - Verbale Kommunikation S. 380

Inhalt:
Die Tn sollen in Fünfergruppen Aussagen konjugieren nach folgendem Muster:
ich bin standhaft - du bist eigensinnig - er/sie ist dickköpfig.
Damit wird demonstriert, daß man dem eigenen Verhalten weniger kritisch gegenübersteht als fremdem.

Besondere Bemerkungen:
- Unterlagen: 1 Formular "Ich-Aussagen" pro Tn

Name der Übung: Vorfall inszenieren	**Quelle:** Antons 59
Art der Übung: Verbale Gruppenaktivität	**Dauer:** 45 - 60 Min.
Ziel: - Soziale Wahrnehmung: Demonstration von Wahrnehmungsphänomenen	**Gleiche Übung auch unter Stichwort:**

Inhalt:
In einer Plenumssitzung wird ein mit einem oder zwei Tn vorgeplanter Zwischenfall inszeniert (z.B. physische Attacke). Nach Abbrechen der Situation werden die Tn aufgefordert, das Vorgefallene niederzuschreiben. Die Berichte werden eingesammelt und verglichen.

Besondere Bemerkungen:
- Videoaufnahme empfehlenswert
- Unterlagen: ggf. ein Fragebogen

Name der Übung: Gutachten	**Quelle:** Antons 179
Art der Übung: Verbale Gruppenaktivität	**Dauer:** 1 - 1,5 Std.
Ziel: - Soziale Wahrnehmung: Demonstration von Wahrnehmungsphänomenen	**Gleiche Übung auch unter Stichwort:**

Inhalt:
Jeder Tn erhält eine nach Zufall ausgefüllte Beurteilung seiner Person und wird gebeten, Stellung dazu zu nehmen.
Ergebnis: Die meisten Beurteilungsaussagen werden bestätigt.

Besondere Bemerkungen:
- Unterlagen: 1 ausgefüllter Beurteilungsbogen pro Tn
- Leiter muß mit Widerstand aus der Gruppe rechnen

Name der Übung: Zeugen beschreiben	**Quelle:** Gudjons 68
Art der Übung: Verbale Gruppenaktivität	**Dauer:** 45 - 60 Min.
Ziel: - Soziale Wahrnehmung: Demonstration von Wahrnehmungsphänomenen	**Gleiche Übung auch unter Stichwort:**

Inhalt:
Zwei Tn setzen sich in die Mitte des Kreises. Einer beginnt, seinen Partner zu beschreiben. Dabei soll er möglichst viele Details erwähnen, als ob danach ein Portrait gemalt werden würde. Dann werden die Rollen gewechselt und zum Schluß geben die übrigen Gruppenmitglieder ihre Kommentare ab.

Besondere Bemerkungen:
- Variante: alle Tn schließen die Augen und einer beschreibt aus dem Gedächtnis ein anderes Mitglied. Am Ende rät die Gruppe, um wen es sich handelt.

Name der Übung: Peter und Hans	**Quelle:** Gudjons 66
Art der Übung: Verbale Gruppenaktivität	**Dauer:** 45 Minuten
Ziel: - Soziale Wahrnehmung: Demonstration von Wahrnehmungsphänomenen	**Gleiche Übung auch unter Stichwort:**

Inhalt:
Es werden zwei Kleingruppen, A und B, gebildet. A erhält eine Eigenschaftsliste von Peter, B von Hans. Beide Listen unterscheiden sich nur dadurch, daß die Eigenschaften neidisch - hartnäckig - kritisch - impulsiv - fleißig - intelligent in umgekehrter Reihenfolge aufgeführt sind. Beide Kleingruppen beantworten die Fragen, ob sie diese Person zum Freund, Arbeitskollegen usw. haben wollen, ob sie ihn für einen angenehmen und beliebten Zeitgenossen halten. Am Ende werden die Ergebnisse verglichen.

Besondere Bemerkungen:

Name der Übung: Erster Eindruck	**Quelle:** Gudjons 61
Art der Übung: Verbale Gruppenaktivität	**Dauer:** 45 Min.
Ziel: - Soziale Wahrnehmung: Demonstration von Wahrnehmungsphänomenen (Erster Eindruck)	**Gleiche Übung auch unter Stichwort:**

Inhalt:
Der Leiter bittet einen Freiwilligen, sich auf einen freien Stuhl in der Mitte des Kreises zu setzen. Reihum äußert sich jeder Tn zu dem ersten Eindruck, den der in der Mitte Sitzende durch seine äußere Erscheinung (Kleidung, Gesichtszüge, Haltung, Ausdruck) bei ihm auslöst. Zum Schluß antwortet dieser: "Normalerweise ist der erste Eindruck, den Menschen von mir haben..."

Besondere Bemerkungen:
- Variante: es können auch Spekulationen über Beruf, Alter, Lebensstil, Automarke usw. angestellt werden.

Name der Übung: Ich nehme wahr	**Quelle:** Gudjons 69
Art der Übung: Nonverbale Gruppenaktivität	**Dauer:** 1 Std.
Ziel: - Soziale Wahrnehmung: Demonstration von Wahrnehmungsphänomenen - Gefühle: Training der eigenen Wahrnehmungsfähigkeit durch Schärfung der Sinneswahrnehmung	**Gleiche Übung auch unter Stichwort:** Gefühle S. 163

Inhalt:
Diese Aktivität besteht aus 5 Schritten:
1. Die Tn lassen ihre Aufmerksamkeit durch den Raum schweifen und achten auf ihre eigene Wahrnehmung.
2. Die Tn sollen ihre Aufmerksamkeit wie einen Scheinwerfer handhaben und dabei auch beobachten, wie andere Dinge ausgeblendet werden.
3. Die Tn sollen herausfinden, welche Art von Dingen und Vorgängen in das Wahrnehmungsfeld gelangen und danach überlegen, welche Dinge sie übergangen haben.
4. Nun sollen sich die Tn der Selektivität ihrer Wahrnehmungen und ihrer Ausblendungen bewußt werden.
5. Zum Schluß konzentrieren sie sich darauf, welche Wahrnehmungen angenehme bzw. unangenehme Gefühle auslösen.

Besondere Bemerkungen:

Name der Übung: Austausch persönlicher Eindrücke	**Quelle:** Pf&J 1;138
Art der Übung: Verbale Paaraktivität	**Dauer:** 30 Min.
Ziel: - Soziale Wahrnehmung: Abbau von Vorurteilen zwischen Individuen innerhalb der Gruppe	**Gleiche Übung auch unter Stichwort:**

Inhalt:
Die Tn bilden Paare und notieren ihre eigene Einschätzung und ihren Eindruck vom Partner. Diese Eindrücke tauschen sie aus und vergleichen ihre Auffassungen.

Besondere Bemerkungen:
- Leiter muß mit Widerstand aus der Gruppe rechnen

Name der Übung: Vermutungen äußern	**Quelle:** Schw/S 282
Art der Übung: Verbale Paaraktivität	**Dauer:** 20 Min.
Ziel: - Soziale Wahrnehmung: Abbau von Vorurteilen zwischen Individuen innerhalb der Gruppe	**Gleiche Übung auch unter Stichwort:**

Inhalt:

Die Gruppe bildet Paare und die Partner teilen einander ihre Vermutungen übereinander mit, wobei sie jeden Satz mit den Worten: "Ich vermute, daß du..." Nach 10 Min. besprechen die Partner, was sie erlebt haben, als sie falsche Vermutungen nicht richtigstellen konnten.

Besondere Bemerkungen:

Name der Übung: Ich nehme wahr - ich stelle mir vor	**Quelle:** Vopel 4;26
Art der Übung: Verbale Paaraktivität	**Dauer:** 30 - 45 Min.
Ziel: - Soziale Wahrnehmung: Abbau von Vorurteilen zwischen Individuen innerhalb der Gruppe	**Gleiche Übung auch unter Stichwort:**

Inhalt:
Die Tn bilden Paare und teilen sich in der ersten Phase ihre Wahrnehmungen über sich bzw. über den Partner mit.
In der zweiten Phase erzählen sie sich, was sie über den Partner vermuten und in der dritten Phase bringen sie beides zusammen in der Redewendung: "Ich nehme wahr, daß... und stelle mir vor, daß..."

Besondere Bemerkungen:
- Leiter muß mit Widerstand aus der Gruppe rechnen

Name der Übung: Herausfinden von Fehlern	**Quelle:** Vopel 5;58
Art der Übung: Verbale Paaraktivität	**Dauer:** 30 Min.
Ziel: - Soziale Wahrnehmung: Abbau von Vorurteilen zwischen Individuen innerhalb der Gruppe	**Gleiche Übung auch unter Stichwort:**

Inhalt:
Jeder Tn sucht sich einen Partner und notiert sich drei möglichst konkrete Verhaltensweisen, die ihn an seinem Partner stören.
Anschließend erörtern die Tn abwechselnd ihre Fehler mit Hilfe der Frage:
"Wer von uns hat diesen Fehler am meisten?"
und besprechen, wie sie diese Schwierigkeiten aus dem Weg räumen können.

Besondere Bemerkungen:
- Hilfsmittel: 3 Kärtchen pro Tn

Name der Übung:	Quelle:
Dialog - Einen Arbeitskollegen kennenlernen	Pf&J 3;98

Art der Übung:	Dauer:
Verbale Paaraktivität	2 - 3 Std.

Ziel:	Gleiche Übung auch unter Stichwort:
- Soziale Wahrnehmung: Abbau von Vorurteilen zwischen Individuen innerhalb der Gruppe - Gefühle: Empathietraining, verbal	 - Gefühle S. 204

Inhalt:

Die Tn bilden Paare und haben die Möglichkeit, anhand eines Fragebogens Person und Arbeit des Partners näher kennenzulernen.

Besondere Bemerkungen:

- Unterlagen: 1 Dialogheft pro Tn
- Leiter muß mit Widerstand aus der Gruppe rechnen

Name der Übung: Eigenschaftswörter	**Quelle:** Pf&J 5;105
Art der Übung: Verbale Paar- und Gruppenaktivität	**Dauer:** 1 Std.
Ziel: - Soziale Wahrnehmung: Abbau von Vorurteilen zwischen Individuen innerhalb der Gruppe - Normen und Werte: Analyse der eigenen Wertvorstellungen	**Gleiche Übung auch unter Stichwort:** - Normen und Werte S. 61

Inhalt:
Jeder Tn charakterisiert mit drei Eigenschaftswörtern die Personen, zu denen er das beste und das schlechteste Verhältnis hat. Anhand der Charakterisierungen vollenden alle Tn den Satz: "Ich bin eine Person, die auf... großen Wert legt."
Nachdem jeder mit seinem Nachbarn darüber gesprochen hat, was seine Charakterisierungen über ihn selbst aussagen, schreibt der Leiter alle Eigenschaftswörter auf eine Tafel.
Im letzten Teil der Übung sucht sich jeder einen Partner, mit dem er sowohl positives als auch negatives Feedback austauschen kann.

Besondere Bemerkungen:

Name der Übung: Rollentausch	**Quelle:** Antons 103
Art der Übung: Verbale Gruppenaktivität	**Dauer:** 1,5 Std.
Ziel: - Soziale Wahrnehmung: Abbau von Vorurteilen zwischen Individuen innerhalb der Gruppe - Konflikttraining: Steigerung der Rollenflexibilität	**Gleiche Übung auch unter Stichwort:** - Konflikttraining S. 337

Inhalt:
Jeder erhält durch ein Los den Namen eines anderen Gruppenmitglieds und hat die Aufgabe, dessen Rolle zu spielen unter der Fragestellung: "Wie sehe ich den Anderen?" und, nach einem Rollenwechsel: "Wie wünsche ich mir den anderen?"

Besondere Bemerkungen:
- Gefahr der Rollenkarikierung
- Hilfsmittel: Pappschilder mit Namen und Anstecknadeln

Name der Übung: Selbstbild - Fremdbild	**Quelle:** Gudjons 144
Art der Übung: Verbale Einzel- und Gruppenaktivität	**Dauer:** 1,5 - 2 Std.
Ziel: - Soziale Wahrnehmung: Abbau von Vorurteilen zwischen Individuen innerhalb der Gruppe - Verbale Feedbacktechnik: gemischtes Feedback	**Gleiche Übung auch unter Stichwort:** - Verbale Feedbacktechnik S. 480

Inhalt:
Alle Tn beantworten auf der Vorderseite des Blattes die Frage: "Wie sehe ich selbst?" und auf der Rückseite die Frage: "Wie sieht mich die Gruppe?"
Die Zettel werden eingesammelt und zufällig an die Tn verteilt. Jeder liest die Vorderseite ("Selbstbild") vor und die anderen äußern ihre Vermutungen (mit Begründung), wer der Verfasser ist. Wenn alle Tn durch sind, werden die "vermuteten Fremdbilder" vorgelesen und kommentiert.

Besondere Bemerkungen:
- Die beiden letzten "Selbstbilder" werden zusammen vorgelesen.

Name der Übung: Beziehungsbild und Beziehungswirklichkeit	**Quelle:** Gudjons 128
Art der Übung: Verbale Gruppenaktivität	**Dauer:** 2 Std.
Ziel: - Soziale Wahrnehmung: Abbau von Vorurteilen zwischen Individuen innerhalb der Gruppe - Eröffnungsphase: Kennenlernen	**Gleiche Übung auch unter Stichwort:** -Eröffnungsphase S. 731

Inhalt:

Jeder Tn überlegt sich eine Frage, die er an einen anderen richten möchte und stellt sich in seiner Phantasie die Situation und die Antwort vor. Alles wird schriftlich festgehalten. Nacheinander stellt jeder dem gewählten Partner die Frage und der Leiter notiert, wer wen etwas gefragt hat. In der anschließenden Besprechung werden phantasierte und reale Fragesituationen und Antworten verglichen und analysiert, welche unbewußten Vorbehalte oder Wünsche in der Phantasie auf den Partner übertragen wurden und welche Auswirkungen dies auf die reale Beziehung hat.

Besondere Bemerkungen:

Name der Übung: Sensis	**Quelle:** Workbook 4.1.6.
Art der Übung: Verbale Gruppenaktivität	**Dauer:** 30 Min.
Ziel: - Soziale Wahrnehmung: Abbau von Vorurteilen zwischen Individuen innerhalb der Gruppe	**Gleiche Übung auch unter Stichwort:**

Inhalt:

Die Tn sammeln Fragen, die mit Nein oder Ja zu beantworten sind.
Dann liest ein Tn die erste Frage laut vor, die anderen überlegen sich, ob der Fragende Ja oder Nein antworten würde und geben auf ein Kommando ihre Meinung bekannt. Anschließend gibt der Fragende seine Antwort.

Besondere Bemerkungen:

Name der Übung: Interview-Spiel	**Quelle:** Ki/MSch 164
Art der Übung: Verbale Gruppenaktivität	**Dauer:** 45 Min.
Ziel: - Soziale Wahrnehmung: Abbau von Vorurteilen zwischen Individuen innerhalb der Gruppe	**Gleiche Übung auch unter Stichwort:**

Inhalt:
Jeder Tn stellt zwei bis drei anderen Gruppenmitgliedern je eine schriftliche Frage und formuliert auch die vermutete Antwort dazu.
Anschließend werden die Fragen verlesen und der Gefragte sagt, ob er die Frage beantworten will oder nicht.

Besondere Bemerkungen:

Name der Übung: Voraussage des Gruppeneindrucks	**Quelle:** Vopel 2;47
Art der Übung: Verbale Gruppenaktivität	**Dauer:** 2 - 3 Std.
Ziel: - Soziale Wahrnehmung: Abbau von Vorurteilen zwischen Individuen innerhalb der Gruppe	**Gleiche Übung auch unter Stichwort:**

Inhalt:

Die Tn beschreiben ihr Selbstbild und ihr vermutetes Fremdbild. Alle Beschreibungen werden gesammelt, dann liest der Leiter irgendein Selbstbild vor, läßt die beschriebene Person raten und das Fremdbild von den Tn kommentieren.

Besondere Bemerkungen:

Name der Übung: Testprofile	**Quelle:** Pf&J <u>1</u>;138
Art der Übung: Verbale Einzel- und Gruppenaktivität	**Dauer:** 1,5 Std.
Ziel: - Soziale Wahrnehmung: Abbau von Vorurteilen zwischen Individuen innerhalb der Gruppe	**Gleiche Übung auch unter Stichwort:**

Inhalt:
Der Leiter führt mit den Tn einen Persönlichkeitstest durch, wertet ihn aus und veröffentlicht die anonymen Testprofile.
Die Tn raten, welches Profil zu welchem Mitglied gehören könnte.

Besondere Bemerkungen:

Name der Übung: Lernklima	**Quelle:** Pf&J 1;69
Art der Übung: Verbale Einzel- und Gruppenaktivität	**Dauer:** 1 Std.
Ziel: - Soziale Wahrnehmung: Abbau von Vorurteilen zwischen Individuen innerhalb der Gruppe	**Gleiche Übung auch unter Stichwort:**

Inhalt:
Den Tn liegen sieben Persönlichkeitsbeschreibungen vor. Sie sollen erst individuell, dann in der Gruppe (einstimmig) entscheiden, auf welche Gruppenmitglieder die Beschreibungen am besten passen.

Besondere Bemerkungen:
- Unterlagen: 1 Blatt "Definitionen" pro Tn

Name der Übung: Die Auffassung Anderer	**Quelle:** Pf&J 5;108
Art der Übung: Verbale Einzel- und Gruppenaktivität	**Dauer:** 1 Std.
Ziel: - Soziale Wahrnehmung: Abbau von Vorurteilen zwischen Individuen innerhalb der Gruppe	**Gleiche Übung auch unter Stichwort:**

Inhalt:

Jeder Tn soll die gesamte Gruppe nach seinen persönlichen Kriterien in zwei Untergruppen aufteilen. Dann liest jeder seine Aufstellung vor und die anderen Tn notieren sich die Informationen, die sich auf ihre Person beziehen. Nun schauen sich alle Tn die Kriterien an, nach denen sie unterteilt wurden und bringen ihre Reaktionen zum Ausdruck.

Besondere Bemerkungen:

- Unterlagen: 1 Unterteilungsschema und 1 Auswertungsschema pro Tn

Name der Übung:	**Quelle:**
Spiegelbild	Fr&Y 283

Art der Übung:	**Dauer:**
Verbale (Klein)Gruppenaktivität	2 Std.

Ziel:	**Gleiche Übung auch unter Stichwort:**
- Soziale Wahrnehmung: Abbau von Vorurteilen zwischen Kleingruppen	
- Normen und Werte: Analyse diskrepanter Wertvorstellungen zwischen Kleingruppen	- Normen und Werte S. 79
- Förderung von Kooperationsfähigkeit zwischen Arbeitsgruppen	- Förderung von Kooperationsfähigkeit S. 660

Inhalt:
Die Tn aus zwei (komplementären) Kleingruppen beantworten folgende Fragen:
1. Wie sehen wir die andere Gruppe?
2. Wie sieht die andere Gruppe uns?
3. Wie sehen wir uns selber?
4. Was erwarten wir von der anderen Gruppe?
Im Plenum präsentiert jede Kleingruppe ihre Antworten und beide überlegen sich, wie sie ihre Zusammenarbeit verbessern können.

Besondere Bemerkungen:

- Raum: 1 großer und 1 kleiner Raum erforderlich

Name der Übung: Konfrontation	**Quelle:** Pf&J 1;132
Art der Übung: Verbale Gruppenaktivität	**Dauer:** 3 Std.
Ziel: - Soziale Wahrnehmung: Abbau von Vorurteilen zwischen Kleingruppen - Normen und Werte: Analyse diskrepanter Wertvorstellungen zwischen Kleingruppen - Förderung von Kooperationsfähigkeit zwischen Arbeitsgruppen	**Gleiche Übung auch unter Stichwort:** - Normen und Werte S. 78 - Förderung von Kooperationsfähigkeit S. 659

Inhalt:
Die Tn werden in zwei (komplementäre) Kleingruppen aufgeteilt und beantworten die Fragen:
"Wie wirkt die andere Gruppe auf uns?" und
"Wie wirken wir auf die andere Gruppe?"
Sie treffen sich dann zu einer gemeinsamen Sitzung, besprechen wiederum getrennt die ausgetauschten Daten und überlegen sich zum Schluß im Plenum, wie sie sich eine weitere Entwicklung oder Zusammenarbeit denken können.

Besondere Bemerkungen:
Die Übung ist geeignet, die Beziehung zwischen realen Gruppen zu verbessern (z.B. Betriebsrat - Personalabteilung, Gefangene - Vollzugsbedienstete, Innendienst - Außendienst, Jugendliche - ältere Menschen)

Name der Übung: To see ourselves as others see us	**Quelle:** Woodcock 163
Art der Übung: Verbale Gruppenaktivität	**Dauer:** 1 Std.
Ziel: - Soziale Wahrnehmung: Abbau von Vorurteilen zwischen Kleingruppen - Normen und Werte: Analyse diskrepanter Wertvorstellungen zwischen Kleingruppen	**Gleiche Übung auch unter Stichwort:** - Normen und Werte S. 81

Inhalt:

Zwei komplementäre Kleingruppen beschreiben sich gegenseitig mit 12 Adjektiven. Nachdem sie ihre Charakterisierungen präsentiert haben, bespricht jede Kleingruppe unter sich ihre Erfahrungen und Gefühle. Anschließend kann eine Aussprache im Plenum stattfinden.

Besondere Bemerkungen:
- Raum: 2 Räume erforderlich
- Moderationsausrüstung empfehlenswert

Name der Übung: Team mirroring	**Quelle:** Woodcock 65
Art der Übung: Verbale Kleingruppenaktivität	**Dauer:** 1,5 - 2 Std.
Ziel: - Soziale Wahrnehmung: Abbau von Vorurteilen zwischen Kleingruppen - Normen und Werte: Analyse diskrepanter Wertvorstellungen zwischen Kleingruppen - Förderung von Kooperationsfähigkeit zwischen Arbeitsgruppen	**Gleiche Übung auch unter Stichwort:** - Normen und Werte S. 82 - Förderung von Kooperationsfähigkeit S. 661

Inhalt:

Zwei komplementäre Kleingruppen haben die Aufgabe, je 12 positive und negative Eigenschaften zu suchen, welche die andere Kleingruppe charakterisieren. Dann besprechen je zwei Angehörige einer Kleingruppe diese Beurteilungen. Am Schluß sollen die Kleingruppen eine gemeinsame positive Aktion miteinander vereinbaren.

Besondere Bemerkungen:

Name der Übung: Wertvorstellungen	**Quelle:** Pf&J 4;29
Art der Übung: Verbale Gruppenaktivität	**Dauer:** 2 Std.
Ziel: - Soziale Wahrnehmung: Abbau von Vorurteilen zwischen Kleingruppen - Normen und Werte: Analyse diskrepanter Wertvorstellungen zwischen Kleingruppen	**Gleiche Übung auch unter Stichwort:** - Normen und Werte S. 77

Inhalt:

Die Tn werden in zwei Untergruppen geteilt, von denen unterschiedliche Wertvorstellungen erwartet werden können. In einem Wertekatalog bezeichnet jedes Mitglied seine Wertvorstellungen und die Wertvorstellungen eines typischen Mitglieds der anderen Gruppe. Dann wählen beide Gruppen einen Repräsentanten, der in einem Rollenspiel ein Mitglied der anderen Gruppe darstellt.

Besondere Bemerkungen:

- 2 Wertekataloge pro Tn
- Leiter muß mit Widerstand aus der Gruppe rechnen

Name der Übung: Einschätzung von Wertvorstellungen	**Quelle:** Pf&J 3;74
Art der Übung: Verbale Einzel- und Kleingruppenaktivität	**Dauer:** 1,5 - 2 Std.
Ziel: - Soziale Wahrnehmung: Abbau von Vorurteilen zwischen Kleingruppen - Normen und Werte: Analyse diskrepanter Wertvorstellungen zwischen Kleingruppen	**Gleiche Übung auch unter Stichwort:** - Normen und Werte S. 80

Inhalt:

Die Tn sollen individuell und in der Gruppe eine Rangordnung der Mitglieder nach dem Kriterium "Aktivität" vornehmen. Nach einer Besprechung dieses Feedbacks wird die Gruppe in "Aktive", "Passive" und "Übrige" geteilt. Jede Kleingruppe untersucht mit Hilfe eines Eigenschaftenkatalogs ihre Wertvorstellungen.

Besondere Bemerkungen:
- Unterlagen: 1 Eigenschaftenkatalog pro Tn

Name der Übung: Anders sein	**Quelle:** Pf&J <u>5</u>;132
Art der Übung: Verbale Gruppenaktivität	**Dauer:** 2 - 3 Std.
Ziel: - Soziale Wahrnehmung: Geschlechtsrollenstereotype - Konflikttraining: Steigerung der Rollenflexibilität	**Gleiche Übung auch unter Stichwort:** - Konflikttraining S. 340

Inhalt:
Die Gruppe wird in eine größere und eine kleinere Untergruppe geteilt.
In der kleineren Gruppe sollen die weiblichen Mitglieder Krawatten und die männlichen Mitglieder Armbänder und Halsketten tragen. Während der gesamten Aktivität fährt die Gruppe in ihrem normalen Programm fort.

Besondere Bemerkungen:
- Leiter muß mit Widerstand aus der Gruppe rechnen

Name der Übung: Er und Sie	**Quelle:** Pf&J 5;134
Art der Übung: Verbale Gruppenaktivität	**Dauer:** 3/4 Tag
Ziel: - Soziale Wahrnehmung: Geschlechtsrollenstereotype - Konflikttraining: Steigerung der Rollenflexibilität	**Gleiche Übung auch unter Stichwort:** - Konflikttraining S. 339

Inhalt:
Jeder Tn soll so realistisch wie möglich eine bestimmte Person des anderen Geschlechts kopieren (nicht karikieren). Dann fährt die Gruppe in ihrem geplanten Programm fort. Nach einem halben Tag beginnt der Erfahrungsaustausch über diese Aktivität.

Besondere Bemerkungen:
- Die Gruppe sollte ungefähr gleichviele männliche und weibliche Mitglieder haben
- Leiter muß mit Widerstand aus der Gruppe rechnen

Name der Übung: Polarisierung	**Quelle:** Pf&J 2;64
Art der Übung: Verbale Einzel- und (Klein)Gruppenaktivität	**Dauer:** 2 Std.
Ziel: - Soziale Wahrnehmung: Geschlechtsrollensterotype - Normen und Werte: Analyse der eigenen Wertvorstellungen	**Gleiche Übung auch unter Stichwort:** - Normen und Werte S. 75

Inhalt:
Die Tn beantworten individuell einen Fragebogen "Ansichten über Frauen". Dann teilen sie sich in 3 Kleingruppen, deren Zusammensetzung von der Beantwortung des Fragebogens abhängig ist. Jede Kleingruppe legt sich eine Strategie zurecht, wie sie die anderen von ihrer Ansicht überzeugen können.
Am Schluß muß die "gemäßigte" Kleingruppe abstimmen, welcher der beiden Extremgruppen sie sich anschließen will.

Besondere Bemerkungen:
- Unterlagen: 1 Fragebogen "Ansichten über Frauen" pro Tn

Name der Übung: Rollenklischees	**Quelle:** Pf&J 4;33
Art der Übung: Verbale Gruppenaktivität	**Dauer:** 2 Std.
Ziel: - Soziale Wahrnehmung: Geschlechtsrollensterotype - Konflikttraining: Steigerung der Rollenflexibilität	**Gleiche Übung auch unter Stichwort:** - Konflikttraining S. 341

Inhalt:

Die Tn erstellen eine Liste von Gruppenentscheidungen, die unter starkem Einfluß der Frauen bzw. der Männer in der Gruppe getroffen wurden. Die Tn äußern sich darüber, wie sie diese Entscheidungen einschätzen und besprechen sie aufs neue. Anschließend bewerten sie einander mit Hilfe einer "Rating-Scale" und unter Berufung auf konkretes Verhalten nach den Kriterien Männlichkeit - Weiblichkeit.

Besondere Bemerkungen:

- Leiter muß mit Widerstand aus der Gruppe rechnen
- Unterlagen: 1 Bewertungsschema pro Tn

Name der Übung: Wer bekommt die Stellung?	**Quelle:** Pf&J 6;152
Art der Übung: Rollenspiel, 6 Männer und 6 Frauen in der Einzelgruppe	**Dauer:** 1 - 1,5 Std.
Ziel: - Soziale Wahrnehmung: Geschlechtsrollenstereotype	**Gleiche Übung auch unter Stichwort:**

Inhalt:

Zwei Kandidaten, Jens und Maria, haben sich um die Stelle eines Abteilungsleiters in einem Schreibbüro beworben. Sie müssen vor zwei Gremien (eines mit 3 Männern und 2 Frauen, das andere mit 3 Frauen und 2 Männern) Rede und Antwort stehen. Beide Gremien fällen anschließend unabhängig voneinander die Entscheidung für einen der Kandidaten.

Besondere Bemerkungen:
- Unterlagen: 1 Informationsblatt pro Tn

Name der Übung: Exklusion	**Quelle:** Pf&J 3;151
Art der Übung: Verbale (Klein)Gruppenaktivität	**Dauer:** 1,5 Std.
Ziel: - Soziale Wahrnehmung: Minderheiten und Außenseiter in der Gesellschaft - Konflikttraining: Umgang mit Diskriminierung	**Gleiche Übung auch unter Stichwort** - Konflikttraining S. 354

Inhalt:
Jede Kleingruppe schließt eines ihrer Mitglieder nach zuvor einstimmig beschlossenen Kriterien aus. Während einer anschließenden Erfrischungspause darf zu den Ausgeschlossenen kein Kontakt aufgenommen werden.
Im Plenum haben Kleingruppen und Ausgeschlossene Gelegenheit, sich zu äußern.

Besondere Bemerkungen:
- Leiter muß mit Widerstand aus der Gruppe rechnen

Name der Übung: Körperbehindert	**Quelle:** Pf&J 5;135
Art der Übung: Verbale Gruppenaktivität	**Dauer:** 3/4 Tag
Ziel: - Soziale Wahrnehmung: Minderheiten und Außenseiter in der Gesellschaft - Konflikttraining: Umgang mit Diskriminierung	**Gleiche Übung auch unter Stichwort:** - Konflikttraining S. 356

Inhalt:

6 Freiwillige (2 "Blinde", 2 "Schwerhörige" und 2 "Gehbehinderte") sollen durch ihr Verhalten veranschaulichen, was Gesunde gegenüber Behinderten und Behinderte gegenüber Gesunden empfinden. Währenddessen erledigt die Gruppe ihr geplantes Programm und leitet nach einem halben Tag in eine Analyse über.

Besondere Bemerkungen:

- Leiter muß mit Widerstand aus der Gruppe rechnen
- Hilfsmittel: 2 Krückstöcke, 2 Blindenstöcke, 2 Augenbinden, 2 Armbinden für Taube und 2 Sätze schalldämmende Ohrenschützer

Name der Übung: Fremdarbeiter	**Quelle:** Pf&J <u>5</u>;132
Art der Übung: Verbale Gruppenaktivität	**Dauer:** 2,5 Tage
Ziel: - Soziale Wahrnehmung: Minderheiten und Außenseiter in der Gesellschaft - Konflikttraining: Umgang mit Diskriminierung	**Gleiche Übung auch unter Stichwort:** - Konflikttraining S. 357

Inhalt:

Die Gruppe wird geteilt; eine Untergruppe wird mit Hilfe von verschiedenfarbigen losen Kragen zu Gastarbeitern erklärt (z.B. Jugoslawen und Italiener), die andere Untergruppe sind die Deutschen, die die Gastarbeiter sozial isolieren.
Am zweiten Tag werden die Rollen getauscht, und der letzte halbe Tag dient der Prozeßanalyse.

Besondere Bemerkungen:

- Leiter muß mit Widerstand aus der Gruppe rechnen
- Hilfsmittel: lose Kragen, ca. 8 cm breit, in zwei verschiedenen Farben

Name der Übung:	Quelle:
Minorität	Pf&J 5;130

Art der Übung:	Dauer:
Verbale Gruppenaktivität	5 - 6 Std.

Ziel:	Gleiche Übung auch unter Stichwort:
- Soziale Wahrnehmung: Minderheiten und Außenseiter in der Gesellschaft	
- Konflikttraining: Umgang mit Diskriminierung	- Konflikttraining S. 358

Inhalt:
Etwa 3/4 der Tn erhalten schwarze Stirnbänder und sind "Neger" mit allen sozialen Nachteilen. Die übrigen Tn, die "Weißen", beschäftigen sich mit Dingen, die ihrer Ansicht nach wesentlich sind, während die "Schwarzen" das tun, was ihnen von den "Weißen" befohlen wird.

Besondere Bemerkungen:
- Leiter muß mit Widerstand aus der Gruppe rechnen
- Hilfsmittel: Stirnbänder (2 cm breit, schwarz)

Name der Übung: Muß-Soll-Spiel	**Quelle:** Antons 181
Art der Übung: Verbale Gruppenaktivität	**Dauer:** 30 - 45 Min.
Ziel: - Normen und Werte: Analyse der eigenen Normen - Verbales Kommunikationstraining: Aufstellen von Kommunikationsregeln	**Gleiche Übung auch unter Stichwort:** - Verbales Kommunikationstraining S. 386

Inhalt:

Jeder Tn erhält 10 Spielmarken. Er hat jedesmal eine davon abzugeben, wenn er im Verlauf der Diskussion Normierungswörter (muß, soll, dar nicht usf.) verwendet.

Besondere Bemerkungen:

- Hilfsmittel: Spielmarken oder Bonbons und ein Topf

Name der Übung: Meine Normen - Deine Normen Meine Normen - Deine Normen	**Quelle:** Vopel 2;45 Vo/Ki 149
Art der Übung: Verbale Gruppenaktivität	**Dauer:** 1 Std.
Ziel: - Normen und Werte: Analyse der eigenen Normen	**Gleiche Übung auch unter Stichwort:**

Inhalt:

Ein Tn ist Zielperson. Nacheinander kann jeder das Wort ergreifen und sagen, welche Verhaltensnormen er an der Zielperson wahrgenommen hat.
Das Feedback muß in der Ich-Form, als ob die Zielperson selber sprechen würde, formuliert werden.

Besondere Bemerkungen:

Name der Übung: Normenfeedback	**Quelle:** Gudjons 173
Art der Übung: Verbale Gruppenaktivität	**Dauer:** 30 - 45 Min.
Ziel: - Normen und Werte: Analyse der eigenen Normen	**Gleiche Übung auch unter Stichwort:**

Inhalt:
Ein Tn, der über seine Normen mehr erfahren will, erhält von einem anderen Gruppenmitglied Feedback in der Form "Ich muß immer etwas Perfektes zustandebringen, ich bin immer in der Lage, Aggressionen zu kontrollieren..."

Besondere Bemerkungen:

Name der Übung: Ähnlichkeiten und Unterschiede	**Quelle:** Vopel 3;60
Art der Übung: Verbale Paaraktivität	**Dauer:** 30 Min.
Ziel: - Normen und Werte: Analyse der eigenen Normen - Verbale Feedbacktechnik: gemischtes Feedback	**Gleiche Übung auch unter Stichwort:** - Verbale Feedbacktechnik S. 478

Inhalt:
Die Tn stellen paarweise einen Katalog von Eigenschaften zusammen, in denen sie sich ähnlich sind und in denen sie sich unterscheiden.

Besondere Bemerkungen:

Name der Übung: Ähnlichkeiten zwischen je zweien	**Quelle:** Pf&J 1;78
Art der Übung: Verbale Einzel- und Gruppenaktivität	**Dauer:** 2 - 3 Std.
Ziel: - Normen und Werte: Analyse der eigenen Normen	**Gleiche Übung auch unter Stichwort:**

Inhalt:

Jedes einzelne Gruppenmitglied stuft die anderen Tn nach deren Ähnlichkeit mit der eigenen Person in eine Rangliste ein, einschließlich der Kriterien, die dem Vergleich zugrundeliegen.
Die Ergebnisse werden in einer Tabelle gesammelt und die Reaktionen der Tn besprochen.

Besondere Bemerkungen:

- Unterlagen: 1 Rangliste und 1 Ergebnistabelle pro Tn

Name der Übung: Das Chamäleonspiel	**Quelle:** Schw/S 37
Art der Übung: Verbale Einzelaktivität	**Dauer:** 30 - 45 Min.
Ziel: - Normen und Werte: Analyse der eigenen Normen - Persönliche Entwicklung: Förderung der persönlichen Weiterentwicklung	**Gleiche Übung auch unter Stichwort:** - Persönliche Entwicklung S. 110

Inhalt:
Anhand eines Fragebogens überlegen die Tn, welches Verhalten sie im Kontakt mit bestimmten Sozialpartnern nicht offen zeigen.
Die Tn bewerten ihre Aussagen mit Hilfe einer siebenstufigen Skala, die von "Ich hätte Angst vor den Konsequenzen" bis "Ich könnte, habe aber keine Veranlassung, das Verhalten zu zeigen" reicht.

Besondere Bemerkungen:
- Unterlagen: 1 Fragebogen pro Tn

Name der Übung: Dialog mit dem Spiegelbild	**Quelle:** Gudjons 94
Art der Übung: Phantasiespiel	**Dauer:** 1 Std.
Ziel: - Normen und Werte: Analyse der eigenen Normen	**Gleiche Übung auch unter Stichwort:**

Inhalt:

Jeder Tn stellt sich vor, er säße seinem Spiegelbild gegenüber. Er läßt es eine Weile auf sich wirken und kritisiert es dann mit Sätzen, die mit "Du solltest..." und "Du solltest nicht..." beginnen. Anschließend schlüpft er in die Rolle des Spiegelbildes und antwortet auf die Kritik. Daraus soll sich dann ein Dialog zwischen Ich und Spiegelbild entwickeln.

Besondere Bemerkungen:

Name der Übung: Nein sagen	**Quelle:** Gudjons 209
Art der Übung: Phantasiespiel	**Dauer:** 30 Min.
Ziel: - Normen und Werte: Analyse der eigenen Normen	**Gleiche Übung auch unter Stichwort:**

Inhalt:
Die Tn sollen sich in ihrer Phantasie eine Situation vorstellen, in der sie "Ja" gesagt haben, aber lieber "Nein" gesagt hätten.

Besondere Bemerkungen:

Name der Übung: Ich soll - soll ich?	**Quelle:** Fr&Y 264
Art der Übung: Verbale Einzel- und Paaraktivität	**Dauer:** 1 Std.
Ziel: - Normen und Werte: Analyse der eigenen Normen - Persönliche Entwicklung: Förderung der persönlichen Weiterentwicklung	**Gleiche Übung auch unter Stichwort:** - Persönliche Entwicklung S. 111

Inhalt:

Jeder Tn schreibt auf der linken Spalte eines Blattes das auf, was andere Menschen von ihm erwarten (z.B. "ich soll erfolgreich sein", "ich soll meinem Chef nicht widersprechen" usf.). Zu jedem dieser "Solls" trägt er in der rechten Spalte die Quelle ein (Eltern, Partner, Chef usf.).
Dann notiert er sich zu jedem Punkt seine eigene Vorstellung, überprüft ob er sich dabei wohlfühlt und bespricht die ganze Liste mit jemandem, der ihn gut kennt.

Besondere Bemerkungen:

Name der Übung: Sollen und Wollen	**Quelle:** Gudjons 101
Art der Übung: Verbale Paaraktivität	**Dauer:** 1 Std.
Ziel: - Normen und Werte: Analyse der eigenen Normen - Persönliche Entwicklung: Förderung der persönlichen Weiterentwicklung	**Gleiche Übung auch unter Stichwort:** - Persönliche Entwicklung S. 92

Inhalt:

Beide Partner sitzen einander gegenüber. Der eine sagt drei Minuten lang nur Sätze, die mit "Ich muß..." (Varianten: Ich kann nicht, Ich will nicht, Ich brauche, Ich hätte gern) beginnen. Danach wiederholt er die Sätze, aber diesmal fängt er mit "Ich entscheide mich für..." an. Dieser Satz wird sofort wiederholt und etwas angefügt, das die Empfindungen bei dieser Entscheidung zum Ausdruck bringt (Beispiel: "Ich entscheide mich, nicht mehr zu flippern - und ich fühle mich froh und heiter.") Anschließend werden die Rollen gewechselt.

Besondere Bemerkungen:

Name der Übung: Erwartungsanalyse	**Quelle:** Ki/MSch 159
Art der Übung: Verbale Einzel-, Kleingruppen- und Gruppenaktivität	**Dauer:** 1 Std.
Ziel: - Normen und Werte: Analyse der Normen in der Gruppe - Prozeßanalysen: Erwartungen der Tn	**Gleiche Übung auch unter Stichwort:** - Prozeßanalysen S. 854

Inhalt:
Jeder Tn beantwortet für sich die Fragen:
"Was will ich hier?" und
"Was darf ich hier?"
In Kleingruppen werden die Antworten aufbereitet und im Plenum präsentiert.

Besondere Bemerkungen:

Name der Übung: Ich darf - ich darf nicht und Normen brechen	**Quelle:** Vo/Ki 257
Art der Übung: Verbale Einzel- und Gruppenaktivität	**Dauer:** 45 - 60 Min.
Ziel: - Normen und Werte: Analyse der Normen in der Gruppe - Persönliche Entwicklung: Einübung neuer Verhaltensweisen	**Gleiche Übung auch unter Stichwort:** - Persönliche Entwicklung S. 120

Inhalt:

Die Tn überlegen sich, welche förderlichen und hinderlichen Normen sie in der Gruppe erlebt haben. Diese Normen schreiben sie auf eine Tafel, und zwar in der Formulierung:
"In dieser Gruppe darf ich..." und "In dieser Gruppe darf ich nicht..."
Nach einem kurzen Auswertungsgespräch sucht sich jeder Tn die Norm aus, die ihn am meisten behindert hat und versucht sie in irgendeiner Form zu brechen.

Besondere Bemerkungen:

- Leiter muß mit Widerstand aus der Gruppe rechnen

Name der Übung: Gruppennormen	**Quelle:** Gudjons 174
Art der Übung: Verbale (Klein)Gruppenaktivität	**Dauer:** 1,5 Std.
Ziel: - Normen und Werte: Analyse der Normen in der Gruppe	**Gleiche Übung auch unter Stichwort:**

Inhalt:
Die Tn bilden Vierergruppen und stellen sich vor, daß einige Bewerber einen Aufnahmeantrag an ihre Gruppe gestellt haben. Sie sollen diese Bewerber anhand der folgenden Kriterien über die in der Gruppe etablierten Normen informieren:
a) was bei uns gewünscht ist
b) was bei uns geduldet wird
c) was bei uns verboten ist
Die Kleingruppen achten darauf, daß sie diese Fragen unter dem Aspekt beantworten, wie die Gruppe sich bisher verhalten hat. Jede Kleingruppe bringt ihre 2 - 3 wichtigsten Normen ins Plenum.

Besondere Bemerkungen:

Name der Übung: Lös die Fesseln!	**Quelle:** Ki/MSch 154
Art der Übung: Verbale Gruppenaktivität	**Dauer:** 1 Std.
Ziel: - Normen und Werte: Analyse der Normen in der Gruppe - Persönliche Entwicklung: Einübung neuer Verhaltensweisen	**Gleiche Übung auch unter Stichwort:** - Persönliche Entwicklung S. 119

Inhalt:
Anhand eines "Prüfstandes für Gruppennormen" sollen die Tn darüber nachdenken, welche Normen sie bisher in der Gruppe realisiert haben. Dann soll jedes Mitglied einen Wunsch aufschreiben, den es bisher nicht zu formulieren gewagt hat und versuchen diesen Wunsch in die Tat umzusetzen.

Besondere Bemerkungen:
- Leiter muß mit Widerstand aus der Gruppe rechnen
- Unterlagen: 1 "Prüfstand für Gruppennormen" pro Tn

Name der Übung: Selbstbeurteilung	**Quelle:** Pf&J <u>6</u>;123
Art der Übung: Verbale Einzel- und (Klein)Gruppenaktivität	**Dauer:** 45 Min.
Ziel: - Normen und Werte: Analyse der Normen in der Gruppe	**Gleiche Übung auch unter Stichwort:**

Inhalt:
Alle Tn beurteilen sich nach einem Polaritätsprofil, tauschen die Beurteilungen aus und geben sie mit Kommentaren versehen wieder zurück. Anschließend bittet der Leiter die Tn, durch Hochheben der Hand anzuzeigen, wie sie sich selbst beurteilt haben und veranschaulicht dann auf einer Tafel die Gruppennormen.

Besondere Bemerkungen:
- Unterlagen: 1 Selbstbeurteilungsschema pro Tn

Name der Übung: Asch-Experiment	**Quelle:** Antons 177
Art der Übung: Verbale Gruppenaktivität	**Dauer:** 1 Std.
Ziel: - Normen und Werte: Analyse der Normen in der Gruppe - Soziale Wahrnehmung: Demonstration von Wahrnehmungsphänomenen	**Gleiche Übung auch unter Stichwort:** - Soziale Wahrnehmung S. 3

Inhalt:

Die Gruppe hat die Aufgabe, in mehreren Durchgängen aus drei unterschiedlich langen Linien diejenige zu bestimmen, die in ihrer Länge einer Standardlinie entspricht. Vorinstruierte Tn benennen jeweils eine falsche Linie; dann wird gemessen, wie oft eine naive Versuchsperson, die immer als letzte stimmt, sich in ihrem Urteil beeinflussen läßt.

Besondere Bemerkungen:
- Das Experiment ist in einer modifizierten Version auch mit mehreren naiven Versuchspersonen möglich (siehe Antons 178)
- Hilfsmittel: 18 Tafeln mit Linien; bzw. Testheft mit Antwortblättern in der modifizierten Version
- Instruktion ist problematisch, denn die naive Versuchsperson darf nichts ahnen

Name der Übung:	Quelle:
Lebensstil-Symbole	Gudjons 54

Art der Übung:	Dauer:
Verbale Paaraktivität	45 Min.

Ziel:	Gleiche Übung auch unter Stichwort:
- Normen und Werte: Analyse der eigenen Wertvorstellungen	
- Eröffnungsphase: Kennenlernen	-Eröffnungsphase S. 702

Inhalt:
Nachdem jeder Tn einen Partner gewählt hat, überlegt jeder für sich, welche 3 Dinge, die sich an ihm oder in seiner Nähe befinden, symbolisch für etwas stehen, was ihm sehr wichtig ist. Beispiele: Sandalen = Freiheit im Lebensstil; Ehering = die Liebe. Die Partner erläutern einander die Symbole und beantworten zum Schluß die Frage: Auf welches der drei Dinge könnte ich am wenigsten verzichten?

Besondere Bemerkungen:

Name der Übung: Eigenschaftswörter	**Quelle:** Pf&J 5;105
Art der Übung: Verbale Paar- und Gruppenaktivität	**Dauer:** 1 Std.
Ziel: - Normen und Werte: Analyse der eigenen Wertvorstellungen - Soziale Wahrnehmung: Abbau von Vorurteilen zwischen Individuen innerhalb der Gruppe	**Gleiche Übung auch unter Stichwort:** - Soziale Wahrnehmung S. -19-

Inhalt:

Jeder Tn charakterisiert mit drei Eigenschaftswörtern die Personen, zu denen er das beste und das schlechteste Verhältnis hat. Anhand der eigenen Charakterisierungen vollendet jeder Tn den Satz:
"Ich bin eine Person, die auf... großen Wert legt."
Nachdem jeder mit seinem Nachbarn darüber gesprochen hat, was seine Charakterisierungen über ihn selbst aussagen, schreibt der Leiter alle Eigenschaftswörter auf eine Tafel.
Im letzten Teil der Übung sucht sich jeder einen Partner, mit dem er sowohl positives als auch negatives Feedback austauschen kann.

Besondere Bemerkungen:

Name der Übung: Gürtellinien	**Quelle:** Gudjons 122
Art der Übung: Verbale Paar- und Gruppenaktivität	**Dauer:** 1 Std.
Ziel: - Normen und Werte: Analyse der eigenen Wertvorstellungen - Konflikttraining: Wahrnehmung des Selbstwertgefühls	**Gleiche Übung auch unter Stichwort:** - Konflikttraining S.332

Inhalt:

Nachdem jeder Tn einen Partner gefunden hat, fertigt er eine Liste an mit Punkten, in denen er besonders verletzlich ist. Mit seinem Partner bespricht er die Punkte und untersucht, welche Punkte tatsächlich "unter der Gürtellinie" liegen und welche nicht doch kritisierfähig sind. Im Plenum stellt jeder Tn die drei Punkte vor, in denen er am meisten verletzbar ist und der Partner macht im weiteren Verlauf der Gruppenarbeit jeweils darauf aufmerksam, wenn der andere "unter der Gürtellinie" angegriffen wird.

Besondere Bemerkungen:

Name der Übung: Glauben und Wissen	**Quelle:** Gudjons 59
Art der Übung: Verbale Einzel- und Gruppenaktivität	**Dauer:** 1,5 Std.
Ziel: - Normen und Werte: Analyse der eigenen Wertvorstellungen - Verbale Feedbacktechnik: gemischtes Feedback	**Gleiche Übung auch unter Stichwort:** -Verbale Feedbacktechnik S. 481

Inhalt:
Jeder Tn erhält ein Papier, auf dem folgende Fragen stehen:
a) Als eines meiner größten Vorbilder würde ich nennen...
b) Ich halte mich für einen Menschen, der...
c) Wenn ich 100.000,-- DM gewinnen würde, würde ich...
d) Als letztes Buch habe ich gelesen...
e) Menschen, mit denen ich gerne umgehe, müssen... sein
Alle Zettel werden eingesammelt. Jeder zieht einen beliebigen heraus, liest ihn vor und die Gruppe versucht den Schreiber des Zettels zu erraten (mit Begründung!). Wenn jeder seine Meinung geäußert hat, gibt sich der Verfasser zu erkennen.

Besondere Bemerkungen:
- Probleme: bei den letzten ist es nicht mehr spannend.

Name der Übung: Discussing values	**Quelle:** Woodcock 107
Art der Übung: Verbale (Klein)Gruppenaktivität	**Dauer:** 1 - 2 Std.
Ziel: - Normen und Werte: Analyse der eigenen Wertvorstellungen	**Gleiche Übung auch unter Stichwort:**

Inhalt:

Kleingruppen diskutieren Themen, bei denen in besonderem Maße Wertvorstellungen zum Ausdruck kommen. Der Leiter kann aus acht angegebenen Themen auswählen.

Besondere Bemerkungen:

Name der Übung: Abtreibung	**Quelle:** Antons 185
Art der Übung: Verbale Kleingruppenaktivität	**Dauer:** mindestens 3 Std.
Ziel: - Normen und Werte: Analyse der eigenen Wertvorstellungen	**Gleiche Übung auch unter Stichwort:**

Inhalt:
Auf der Grundlage des (alten) § 218 sollen die Tn als Schöffen einstimmige Urteile in einer Anzahl von Abtreibungsfällen finden. Delegierte der Kleingruppen berichten im Plenum über ihre Entscheidungen.

Besondere Bemerkungen:
- Leiter muß mit Widerstand aus der Gruppe rechnen
- Der Kleingruppenentscheidung kann eine Individualentscheidung vorgeschaltet werden
- Unterlagen: § 218 und Fallauswahl

Name der Übung: Charakteristika eines guten Lehrers	**Quelle:** Pf&J 3;82 und 97
Art der Übung: Verbale Einzel- und Kleingruppenaktivität	**Dauer:** 1 Std.
Ziel: - Normen und Werte: Analyse der eigenen Wertvorstellungen - Entscheidungsfindung in Gruppen: Konsensusbildung	**Gleiche Übung auch unter Stichwort:** - Entscheidungsfindung in Gruppen S. -559-

Inhalt:
Die Tn bewerten individuell und in der Kleingruppe Aussagen danach, ob sie auf einen guten Lehrer zutreffen oder nicht.
Einzel- und Kleingruppenergebnisse werden verglichen.

Besondere Bemerkungen:
- Unterlagen: 1 Blatt "Charakteristika eines guten Lehrers" pro Tn

Name der Übung: Glaubwürdigkeit	**Quelle:** Pf&J 3;82 und 93
Art der Übung: Verbale Einzel- und Kleingruppenaktivität	**Dauer:** 1 Std.
Ziel: - Normen und Werte: Analyse der eigenen Wertvorstellungen - Entscheidungsfindung in Gruppen: Synergiedemonstration	**Gleiche Übung auch unter Stichwort:** - Entscheidungsfindung in Gruppen S.-584-

Inhalt:
Die Tn entscheiden individuell und in der Kleingruppe, wieviel Glaubwürdigkeit Personen aus 20 verschiedenen Berufen genießen. Einzel- und Gruppenergebnisse werden mit einer empirischen Untersuchung verglichen.

Besondere Bemerkungen:
- Unterlagen: 1 Blatt "Glaubwürdigkeit" pro Tn

Name der Übung: Politiker	**Quelle:** Pf&J 3;82 und 92
Art der Übung: Verbale Einzel- und Kleingruppenaktivität	**Dauer:** 1 Std.
Ziel: - Normen und Werte: Analyse der eigenen Wertvorstellungen - Entscheidungsfindung in Gruppen: Konsensusbildung	**Gleiche Übung auch unter Stichwort:** - Entscheidungsfindung in Gruppen S.-561-

Inhalt:
Die Tn sollen individuell und in der Kleingruppe fünf Eigenschaften auswählen, die für einen Kommunalpolitiker von Wichtigkeit sind. Einzel- und Gruppenergebnisse werden verglichen.

Besondere Bemerkungen:
- Unterlagen: 1 Blatt "Politiker" pro Tn

Name der Übung: Teenager	**Quelle:** Pf&J 3;82 und 96
Art der Übung: Verbale Einzel- und Kleingruppenaktivität	**Dauer:** 1 Std.
Ziel: - Normen und Werte: Analyse der eigenen Wertvorstellungen - Entscheidungsfindung in Gruppen: Konsensusbildung	**Gleiche Übung auch unter Stichwort:** - Entscheidungsfindung in Gruppen S.-560-

Inhalt:
Die Tn entscheiden individuell und in der Kleingruppe, welche Statements die Einstellungen von Teenagern am besten, zweitbesten, drittbesten usf. wiedergeben. Einzel- und Kleingruppenergebnisse werden verglichen.

Besondere Bemerkungen:
- Unterlagen: 1 Blatt "Teenager" pro Tn

Name der Übung: Gruppendynamische Prozeßbeobachtungsübungen	**Quelle:** Pf&J 5;136
Art der Übung: Verbale Gruppenaktivität mindestens 17 Tn	**Dauer:** 2 Std.
Ziel: - Normen und Werte: Analyse der eigenen Wertvorstellungen - Entscheidungsfindung in Gruppen: Konsensusbildung	**Gleiche Übung auch unter Stichwort:** - Entscheidungsfindung in Gruppen S.-571-

Inhalt:

Nach einem kurzen Referat des Leiters über Gruppenentwicklungsmodelle setzen sich sechs oder mehr Freiwillige in einen Innenkreis.
Sie hören die Geschichte: "Das Mädchen und der Schiffszimmermann", in der es um einen Wertekonflikt geht, und sollen darüber diskutieren, wie sympathisch die Personen in der Geschichte auf die Tn wirken.
Elf Mitglieder im Außenkreis beobachten mit Hilfe von detaillierten Schemata den Prozeß.

Besondere Bemerkungen:

- Unterlagen: 11 verschiedene Beobachteranweisungen

Name der Übung: Wer soll zurückgelassen werden?	**Quelle:** Pf&J 3;82 und 94
Art der Übung: Verbale Einzel- und Gruppenaktivität	**Dauer:** 1 Std.
Ziel: - Normen und Werte: Analyse der eigenen Wertvorstellungen - Entscheidungsfindung in Gruppen: Konsensusbildung	**Gleiche Übung auch unter Stichwort:** - Entscheidungsfindung in Gruppen S. -562-

Inhalt:
Die Tn sollen individuell und in der Kleingruppe entscheiden, welche drei Personen bei einer Evakuierung zurückgelassen werden sollen, und so möglicherweise einer Katastrophe zum Opfer fallen.
Einzel- und Kleingruppenergebnisse werden verglichen.

Besondere Bemerkungen:
- Unterlagen: 1 Blatt "Wer soll zurückgelassen werden?" pro Tn
- Leiter muß mit Widerstand aus der Gruppe rechnen

Name der Übung: Rettungsboot	**Quelle:** Gudjons 195
Art der Übung: Verbale Gruppenaktivität	**Dauer:** 2 - 3 Std.
Ziel: - Normen und Werte: Analyse der eigenen Wertvorstellungen - Entscheidungsfindung in Gruppen: Konsensusbildung	**Gleiche Übung auch unter Stichwort:** -Entscheidungsfindung in Gruppen S. 564

Inhalt:
Nach einem Schiffsunglück sitzen die Tn in einem Rettungsboot, das zu sinken droht, weil in ihm zuviele Menschen sind. Daher müssen die Tn innerhalb von 30 Min. entscheiden, wer von ihnen mit dem Rettungsring aussteigen soll. Die Tn spielen folgende Rollen: 14-jährige Schülerin, Lehrerin, Profi-Sportler, 50-jähriger Fabrikant, berühmter Schriftsteller, Tischler, pensionierter Regierungsrat, Hausfrau, Krankenschwester usw. Wenn sie nach 30 Min. keine Entscheidung getroffen haben, geht das Boot unter.

Besondere Bemerkungen:
- Leiter muß mit Widerstand aus der Gruppe rechnen.

Name der Übung: Entscheidungskontinuum	**Quelle:** Gudjons 197
Art der Übung: Verbale Einzel-, Kleingruppen- und Gruppenaktivität	**Dauer:** 2 Std.
Ziel: - Normen und Werte: Analyse der eigenen Wertvorstellungen - Entscheidungsfindung in Gruppen: Konsensusbildung	**Gleiche Übung auch unter Stichwort:** - Entscheidungsfindung in Gruppen S. 573

Inhalt:
Die Gruppe soll auf eine einsame Insel verbannt werden und darf außer ihrer eigenen Bekleidung insgesamt nur 10 Gegenstände mitnehmen. In der ersten Phase fertigt jedes Gruppenmitglied eine Liste seiner notwendigen und sinnvollen Gegenstände an; danach sollen sie sich in Vierergruppen anhand der individuellen Listen auf die 10 Gegenstände einigen. In der dritten Phase schickt jede Vierergruppe einen Vertreter in die Gesamtgruppe, wo die endgültige Entscheidung über die 10 Gegenstände getroffen wird.

Besondere Bemerkungen:

Name der Übung: Maklerspiel	**Quelle:** Gudjons 196
Art der Übung: Verbale Gruppenaktivität	**Dauer:** 2 - 3 Std.
Ziel: - Normen und Werte: Analyse der eigenen Wertvorstellungen - Entscheidungsfindung in Gruppen: Konsensusbildung	**Gleiche Übung auch unter Stichwort:** -Entscheidungsfindung in Gruppen S. 565

Inhalt:
Ein Makler hat die Interessenten für eine sehr günstige 5-Zimmer-Wohnung versammelt. Der Makler will eine "demokratische" Entscheidung herbeiführen und die Bewerber sich selber einigen lassen; er selber hat aber das letzte Wort. Für jeden Bewerber gibt es eine kleine Rolle.

Besondere Bemerkungen:

Name der Übung: Polarisierung	**Quelle:** Pf&J 2;64
Art der Übung: Verbale Einzel- und (Klein)Gruppenaktivität	**Dauer:** 2 Std.
Ziel: - Normen und Werte: Analyse der eigenen Wertvorstellungen - Soziale Wahrnehmung: Geschlechtsrollenstereotype	**Gleiche Übung auch unter Stichwort:** - Soziale Wahrnehmung S.-37-

Inhalt:
Die Tn beantworten individuell einen Fragebogen "Ansichten über Frauen".
Dann teilen sie sich in 3 Kleingruppen, deren Zusammensetzung von der Beantwortung des Fragebogens abhängig ist. Jede Kleingruppe legt sich eine Strategie zurecht, wie sie die anderen von ihrer Ansicht überzeugen können.
Am Schluß muß die "gemäßigte" Kleingruppe abstimmen, welcher der beiden Extremgruppen sie sich anschließen will.

Besondere Bemerkungen:

- Unterlagen: 1 Fragebogen "Ansichten über Frauen" pro Tn

Name der Übung: Cave rescue Verschüttet	**Quelle:** Woodcock 131 Fr&Y 214
Art der Übung: Verbale (Klein)Gruppenaktivität	**Dauer:** 1,5 Std.
Ziel: - Normen und Werte: Analyse der eigenen Wertvorstellungen - Entscheidungsfindung in Gruppen: Konsensusbildung	**Gleiche Übung auch unter Stichwort:** - Entscheidungsfindung in Gruppen S. -563-

Inhalt:
Eine Höhlen-Expeditionsgruppe ist in eine Notlage geraten. Die herbeigerufene Rettungsmannschaft meint, daß sie die Verunglückten nur einzeln herausholen kann und jeweils 1 Stunde dafür braucht. Dabei wird die Gefahr immer größer, daß die Expeditionsteilnehmer im reißenden Wasser ertrinken. Die Kleingruppe soll nun Konsensus darüber erzielen, in welcher Reihenfolge die sechs Verunglückten, deren persönliche Daten vorliegen, gerettet werden sollen.

Besondere Bemerkungen:
- Unterlagen: 1 Instruktionsblatt und 1 Fragenkatalog pro Tn

Name der Übung: Wertvorstellungen	**Quelle:** Pf&J <u>4</u>;29
Art der Übung: Verbale Gruppenaktivität	**Dauer:** 2 Std.
Ziel: - Normen und Werte: Analyse diskrepanter Wertvorstellungen zwischen Kleingruppen - Soziale Wahrnehmung: Abbau von Vorurteilen zwischen Kleingruppen	**Gleiche Übung auch unter Stichwort:** - Soziale Wahrnehmung S.-33-

Inhalt:

Die Tn werden in zwei Untergruppen geteilt, von denen unterschiedliche Wertvorstellungen erwartet werden können. In einem Wertekatalog bezeichnet jedes Mitglied seine Wertvorstellungen und die Wertvorstellungen eines typischen Mitglieds der anderen Gruppe. Dann wählen beide Gruppen einen Repräsentanten, der in einem Rollenspiel ein Mitglied der anderen Gruppe darstellt.

Besondere Bemerkungen:
- 2 Wertekataloge pro Tn
- Leiter muß mit Widerstand aus der Gruppe rechnen

Name der Übung: Konfrontation	**Quelle:** Pf&J 1;132
Art der Übung: Verbale Gruppenaktivität	**Dauer:** 3 Std.
Ziel: - Normen und Werte: Analyse diskrepanter Wertvorstellungen zwischen Kleingruppen - Soziale Wahrnehmung: Abbau von Vorurteilen zwischen Kleingruppen - Förderung von Kooperationsfähigkeit zwischen Arbeitsgruppen	**Gleiche Übung auch unter Stichwort:** - Soziale Wahrnehmung S. -30- - Förderung von Kooperationsfähigkeit S. -659-

Inhalt:
Die Tn werden in zwei (komplementäre) Kleingruppen aufgeteilt und beantworten die Fragen:
"Wie wirkt die andere Gruppe auf uns?" und
"Wie wirken wir auf die andere Gruppe?"
Sie treffen sich dann zu einer gemeinsamen Sitzung, besprechen wiederum getrennt die ausgetauschten Daten und überlegen sich zum Schluß im Plenum, wie sie sich eine weitere Entwicklung oder Zusammenarbeit denken können.

Besondere Bemerkungen:
Die Übung ist geeignet, die Beziehung zwischen realen Gruppen zu verbessern (z.B. Betriebsrat - Personalabteilung, Gefangene - Vollzugsbedienstete, Innendienst - Außendienst, Jugendliche - ältere Menschen)

Name der Übung: Spiegelbild	**Quelle:** Fr&Y 283
Art der Übung: Verbale (Klein)Gruppenaktivität	**Dauer:** 2 Std.
Ziel: - Normen und Werte: Analyse diskrepanter Wertvorstellungen zwischen Kleingruppen - Soziale Wahrnehmung: Abbau von Vorurteilen zwischen Kleingruppen - Förderung von Kooperationsfähigkeit zwischen Arbeitsgruppen	**Gleiche Übung auch unter Stichwort:** - Soziale Wahrnehmung S. -29- - Förderung von Kooperationsfähigkeit S. -660-

Inhalt:
Die Tn aus zwei (komplementäre) Kleingruppen beantworten folgende Fragen:
1. Wie sehen wir die andere Gruppe?
2. Wie sieht die andere Gruppe uns?
3. Wie sehen wir uns selber?
4. Was erwarten wir von der anderen Gruppe?

Im Plenum präsentiert jede Kleingruppe ihre Antworten und beide überlegen sich, wie sie ihre Zusammenarbeit verbessern können.

Besondere Bemerkungen:
- Raum: 1 großer und 1 kleiner Raum erforderlich
- Siehe Bemerkungen Seite 60

Name der Übung:	Quelle:
Einschätzung von Wertvorstellungen	Pf&J 3;74

Art der Übung:	Dauer:
Verbale Einzel- und Kleingruppenaktivität	1,5 - 2 Std.

Ziel:	Gleiche Übung auch unter Stichwort:
- Normen und Werte: Analyse diskrepanter Wertvorstellungen zwischen Kleingruppen	
- Soziale Wahrnehmung: Abbau von Vorurteilen zwischen Kleingruppen	- Soziale Wahrnehmung S.-34-

Inhalt:

Die Tn sollen individuell und in der Gruppe eine Rangordnung der Mitglieder nach dem Kriterium "Aktivität" vornehmen. Nach einer Besprechung dieses Feedbacks wird die Gruppe in "Aktive", "Passive" und "Übrige" geteilt. Jede Kleingruppe untersucht mit Hilfe eines Eigenschaftenkatalogs ihre Wertvorstellungen.

Besondere Bemerkungen:
- Unterlagen: 1 Eigenschaftenkatalog pro Tn

Name der Übung: To see ourselves as others see us	**Quelle:** Woodcock 163
Art der Übung: Verbale Gruppenaktivität	**Dauer:** 1 Std.
Ziel: - Normen und Werte: Analyse diskrepanter Wertvorstellungen zwischen Kleingruppen - Soziale Wahrnehmung: Abbau von Vorurteilen zwischen Kleingruppen	**Gleiche Übung auch unter Stichwort:** - Soziale Wahrnehmung S.-31-

Inhalt:
Zwei komplementäre Kleingruppen beschreiben sich gegenseitig mit 12 Adjektiven. Nachdem sie ihre Charakterisierungen präsentiert haben, bespricht jede Kleingruppe unter sich ihre Erfahrungen und Gefühle. Anschließend kann eine Aussprache im Plenum stattfinden.

Besondere Bemerkungen:
- Raum: 2 Räume erforderlich
- Moderationsausrüstung empfehlenswert

Name der Übung: Team mirroring	**Quelle:** Woodcock 65
Art der Übung: Verbale Kleingruppenaktivität	**Dauer:** 1,5 - 2 Std.

Ziel:	**Gleiche Übung auch unter Stichwort:**
- Normen und Werte: Analyse diskrepanter Wertvorstellungen zwischen Kleingruppen	
- Soziale Wahrnehmung: Abbau von Vorurteilen zwischen Kleingruppen	- Soziale Wahrnehmung S.-32-
- Förderung von Kooperationsfähigkeit zwischen Arbeitsgruppen	- Förderung von Kooperationsfähigkeit S.-661-

Inhalt:

Zwei komplementäre Kleingruppen haben die Aufgabe, je 12 positive und negative Eigenschaften zu suchen, welche die andere Kleingruppe charakterisieren. Dann besprechen je zwei Angehörige einer Kleingruppe diese Beurteilungen. Am Schluß sollen die Kleingruppen eine gemeinsame Aktion miteinander vereinbaren.

Besondere Bemerkungen:
- Siehe Bemerkung Seite 60

Name der Übung: Wechselnde Kleingruppen	**Quelle:** Vopel 3;17
Art der Übung: Verbale Kleingruppenaktivität	**Dauer:** 1,5 Std.
Ziel: - Persönliche Entwicklung: Verständnis für den Verlauf der persönlichen Entwicklung - Eröffnungsphase: Kennenlernen	**Gleiche Übung auch unter Stichwort:** - Eröffnungsphase S. -726-

Inhalt:

Die Tn finden sich in wechselnden Kleingruppen zur Diskussion folgender Themen zusammen:
1. Welche Bedeutung hat mein Platz in der Geburtsreihenfolge für mich?
2. Welche Erfahrungen habe ich mit einem dominanten Familienmitglied gemacht?
3. Welche Rolle spielte für mich das Geld, über das meine Familie verfügte?

Besondere Bemerkungen:

Name der Übung: Wie ich gesehen werde	**Quelle:** Gudjons 107
Art der Übung: Verbale Einzel- und Kleingruppenaktivität	**Dauer:** 45 Min.
Ziel: - Persönliche Entwicklung: Verständnis für den Verlauf der persönlichen Entwicklung	**Gleiche Übung auch unter Stichwort:**

Inhalt:
Jeder Tn beantwortet für sich folgende Fragen
a) Wie ich mich selbst sehe...
b) Wie meine Eltern mich sehen...
c) Wie gute Freunde mich sehen...
Die Antworten werden in Vierergruppen vorgestellt und besprochen.

Besondere Bemerkungen:

Name der Übung: Lebenslinie	**Quelle:** Gudjons 97
Art der Übung: Verbale Einzel- und Gruppenaktivität	**Dauer:** 2 Std.
Ziel: - Persönliche Entwicklung: Verständnis für den Verlauf der persönlichen Entwicklung - Gefühle: Entwicklung von Offenheit und Vertrauen	**Gleiche Übung auch unter Stichwort:** -Gefühle S. 263

Inhalt:
Auf einem querformatigen DIN-A-4-Blatt oder auf einem Plakat zeichnet jeder eine Lebenslinie und trägt darauf die Ereignisse ein, die für seine aktuelle Lebenssituation bestimmend waren. Darüber werden Symbole, Skizzen oder ein Motto angefügt, die die Ereignisse charakterisieren. Die Zeichnungen werden aufgehängt und diskutiert.

Besondere Bemerkungen:
- Varianten:
a) die Gefühle, von denen die Ereignisse begleitet waren, werden anhand einer Schätzskala nach ihrer Intensität und Richtung beschrieben
b) die Lebenslinie kann in für alle gleiche Abschnitte geteilt werden, die jeder individuell ausfüllt
c) die Lebenslinie kann in die Zukunft erweitert werden.

Name der Übung: Familienbilder	**Quelle:** Vopel 1;13
Art der Übung: Verbale Gruppenaktivität.	**Dauer:** 1,5 - 2 Std.
Ziel: - Persönliche Entwicklung: Verständnis für den Verlauf der persönlichen Entwicklung - Eröffnungsphase: Kennenlernen	**Gleiche Übung auch unter Stichwort:** - Eröffnungsphase S. -729-

Inhalt:

Alle Tn sollen ein Bild malen, das ihre Familie darstellt, als sie selber noch Kinder waren. Jeder soll kurz über sein Bild sprechen und es im Kreis herumgeben, damit die anderen ihre Kommentare dazuschreiben können. Dann diskutieren sie ihre Erfahrungen.

Besondere Bemerkungen:
- Leiter muß mit Widerstand aus der Gruppe rechnen

Name der Übung: Familiensprüche	**Quelle:** Vopel 4;16
Art der Übung: Verbale Gruppenaktivität	**Dauer:** 1 Std.
Ziel: - Persönliche Entwicklung: Verständnis für den Verlauf der persönlichen Entwicklung - Eröffnungsphase: Einführung ins "Hier und Jetzt"	**Gleiche Übung auch unter Stichwort:** - Eröffnungsphase S.-794-

Inhalt:
Die Tn sollen die Standard-Familiensprüche, die sie aus ihrer Kindheit kennen, aufschreiben und gemeinsam herausfinden, in welcher Weise diese Aussprüche ihr Verhalten in der Gruppe beeinflussen könnten.

Besondere Bemerkungen:

Name der Übung:	Quelle:
Lebenslauf	Pf&J 1;113

Art der Übung:	Dauer:
Nonverbale Einzel- und Gruppenaktivität	1 Std.

Ziel:	Gleiche Übung auch unter Stichwort:
- Persönliche Entwicklung: Verständnis für den Verlauf der persönlichen Entwicklung - Eröffnungsphase: Kennenlernen	 - Eröffnungsphase S.-718-

Inhalt:

Die Tn werden gebeten, einen Punkt auf einen Papierbogen zu setzen und daraufhin - ohne das Schreibgerät abzusetzen - einige wichtige oder entscheidende Ereignisse aus ihrem Leben zu zeichnen. Jeder stellt sich im Plenum mit seiner Zeichnung vor.

Besondere Bemerkungen:

- Moderationsausrüstung empfehlenswert

Name der Übung: Bilderserie	**Quelle:** Pf&J 1;114
Art der Übung: (Non)verbale Einzel- und Gruppenaktivität	**Dauer:** 1 Std.
Ziel: - Persönliche Entwicklung: Verständnis für den Verlauf der persönlichen Entwicklung	**Gleiche Übung auch unter Stichwort:**

Inhalt:

Alle Tn erhalten ein Papier, das sie in 12 Teile gliedern. Auf jeden Teil sollen sie ein bedeutungsvolles Erlebnis zeichnen, welches sie im Laufe ihrer Arbeit in der Gruppe oder im Leben außerhalb der Gruppe gehabt haben.

Besondere Bemerkungen:
- Moderationsausrüstung empfehlenswert

Name der Übung: Vergangenheit - Gegenwart - Zukunft	**Quelle:** Gudjons 56
Art der Übung: Verbale Einzel- und Kleingruppenaktivität	**Dauer:** 1 Std.
Ziel: - Persönliche Entwicklung: Verständnis für den Verlauf der persönlichen Entwicklung	**Gleiche Übung auch unter Stichwort:**

Inhalt:
Jeder Tn erhält auf einem vorbereiteten Blatt folgende Fragen:
1. Als ich 16 war: - ein Hauptinteresse
   - ein Problem, eine Schwierigkeit
   - eine Hoffnung, ein Wunsch
2. Jetzt in meinem Leben: - ein Hauptinteresse etc.
3. In zehn Jahren: - ein Hauptinteresse etc.

Zu jeder Frage wird eine Farbe aufgemalt, die die Grundstimmung zu dieser Zeit wiedergibt, in Kleingruppen werden die Antworten besprochen.

Besondere Bemerkungen:
- Unterlagen: vorbereiteter Fragebogen
- Hilfsmittel: Buntstifte oder Wachsfarben

Name der Übung: Lebensalter und Erfolg	**Quelle:** Gudjons 112
Art der Übung: Verbale Einzel- und Kleingruppenaktivität	**Dauer:** 1 Std.
Ziel: - Persönliche Entwicklung: Verständnis für den Verlauf der persönlichen Entwicklung	**Gleiche Übung auch unter Stichwort:**

Inhalt:
Jeder Tn beantwortet folgende Frage: Was gab mir das Gefühl persönlicher Leistungsfähigkeit, des Erfolgs und der Zufriedenheit, als ich
- 7 Jahre alt
- 13 - 17 Jahre alt
- 18 - 25 Jahre alt war?
- heute?

Besondere Bemerkungen:

Name der Übung: Intim-Frage	**Quelle:** Workbook 4.4.6
Art der Übung: Verbale Gruppenaktivität	**Dauer:** 1 - 1,5 Std.
Ziel: - Persönliche Entwicklung: Verständnis für den Verlauf der persönlichen Entwicklung - Gefühle: Entwicklung von Offenheit und Vertrauen durch Äußerung von Geheimnissen	**Gleiche Übung auch unter Stichwort:** - Gefühle S.-249-

Inhalt:
Jeder Tn schreibt eine Frage auf, die in seinem Leben eine entscheidende Bedeutung hatte. Dann beantworten die Tn alle Fragen so, wie sie sie für ihre Person sehen. Den Grad der Offenheit bestimmt jeder für sich selbst.

Besondere Bemerkungen:
- Leiter muß mit Widerstand aus der Gruppe rechnen

Name der Übung: Familienbaum	**Quelle:** Gudjons 107
Art der Übung: Phantasiespiel und nonverbale Paaraktivität	**Dauer:** 1 Std.
Ziel: - Persönliche Entwicklung: Verständnis für den Verlauf der persönlichen Entwicklung	**Gleiche Übung auch unter Stichwort:**

Inhalt:
Die Tn versetzen sich in ihre Kindheit zurück und lassen in ihrer Phantasie einen Baum entstehen, der im Hinblick auf seine Beschaffenheit (Gattung, Bau, Farbe) dem der eigenen Familie am besten entspricht. Jeder malt seinen Baum auf ein Blatt Papier und sucht sich anschließend einen Partner, dem er ohne Kommentar die Zeichnung vorlegt und um seinen Eindruck bittet. Zum Schluß werden Vierergruppen gebildet, die sich mit dem Thema "Das Kind ist der Vater des Mannes" beschäftigen.

Besondere Bemerkungen:

Name der Übung: Berufliche Schicksalslinie	**Quelle:** Vopel 4;88
Art der Übung: Verbale Gruppenaktivität	**Dauer:** 1 - 2 Std.
Ziel: - Persönliche Entwicklung: Verständnis für den Verlauf der persönlichen Entwicklung	**Gleiche Übung auch unter Stichwort:**

Inhalt:

Die Tn sollen die Geschichte ihrer beruflichen Laufbahn vor ihrem geistigen Auge ablaufen lassen und anschließend eine Verlaufskurve ihrer Karriere auf ein Plakat zeichnen.

Besondere Bemerkungen:

- Leiter muß mit Widerstand aus der Gruppe rechnen
- Moderationsausrüstung empfehlenswert

Name der Übung: Schnappschüsse	**Quelle:** Vopel 2;82
Art der Übung: Phantasiespiel	**Dauer:** 1,5 Std.
Ziel: - Persönliche Entwicklung: Verständnis für den Verlauf der persönlichen Entwicklung	**Gleiche Übung auch unter Stichwort:**

Inhalt:
Der Leiter lädt die Tn zu einer Phantasie ein, bei der sie einen Überblick über ihr Leben und ein tieferes Verständnis für ihren eigenen Entwicklungsprozeß gewinnen können.

Besondere Bemerkungen:
- Die Tn sollten mindestens 30 Jahre alt sein
- Leiter muß mit Widerstand aus der Gruppe rechnen

Name der Übung: Jünger werden	**Quelle:** Vopel 5;85
Art der Übung: Phantasiespiel	**Dauer:** 10 - 30 Min.
Ziel: - Persönliche Entwicklung: Verständnis für den Verlauf der persönlichen Entwicklung	**Gleiche Übung auch unter Stichwort:**

Inhalt:
Die Tn führen einen imaginären Dialog zwischen einem jüngeren Ich und dem Ich ihres gegenwärtigen Alters.

Besondere Bemerkungen:
- Leiter muß mit Widerstand aus der Gruppe rechnen

Name der Übung: Halbzeit	**Quelle:** Vopel 4;90
Art der Übung: Verbale Paaraktivität	**Dauer:** 15 - 30 Min.
Ziel: - Persönliche Entwicklung: Förderung der persönlichen Weiterentwicklung - Förderung der Kooperationsfähigkeit zwischen Individuen innerhalb einer Arbeitsgruppe	**Gleiche Übung auch unter Stichwort:** - Förderung der Kooperationsfähigkeit S. -635-

Inhalt:

Die Tn bilden Paare und ein Partner beginnt mit der Frage:
"Woran könntest Du in dieser Gruppe noch arbeiten?"
Der andere antwortet mit einem vollständigen Satz, worauf der erste seine Frage wiederholt. Nach 5 Min. werden die Rollen gewechselt.

Besondere Bemerkungen:

Name der Übung: Sollen und Wollen	**Quelle:** Gudjons 101
Art der Übung: Verbale Paaraktivität	**Dauer:** 1 Std.
Ziel: - Persönliche Entwicklung: Förderung der persönlichen Weiterentwicklung - Normen und Werte: Analyse der eigenen Normen	**Gleiche Übung auch unter Stichwort:** -Normen und Werte S. 53

Inhalt:
Beide Partner sitzen einander gegenüber. Der eine sagt drei Minuten lang nur Sätze, die mit "Ich muß..." (Varianten: Ich kann nicht, Ich will nicht, Ich brauche, Ich hätte gern) beginnen. Danach wiederholt er die Sätze, aber diesmal fängt er mit "Ich entscheide mich für..." an. Dieser Satz wird sofort wiederholt und etwas angefügt, das die Empfindungen bei dieser Entscheidung zum Ausdruck bringt (Beispiel: "Ich entscheide mich, nicht mehr zu flippern - und ich fühle mich froh und heiter."). Anschließend werden die Rollen gewechselt.

Besondere Bemerkungen:

Name der Übung: Defizite	**Quelle:** Vopel 5;84
Art der Übung: Verbale Paaraktivität	**Dauer:** 10 - 30 Min.
Ziel: - Persönliche Entwicklung: Förderung der persönlichen Weiterentwicklung	**Gleiche Übung auch unter Stichwort:** -

Inhalt:
Die Partner sollen erst überlegen und dann durch Fragen herauszufinden versuchen, welche Qualitäten und Fähigkeiten sie bei ihrem Partner vermissen.

Besondere Bemerkungen:
- Leiter muß mit Widerstand aus der Gruppe rechnen

Name der Übung: Signale	**Quelle:** Fr&Y 211
Art der Übung: Verbale Einzel- und Gruppenaktivität	**Dauer:** 1 - 2 Std.
Ziel: - Persönliche Entwicklung: Förderung der persönlichen Weiterentwicklung	**Gleiche Übung auch unter Stichwort:**

Inhalt:
Die Tn senden einander schriftliche Botschaften, in denen sie beschreiben, welche Verhaltensweisen der einzelne verbessern, beibehalten, abbauen oder sich aneignen soll. Jeder macht sich mit seinen Botschaften vertraut; dann diskutieren die Tn öffentlich ihr Feedback und vereinbaren ggf. Maßnahmen, um das Gruppenklima zu verbessern.

Besondere Bemerkungen:
- Unterlagen: Feedback-Bögen entsprechend der Anzahl der Tn
- Es können weitere Sitzungen vereinbart werden

Name der Übung: Papiertüten-Ich	**Quelle:** Gudjons 92
Art der Übung: Verbale Einzel- und Kleingruppenaktivität	**Dauer:** 1,5 - 2 Std.
Ziel: - Persönliche Entwicklung: Förderung der persönlichen Weiterentwicklung	**Gleiche Übung auch unter Stichwort:**

Inhalt:
Aus den vorgegebenen Materialien stellt jeder Tn eine Papiertüte her, die mit Schriften, Zeilen, Bildern beklebt ist. Dabei stellt die Außenseite der Tüte dar, wie sich jeder den anderen präsentiert, die Innenseite zeigt (symbolisch) das innere Wesen und die verborgenen Seiten eines jeden, die je tiefer sie in der Tüte liegen, desto verborgener sind. In Vierergruppen werden die Tüten der Tn vorgestellt und diskutiert.

Besondere Bemerkungen:
- Materialien: große Papiertüten, Zeitschriften und Illustrierte, Filzschreiber, Klebstoff, Scheren

Name der Übung: Wer bin ich?	**Quelle:** Gudjons 91
Art der Übung: Verbale Einzel- und Gruppenaktivität	**Dauer:** 1,5 Std.
Ziel: - Persönliche Entwicklung: Förderung der persönlichen Weiterentwicklung	**Gleiche Übung auch unter Stichwort:**

Inhalt:
Jeder Tn notiert 9 Antworten auf die Frage "Wer bin ich?", jede auf einem gesonderten Zettel. Dann ordnet er die Zettel in 3 Häufchen:
A: die drei zentralen Bestandteile meiner Person
B: die drei nächstwichtigen
C: die dann folgenden
Die Zettel jedes Häufchens werden wiederum nach ihrer Bedeutung geordnet (A1, A2, A3 usw). Anschließend denkt jeder über sein Antworten nach und überlegt sich, was er ohne A1, A2 usw. wäre. Die Auswertung erfolgt in Vierergruppen oder im Plenum.

Besondere Bemerkungen:

Name der Übung: Team member development needs	**Quelle:** Woodcock 109
Art der Übung: Verbale Einzel- und Paaraktivität	**Dauer:** 45 - 60 Min.
Ziel: - Persönliche Entwicklung: Förderung der persönlichen Weiterentwicklung	**Gleiche Übung auch unter Stichwort:**

Inhalt:

Die Tn bearbeiten einen Fragebogen, der darauf abzielt, persönliche Entwicklungsmöglichkeiten zu erkennen. Jeder Tn diskutiert seine Antworten mit einem Partner, von dem er meint, daß dieser ihm besonders behilflich sein kann (Ehefrau, Kollege, Chef, o.ä.).

Besondere Bemerkungen:

- Unterlagen: 1 Fragebogen pro Tn

Name der Übung: Ziele setzen: Lebensplanung	**Quelle:** Gudjons 101
Art der Übung: Verbale Einzelaktivität	**Dauer:** 2 Std.
Ziel: - Persönliche Entwicklung: Förderung der persönlichen Weiterentwicklung	**Gleiche Übung auch unter Stichwort:**

Inhalt:
1. Schritt: Meine Lebensziele: Jeder Tn notiert erst im Brainstorming-Verfahren seine Lebensziele (persönliche, familiäre, berufliche, finanzielle etc.) Danach geht er alle Punkte nochmals durch und prüft sie auf deren Realisierbarkeit. Die 3-4 nächsten Ziele werden auf ein zweites Papier geschrieben.
2. Schritt: Meine nächsten 3 Jahre: Dieser 2. Zettel gibt Antwort auf die Frage: Was muß/kann ich in den nächsten 3 Jahren tun, um diese Ziele zu erreichen?
3. Schritt: Die nächsten 6 Monate: Auf der Grundlage des 2. Zettels entscheidet jeder, für welches konkrete Ziel er am meisten tun kann/muß.
4. Schritt: Aktivitätenliste: Es wird eine Prioritätenliste für das Erreichen des o.g. Ziels erstellt.
5. Schritt: Handlungsplan: Hier werden die praktischen Handlungsschritte notiert, wie z. B. Gespräche, Entscheidungen, zeitlicher Ablauf usw.

Besondere Bemerkungen:

Name der Übung: Selbstdarstellungstriaden	**Quelle:** Schw/S 247
Art der Übung: Verbale Einzel- und Kleingruppenaktivität	**Dauer:** 1 Std.
Ziel: - Persönliche Entwicklung: Förderung der persönlichen Weiterentwicklung	**Gleiche Übung auch unter Stichwort:**

Inhalt:

Jeder Tn zeichnet auf ein Papier einen Kreis, den er wie einen Kuchen in Segmente aufteilt, wobei die Größe jedes Segments seine Energie anzeigt, die er auf bestimmte Tätigkeiten richtet.
In einem Dreiergespräch erläutern die Mitglieder ihre "Kuchen".
Nach dem gleichen Muster malen sie anschließend einen "Liebesverteilungskuchen" (Wen oder was liebe ich in welchem Maße?) und einen "Angstverteilungskuchen" (Wovor habe ich in welchem Maße Angst?) und besprechen beides wieder in der Dreiergruppe.

Besondere Bemerkungen:
- Leiter muß mit Widerstand aus der Gruppe rechnen

Name der Übung: Persönlichkeitsräder	**Quelle:** Gudjons 103
Art der Übung: Verbale Einzel- und Kleingruppenaktivität	**Dauer:** 2 Std.
Ziel: - Persönliche Entwicklung: Förderung der persönlichen Weiterentwicklung	**Gleiche Übung auch unter Stichwort:**

Inhalt:
Jeder Tn zeichnet einen Kreis und unterteilt ihn in 9 Sektoren. In 1 Sektor trägt er einen Begriff ein, der einen Teil seiner Person charakterisiert. Alle Tn spielen nun einige Minuten lang ihren Begriff und diskutieren anschließend, wie sie sich als Ein-Wort-Mensch gefühlt haben. Das "Wagenrad" wird nun vervollständigt und jeder Tn wählt daraus den Begriff aus, der ihm am ungenauesten erscheint und sucht nach weiteren Worten, die diesen Begriff näher umschreiben. Auf einem zweiten Rad werden die Personen, Ereignisse und Umstände eingetragen, die verantwortlich sind, daß die Person so ist, wie sie sich im ersten Rad beschrieben hat. In einem dritten Rad werden neun Schlüsselverben vermerkt, die die praktischen Auswirkungen der im Rad 1 erwähnten Eigenschaften beschreiben (z. B. "ängstlich im Rad 1 entspricht "Schweigen in der Gruppe" in Rad 3)

Besondere Bemerkungen:

Name der Übung: Zauberstab	**Quelle:** Vopel 5;56
Art der Übung: Verbale Gruppenaktivität	**Dauer:** 1 - 1,5 Std.
Ziel: - Persönliche Entwicklung: Förderung der persönlichen Weiterentwicklung	**Gleiche Übung auch unter Stichwort:**

Inhalt:
Jeder Tn kann die anderen Mitglieder mit Hilfe eines imaginären Zauberstabs nach seinen Wünschen (äußere Merkmale, Einstellungen, Verhaltensweisen u.ä.) verwandeln.

Besondere Bemerkungen:

Name der Übung: Ratschläge	**Quelle:** Vopel 6;88
Art der Übung: Verbale Gruppenaktivität	**Dauer:** 45 - 60 Min.
Ziel: - Persönliche Entwicklung: Förderung der persönlichen Weiterentwicklung	**Gleiche Übung auch unter Stichwort:**

Inhalt:

Die Tn denken sich einen konstruktiven Ratschlag ihrer Eltern aus, den sie jedoch nie bekommen haben, und eine Empfehlung, die sie als Kind gerne ihren Eltern gegeben hätten. Beides schreiben sie auf ein Blatt Papier und legen es in die Mitte des Gruppenkreises. Der Leiter liest die Ratschläge vor, die Tn schreiben sie mit und geben sie Gruppenmitgliedern, auf die die Ratschläge passen.

Besondere Bemerkungen:

- Leiter muß mit Widerstand aus der Gruppe rechnen

Name der Übung: Angst und Anziehung	**Quelle:** Vopel 6;86
Art der Übung: Verbale Paaraktivität	**Dauer:** 15 - 30 Min.
Ziel: - Persönliche Entwicklung: Förderung der persönlichen Weiterentwicklung	**Gleiche Übung auch unter Stichwort:**

Inhalt:
Die Tn bilden Paare und sagen einander abwechselnd Sätze, die mit "Ich habe Angst..." beginnen. Anschließend wiederholen sie diese Sätze mit der Eingangsformel: "Ich würde gern..."

Besondere Bemerkungen:

Name der Übung: Das Chamäleonspiel	**Quelle:** Schw/S 37
Art der Übung: Verbale Einzelaktivität	**Dauer:** 30 - 45 Min.
Ziel: - Persönliche Entwicklung: Förderung der persönlichen Weiterentwicklung - Normen und Werte: Analyse der eigenen Normen	**Gleiche Übung auch unter Stichwort:** - Normen und Werte S. 49

Inhalt:
Anhand eines Fragebogens überlegen die Tn, welches Verhalten sie im Kontakt mit bestimmten Sozialpartnern nicht offen zeigen.
Die Tn bewerten ihre Aussagen mit Hilfe einer siebenstufigen Skala, die von "Ich hätte Angst vor den Konsequenzen" bis "Ich könnte, habe aber keine Veranlassung, das Verhalten zu zeigen" reicht.

Besondere Bemerkungen:
- Unterlagen: 1 Fragebogen pro Tn

Name der Übung: Ich soll - soll ich?	**Quelle:** Fr&Y 264
Art der Übung: Verbale Einzel- und Paaraktivität	**Dauer:** 1 Std.
Ziel: - Persönliche Entwicklung: Förderung der persönlichen Weiterentwicklung - Normen und Werte: Analyse der eigenen Normen	**Gleiche Übung auch unter Stichwort:** - Analyse der eigenen Normen S. 52

Inhalt:

Jeder Tn schreibt auf der linken Spalte eines Blattes das auf, was andere Menschen von ihm erwarten (z.B. "ich soll erfolgreich sein", "ich soll meinem Chef nicht widersprechen", usf.). Zu jedem dieser "Solls" trägt er in der rechten Spalte die Quelle ein (Eltern, Partner, Chef usf.). Dann notiert er sich zu jedem Punkt seine eigene Vorstellung, überprüft ob er sich dabei wohlfühlt und bespricht die ganze Liste mit jemand, der ihn gut kennt.

Besondere Bemerkungen:

Name der Übung: Zwischen den Zeilen lesen	**Quelle:** Pf&J 6;63
Art der Übung: Verbale Einzel- und Kleingruppenaktivität	**Dauer:** 1,5 Std.
Ziel: - Persönliche Entwicklung: Förderung der persönlichen Weiterentwicklung	**Gleiche Übung auch unter Stichwort:**

Inhalt:

In Kleingruppen wählt jedes Mitglied aus einer Zeitung 10 Themen aus, die seiner Ansicht nach für ihn selbst oder für die anderen Kleingruppenmitglieder wichtige Probleme aufwerfen.
Mit Hilfe eines Schemas beschreiben die Tn alle Themen und überlegen sich mögliche Lösungen. Wenn in der Kleingruppe alle Themen bekannt sind, sollen diejenigen besprochen werden, die für die einzelnen Mitglieder wichtig sind.

Besondere Bemerkungen:

- Hilfsmittel: die gleiche Ausgabe einer Tageszeitung für jeden Tn
- Unterlagen: 1 Schema "Was erregt Ihre Aufmerksamkeit?"

Name der Übung: Straßenkarte deines Lebens	**Quelle:** Vopel 2;37
Art der Übung: Phantasiespiel	**Dauer:** 1 Std.
Ziel: - Persönliche Entwicklung: Förderung der persönlichen Weiterentwicklung	**Gleiche Übung auch unter Stichwort:**

Inhalt:

Die Tn sehen in ihrer Phantasie eine Landkarte. Sie sollen versuchen, möglichst viele Einzelheiten über ihren Standort, ihr Ziel, die dazwischenliegenden Hindernisse und ihre persönlichen Qualitäten wahrzunehmen. Es folgt eine gemeinsame Auswertung.

Besondere Bemerkungen:

- Leiter muß mit Widerstand aus der Gruppe rechnen

Name der Übung: Laufbahnplanung Lebensplanung	**Quelle:** Antons 253 Pf&J 2;108
Art der Übung: Verbale Kleingruppenaktivität	**Dauer:** zweimal 3 Std.
Ziel: - Persönliche Entwicklung: Förderung der persönlichen Weiterentwicklung - Beratungstechnik und Hilfeleistung: Beratung bei individuellen Problemen	**Gleiche Übung auch unter Stichwort:** - Beratungstechnik und Hilfeleistung S. 445

Inhalt:

Mit Hilfe detaillierter Instruktionen sollen sich die Tn in Dreiergruppen darüber klar werden, wo sie beruflich und privat jetzt stehen, wohin sie gelangen wollen und über welche Mittel und Möglichkeiten sie verfügen, diese Ziele zu erreichen.

Besondere Bemerkungen:
- Unterlagen: 8 Instruktionsblätter pro Tn

Name der Übung: Counseling to increase learning	**Quelle:** Woodcock 97
Art der Übung: Verbale Paaraktivität	**Dauer:** 1 Std.
Ziel: - Persönliche Entwicklung: Förderung der persönlichen Weiterentwicklung	**Gleiche Übung auch unter Stichwort:**

Inhalt:
Nachdem beide Partner getrennt einen Fragebogen über ihre persönliche und fachliche Weiterbildung ausgefüllt haben, versuchen sie, sich anhand der ausgetauschten Fragebögen in die Person des anderen zu versetzen. Jeder entwickelt für den anderen fünf Möglichkeiten, wie dieser seine Lernfähigkeit verbessern und seine persönliche Weiterentwicklung gestalten kann.

Besondere Bemerkungen:
- Unterlagen: 2 Fragebögen und 1 Maßnahmenformular pro Tn

Name der Übung: Erprobung neuer Verhaltensweisen	**Quelle:** Pf&J 3;53
Art der Übung: Verbale Paar- und (Klein)Gruppenaktivität	**Dauer:** mindestens 4 Std.
Ziel: - Persönliche Entwicklung: Einübung neuer Verhaltensweisen	**Gleiche Übung auch unter Stichwort:**

Inhalt:

Die Tn formulieren in Kleingruppen ihre persönlichen Verhaltensänderungswünsche, und zwar als Aufforderung an die Gruppe, ihnen zu helfen.
Jedes Mitglied schreibt seine Wünsche auf ein Stück Pappe und heftet sie an die Brust. Wenn sich die Tn gegenseitig mit ihren Schildern vertraut machen, bilden sie Paare, später Vierergruppen, um über Erfahrungen und Lösungen zu sprechen.

Besondere Bemerkungen:

- Raum: 1 großer Raum und kleinere Gruppenräume erforderlich
- Hilfsmittel: 1 DIN-A-3 Pappkarton und 2 Sicherheitsnadeln pro Tn

Name der Übung: Welches Risiko nehme ich auf mich?	**Quelle:** Pf&J 3;145
Art der Übung: Verbale Einzel-, Paar- und Kleingruppenaktivität	**Dauer:** 1,5 Std.
Ziel: - Persönliche Entwicklung: Einübung neuer Verhaltensweisen - Gefühle: Entwicklung von Offenheit und Vertrauen	**Gleiche Übung auch unter Stichwort:** - Gefühle S. 265

Inhalt:

Anhand eines Fragebogens entscheiden die Tn erst individuell, dann zu zweit und anschließend in Kleingruppen, ob sie eine bestimmte Verhaltensweise in der Gruppe als riskant empfinden, welche Risiken sie auf sich nehmen wollen und ob sie ein Abkommen treffen wollen, unter welchen Umständen sie ein größeres Risiko auf sich nehmen würden.

Besondere Bemerkungen:

Name der Übung: Symptom-Verschreibung	**Quelle:** Gudjons 111
Art der Übung: verbale Gruppenaktivität	**Dauer:** 10 Min.
Ziel: - Persönliche Entwicklung: Einübung neuer Verhaltensweisen	**Gleiche Übung auch unter Stichwort:**

Inhalt:
Die Tn nennen eigene Verhaltensweisen, die sie stören und führen sie vor. Sobald ein Tn während des normalen Programmablaufs dieses Verhalten zeigt, wird er aufgefordert, dieses Verhalten bewußt zu wiederholen. Als Paarübung: zwei Partner nennen einander das Verhalten, das ihnen unangenehm ist und machen sich im weiteren Verlauf darauf aufmerksam, wenn das Verhalten spontan auftritt.

Besondere Bemerkungen:

Name der Übung: Lös die Fesseln!	**Quelle:** Ki/MSch 154
Art der Übung: Verbale Gruppenaktivität	**Dauer:** 1 Std.
Ziel: - Persönliche Entwicklung: Einübung neuer Verhaltensweisen - Normen und Werte: Analyse der Normen in der Gruppe	**Gleiche Übung auch unter Stichwort:** - Normen und Werte S. 57

Inhalt:

Anhand eines "Prüfstandes für Gruppennormen" sollen die Tn darüber nachdenken, welche Normen sie bisher in der Gruppe realisiert haben. Dann soll jedes Mitglied einen Wunsch aufschreiben, den es bisher nicht zu formulieren gewagt hat und versuchen diesen Wunsch in die Tat umzusetzen.

Besondere Bemerkungen:

- Leiter muß mit Widerstand aus der Gruppe rechnen
- Unterlagen: 1 "Prüfstand für Gruppennormen" pro Tn

Name der Übung: Ich darf - ich darf nicht und Normen brechen	**Quelle:** Vo/Ki 257
Art der Übung: Verbale Einzel- und Gruppenaktivität	**Dauer:** 45 - 60 Min.
Ziel: - Persönliche Entwicklung: Einübung neuer Verhaltensweisen - Normen und Werte: Analyse der Normen in der Gruppe	**Gleiche Übung auch unter Stichwort:** - Normen und Werte S. 55

Inhalt:
Die Tn überlegen sich, welche förderlichen und hinderlichen Normen sie in der Gruppe erlebt haben. Diese Normen schreiben sie auf eine Tafel, und zwar in der Formulierung:
"In dieser Gruppe darf ich..." und "In dieser Gruppe darf ich nicht..."
Nach einem kurzen Auswertungsgespräch sucht sich jeder Tn die Norm aus, die ihn am meisten behindert hat und versucht sie in irgendeiner Form zu brechen.

Besondere Bemerkungen:
- Leiter muß mit Widerstand aus der Gruppe rechnen

Name der Übung: Aufwärmübung	**Quelle:** Schw/S 277
Art der Übung: Verbale Gruppenaktivität	**Dauer:** 20 Min.
Ziel: - Persönliche Entwicklung: Einübung neuer Verhaltensweisen	**Gleiche Übung auch unter Stichwort:**

Inhalt:
Je zwei Tn spielen vor der Gruppe folgende Szene:
Der eine Partner sagt: "Ich sehe, Sie haben eine Uhr, können Sie mir sagen, wie spät es ist?" Der andere Partner antwortet fest und bestimmt: "Nein, dazu habe ich jetzt keine Lust!"
Nach einem kurzen Gruppenfeedback wird die Szene nochmals mit vertauschten Rollen gespielt.

Besondere Bemerkungen:

Name der Übung: Wer kann es lauter?	**Quelle:** Schw/S 278
Art der Übung: Verbale Gruppenaktivität	**Dauer:** 30 Min.
Ziel: - Persönliche Entwicklung: Einübung neuer Verhaltensweisen	**Gleiche Übung auch unter Stichwort:**

Inhalt:

Zwei Partner spielen folgende Szene vor der Gruppe:
Partner A kommt gerade im Restaurant von der Toilette zurück und findet seinen Platz besetzt vor. Partner B weigert sich, den Platz zu verlassen. Nach einem kurzen Disput schreien sich die Partner mit zunehmender Lautstärke an: "Stehen Sie jetzt auf?" - "Ich stehe nicht auf!"

Besondere Bemerkungen:

- Leiter muß mit Widerstand aus der Gruppe rechnen

Name der Übung: Unsinniger Vortrag	**Quelle:** Schw/S 279
Art der Übung: Verbale Gruppenaktivität	**Dauer:** 40 Min.
Ziel: - Persönliche Entwicklung: Einübung neuer Verhaltensweisen - Konflikttraining: Wahrung des Selbstwertgefühls	**Gleiche Übung auch unter Stichwort:** - Konflikttraining S. 333

Inhalt:
Ein Tn hält einen Vortrag über ein unsinniges Thema.
Dabei ist es unwichtig, ob das Gesagte richtig ist, wenn er es nur ernst, sicher, gelassen und souverän bringt. Nach 4 Min. beendet er den Vortrag, beantwortet Fragen aus dem Publikum (die meisten mit einem überzeugten: "Das kann ich beim besten Willen nicht sagen!") und bricht nach weiteren 3 Min. die Diskussion ab.

Besondere Bemerkungen:

Name der Übung:	Quelle:
Vollständiges Rollenspiel	Schw/S 280

Art der Übung:	Dauer:
Verbale Gruppenaktivität	40 Min.

Ziel:	Gleiche Übung auch unter Stichwort:
- Persönliche Entwicklung: Einübung neuer Verhaltensweisen - Beratungstechnik und Hilfeleistung: Beratung bei individuellen Problemen	- Beratungstechnik und Hilfeleistung S. 446

Inhalt:

Ein Tn erzählt der Gruppe eine Alltagssituation, die ihm Schwierigkeiten bereitet, weil er sich, seiner Ansicht nach, zu ängstlich verhält.
Die Gruppe überlegt nun gemeinsam, wie diese Schwierigkeiten in einem Rollenspiel darstellbar sind. Im Rollenspiel soll der Spieler durch überschießendes, selbstbehauptendes und aggressives Verhalten zunächst seine Angst in der Situation reduzieren; wenn er die Situation sicher beherrscht, werden die Schwierigkeiten erhöht. Im letzten Teil wird die Situation mit angemessenen Reaktionen (ruhig, freundlich, verständnisvoll) gespielt.

Besondere Bemerkungen:
- Videoaufnahme empfehlenswert

Name der Übung: Characteristics of personal effectiveness	**Quelle:** Woodcock 72
Art der Übung: Verbale Paaraktivität	**Dauer:** 1 Std.
Ziel: - Motivation: Erfolg und Mißerfolg	**Gleiche Übung auch unter Stichwort:**

Inhalt:

Mit Hilfe eines Polaritätsprofils (17 Items) können die Tn einander über ihre Einstellungen zu Erfolg und Mißerfolg Feedback geben; entweder in Form eines Dialogs oder einer Fremdbeurteilung.

Besondere Bemerkungen:
- Unterlagen: 1 Polaritätsprofil pro Tn

Name der Übung: Four letter words	**Quelle:** Woodcock 153
Art der Übung: Verbale (Klein)Gruppenaktivität	**Dauer:** 1 Std.
Ziel: - Motivation, Erfolg und Mißerfolg - Beobachtung des Problemlösungsprozesses: Kooperation zwischen Individuen innerhalb konkurrierender Kleingruppen	**Gleiche Übung auch unter Stichwort:** - Beobachtung von Gruppenprozessen S. 530

Inhalt:

Die Aufgabe der Gruppe oder der Kleingruppen besteht darin, aus einem Satz "Scrabble"-Buchstaben in 1 Min. möglichst viele Wörter mit vier Buchstaben herzustellen. In weiteren Durchgängen kann der Leiter das Soll erhöhen.

Besondere Bemerkungen:

- Hilfsmittel: 1 Satz "Scrabble"-Buchstaben pro (Klein)Gruppe

Name der Übung: Bauklötze	**Quelle:** Pf&J 3;40
Art der Übung: Verbale Einzel- und Kleingruppenaktivität	**Dauer:** 1,5 Std.
Ziel: - Motivation, Erfolg und Mißerfolg	**Gleiche Übung auch unter Stichwort:**

Inhalt:
Jeder Tn schätzt für sich ab, wieviel Klötze er aufeinanderstapeln kann, ohne daß der Turm umfällt. Nachdem sie einen Versuch gemacht haben, beginnt die Wettbewerbsrunde, in der jeder Tn öffentlich ansagt, wieviel Klötze er stapeln kann. Sieger ist derjenige, der am meisten Klötze angesagt hat und dann wirklich soviele Klötze aufeinanderstapeln konnte.
Die gleiche Aktivität wird in konkurrierenden Kleingruppen wiederholt.

Besondere Bemerkungen:
- Hilfsmittel: ca. 20 Bauklötze pro Tn

Name der Übung: Ziele setzen	**Quelle:** Pf&J 6;50
Art der Übung: Verbale Paaraktivität	**Dauer:** 1 Std.
Ziel: - Motivation, Erfolg und Mißerfolg - Führungskräfte-Training: Erweiterung von Führungsqualitäten	**Gleiche Übung auch unter Stichwort:** - Führungskräfte-Training S. 633

Inhalt:

Jedes Paar einigt sich darauf, wer "Führungskraft" und "Arbeiter" spielt. Beide einigen sich darauf, wieviele Punkte der Arbeiter beim Dart-Spiel erreichen will, führen vier Spielrunden aus und wechseln dann die Rollen.
Nach einer Situationsanalyse werden nochmals 2 x 3 Runden gespielt, wobei die Führungskräfte die Arbeiter aktiv unterstützen sollen.

Besondere Bemerkungen:

- Hilfsmittel: 1 Dart-Spiel pro Paar
- Unterlagen: 1 Auswertungsschema pro Paar

Name der Übung: Genie und Idiot	**Quelle:** Vopel 1;78
Art der Übung: Nonverbale Paaraktivität	**Dauer:** 30 Min.
Ziel: - Motivation, Erfolg und Mißerfolg	**Gleiche Übung auch unter Stichwort:**

Inhalt:
Die Tn bilden Paare, ein Partner verkörpert sein eigenes inneres Genie, das alle Probleme lösen kann. Er soll nun den anderen Partner über eine imaginäre Linie bringen, während beide an einer aufgerollten Zeitung ziehen.
Nach einem Rollenwechsel ändert der erste Partner seine Rolle in einen inneren Idioten, der nichts richtig macht, und wiederum versucht er, seinen Partner mit der Zeitung über die Linie zu ziehen.
Zuletzt spielen beide gleichzeitig eine der beiden Rollen, ohne sie aber dem anderen mitzuteilen.

Besondere Bemerkungen:

Dynamische Aspekte der Gruppe

Name der Übung: Zorn	**Quelle:** Pf&J 3;142
Art der Übung: Verbale Einzel- und Kleingruppenaktivität	**Dauer:** 45 Min.
Ziel: - Gefühle: Kognitive Aspekte	**Gleiche Übung auch unter Stichwort:**

Inhalt:
Die Tn vollenden individuell Sätze, die mit Zorn zu tun haben. In Kleingruppen werden die Äußerungen jedes Tn besprochen und mit anderen Äußerungen verglichen.

Besondere Bemerkungen:
- Hilfsmittel: 4 Papierstreifen oder Karten und 2 Sicherheitsnadeln oder Klebestreifen pro Tn
- Diese Übung kann auch zur Analyse von anderen Gefühlen (Aggression, Angst, Freude usw.) eingesetzt werden

Name der Übung: Vertrauen	**Quelle:** Pf&J 3;138
Art der Übung: Verbale Kleingruppenaktivität	**Dauer:** 1 Std.
Ziel: - Gefühle: Kognitive Aspekte	**Gleiche Übung auch unter Stichwort:**

Inhalt:
Jede Kleingruppe soll mit den ihr zugänglichen Hilfsmitteln allegorisch den Begriff Vertrauen darstellen und eine kurze Beschreibung dazu liefern. Anschließend werden die Modelle präsentiert und das aussagefähigste ausgewählt.

Besondere Bemerkungen:
- Hilfsmittel: Legoklötze oder anderes Spielzeug, mit dem gebaut werden kann

Name der Übung: Abwehrmechanismen	**Quelle:** Antons 189
Art der Übung: Rollenspiel, 6 - 8 Personen, in der Einzelgruppe hintereinander	**Dauer:** Pro Gruppe 15 Min., plus Besprechung
Ziel: - Gefühle: Kognitive Aspekte	**Gleiche Übung auch unter Stichwort:**

Inhalt:

Jede Kleingruppe erhält 12 - 24 Std. zuvor Unterlagen und arbeitet ein Rollenspiel für 2 - 3 ihrer Mitglieder über Abwehrmechanismen aus. Die übrigen Tn stellen das indizierte Publikum dar (Taubstumme, APO-Gruppe, Kindergärtnerinnen, Kleriker o.ä.) und raten die dargestellten Abwehrmechanismen.

Besondere Bemerkungen:

- Die Übung ist theoretisch umstritten ("bewußte" Darstellung "unbewußter" Prozesse)
- Unterlagen: Instruktionen und Informationen über Abwehrmechanismen

Name der Übung: Gefühle und Abwehr - Eine Vorlesung	**Quelle:** Pf&J 1;95
Art der Übung: Verbale (Klein)Gruppenaktivität	**Dauer:** 1 Std.
Ziel: - Gefühle: Kognitive Aspekte	**Gleiche Übung auch unter Stichwort:**

Inhalt:

Die Gruppe bereitet eine Vorlesung zum Thema: "Gefühle und Abwehr" vor, die dann von einem Tn gehalten wird. Anschließend geben die Tn ihre Kommentare zur Vorlesung ab und diskutieren in Kleingruppen Planung, Durchführung und Inhalt der Vorlesung.

Besondere Bemerkungen:

Name der Übung: Schärfung der Sinne	**Quelle:** Pf&J 2;129
Art der Übung: Nonverbale Gruppenaktivitäten	**Dauer:** Abhängig von der Anzahl der durchgeführten Übungen
Ziel: - Gefühle: Training der eigenen Wahrnehmungsfähigkeit durch Schärfung der Sinneswahrnehmung	**Gleiche Übung auch unter Stichwort:**

Inhalt:

Es sind eine Reihe von Übungen aufgeführt, die den Tn helfen, das Bewußtsein ihrer Sinne zu erweitern und ihre Reaktionen auf physische Reize zu erforschen. Die aufgeführten Aktivitäten können in verschiedenen Kombinationen angewandt werden.

Besondere Bemerkungen:
- Leiter muß mit Widerstand aus der Gruppe rechnen
- Hilfsmittel: siehe Quelle

Name der Übung: Ziellos umhergehen	**Quelle:** Pf&J 2;145
Art der Übung: Nonverbale Gruppenaktivität	**Dauer:** 15 Min.
Ziel: - Gefühle: Training der eigenen Wahrnehmungsfähigkeit durch Schärfung der Sinneswahrnehmung	**Gleiche Übung auch unter Stichwort:**

Inhalt:
Die Tn gehen mit geschlossenen Augen ziellos im Raum umher, ohne dabei zu sprechen.

Besondere Bemerkungen:
- Leiter muß mit Widerstand aus der Gruppe rechnen

Name der Übung: Blinde Begegnungen	**Quelle:** Gudjons 130
Art der Übung: Nonverbale Gruppenaktivität	**Dauer:** 45 Min.
Ziel: - Gefühle: Training der eigenen Wahrnehmungsfähigkeit durch Schärfung der Sinneswahrnehmung	**Gleiche Übung auch unter Stichwort:**

Inhalt:
Nach einer kurzen Entspannungsphase gehen die Tn mit geschlossenen Augen durch den Raum und versuchen, den Händen anderer Tn zu begegnen und diese zu erforschen. Dann trennen sie sich wieder und suchen einen neuen Partner. Mit weiterhin geschlossenen Augen fassen sich alle Gruppenmitglieder an den Händen und bilden einen Kreis. Zuletzt knien alle auf dem Boden und fühlen den Raum um sich.

Besondere Bemerkungen:

Name der Übung: Ich nehme wahr	**Quelle:** Gudjons 69
Art der Übung: Nonverbale Gruppenaktivität	**Dauer:** 1 Std.
Ziel: - Gefühle: Training der eigenen Wahrnehmungsfähigkeit durch Schärfung der Sinneswahrnehmung - Soziale Wahrnehmung: Demonstration von Wahrnehmungsphänomenen	**Gleiche Übung auch unter Stichwort:** -Soziale Wahrnehmung S. 13

Inhalt:
Diese Aktivität besteht aus 5 Schritten:
1. Die Tn lassen ihre Aufmerksamkeit durch den Raum schweifen und achten auf ihre eigene Wahrnehmung.
2. Die Tn sollen ihre Aufmerksamkeit wie einen Scheinwerfer handhaben und dabei auch beobachten, wie andere Dinge ausgeblendet werden.
3. Die Tn sollen herausfinden, welche Art von Dingen und Vorgängen in das Wahrnehmungsfeld gelangen und danach überlegen, welche Dinge sie übergangen haben.
4. Nun sollen sich die Tn der Selektivität ihrer Wahrnehmungen und ihrer Ausblendungen bewußt werden.
5. Zum Schluß konzentrieren sie sich darauf, welche Wahrnehmungen angenehme bzw. unangenehme Gefühle auslösen.

Besondere Bemerkungen:

Name der Übung: Blinde Kuh	**Quelle:** Ki/MSch 185
Art der Übung: Nonverbale Gruppenaktivität	**Dauer:** 30 - 45 Min.
Ziel: - Gefühle: Training der eigenen Wahrnehmungsfähigkeit durch Schärfung der Sinneswahrnehmung - Nonverbales Kommunikationstraining: Nähe und Distanz	**Gleiche Übung auch unter Stichwort:** - Nonverbales Kommunikationstraining S. 439

Inhalt:
Alle Tn stehen auf, schließen die Augen, strecken die Hände aus und gehen schweigend im Raum umher. Wenn zwei Gruppenmitglieder aufeinandertreffen, erforschen sie einander mit Händen oder Körper.

Besondere Bemerkungen:
- Leiter muß mit Widerstand aus der Gruppe rechnen

Name der Übung: Raumfühlen	**Quelle:** Ki/MSch 185
Art der Übung: Nonverbale Gruppenaktivität	**Dauer:** 15 - 30 Min.
Ziel: - Gefühle: Training der eigenen Wahrnehmungsfähigkeit durch Schärfung der Sinneswahrnehmung - Nonverbales Kommunikationstraining: Nähe und Distanz	**Gleiche Übung auch unter Stichwort:** - Nonverbales Kommunikationstraining S. 440

Inhalt:

Die Tn rücken eng zusammen, schließen die Augen und strecken die Hände aus, um ihren "persönlichen Raum" zu fühlen. Dann treten sie mit ihren Nachbarn in Kontakt, um sich der Gefühle bewußt zu werden, wenn sie in "fremden Raum" eindringen.

Besondere Bemerkungen:

- Leiter muß mit Widerstand aus der Gruppe rechnen

Name der Übung: Sicherheitsabstand Partner dirigieren	**Quelle:** Pf&J 2;144 Gudjons 77
Art der Übung: Nonverbale Paaraktivität	**Dauer:** 15 Min.
Ziel: - Gefühle: Training der eigenen Wahrnehmungsfähigkeit durch Schärfung der Sinneswahrnehmung - Nonverbales Kommunikationstraining: Nähe und Distanz	**Gleiche Übung auch unter Stichwort:** - Nonverbales Kommunikationstraining S. 437

Inhalt:

Der eine Partner steht in etwa 1 m Abstand mit dem Rücken zur Wand; der andere bewegt sich aus einer Entfernung von 2 - 3 m langsam auf ihn zu und nähert sich ihm soweit, wie dieser es erlaubt.

Besondere Bemerkungen:

Name der Übung: Vertrauensspaziergang Vertrauensspaziergang Blinder Spaziergang Einen Blinden führen	**Quelle:** Vopel 1;47 Vo/Ki 131 Schw/S 274 , Gudjons 115 Pf&J 2;142
Art der Übung: Nonverbale Paaraktivität	**Dauer:** 45 - 60 Min.
Ziel: - Gefühle: Training der eigenen Wahrnehmungsfähigkeit durch Schärfung der Sinneswahrnehmung - Gefühle: Entwicklung von Offenheit und Vertrauen	**Gleiche Übung auch unter Stichwort:** - Gefühle S. 259

Inhalt:

Die Tn bilden Paare; ein Partner schließt die Augen und läßt sich vom anderen 15 Min. lang führen. Aufgabe des Führenden ist es, den "Blinden" vor allen Gefahren zu schützen und ihm darüberhinaus möglichst viele nichtoptische Sinneseindrücke zu vermitteln. Danach wechseln die Partner die Rollen.

Besondere Bemerkungen:
- Raum: Diese Aktivität findet am besten im Freien statt

Name der Übung: Hindernislauf	**Quelle:** Gudjons 87
Art der Übung: (Non)verbale Paaraktivität	**Dauer:** 1 Std.
Ziel: - Gefühle: Training der eigenen Wahrnehmungsfähigkeit durch Schärfung der Sinneswahrnehmung - Gefühle: Entwicklung von Offenheit und Vertrauen	**Gleiche Übung auch unter Stichwort:** -Gefühle S. 261

Inhalt:
Aus Flaschen, Büchern, Zeitungen usw. wird ein Hindernisparcours aufgebaut. Einem Partner werden die Augen verbunden, der andere stellt sich neben ihn und gibt ihm möglichst exakte Anweisungen, was er zu tun hat, um den Parcours zu durchlaufen. Für jede Berührung gibt es einen Strafpunkt. Anschließend wird gewechselt, wobei der blinde Partner die Strecke in der anderen Richtung zurücklegt.

Besondere Bemerkungen:
- Variante: mehrere Strecken, die gleichzeitig im Wettbewerb durchlaufen werden (Stimmengewirr als zusätzliches Handicap)

- Materialien: eine Anzahl von kleinen Gegenständen, die beim Umfallen ungefährlich sind.

Name der Übung: Blindlauf	**Quelle:** Pf&J 2;143
Art der Übung: Nonverbale Paaraktivität	**Dauer:** 30 Min.
Ziel: - Gefühle: Training der eigenen Wahrnehmungsfähigkeit durch Schärfung der Sinneswahrnehmung - Gefühle: Entwicklung von Offenheit und Vertrauen	**Gleiche Übung auch unter Stichwort:** - Gefühle S.260

Inhalt:

Die Aktivität wird im Freien veranstaltet. Die Partner nehmen einander bei der Hand, der eine schließt die Augen, und der Sehende führt den Blinden in raschem Lauf. Dann wechseln die Partner ihre Rollen.

Besondere Bemerkungen:

- Leiter muß mit Widerstand aus der Gruppe rechnen

Name der Übung: Gesicht malen Gesicht befühlen	**Quelle:** Vopel 2;87 Pf&J 2;143
Art der Übung: Nonverbale Paaraktivität	**Dauer:** 15 - 30 Min.
Ziel: - Gefühle: Training der eigenen Wahrnehmungsfähigkeit durch Schärfung der Sinneswahrnehmung	**Gleiche Übung auch unter Stichwort:**

Inhalt:

Jeder Tn wählt sich einen Partner. Der eine schließt die Augen, während der andere sein Gesicht betrachtet und mit dem Finger sanft die Gesichtslinien nachfährt. Nach einem Rollenwechsel besprechen die Partner ihre Gefühle.

Besondere Bemerkungen:

- Leiter muß mit Widerstand aus der Gruppe rechnen

Name der Übung: Handlesen	**Quelle:** Vopel 2;27
Art der Übung: Nonverbale Paaraktivität	**Dauer:** 15 Min.
Ziel: - Gefühle: Training der eigenen Wahrnehmungsfähigkeit durch Schärfung der Sinneswahrnehmung	**Gleiche Übung auch unter Stichwort:**

Inhalt:
Die Partner erforschen mit geschlossenen Augen gegenseitig ihre Hände und teilen einander anschließend ihre Reaktionen mit.

Besondere Bemerkungen:
- Leiter muß mit Widerstand aus der Gruppe rechnen

Name der Übung:	Quelle:
Konversation der Hände	Vopel 3;82

Art der Übung:	Dauer:
Nonverbale Kleingruppenaktivität	1 Std.

Ziel:	Gleiche Übung auch unter Stichwort:
- Gefühle: Training der eigenen Wahrnehmungsfähigkeit durch Schärfung der Sinneswahrnehmung	
- Gefühle: Training der nonverbalen Ausdrucksfähigkeit von Gefühlen	- Gefühle S. 194

Inhalt:
Die Tn versuchen in Vierergruppen, gegenseitig ihre Hände zu erforschen, kennenzulernen und Gefühle auszudrücken.

Besondere Bemerkungen:
- Leiter muß mit Widerstand aus der Gruppe rechnen

Name der Übung: Gegenstände tasten	**Quelle:** Gudjons 72
Art der Übung: Nonverbale Einzelaktivität	**Dauer:** 1 Std.
Ziel: - Gefühle: Training der eigenen Wahrnehmungsfähigkeit durch Schärfung der Sinneswahrnehmung	**Gleiche Übung auch unter Stichwort:**

Inhalt:

Jeder Tn wählt sich einen beliebigen Gegenstand. Mit geschlossenen Augen untersucht er den Gegenstand, erst mit den Fingerspitzen, dann mit den Handflächen und zuletzt mit dem Handrücken. Empfindungen und Erfahrungen werden anschließend in Zweier- oder Vierergruppen ausgetauscht.

Besondere Bemerkungen:

Name der Übung: Zitronen	**Quelle:** Pf&J 2;127
Art der Übung: Nonverbale Gruppenaktivität	**Dauer:** 1 Std.
Ziel: - Gefühle: Training der eigenen Wahrnehmungsfähigkeit durch Schärfung der Sinneswahrnehmung	**Gleiche Übung auch unter Stichwort:**

Inhalt:
Der Leiter erklärt den Tn, daß es keine zwei Zitronen gibt, die sich völlig gleichen. Jedes Mitglied erhält dann eine Zitrone und macht sich vertraut damit, danach untersucht jeder auch die Zitronen der anderen Tn.
Zuletzt müssen sie blind aus allen Zitronen die eigene herausfinden.

Besondere Bemerkungen:
- Hilfsmittel: 1 Zitrone pro Tn

Name der Übung: Obstkorb	**Quelle:** Gudjons 122
Art der Übung: Nonverbale Gruppenaktivität	**Dauer:** 45 Minuten
Ziel: - Gefühle: Training der eigenen Wahrnehmungsfähigkeit durch Schärfung der Sinneswahrnehmung	**Gleiche Übung auch unter Stichwort:**

Inhalt:

Die Tn einer Gruppe stellen sich vor, sie würden sich in einen Korb mit verschiedenen Obstsorten verwandeln, sie würden selbst zu einem Obstteil werden. Sie sollen sich vorstellen, wie und wo sie liegen, ob sie gequetscht werden, wie sie sich als "Obst" fühlen. Anschließend berichtet jeder kurz, wie seine Phantasie aussah und was das mit seiner momentanen Situation zu tun hat.

Besondere Bemerkungen:

Name der Übung: Rosenbusch	**Quelle:** Gudjons 95
Art der Übung: Phantasiespiel	**Dauer:** 45 Min.
Ziel: - Gefühle: Training der eigenen Wahrnehmungsfähigkeit durch Schärfung der Sinneswahrnehmung	**Gleiche Übung auch unter Stichwort:**

Inhalt:
Nach einer einleitenden Entspannungsphase sollen sich die Tn in einen Rosenbusch verwandeln und sich in das Leben eines Rosenbusches hineinversetzen.

Besondere Bemerkungen:

Name der Übung: Blinde Beschreibung	**Quelle:** Gudjons 73
Art der Übung: (Non)verbale Paar- und Gruppenaktivität	**Dauer:** 1 Std.
Ziel: - Gefühle: Training der eigenen Wahrnehmungsfähigkeit durch Schärfung der Sinneswahrnehmung	**Gleiche Übung auch unter Stichwort:**

Inhalt:
Die Tn bilden Paare. Jedes Paar erhält aus einem Sortiment ähnlicher Gegenstände (z. B. Bücher, Gefäße o. ä.) ein Einzelstück und ertastet es mit geschlossenen Augen. Dann werden die Elemente eingesammelt und in einer Tüte versteckt. Jedes Paar versucht seinen Gegenstand zu beschreiben und liest die Beschreibung laut vor. Wenn ein Tn meint, den beschriebenen Gegenstand zu kennen, darf er ihn in der Plastiktüte heraussuchen.

Besondere Bemerkungen:
- Hilfsmittel: ein Sortiment einander ähnlicher Gegenstände, einige mehr als es Paare sind.

Name der Übung: Holz und Stein	**Quelle:** Gudjons 96
Art der Übung: Nonverbale Einzelaktivität	**Dauer:** 1 Std.
Ziel: - Gefühle: Training der eigenen Wahrnehmungs-fähigkeit durch Schärfung der Sinneswahrnehmung - Verbale Feedbacktechnik: Allegorien	**Gleiche Übung auch unter Stichwort:** -Verbale Feedbacktechnik S. 496

Inhalt:
Aus einer Anzahl verschiedener Steine und Holzstücke nimmt jeder Tn eines heraus und versucht, durch Tasten, Riechen, Klopfen usw. die "Persönlichkeit" des Gegenstandes kennenzulernen. Wenn alle Tn 4-5 Hölzer oder Steine geprüft haben, wählt sich jeder denjenigen davon aus, der seiner Persönlichkeit am meisten entspricht. In Vierergruppen werden die Elemente vorgestellt. Im Anschluß daran kann jeder für die anderen Mitglieder seiner Vierergruppe auf die gleiche Art und Weise einen Gegenstand suchen.

Besondere Bemerkungen:
- Hilfsmittel: Steine und Hölzer

Name der Übung: Exkursion	**Quelle:** Pf&J 2;148
Art der Übung: Nonverbale Gruppenaktivität	**Dauer:** 30 Min.
Ziel: - Gefühle: Steigerung der eigenen Wahrnehmungsfähigkeit durch Schärfung der Sinneswahrnehmung	**Gleiche Übung auch unter Stichwort:**

Inhalt:

Die Gruppe macht einen Ausflug in die Umgebung, ohne dabei zu sprechen. Alle Tn werden gebeten, während dieses Ausflugs möglichst viele Einzelheiten wahrzunehmen und zu erforschen und einander ihre Erfahrungen nonverbal mitzuteilen.

Besondere Bemerkungen:

- Leiter muß mit Widerstand aus der Gruppe rechnen

Name der Übung: Eingebildeter Gegenstand	**Quelle:** Pf&J 2;146
Art der Übung: Nonverbale Gruppenaktivität	**Dauer:** 30 - 45 Min.
Ziel: - Gefühle: Training der eigenen Wahrnehmungsfähigkeit durch Schärfung der Sinneswahrnehmung	**Gleiche Übung auch unter Stichwort:**

Inhalt:
Die Tn bilden Kreise mit 8 - 12 Mitgliedern. Der Leiter sagt, daß er einen unsichtbaren, kugelförmigen Gegenstand in die Mitte legt. Irgendeiner soll den Gegenstand aufheben, etwas mit ihm anstellen und dann weitergeben. Nach einigen Minuten führt der Kreis eine Analyse der Erfahrung durch und wiederholt dann die Übung mit einem unsichtbaren würfelförmigen Gegenstand.

Besondere Bemerkungen:
- Leiter muß mit Widerstand aus der Gruppe rechnen

Name der Übung: Kerzenmeditation	**Quelle:** Gudjons 75
Art der Übung: (Non)verbale Gruppenaktivität	**Dauer:** 1 Std.
Ziel: - Gefühle: Training der eigenen Wahrnehmungsfähigkeit durch Schärfung der Sinneswahrnehmung	**Gleiche Übung auch unter Stichwort:**

Inhalt:
Die Tn sitzen in einem abgedunkelten Raum. Zuerst betrachten sie das äußere der Kerze; anschließend beschreiben sie die Vorgänge und die sie begleitenden Empfindungen, wenn die Kerze erst mittels eines Streichholzes und dann mit Hilfe einer anderen Kerze angezündet wird und wenn die Kerze langsam hinunterbrennt. Zum Schluß tauschen sie ihre Erfahrungen aus.

Besondere Bemerkungen:
- Hilfsmittel: 2 Kerzen und Streichhölzer

Name der Übung: Farben und Empfindungen	**Quelle:** Gudjons 74
Art der Übung: (Non)verbale Gruppenaktivität	**Dauer:** 1,5 Std.
Ziel: - Gefühle: Training der eigenen Wahrnehmungsfähigkeit durch Schärfung der Sinneswahrnehmung	**Gleiche Übung auch unter Stichwort:**

Inhalt:
Der Leiter legt in die Mitte des Kreises ein großes einfarbiges Tuch oder Papier. Die Tn lassen schweigend die Farbe auf sich wirken. Dann beantworten sie schriftlich folgende Fragen:
1. Was für Dinge fallen mir bei dieser Farbe ein?
2. Welche Gefühle und Stimmungen löst diese Farbe bei mir aus?
3. Welche Handlungsimpulse löst diese Farbe bei mir aus?

Besondere Bemerkungen:
- Hilfsmittel: 1 großes einfarbiges Tuch oder Papier

Name der Übung: Die Wiese	**Quelle:** Pf&J 2;147
Art der Übung: Nonverbale Gruppenaktivität	**Dauer:** 30 - 45 Min.
Ziel: - Gefühle: Training der eigenen Wahrnehmungsfähigkeit durch Schärfung der Sinneswahrnehmung	**Gleiche Übung auch unter Stichwort:**

Inhalt:
Der Leiter erklärt den Gruppenraum zur Wiese. Jeder soll diese Wiese individuell erforschen, danach in Zweiergruppen, Vierergruppen, Achtergruppen und am Schluß alle zusammen.
Die Erfahrungen werden in Kleingruppen besprochen.

Besondere Bemerkungen:
- Leiter muß mit Widerstand aus der Gruppe rechnen

Name der Übung: Individuelle Phantasien und Geleitete individuelle Phantasien	**Quelle:** Pf&J 2;133 Pf&J 2;135
Art der Übung: Phantasiespiele	**Dauer:** 10 Min. pro Aktivität

Ziel:
- Gefühle: Training der eigenen Wahrnehmungs-
  fähigkeit durch Schärfung der Sinneswahr-
  nehmung
- Gefühle: Training der eigenen Wahrnehmungs-
  fähigkeit durch Körpererfahrung und Bewegung
- Gefühle: Training der verbalen Ausdrucks-
  fähigkeit von Gefühlen
	Gleiche Übung auch unter Stichwort:
	
	- Gefühle S.173
	
	- Gefühle S.185

Inhalt:
Der Leiter heißt die Tn die Augen zu schließen und sich 2 - 3 Min. ihrer Phantasie hinzugeben. Nach dieser Einstimmung erzählt der Leiter, wovon die Phantasie handeln soll.
Die "geleiteten" Phantasien unterscheiden sich von den anderen Phantasien darin, daß der Leiter den Tn, die in ihrer Phantasie "steckenbleiben", weiterhilft.

Besondere Bemerkungen:
- Leiter muß mit Widerstand aus der Gruppe rechnen

Name der Übung: Schritte	**Quelle:** Gudjons 208
Art der Übung: Nonverbale Gruppenaktivität	**Dauer:** 20 Min.

Ziel:
- Gefühle: Training der eigenen Wahrnehmungs-
  fähigkeit durch Körpererfahrung und
  Bewegung
	Gleiche Übung auch unter Stichwort:

Inhalt:
Die Tn stellen sich im Raum auf und machen unter Anleitung des Leiters einige Schritte, wobei sie genau auf sich selber achten.

Besondere Bemerkungen:

Name der Übung: Lockerlassen	**Quelle:** Vopel 4;42
Art der Übung: Phantasiespiel	**Dauer:** 20 Min.
Ziel: - Gefühle: Training der eigenen Wahrnehmungsfähigkeit durch Körpererfahrung und Bewegung	**Gleiche Übung auch unter Stichwort:**

Inhalt:
Die Tn erleben einen "Durchgang" durch ihren Körper

Besondere Bemerkungen:
- Leiter muß mit Widerstand aus der Gruppe rechnen

Name der Übung: Körperbewußtsein	**Quelle:** Vopel 5;37
Art der Übung: Nonverbale Gruppenaktivität	**Dauer:** 15 Min.
Ziel: - Gefühle: Training der eigenen Wahrnehmungs- fähigkeit durch Körpererfahrung und Bewegung	**Gleiche Übung auch unter Stichwort:**

Inhalt:
Die Tn konzentrieren sich auf ihren Körper und auf ihre Körperempfindungen.

Besondere Bemerkungen:
- Leiter muß mit Widerstand aus der Gruppe rechnen

Name der Übung: Imaginäres Ballspiel	**Quelle:** Gudjons 62
Art der Übung: Nonverbale Gruppenaktivität	**Dauer:** 30 Min.
Ziel: - Gefühle: Training der eigenen Wahrnehmungsfähigkeit durch Körpererfahrung und Bewegung	**Gleiche Übung auch unter Stichwort:**

Inhalt:
Die Gruppe steht im Kreis. Der Leiter wirft einem Tn einen imaginären Ball zu, den dieser auffängt und durch pantomimische Bewegungen zu einem größeren, kleineren, schwereren, leichteren usw. Ball umformt und dann weiterspielt. Nach einiger Zeit kann der Leiter die Beschaffenheit des Balls ändern (z. B. in einen sehr heißen Ball, der schnell gespielt werden muß) oder einen neuen Ball (Fußball, Tennisball) einführen.

Besondere Bemerkungen:

Name der Übung: T'ai chi chuan (Sich seiner Bewegungen bewußt werden)	**Quelle:** Pf&J 6;26
Art der Übung: Nonverbale Gruppenaktivität	**Dauer:** 1 Std.
Ziel: - Gefühle: Training der eigenen Wahrnehmungsfähigkeit durch Körpererfahrung und Bewegung - Eröffnungsphase: Einführung ins "Hier und Jetzt"	**Gleiche Übung auch unter Stichwort:** - Eröffnungsphase S.793

Inhalt:
Nach einer kurzen Einleitung machen die Tn eine Reihe von Entspannungs-, Yoga- und Selbsterfahrungsübungen.

Besondere Bemerkungen:
- Leiter muß mit Widerstand aus der Gruppe rechnen
- Raum: ca. 1 m² für jeden Tn in einem Raum mit glattem Fußboden oder im Freien
- Hilfsmittel: langsame, rhythmische und beruhigende Musik

Name der Übung: Abklopfen Klopfen Klopfen	**Quelle:** Pf&J 2;129 Vopel 1;40 Vo/Ki 186
Art der Übung: Nonverbale Paaraktivität	**Dauer:** 10 Min.
Ziel: - Gefühle: Training der eigenen Wahrnehmungsfähigkeit durch Körpererfahrung und Bewegung - Gefühle: Empathietraining, nonverbal	**Gleiche Übung auch unter Stichwort:** - Gefühle S.222

Inhalt:
Jeweils zwei Partner stehen sich gegenüber. Der eine schließt die Augen und läßt die Arme entspannt herunterhängen. Sein Partner klopft ihn mit leichten Schlägen von oben nach unten und wieder nach oben ab. Dann werden die Rollen gewechselt.

Besondere Bemerkungen:
- Leiter muß mit Widerstand aus der Gruppe rechnen

Name der Übung: Partnerentspannung	**Quelle:** Schw/S 274
Art der Übung: Nonverbale Paaraktivität	**Dauer:** 15 - 30 Min.
Ziel: - Gefühle: Training der eigenen Wahrnehmungs- fähigkeit durch Körpererfahrung und Bewegung	**Gleiche Übung auch unter Stichwort:**

Inhalt:
Die Gruppe teilt sich in Paare auf; ein Partner legt sich auf den Boden, der andere hilft ihm, sich zu entspannen, gemäß detaillierter Anweisungen.
Nach einem abschließenden Erfahrungsaustausch wechseln sie ihre Rollen.

Besondere Bemerkungen:
- Leiter muß mit Widerstand aus der Gruppe rechnen

Name der Übung: Marionette	**Quelle:** Schw/S 272
Art der Übung: Verbale Paaraktivität	**Dauer:** 15 Min.
Ziel: - Gefühle: Training der eigenen Wahrnehmungsfähigkeit durch Körpererfahrung und Bewegung - Nonverbales Kommunikationstraining: Körperhaltung	**Gleiche Übung auch unter Stichwort:** - Nonverbales Kommunikationstraining S.430

Inhalt:

Die Tn bilden Paare, ein Partner ist "Marionette", der andere "Bewegungskoordinator". Während die Marionette nur sagt, wie sie sich bewegen will, bewegt der Koordinator die Glieder der Puppe nach deren Wünschen. Anschließend wechseln die Partner ihre Rollen.

Besondere Bemerkungen:

Name der Übung: Skulpturen der Gefühle	**Quelle:** Gudjons 79
Art der Übung: Verbale Kleingruppenaktivität	**Dauer:** 1,5 Std.
Ziel: - Gefühle: Training der Ausdrucksfähigkeit von Gefühlen durch Körpererfahrung und Bewegung	**Gleiche Übung auch unter Stichwort:**

Inhalt:
Jeweils 4 Tn sind für andere 4 Tn das "Material", aus dem diese bestimmte Gefühle in Form einer Gruppenskulptur darstellen. Erst modellieren die "Bildhauer" das Gefühl "Mißtrauen", dann treten sie zurück und betrachten schweigend eine zeitlang ihre Skulptur, dann schaffen sie die Begriffe "Vertrauen", "Furcht" und "Freude". Anschließend werden die Rollen getauscht.

Besondere Bemerkungen:
- Variante: auch als Paaraktivität spielbar

Name der Übung: Tiere imaginieren	**Quelle:** Gudjons 93
Art der Übung: Phantasiespiel	**Dauer:** 1 Std.
Ziel: - Gefühle: Training der eigenen Wahrnehmungsfähigkeit durch Körpererfahrung und Bewegung - Verbale Feedbacktechnik: Allegorien	**Gleiche Übung auch unter Stichwort:** -Verbale Feedbacktechnik S. 502

Inhalt:
Alle setzen oder legen sich hin und entspannen sich. Der Leiter läßt die Tn sich vorstellen, daß sie in einem dunklen Raum sitzen, in dem sich eine Leinwand befindet. Dort erscheint langsam ein Tier, das den Tn darstellt. Jeder Tn versucht, das Tier zu identifizieren und überlegt, welche Gemeinsamkeiten in Verhalten, Haltung, Reaktionen er mit dem Tier hat. In Kleingruppen werden die Erfahrungen ausgetauscht.

Besondere Bemerkungen:

Name der Übung: HA-HA	**Quelle:** Pf&J 2;146
Art der Übung: Nonverbale Gruppenaktivität	**Dauer:** 15 Min.
Ziel: - Gefühle: Training der eigenen Wahrnehmungsfähigkeit durch Körpererfahrung und Bewegung	**Gleiche Übung auch unter Stichwort:**

Inhalt:
Die Tn legen sich im Zickzack auf den Boden und zwar jeder mit seinem Kopf auf dem Magen seines Nebenmannes. Ein Tn beginnt zu lachen und alle anderen fallen nach und nach ein.

Besondere Bemerkungen:
- Leiter muß mit Widerstand aus der Gruppe rechnen

Name der Übung: Tausendfüßler	**Quelle:** Pf&J 2;146
Art der Übung: Nonverbale Gruppenaktivität	**Dauer:** 15 Min.
Ziel: - Gefühle: Training der eigenen Wahrnehmungsfähigkeit durch Körpererfahrung und Bewegung	**Gleiche Übung auch unter Stichwort:**

Inhalt:
Die Tn bilden einen Kreis und jeder legt seine Arme um den Leib seines Vordermannes. Dann legen sich alle, ohne loszulassen, auf den Boden, bewegen sich ein Stück vorwärts und stehen wieder auf.

Besondere Bemerkungen:
- Leiter muß mit Widerstand aus der Gruppe rechnen

Name der Übung: Individuelle Phantasien und Geleitete individuelle Phantasien	**Quelle:** Pf&J 2;133 Pf&J 2;135
Art der Übung: Phantasiespiele	**Dauer:** 10 Min. pro Aktivität
Ziel: - Gefühle: Training der eigenen Wahrnehmungsfähigkeit durch Körpererfahrung und Bewegung - Gefühle: Training der eigenen Wahrnehmungsfähigkeit durch Schärfung der Sinneswahrnehmung - Gefühle: Training der verbalen Ausdrucksfähigkeit von Gefühlen	**Gleiche Übung auch unter Stichwort:** - Gefühle S. 160 - Gefühle S. 185

Inhalt:
Der Leiter heißt die Tn die Augen zu schließen und sich 2 - 3 Min. ihrer Phantasie hinzugeben. Nach dieser Einstimmung erzählt der Leiter, wovon die Phantasie handeln soll.
Die "geleiteten" Phantasien unterscheiden sich von den anderen Phantasien darin, daß der Leiter den Tn, die in ihrer Phantasie "steckenbleiben", weiterhilft.

Besondere Bemerkungen:
- Leiter muß mit Widerstand aus der Gruppe rechnen

Name der Übung: Formulierungshilfen beim Spiegeln von Gefühlszuständen	**Quelle:** Gudjons 221
Art der Übung: Verbale Gruppenaktivität	**Dauer:** 45 - 60 Min.
Ziel: - Gefühle: Training der verbalen Ausdrucksfähigkeit von Gefühlen (verbal)	**Gleiche Übung auch unter Stichwort:**

Inhalt:
Eine Liste von "psychischen Zuständen" (z. B. zufrieden sein, ärgerlich sein, Beklemmungen spüren) wird auf Karteikarten übertragen. Eine nach der anderen wird gezogen, vorgelesen und die Tn sollen möglichst viele Synonyma dafür finden.

Besondere Bemerkungen:

Name der Übung: Mitteilung von Gefühlen Was ist direkt - was ist indirekt? Direkter und indirekter Ausdruck von Gefühlen	**Quelle:** Vo/Ki 82 und 94 Schw/S 58 Gudjons 87
Art der Übung: Verbale Einzelaktivität	**Dauer:** 30 - 45 Min.
Ziel: - Gefühle: Training der verbalen Ausdrucksfähigkeit von Gefühlen - Verbales Kommunikationstraining: Verbesserung der Kommunikationsfähigkeit	**Gleiche Übung auch unter Stichwort:** - Verbale Kommunikation S.404

Inhalt:
Die Tn sollen Aussagen beurteilen, die entweder direkt einen emotionalen Zustand beschreiben oder nur indirekt eine Gefühlsäußerung beinhalten.

Besondere Bemerkungen:
- Unterlagen: 1 Aussagenliste und 1 Antwortblatt pro Tn

Name der Übung: Verbalisierung emotionaler Erlebnisinhalte	**Quelle:** Gudjons 220
Art der Übung: verbale Einzel- und Gruppenaktivität	**Dauer:** 60 Minuten
Ziel: - Gefühle: Training der verbalen Ausdrucksfähigkeit von Gefühlen	**Gleiche Übung auch unter Stichwort:**

Inhalt:
Die Gruppe bildet Trios, die für sich arbeiten. Der Moderator verteilt an jedes Trio eine Liste mit vorformulierten Gesprächsäußerungen. Einer liest die Äußerung vor und die anderen beiden Tn sollen aufschreiben, wie sie das darin mitschwingende Gefühl verbalisieren würden. Nach 5 Äußerungen liest der 2.Tn weiter, nach weiteren 5 der 3..
Beispiel einer Äußerung: "In Gesellschaft kriege ich kein Wort raus."

Besondere Bemerkungen:
Liste mit Sätzen

Name der Übung: Auswirkungen von direktem und von indirektem Ausdruck	**Quelle:** Schw/S 56
Art der Übung: Verbale Einzelaktivität	**Dauer:** 30 - 45 Min.
Ziel: - Gefühle: Training der verbalen Ausdrucksfähigkeit von Gefühlen - Verbales Kommunikationstraining: Verbesserung der Kommunikationsfähigkeit	**Gleiche Übung auch unter Stichwort:** - Verbale Kommunikation S.405

Inhalt:

Die Tn sollen anhand von direkten bzw. indirekten Äußerungen ihre jeweiligen gefühlsmäßigen Reaktionen darauf zum Ausdruck bringen.

Besondere Bemerkungen:

- Unterlagen: 1 Fragebogen pro Tn

Name der Übung:	Quelle:
Tiefergehen	Vopel 6;45

Art der Übung:	Dauer:
Verbale Paaraktivität	15 - 30 Min.

Ziel:	Gleiche Übung auch unter Stichwort:
- Gefühle: Training der verbalen Ausdrucksfähigkeit von Gefühlen	
- Verbales Kommunikationstraining: Verbesserung der Kommunikationsfähigkeit	- Verbale Kommunikation S.403

Inhalt:

Jeder Tn sucht sich einen Partner und führt mit ihm einen Dialog in der Form, daß er auf eine Aussage des anderen erst eine rationale und dann eine emotionale Antwort gibt.

Besondere Bemerkungen:
- Leiter muß mit Widerstand aus der Gruppe rechnen

Name der Übung: Hier und Jetzt	**Quelle:** Vopel 3;22
Art der Übung: Verbale Gruppenaktivität	**Dauer:** 15 - 30 Min.
Ziel: - Gefühle: Training der verbalen Ausdrucksfähigkeit von Gefühlen	**Gleiche Übung auch unter Stichwort:**

Inhalt:
Jeder Tn sagt, was er im Augenblick des Sprechens über einen anderen Tn denkt, fühlt oder bemerkt. Die Aussagen sollen alle mit dem Wort "Jetzt" beginnen.

Besondere Bemerkungen:
- Leiter muß mit Widerstand aus der Gruppe rechnen

Name der Übung: Karussell der Emotionen	**Quelle:** Vo/Ki 80
Art der Übung: Verbale Gruppenaktivität	**Dauer:** 45 Min.
Ziel: - Gefühle: Training der verbalen Ausdrucksfähigkeit von Gefühlen	**Gleiche Übung auch unter Stichwort:**

Inhalt:

Die Tn bilden zwei konzentrische Kreise, sodaß sich jeweils zwei Tn gegenüberstehen. Der Partner im Außenkreis beschreibt nun möglichst genau sein gegenwärtiges Gefühl in einem Satz, der mit "Jetzt..." beginnt. Danach äußern die Tn im Innenkreis ihre Gefühle, dann rückt der Außenkreis um einen Partner nach rechts, und die Aktivität wird wiederholt.

Besondere Bemerkungen:
- Leiter muß mit Widerstand aus der Gruppe rechnen

Name der Übung: Wünsche anmelden	**Quelle:** Vopel 4;56
Art der Übung: Verbale Gruppenaktivität	**Dauer:** 1 - 2 Std.
Ziel: - Gefühle: Training der verbalen Ausdrucksfähigkeit von Gefühlen - Kriseninterventionen: Aktivierung bei Müdigkeit und Unlust	**Gleiche Übung auch unter Stichwort:** - Kriseninterventionen S. 896

Inhalt:

Jeder Tn hat zwei Wünsche offen, die konkret und von der Gruppe erfüllbar sein müssen; nicht wünschbar sind Gefühle anderer Tn. Nachdem jeder seine Wünsche geäußert und die Gruppe sie erfüllt hat, findet eine Zwischenbesprechung statt; im Anschluß daran können die Tn auch "zensierte" Wünsche aussprechen.

Besondere Bemerkungen:

- Leiter muß mit Widerstand aus der Gruppe rechnen

Name der Übung: Auf der Bühne	**Quelle:** Vopel 4;29
Art der Übung: Phantasiespiel	**Dauer:** 15 - 30 Min.
Ziel: - Gefühle: Training der verbalen Ausdrucksfähigkeit von Gefühlen - Verbales Kommunikationstraining: Verbesserung der Kommunikationsfähigkeit	**Gleiche Übung auch unter Stichwort:** - Verbale Kommunikation S. 399

Inhalt:
Die Tn erleben in ihrer Phantasie, wie sie auf einer Bühne stehen, dem Publikum etwas vortragen und dafür Beifall erhalten.

Besondere Bemerkungen:
- Leiter muß mit Widerstand aus der Gruppe rechnen

Name der Übung: Schutzschild	**Quelle:** Vopel 3;42
Art der Übung: Phantasiespiel	**Dauer:** 45 - 60 Min.
Ziel: - Gefühle: Training der verbalen Ausdrucksfähigkeit von Gefühlen	**Gleiche Übung auch unter Stichwort:**

Inhalt:
Der Leiter führt die Tn durch eine Phantasie, in der sie ihren Schutzschild und ihre Abwehrmechanismen erleben, die sie um sich aufgebaut haben.

Besondere Bemerkungen:
- Leiter muß mit Widerstand aus der Gruppe rechnen

Name der Übung: Erforschung der Gruppe	**Quelle:** Pf&J 3;129
Art der Übung: Phantasiespiel	**Dauer:** 1 Std.
Ziel: - Gefühle: Training der verbalen Ausdrucksfähigkeit von Gefühlen	**Gleiche Übung auch unter Stichwort:**

Inhalt:

Die Tn erleben in ihrer Phantasie eine Floßreise über gefährliche Stromschnellen und durch einen Tunnel, der in einer Schatzhöhle endet. Beim Betreten der Schatzhöhle muß jeder dem Kontrolleur etwas von sich hergeben. Während der Phantasie hat der Leiter Fragen gestellt, an deren Antworten sich die Tn in der anschließenden Besprechung erinnern sollen.

Besondere Bemerkungen:

- Leiter muß mit Widerstand aus der Gruppe rechnen

Name der Übung: Individuelle Phantasien und Geleitete individuelle Phantasien	**Quelle:** Pf&J 2;133 Pf&J 2;135
Art der Übung: Phantasiespiele	**Dauer:** 10 Min. pro Aktivität

Ziel:
- Gefühle: Training der verbalen Ausdrucks-
  fähigkeit von Gefühlen
- Gefühle: Training der eigenen Wahrnehmungs-
  fähigkeit durch Schärfung der Sinneswahr-
  nehmung
- Gefühle: Training der eigenen Wahrnehmungs-
  fähigkeit durch Körpererfahrung und Bewegung
	Gleiche Übung auch unter Stichwort:
	
	- Gefühle S. 160
	
	- Gefühle S. 173

Inhalt:
Der Leiter heißt die Tn die Augen zu schließen und sich 2 - 3 Min. ihrer Phantasie hinzugeben. Nach dieser Einstimmung erzählt der Leiter, wovon die Phantasie handeln soll.
Die "geleiteten" Phantasien unterscheiden sich von den anderen Phantasien darin, daß der Leiter den Tn, die in ihrer Phantasie "steckenbleiben", weiterhilft.

Besondere Bemerkungen:
- Leiter muß mit Widerstand aus der Gruppe rechnen

Name der Übung: Gefühlsfragebogen	**Quelle:** Schw/S 267
Art der Übung: Verbale Einzel- und Paaraktivität	**Dauer:** 30 Min.
Ziel: - Gefühle: Training der (non)verbalen Ausdrucksfähigkeit von Gefühlen	**Gleiche Übung auch unter Stichwort:**

Inhalt:

Die Tn füllen individuell einen Fragebogen über den Umgang mit eigenen Gefühlen aus und besprechen anschließend die Antworten in Zweiergruppen.

Besondere Bemerkungen:
- Unterlagen: 1 Fragebogen pro Tn

Name der Übung: Unterredung	**Quelle:** Pf&J 2;143
Art der Übung: (Non)verbale Paaraktivität	**Dauer:** 15 Min.
Ziel: - Gefühle: Training der (non)verbalen Ausdrucksfähigkeit von Gefühlen - Nonverbales Kommunikationstraining: allgemein	**Gleiche Übung auch unter Stichwort:** - Nonverbales Kommunikationstraining S. 416

Inhalt:

Die Partner sitzen sich gegenüber und teilen einander mit, welche Gefühle sie füreinander haben. Nach 2 - 3 Min. setzen sie sich mit dem Rücken zueinander, führen aber ihre Unterredung fort. Nach weiteren 2 - 3 Min. drehen sie sich wieder um, sodaß sie sich ansehen, und teilen sich einander nonverbal mit.

Besondere Bemerkungen:

- Leiter muß mit Widerstand aus der Gruppe rechnen

Name der Übung: Wie drücken Sie Ihre Gefühle aus?	**Quelle:** Vo/Ki 104 und 110
Art der Übung: Verbale Einzel- und Kleingruppenaktivität	**Dauer:** 45 - 60 Min.
Ziel: - Gefühle: Training der (non)verbalen Ausdrucksfähigkeit von Gefühlen - Nonverbales Kommunikationstraining allgemein	**Gleiche Übung auch unter Stichwort:** - Nonverbales Kommunikationstraining S. 419

Inhalt:

Die Tn sollen fünf Fragen nach Gefühlen auf zweierlei Arten beantworten:
In der ersten Antwort schildern sie, wie sie ihre Gefühle verbal äußern, in der zweiten Antwort, wie sie ihre Gefühle nonverbal äußern.
Anschließend diskutieren die Tn ihre Antworten in Dreiergruppen.

Besondere Bemerkungen:
- Unterlagen: 1 Fragebogen pro Tn

Name der Übung: Körpersprache	**Quelle:** Pf&J 2;147
Art der Übung: Nonverbale Gruppenaktivität	**Dauer:** 1 Std.
Ziel: - Gefühle: Training der nonverbalen Ausdrucksfähigkeit von Gefühlen - Nonverbales Kommunikationstraining allgemein	**Gleiche Übung auch unter Stichwort:** - Nonverbales Kommunikationstraining S. 415

Inhalt:

Der Leiter gibt jedem Tn einen Zettel, auf dem steht, welches Gefühl er nonverbal darstellen soll. Die Gruppe versucht herauszufinden, welches Gefühl der Tn ausdrückt.

Besondere Bemerkungen:

- Unterlagen: 1 Gefühlsbegriff pro Tn
- Videoaufnahme empfehlenswert

Name der Übung: Unterwürfigkeit - Aggression - Selbstsicherheit	**Quelle:** Pf&J 6;95
Art der Übung: (Non)verbale Gruppenaktivität	**Dauer:** 30 - 60 Min.
Ziel: - Gefühle: Training der nonverbalen Ausdruckfähigkeit von Gefühlen - Nonverbales Kommunikationstraining: Körperhaltung	**Gleiche Übung auch unter Stichwort:** - Nonverbales Kommunikationstraining S. 429

Inhalt:
Die Tn versuchen, sich eine unterwürfige Person vorzustellen und ihr Verhalten nonverbal auszudrücken. Nach etwa 5 Min. verharrt jeder in einer typisch unterwürfigen Haltung und vergleicht seine Haltung mit den anderen.
Nach einer Besprechung ihrer Erfahrungen wiederholen sie diese Aktivität auf die gleiche Weise mit den Begriffen "Aggression" und "Selbstsicherheit".

Besondere Bemerkungen:
- Raum: viel Platz erforderlich

Name der Übung: Tanzen	**Quelle:** Pf&J 2;145
Art der Übung: Nonverbale Gruppenaktivität	**Dauer:** 15 - 30 Min.
Ziel: - Gefühle: Training der nonverbalen Ausdrucksfähigkeit von Gefühlen	**Gleiche Übung auch unter Stichwort:**

Inhalt:
Es wird verschiedenartige Musik gespielt und die Tn drücken durch Tanzen ihre Gefühle aus.

Besondere Bemerkungen:
- Leiter muß mit Widerstand aus der Gruppe rechnen

Name der Übung: Trommeltanz	**Quelle:** Pf&J 2;147
Art der Übung: Nonverbale Gruppenaktivität	**Dauer:** 30 Min.
Ziel: - Gefühle: Training der nonverbalen Ausdrucksfähigkeit von Gefühlen	**Gleiche Übung auch unter Stichwort:**

Inhalt:
Einige Tn spielen auf Trommeln (oder machen auf irgendeine andere Art Musik), während sich die anderen im Tanz bewegen. Die Musik stoppt plötzlich und jeder verweilt kurz in seiner augenblicklichen Stellung. Die Tn diskutieren in Kleingruppen diese Übung.

Besondere Bemerkungen:
- Leiter muß mit Widerstand aus der Gruppe rechnen

Name der Übung: Musikmeditation	**Quelle:** Gudjons 211
Art der Übung: Nonverbale Einzelaktivität	**Dauer:** das Musikstück sollte 10 - 15 Min. dauern
Ziel: - Gefühle: Training der Ausdrucksfähigkeit von Gefühlen (nonverbale) - Kreativität: Aufbrechen aller Denkschemata	**Gleiche Übung auch unter Stichwort:** -Kreativität S. 667

Inhalt:
Vor Beginn der Übung sollen sich die Tn für eine der folgenden Möglichkeiten entscheiden:
a) Musik einfach hören und auf sich wirken lassen
b) durch Malen den entscheidenden Gefühlen Ausdruck verleihen
c) durch Malen mit einem Partner die Wirkung der Musik ausdrücken
d) die Musik in Bewegungen umsetzen
e) Bilder, Gedanken, Assoziationen auf einem Zettel festhalten
Nach einer Entspannungsphase beginnt die Musik und die Tn tun das, wofür sie sich zuvor entschieden haben.

Besondere Bemerkungen:
- Hilfsmittel: Musik, empfehlenswert sind Panflöte, Orgel-, Sitarstücke, aber auch Romantik.

Name der Übung: Konversation der Hände	**Quelle:** Vopel 3;82
Art der Übung: Nonverbale Kleingruppenaktivität	**Dauer:** 1 Std.
Ziel: - Gefühle: Training der nonverbalen Ausdrucksfähigkeit von Gefühlen - Gefühle: Training der eigenen Wahrnehmungsfähigkeit durch Schärfung der Sinneswahrnehmung	**Gleiche Übung auch unter Stichwort:** - Gefühle S.148

Inhalt:
Die Tn versuchen in Vierergruppen, gegenseitig ihre Hände zu erforschen, kennenzulernen und Gefühle auszudrücken.

Besondere Bemerkungen:
- Leiter muß mit Widerstand aus der Gruppe rechnen

Name der Übung: Geräusche machen Stimme lockern	**Quelle:** Workbook 4.8.2 Vopel 3;23
Art der Übung: Nonverbale Gruppenaktivität	**Dauer:** 15 - 30 Min.
Ziel: - Gefühle: Training der nonverbalen Ausdrucksfähigkeit von Gefühlen - Eröffnungsphase: Nonverbale Anwärmübung	**Gleiche Übung auch unter Stichwort:** - Eröffnungsphase S.776

Inhalt:

Die Tn bilden einen Kreis und summen. Wenn alle ihren Summton gefunden haben, beginnt ein Tn irgendein Geräusch zu machen, das ihm gerade einfällt, und mit dem Körper die dazugehörigen Bewegungen zu machen. Die anderen Tn ahmen ihn nach, bis der Initiator genug hat und ein anderer Tn ein neues Geräusch erfindet.

Besondere Bemerkungen:
- Leiter muß mit Widerstand aus der Gruppe rechnen

Name der Übung:	Quelle:
Nonsens	Pf&J 1;137

Art der Übung:	Dauer:
Nonverbale Gruppenaktivität	15 Min.

Ziel:	Gleiche Übung auch unter Stichwort:
- Gefühle: Training der nonverbalen Ausdrucksfähigkeit von Gefühlen	
- Nonverbales Kommunikationstraining: Stimme	- Nonverbales Kommunikationstraining S. 433

Inhalt:
Ein Tn wird gebeten, seine Gefühle dadurch mitzuteilen, daß er Silben verwendet, die keinen Sinn geben, z.B. "flo", "bip", "bap" usw.

Besondere Bemerkungen:

Name der Übung: Übertreibung	**Quelle:** Pf&J 2;145
Art der Übung: Nonverbale Gruppenaktivität	**Dauer:** 15 Min.
Ziel: - Gefühle: Training der nonverbalen Ausdrucksfähigkeit von Gefühlen	**Gleiche Übung auch unter Stichwort:**

Inhalt:
Ein Tn wird gebeten, sich vor einen anderen hinzustellen und diesem gegenüber seine Gefühle nonverbal und genauso übertrieben auszudrücken, wie man sich bei Pantomimen auszudrücken pflegt.

Besondere Bemerkungen:
- Leiter muß mit Widerstand aus der Gruppe rechnen

Name der Übung: Lebendige Skulptur	**Quelle:** Pf&J 3;43
Art der Übung: (Non)verbale Gruppenaktivität	**Dauer:** 45 Min.
Ziel: - Gefühle: Training der nonverbalen Ausdrucksfähigkeit von Gefühlen	**Gleiche Übung auch unter Stichwort:**

Inhalt:
Ein Tn stellt einen Klumpen Lehm dar und wird von einem anderen Tn, der Schwierigkeiten hat, seine Gefühle auszudrücken, so "modelliert", wie jener auf ihn wirkt. Anschließend stellt er sich selber in die Positur, die seiner Einstellung zum "Modell" entspricht.
Mit einem Stück Pappe als gedachten Spiegel geht der Leiter um die beiden Statuen herum und läßt sich von ihnen beschreiben, was sie in dem Spiegel "sehen".

Besondere Bemerkungen:
- Hilfsmittel: 1 großes Stück weiße Pappe
- Leiter muß mit Widerstand aus der Gruppe rechnen

Name der Übung: Körperbewußtsein	**Quelle:** Vopel 4;37
Art der Übung: Verbale Paaraktivität	**Dauer:** 30 Min.
Ziel: - Gefühle: Training der nonverbalen Ausdrucksfähigkeit von Gefühlen - Nonverbales Kommunikationstraining: Körperhaltung	**Gleiche Übung auch unter Stichwort:** - Nonverbales Kommunikationstraining S.428

Inhalt:
Nachdem die Tn sich in Paare aufgeteilt haben, stellen sich die Partner einander gegenüber und "frieren" ihre Körperhaltung ein.
Aus dieser Haltung sagen sie einander, was sie über ihre eigene Körperhaltung und über die des Partners herausgefunden haben.

Besondere Bemerkungen:

Name der Übung: Spießrutenlaufen	**Quelle:** Pf&J 2;148
Art der Übung: Nonverbale Gruppenaktivität	**Dauer:** 30 - 45 Min.
Ziel: - Gefühle: Training der nonverbalen Ausdrucksfähigkeit von Gefühlen - Nonverbales Kommunikationstraining allgemein	**Gleiche Übung auch unter Stichwort:** - Nonverbales Kommunikationstraining S. 418

Inhalt:

Die Tn stehen sich in zwei Reihen gegenüber. Nacheinander gehen sie durch das Spalier, währenddessen ist nonverbale Kommunikation zwischen ihm und den anderen Tn erlaubt. Die Gefühle, die hierbei zum Ausdruck kommen, werden diskutiert, nachdem alle zwischen den Reihen durchgegangen sind.

Besondere Bemerkungen:
- Leiter muß mit Widerstand aus der Gruppe rechnen

Name der Übung: Maskenball	**Quelle:** Vopel 3;34
Art der Übung: Nonverbale Gruppenaktivität	**Dauer:** 15 Min.
Ziel: - Gefühle: Training der nonverbalen Ausdrucksfähigkeit von Gefühlen - Nonverbales Kommunikationstraining: Mimik und Körperhaltung	**Gleiche Übung auch unter Stichwort:** - Nonverbales Kommunikationstraining S.431

Inhalt:

Der Leiter verformt sein Gesicht zu einer Maske, die sein Nachbar imitieren muß. Dieser dreht sich mit der imitierten Maske seinem Nachbarn zu, zeigt sie ihm kurz und wechselt zu einer neuen Grimasse. Diesen Vorgang wiederholt der ganze Tn-Kreis. Zum Schluß setzt jeder die Maske auf, die ihm gerade liegt und versucht, die durch die Maske ausgedrückte Stimmung mit dem ganzen Körper auszuagieren.

Besondere Bemerkungen:

- Leiter muß mit Widerstand aus der Gruppe rechnen

Name der Übung: Schweigender Schrei	**Quelle:** Vopel 6;35
Art der Übung: Nonverbale Einzelaktivität	**Dauer:** 5 - 10 Min.
Ziel: - Gefühle: Training der nonverbalen Ausdrucksfähigkeit von Gefühlen	**Gleiche Übung auch unter Stichwort:**

Inhalt:

Die Tn sollen versuchen, mit Hilfe ihres Körpers lautlos zu schreien, indem sie sämtliche Muskeln so anspannen, wie sie es für einen gewaltigen Schrei tun würden. Am Schluß stößt jeder den vorbereiteten Schrei aus.

Besondere Bemerkungen:
- Leiter muß mit Widerstand aus der Gruppe rechnen

Name der Übung: Namen rufen	**Quelle:** Schw/S 262
Art der Übung: Verbale Gruppenaktivität	**Dauer:** 30 Min.
Ziel: - Gefühle: Training der nonverbalen Ausdrucksfähigkeit von Gefühlen - Nonverbales Kommunikationstraining: Stimme	**Gleiche Übung auch unter Stichwort:** - Nonverbales Kommunikationstraing S. 434

Inhalt:
Die Tn stellen sich im Kreis auf, fassen sich bei den Schultern und schließen die Augen. Nach einem kurzen Schweigen beginnt jeder, seinen Vornamen erst leise zu flüstern, steigert langsam die Lautstärke bis zum Schluß jeder seinen Namen ganz laut ruft.
Anschließend äußert jeder seine Gefühle.

Besondere Bemerkungen:
- Leiter muß mit Widerstand aus der Gruppe rechnen

Name der Übung: Dialog - Einen Arbeitskollegen kennenlernen	**Quelle:** Pf&J 3;98
Art der Übung: Verbale Paaraktivität	**Dauer:** 2 - 3 Std.
Ziel: - Gefühle: Empathietraining, verbal - Soziale Wahrnehmung: Abbau von Vorurteilen zwischen Individuen innerhalb der Gruppe	**Gleiche Übung auch unter Stichwort:** - Soziale Wahrnehmung S.18

Inhalt:
Die Tn bilden Paare und haben die Möglichkeit, anhand eines Fragebogens Person und Arbeit des Partners näher kennenzulernen.

Besondere Bemerkungen:
- Unterlagen: 1 Dialogheft pro Tn
- Leiter muß mit Widerstand aus der Gruppe rechnen

Name der Übung: Interviewspiel	**Quelle:** Schw/S 260
Art der Übung: Verbale Gruppenaktivität	**Dauer:** 1,5 Std.
Ziel: - Gefühle: Empathietraining, verbal	**Gleiche Übung auch unter Stichwort:**

Inhalt:
Aus einem Interviewkatalog stellen sich die Tn gegenseitig Fragen, und zwar nach folgendem Schema:
A fragt B, B fragt C, C fragt D usf.

Besondere Bemerkungen:
- Unterlagen: 1 Fragenkatalog pro Tn

Name der Übung: Einfühlungsvermögen	**Quelle:** Vopel 1;62
Art der Übung: Verbale Gruppenaktivität	**Dauer:** 1 Std.
Ziel: - Gefühle: Empathietraining, verbal - Prozeßanalysen: Beurteilung des Verlaufs einer Sitzung	**Gleiche Übung auch unter Stichwort:** - Prozeßanalysen S.867

Inhalt:

Nach ca. 20 Min. einer normalen Diskussion werden die Tn gebeten, sich mittels eines Fragebogens zum bisherigen Verlauf der Sitzung zu äußern und abzuschätzen, wieviele andere Tn dieselbe Antwort geben. Der Grad der Übereinstimmung stellt ein Maß für das soziale Einfühlungsvermögen der Tn dar.

Besondere Bemerkungen:

- Unterlagen: 1 Formular "Einfühlungsvermögen" pro Tn

Name der Übung: Rollentausch	**Quelle:** Vopel 4;97
Art der Übung: Verbale Paaraktivität	**Dauer:** 15 - 30 Min.
Ziel: - Gefühle: Empathietraining, verbal	**Gleiche Übung auch unter Stichwort:**

Inhalt:
Jeder Tn wählt sich einen Partner, imitiert dessen Verhalten, kopiert seine Sprechweise und äußert seine Ansichten und Gefühle, und auch das, was ihn an seinem Partner stört und erfreut.

Besondere Bemerkungen:
- Leiter muß mit Widerstand aus der Gruppe rechnen

Name der Übung: Double Spiegeln	**Quelle:** Ki/MSch 190 Vopel 6;24
Art der Übung: (Non)verbale Paaraktivität	**Dauer:** 30 Min.
Ziel: - Gefühle: Empathietraining, verbal - Nonverbales Kommunikationstraining allgemein	**Gleiche Übung auch unter Stichwort:** - Nonverbales Kommunikationstraining S. 421

Inhalt:

Die Tn setzen sich zu zweit zusammen; ein Partner beginnt, engagiert über ein Thema zu reden. Der andere soll das Gesagte genau wiederholen und versuchen, Tonfall, Lautstärke, Pausen, Sitzhaltung usw. zu kopieren.

Besondere Bemerkungen:

Name der Übung: Austausch der Köpfe	**Quelle:** Vopel 3;45
Art der Übung: Verbale Paaraktivität	**Dauer:** 1 Std.
Ziel: - Gefühle: Empathietraining, verbal	**Gleiche Übung auch unter Stichwort:**

Inhalt:
Nachdem die Gruppe sich in Paare aufgeteilt hat, erzählt ein Partner, wie er die ersten 10 Min. des heutigen Tages verbracht hat.
Der andere Partner macht das gleiche, und anschließend erzählt jeder aus der Erlebnisperspektive seines Partners den Tagesbeginn zwei anderen Paaren.

Besondere Bemerkungen:

Name der Übung: Gedanken und Gefühle	**Quelle:** Pf&J 1;97
Art der Übung: Verbale Gruppenaktivität	**Dauer:** 1 Std.
Ziel: - Gefühle: Empathietraining, verbal	**Gleiche Übung auch unter Stichwort:**

Inhalt:
Die Aktivität gliedert sich in vier Phasen:
1. Die Tn beschreiben, welches nonverbale Verhalten sie bei den anderen beobachten
2. Die Tn vollenden den Satz: "Gerade jetzt denke ich..."
3. Die Tn vollenden den Satz: "Gerade jetzt fühle ich..."
4. Die Tn wenden sich einander zu und sagen: "Ich glaube, Sie fühlen in diesem Augenblick...".

Zum Schluß analysieren alle Tn gemeinsam, was sie erlebt haben.

Besondere Bemerkungen:
- Leiter muß mit Widerstand aus der Gruppe rechnen

Name der Übung: Double	**Quelle:** Gudjons 82
Art der Übung: Verbale Paaraktivität	**Dauer:** 1 Std.
Ziel: - Gefühle: verbales Empathietraining	**Gleiche Übung auch unter Stichwort:**

Inhalt:
Jeder Tn sucht sich einen Partner und versucht, alle Einzelheiten an seinem Gegenüber bewußt wahrzunehmen und diese Wahrnehmungen mit den eigenen Gefühlen zu vergleichen. In der nächsten Phase können die Partner Vermutungen übereinander anstellen, anhand der Leitfrage: Was wird der Partner wohl in 5 Minuten tun? Über die dabei auftretenden Gefühle können sie sich anschließend aussprechen. In der dritten Phase stellt sich jeder nochmals seinem Partner vor und überlegt sich, welche Züge dabei deutlich, verschwommen oder gar nicht hervortreten.

Besondere Bemerkungen:
- Varianten:
1. Die beiden Partner betrachten sich genau und beschreiben, was sie beim anderen und bei sich wahrnehmen, wobei sie auch Vermutungen äußern dürfen.

Name der Übung: Advokatenspiel	**Quelle:** Gudjons 141
Art der Übung: Verbale Gruppenaktivität	**Dauer:** 30 Min.
Ziel: - Gefühle: Empathietraining, verbal - verbale Feedbacktechnik: gemischtes Feedback	**Gleiche Übung auch unter Stichwort:** -verbale Feedbacktechnik S. 482

Inhalt:
Ein Tn stellt sich in die Mitte des Kreises und stellt nacheinander verschiedenen Gruppenmitgliedern Fragen über deren Verhalten. Der jeweils Befragte äußert sich jedoch nicht selbst, sondern seine beiden Nebensitzer antworten an seiner Stelle, gleichsam als seine Advokaten. Nach 3 - 5 Antworten darf er selber sagen, ob seine Advokaten ihn richtig eingeschätzt haben und wie er sich tatsächlich verhält.

Besondere Bemerkungen:

Name der Übung: Empathie	**Quelle:** Pf&J 1;138
Art der Übung: Verbale Gruppenaktivität	**Dauer:** 30 Min.
Ziel: - Gefühle: Empathietraining, verbal	**Gleiche Übung auch unter Stichwort:**

Inhalt:
Ein Tn versucht, eine Rolle zu spielen, die es einem anderen Tn möglich machen würde, unterdrückte oder zurückgehaltene Gefühle auszudrücken. Wie die Rolle zu spielen ist, kann eventuell von der Zielperson angegeben werden.

Besondere Bemerkungen:
- Leiter muß mit Widerstand aus der Gruppe rechnen

Name der Übung: Drinnen und Draußen	**Quelle:** Pf&J <u>2</u>;136
Art der Übung: Phantasiespiel	**Dauer:** 1 Std.
Ziel: - Gefühle: Empathietraining, verbal	**Gleiche Übung auch unter Stichwort:**

Inhalt:

Ein Mitglied der Gruppe legt sich auf den Fußboden und beginnt, eine Geschichte zu erzählen. Andere Mitglieder können sich danebenlegen und in die Geschichte eingreifen und weiterführen. Sie können auch jederzeit wieder aufstehen und die Phantasie verlassen.

Besondere Bemerkungen:
- Leiter muß mit Widerstand aus der Gruppe rechnen

Name der Übung: Der Kreis	**Quelle:** Pf&J 2;136
Art der Übung: Phantasiespiel	**Dauer:** 1 Std.
Ziel: - Gefühle: Empathietraining, verbal	**Gleiche Übung auch unter Stichwort:**

Inhalt:

Alle Tn setzen sich in einem Kreis zusammen und schließen die Augen. Ein Mitglied leitet eine Phantasie ein, und nach und nach engagieren sich alle anderen Mitglieder in dieser Phantasie und kommen mit ihren Beiträgen.

Besondere Bemerkungen:
- Leiter muß mit Widerstand aus der Gruppe rechnen

Name der Übung: Speichen	**Quelle:** Pf&J 2;136
Art der Übung: Phantasiespiel	**Dauer:** 1 Std.
Ziel: - Gefühle: Empathietraining, verbal	**Gleiche Übung auch unter Stichwort:**

Inhalt:
Alle Tn legen sich so auf den Fußboden, daß sie die Speichen eines Rades bilden, den Kopf in der Mitte. Irgendeiner beginnt, eine Geschichte zu erzählen und zwar entweder allein, oder indem er andere in die Geschichte miteinbezieht. Die anderen können sich auch in die Geschichte einleben und weiterführen.

Besondere Bemerkungen:
- Leiter muß mit Widerstand aus der Gruppe rechnen

Name der Übung: Statuen Bildhauerspiel	**Quelle:** Vopel 3;54 Gudjons 131
Art der Übung: (Non)verbale Paaraktivität	**Dauer:** 30 - 45 Min.
Ziel: - Gefühle: Empathietraining, nonverbal - Nonverbale Feedbacktechnik	**Gleiche Übung auch unter Stichwort:** - Feedback S. 507

Inhalt:
Die Tn bilden Paare; der eine Partner hat die Aufgabe, den anderen zu einer Statue zu formen und zwar so, daß er den typischen Charakterzug, den er an ihm wahrnimmt, etwas übertreibt. Anschließend imitiert der "Bildhauer" die Position der Statue; die beiden sprechen über ihre Gefühle und wechseln dann die Rollen.

Besondere Bemerkungen:
- Leiter muß mit Widerstand aus der Gruppe rechnen

Name der Übung: Sich in Positur stellen	**Quelle:** Pf&J 2;146
Art der Übung: (Non)verbale Gruppenaktivität	**Dauer:** 30 - 45 Min.
Ziel: - Gefühle: Empathietraining, nonverbal - Nonverbales Kommunikationstraining: Körperhaltung	**Gleiche Übung auch unter Stichwort:** - Nonverbales Kommunikationstraining S. 427

Inhalt:
Die Tn setzen sich in zwei Reihen gegenüber.
Die Tn in der einen Reihe versuchen die Körperhaltungen der anderen Reihe zu imitieren, während diese diskutieren.

Besondere Bemerkungen:

Name der Übung: Unterhaltung mit Händen	**Quelle:** Gudjons 79
Art der Übung: Nonverbale Einzel- und Paaraktivität	**Dauer:** 1 Std.
Ziel: - Gefühle: Empathietraining, nonverbal	**Gleiche Übung auch unter Stichwort:**

Inhalt:
1. Jeder Tn konzentriert sich mit geschlossenen Augen auf seine eigenen Hände: Haut, Muskeln, Knochen sollen bewußt wahrgenommen werden; beide Hände erforschen sich gegenseitig
2. Die Tn öffnen die Augen und nehmen Kontakt mit den Händen ihres Partners auf. Sie versuchen, Empfindungen und Wahrnehmungen mit den Händen auszudrücken, so daß eine "Unterhaltung mit den Händen" daraus entsteht.

Besondere Bemerkungen:
- Leiter muß mit Widerstand aus der Gruppe rechnen

Name der Übung: Einigung der Hände Spiegel	**Quelle:** Vo/Ki 228 Pf&J 2;143
Art der Übung: Nonverbale Paaraktivität	**Dauer:** 2 Min. plus Besprechung
Ziel: - Gefühle: Empathietraining, nonverbal	**Gleiche Übung auch unter Stichwort:**

Inhalt:
Die Tn sitzen einander paarweise gegenüber und halten ihre Hände so, daß sie die Innenflächen dem Partner zuwenden. Die Handflächen sollen im Abstand von etwa 4 cm einen gemeinsamen "Spaziergang" unternehmen, ähnlich wie vor einem Spiegel.
Dabei dürfen sich die Tn nicht mit Worten, sondern nur mit ihren Händen verständigen.

Besondere Bemerkungen:

Name der Übung: Vertrauensrunde	**Quelle:** Vo/Ki 172
Art der Übung: Verbale Paaraktivität	**Dauer:** 30 Min.
Ziel: - Gefühle: Empathietraining, nonverbal	**Gleiche Übung auch unter Stichwort:**

Inhalt:

Jeder Tn sucht sich mit einer kurzen öffentlichen Begründung einen Partner. Die beiden teilen einander gegenseitig mit, wie vertraut sie sich im Augenblick sind. Anschließend imitiert jeder die Körperhaltung seines Gegenübers und versucht, sich in die Stimmung seines Partners einzufühlen.

Besondere Bemerkungen:

Name der Übung: Abklopfen Klopfen Klopfen	**Quelle:** Pf&J 2;129 Vopel 1;40 Vo/Ki 186
Art der Übung: Nonverbale Paaraktivität	**Dauer:** 10 Min.
Ziel: - Gefühle: Empathietraining, nonverbal - Gefühle: Training der eigenen Wahrnehmungsfähigkeit durch Körpererfahrung und Bewegung	**Gleiche Übung auch unter Stichwort:** - Gefühle S.166

Inhalt:
Jeweils zwei Partner stehen sich gegenüber. Der eine schließt die Augen und läßt die Arme entspannt herunterhängen. Sein Partner klopft ihn mit leichten Schlägen von oben nach unter und wieder nach oben ab.
Dann werden die Rollen gewechselt.

Besondere Bemerkungen:
- Leiter muß mit Widerstand aus der Gruppe rechnen

Name der Übung: Massagekreis	**Quelle:** Vopel 4;46
Art der Übung: Nonverbale Gruppenaktivität	**Dauer:** 10 Min.
Ziel: - Gefühle: Empathietraining, nonverbal	**Gleiche Übung auch unter Stichwort:**

Inhalt:
Die Tn bilden einen Kreis, legen die Hände auf die Schultern des Vordermannes und massieren dessen Rücken, Schultern und Nacken. Dabei dürfen die Tn nicht sprechen, sondern nur durch Geräusche ausdrücken, welche Art von Massage sie gern haben.

Besondere Bemerkungen:
- Leiter muß mit Widerstand aus der Gruppe rechnen

Name der Übung: Nonverbales Feedback	**Quelle:** Schw/S 285
Art der Übung: Nonverbale Paaraktivität	**Dauer:** 15 Min.
Ziel: - Gefühle: Empathietraining, non-verbal	**Gleiche Übung auch unter Stichwort:**

Inhalt:

Die Gruppe wird in "Aktive" und "Passive" geteilt. Jeder Passive stellt sich mit gekrümmtem Rücken hin und läßt sich von einem Aktiven seinen Rücken betrommeln. Die Tn reden dabei nicht, der passive Partner zeigt jedoch durch Laute an, wie angenehm bzw. unangenehm ihm das Klopfen ist. Nach 5 Min. werden die Rollen gewechselt und anschließend unterhalten sich die Partner über ihre Erfahrungen.

Besondere Bemerkungen:
- Leiter muß mit Widerstand aus der Gruppe rechnen

Name der Übung: Spiegeln	**Quelle:** Schw/S 272
Art der Übung: Nonverbale Paaraktivität	**Dauer:** 15 Min.
Ziel: - Gefühle: Empathietraining, nonverbal - Nonverbales Kommunikationstraining allgemein	**Gleiche Übung auch unter Stichwort:** - Nonverbales Kommunikations- training S. 420

Inhalt:

Die Tn bilden Paare und sollen gegenseitig Bewegungen, Körperhaltungen und Mimik des anderen nachahmen, und zwar nach folgendem Schema:
1. A bewegt sich und B spiegelt ihn
2. B bewegt sich und A spiegelt ihn
3. Beide versuchen sich gegenseitig zu spiegeln

Besondere Bemerkungen:

Name der Übung: Ballon-Hochwurf	**Quelle:** Gudjons 192
Art der Übung: Verbale Kleingruppenaktivität	**Dauer:** 45 Min.
Ziel: - Gefühle: Empathietraining, nonverbal	**Gleiche Übung auch unter Stichwort:**

Inhalt:

Jede Kleingruppe erhält eine Allzweck-Plastikfolie (oder ein Bettuch). Auf der Unterlage liegen aufgeblasene Luftballons. Die Gruppenmitglieder sollen versuchen, diese Luftballons möglichst hoch zu schleudern, ohne daß einer herunterfällt.

Besondere Bemerkungen:

- Hilfsmittel: Plastikfolie, Bettuch o. ä.; Luftballons für jede Kleingruppe

Name der Übung: Holzfäller	**Quelle:** Vopel 6;75
Art der Übung: Nonverbale Kleingruppenaktivität	**Dauer:** 15 - 30 Min.
Ziel: - Gefühle: Empathietraining, nonverbal	**Gleiche Übung auch unter Stichwort:**

Inhalt:

Die Tn bilden Vierergruppen; jeweils zwei Tn sollen nacheinander einen imaginären Baumstamm auf einen Schlitten heben, der nahezu voll beladen ist.
Während der Übung darf nicht gesprochen werden.

Besondere Bemerkungen:

Name der Übung: Doppelhund Gemeinsam zeichnen	**Quelle:** Workbook 4.3.2 und 4.8.1 Pf&J 1;115
Art der Übung: Nonverbale Paaraktivität	**Dauer:** 30 Min.
Ziel: - Gefühle: Empathietraining, nonverbal - Eröffnungsphase: Nonverbale Anwärmübung	**Gleiche Übung auch unter Stichwort:** - Eröffnungsphase S. 780

Inhalt:
Jeweils zwei Tn umfassen zusammen einen dicken Filzschreiber. Dann versuchen sie, ohne zu sprechen, einen Hund zu malen. Anschließend geben die Tn ihrem "Kunstwerk" einen Namen und eine Note, wiederum ohne dabei zu reden.

Besondere Bemerkungen:
- Moderationsausrüstung empfehlenswert

Name der Übung: Gruppenbild malen	**Quelle:** Gudjons 186
Art der Übung: (Non)verbale (Klein)Gruppenaktivität	**Dauer:** 1 Std.
Ziel: - Gefühle: Empathietraining, nonverbal - Beobachtung des Problemlösungsprozesses: Kooperation zwischen Individuen innerhalb einer Gruppe	**Gleiche Übung auch unter Stichwort:** -Beobachtung des Problemlösungsprozesses S. 511

Inhalt:
Die Kleingruppen haben die Aufgabe, auf eine große Malfläche ein gemeinsames Bild zu malen, ohne miteinander zu reden.

Besondere Bemerkungen:
- Hilfsmittel: große Malfläche, Stifte für jede Kleingruppe

- Moderationsausrüstung empfehlenswert

Name der Übung: Haus-Baum-Hund	**Quelle:** Antons 115
Art der Übung: Nonverbale Paaraktivität	**Dauer:** 30 Min.
Ziel: - Gefühle: Empathietraining, nonverbal - Eröffnungsphase: Nonverbale Anwärmübung	**Gleiche Übung auch unter Stichwort:** - Eröffnungsphase S.781

Inhalt:

Je zwei Tn nehmen gemeinsam einen Stift in die Hand und zeichnen, ohne zu sprechen, ein Haus, einen Baum und einen Hund. Nachdem sie das Bild mit einem Künstlernamen versehen und ihm eine Note gegeben haben, ermittelt die ganze Gruppe gemeinsam das beste Bild.

Besondere Bemerkungen:

- Moderationsausrüstung empfehlenswert

Name der Übung: Pantomime der Gefühle	**Quelle:** Gudjons 78
Art der Übung: (Non)verbale Gruppenaktivität	**Dauer:** 1 Std.
Ziel: - Gefühle: Empathietraining, nonverbal	**Gleiche Übung auch unter Stichwort:**

Inhalt:

Die Tn bilden Vierergruppen und schließen die Augen. Nach einigen Minuten werden die Augen wieder geöffnet und einer beginnt, nonverbal auszudrücken, was er gerade fühlt. Die anderen Tn versuchen herauszufinden, was der Tn sagen will, indem sie kurz schildern, was sie wahrnehmen und wie sie dies verstehen. Wenn der darstellende Tn seine abschließende Erläuterung gegeben hat, ist der nächste an der Reihe.

Besondere Bemerkungen:
- Variante: auch als Paarübung möglich

Name der Übung: Offene Szene	**Quelle:** Gudjons 215
Art der Übung: Nonverbale Gruppenaktivität	**Dauer:** 30 - 60 Min.
Ziel: - Gefühle: Empathietraining, nonverbal	**Gleiche Übung auch unter Stichwort:**

Inhalt:
Ein Tn beginnt auf der "Bühne" ein Theaterstück mit einer charakteristischen Bewegung (z. B. ein Mann, der an einem Gitter rüttelt). Die anderen Tn setzen die Szene fort und sollen möglichst phantasievolle neue Elemente einführen.

Besondere Bemerkungen:

Name der Übung: Gemeinsamer Ausflug	**Quelle:** Gudjons 212
Art der Übung: Phantasiespiel	**Dauer:** 45 - 60 Min.
Ziel: - Gefühle: Empathietraining, nonverbal	**Gleiche Übung auch unter Stichwort:**

Inhalt:
Die Gruppe stellt sich vor, daß sie gemeinsam in den Urlaub fährt. Einer beginnt die Szene zu beschreiben, der nächste setzt fort usw. Danach sucht sich jeder einen Partner und versucht zu erzählen, wie es jenem gefällt, was er im Urlaub tut, was ihm nicht gefällt usw.

Besondere Bemerkungen:

Name der Übung: Künstlernamen	**Quelle:** Gudjons 62
Art der Übung: (Non)verbale Gruppenaktivität	**Dauer:** 45 - 60 Min.
Ziel: - Gefühle: (non)verbales Empathietraining - Krisenintervention: Aktivierung bei Müdigkeit und Unlust	**Gleiche Übung auch unter Stichwort:** - Krisenintervention S. 903

Inhalt:
Der Leiter heftet jedem Tn einen Streifen auf den Rücken, auf dem der Name einer bekannten oder fiktiven Persönlichkeit steht (Prinzessin Diana, Onkel Dagobert usw.). Der erste Freiwillige tritt vor und versucht, aus dem nonverbalen Verhalten der anderen seinen "Künstlernamen" herauszufinden.

Besondere Bemerkungen:
- Variante: die Übung kann auch verbal gespielt werden

Name der Übung: Zwiegespräch	**Quelle:** Pf&J 2;91
Art der Übung: Verbale Paaraktivität	**Dauer:** 1,5 Std.
Ziel: - Gefühle: Entwicklung von Offenheit und Vertrauen (Interviews)	**Gleiche Übung auch unter Stichwort:**

Inhalt:
Jeder Tn sucht sich den Partner, den er am wenigsten kennt. Beide stellen sich mit Hilfe eines Interviewleitfadens z.T. sehr vertrauliche Fragen. Nach Beendigung des Interviews besprechen die Tn in Kleingruppen und im Plenum das Interview.

Besondere Bemerkungen:
- Leiter muß mit Widerstand aus der Gruppe rechnen
- Unterlagen: 1 "Anleitung für das Zwiegespräch" pro Tn

Name der Übung: Team-Entwicklung	**Quelle:** Pf&J 3;123
Art der Übung: Verbale Gruppenaktivität	**Dauer:** 1,5 Std.
Ziel: - Gefühle: Entwicklung von Offenheit und Vertrauen	**Gleiche Übung auch unter Stichwort:**

Inhalt:

Aus einem Fragenkatalog stellen die Tn einander gegenseitig Fragen, die sich auf ihre Person oder ihre Arbeit beziehen. Nach etwa 30 Min. findet eine Prozeßanalyse statt, dann wird die Fragerunde fortgesetzt und nach weiteren 20 Min. bespricht die Gruppe diese Übung, besonders unter dem Aspekt, ob bestimmte Resultate für die weitere Entwicklung der Gruppe benützt werden können.

Besondere Bemerkungen:

- Unterlagen: 1 Anweisung und 1 Fragenkatalog pro Tn
- Leiter muß mit Widerstand aus der Gruppe rechnen

Name der Übung: Interview-Paare	**Quelle:** Pf&J 1;124
Art der Übung: Verbale Paaraktivität	**Dauer:** 45 Min.
Ziel: - Gefühle: Entwicklung von Offenheit und Vertrauen (Interviews) - Prozeßanalysen: Analyse der individuellen und Gruppenziele	**Gleiche Übung auch unter Stichwort:** - Prozeßanalysen S. 847

Inhalt:
Die Tn werden in Kleingruppen eingeteilt, in denen sie abwechselnd über ihre persönlichen Ziele in der Gruppe, ihr Interesse an der Gruppe und ihre Bereitschaft zur Offenheit unterhalten. Jeder Partner gibt dann in der Kleingruppe einen kurzen Bericht über das Ergebnis seines Interviews ab.

Besondere Bemerkungen:
- Unterlagen: 1 Anweisung für das Interview pro Tn

Name der Übung: Sitzung zu zweit Sitzung zu zweit (Fortsetzung)	**Quelle:** Pf&J 1;116 Pf&J 5;87
Art der Übung: Verbale Paaraktivität	**Dauer:** 3 Std. - 2 Tage
Ziel: - Gefühle: Entwicklung von Offenheit und Vertrauen (Interviews) - Eröffnungsphase: Kennenlernen	**Gleiche Übung auch unter Stichwort:** - Eröffnungsphase S. 733

Inhalt:
Die Tn tun sich zu zweit zusammen und interviewen einander mit Hilfe eines umfangreichen Leitfadens, um sich kennenzulernen.

Besondere Bemerkungen:
- Der Leiter muß die Interviewfragen in Form eines "Anleitungsheftes" darbieten
- Leiter muß mit Widerstand aus der Gruppe rechnen

Name der Übung:	**Quelle:**
Team openness exercise	Woodcock 85

Art der Übung:	**Dauer:**
Verbale Paaraktivität	45 - 60 Min.

Ziel:	**Gleiche Übung auch unter Stichwort:**
- Gefühle: Entwicklung von Offenheit und Vertrauen (Interviews)	

Inhalt:

Die Tn bilden Paare und interviewen sich anhand eines Leitfadens über persönliche und arbeitsbezogene Themen.
Die Partner fragen abwechselnd, können Antworten verweigern und dürfen nur nachfragen, soweit sie eine Antwort verstanden haben.

Besondere Bemerkungen:

- Unterlagen: 1 Interview-Leitfaden pro Tn

Name der Übung:	Quelle:
Intimacy exercise	Woodcock 115

Art der Übung:	Dauer:
Verbale Paaraktivität	1,5 Std.

Ziel:	Gleiche Übung auch unter Stichwort:
- Gefühle: Entwicklung von Offenheit und Vertrauen (Interviews)	

Inhalt:

Jeder Tn sucht sich einen Partner, den er anhand eines Fragenkatalogs interviewt. Dabei werden neben allgemeinen Fragen auch persönliche Dinge (Politik, Religion, Sexualität usw.) angesprochen.

Besondere Bemerkungen:

- Leiter muß mit Widerstand aus der Gruppe rechnen
- Unterlagen: 1 Fragenkatalog pro Tn

Name der Übung:	Quelle:
Vertrauliche Auskünfte	Pf&J 1;139

Art der Übung:	Dauer:
Verbale Gruppenaktivität	1 Std.

Ziel:	Gleiche Übung auch unter Stichwort:
- Gefühle: Entwicklung von Offenheit und Vertrauen durch Äußerung von Geheimnissen	

Inhalt:
Die Tn sollen einige vertrauliche Auskünfte über sich auf ein Blatt Papier schreiben. Dann soll die Gruppe darüber entscheiden, was sie mit dem Material anfangen will.

Besondere Bemerkungen:
- Leiter muß mit Widerstand aus der Gruppe rechnen

Name der Übung: Vertrauliche Gespräche	**Quelle:** Gudjons 113
Art der Übung: Verbale Einzel- und Kleingruppenaktivität	**Dauer:**
Ziel: - Gefühle: Entwicklung von Offenheit und Vertrauen durch Äußerung von Geheimnissen	**Gleiche Übung auch unter Stichwort:**

Inhalt:

Jeder Tn erhält einen Katalog von Fragen, überlegt sich Antworten darauf und macht sich Notizen. Dann werden die Antworten in Kleingruppen diskutiert.
Beispiele für Fragen:
- Was macht mich ausgelassen oder traurig?
- Worüber kann ich mit Eltern/Fremden/Lehrern nicht sprechen? Worüber kann ich mit niemanden sprechen?
- Gibt es etwas, wovon ich nicht möchte, daß es jemand weiß? Könnte und möchte ich in der Gruppe darüber reden?
- Was gibt mir das Gefühl von Geborgenheit? etc.

Besondere Bemerkungen:
- Unterlagen: Fragensammlung für jeden Tn

Name der Übung: Offenheitstest	**Quelle:** Vopel 1;49
Art der Übung: Verbale Gruppenaktivität	**Dauer:** 1 Std.
Ziel: - Gefühle: Entwicklung von Offenheit und Vertrauen durch Äußerung von Geheimnissen	**Gleiche Übung auch unter Stichwort:**

Inhalt:

Alle Tn schreiben etwas über sich selber auf, was sie bisher niemandem in der Gruppe erzählt haben. Nachdem alle Äußerungen vorgelesen wurden, wird über jede Äußerung per Konsens entschieden, ob diese gegenüber jedermann, gegenüber einem Freund oder niemandem gegenüber gemacht werden kann.

Besondere Bemerkungen:
- Die Qualität des Auswertungsgesprächs ist sehr wichtig.

Name der Übung: Willst Du mein Geheimnis wissen?	**Quelle:** Vopel 3;43
Art der Übung: Verbale Kleingruppenaktivität	**Dauer:** 1 Std.
Ziel: - Gefühle: Entwicklung von Offenheit und Vertrauen durch Äußerung von Geheimnissen	**Gleiche Übung auch unter Stichwort:**

Inhalt:

In Kleingruppen überlegen die Tn, welche Geheimnisse sie bisher voreinander verborgen haben. Jeder hat dann Gelegenheit, nach einem festen Ritual drei anderen Mitgliedern je ein Geheimnis anzubieten.

Besondere Bemerkungen:

- Leiter muß mit Widerstand aus der Gruppe rechnen

Name der Übung: Schreckliche Geheimnisse	**Quelle:** Vopel 2;40
Art der Übung: Verbale Gruppenaktivität	**Dauer:** 1,5 - 2 Std.
Ziel: - Gefühle: Entwicklung von Offenheit und Vertrauen durch Äußerung von Geheimnissen	**Gleiche Übung auch unter Stichwort:**

Inhalt:

Jeder Tn schreibt ein persönliches Geheimnis auf ein Blatt Papier und legt es in die Mitte des Gruppenkreises. Dann holt sich jeder irgendein Geheimnispapier heraus, und der erste beginnt, sein Blatt vorzulesen. Nachdem jeder seine Reaktion auf die Veröffentlichung des Geheimnisses geäußert hat, fährt der nächste Tn mit seinem Blatt fort.

Besondere Bemerkungen:

- Leiter muß mit Widerstand aus der Gruppe rechnen

Name der Übung: Stolzes Geheimnis	**Quelle:** Vopel 4;54
Art der Übung: Verbale Paaraktivität und Phantasiespiel	**Dauer:** 1 Std.
Ziel: - Gefühle: Entwicklung von Offenheit und Vertrauen durch Äußerung von Geheimnissen	**Gleiche Übung auch unter Stichwort:**

Inhalt:
Nachdem die Tn Paare gebildet haben, überlegt sich jeder Partner drei persönliche Geheimnisse und teilt sie in der Phantasie dem anderen mit. Dann äußern beide laut Vermutungen darüber, wie der andere wohl reagieren würde, wenn dieser seine Geheimnisse erfahren würde.

Besondere Bemerkungen:
- Leiter muß mit Widerstand aus der Gruppe rechnen

Name der Übung: Geheimnisse entlocken Geheimnisse entlocken	**Quelle:** Vopel 1;51 Vo/Ki 141
Art der Übung: Verbale Gruppenaktivität	**Dauer:** 1 Std.
Ziel: - Gefühle: Entwicklung von Offenheit und Vertrauen durch Äußerung von Geheimnissen	**Gleiche Übung auch unter Stichwort:**

Inhalt:
Jeder Tn hat die Möglichkeit, nacheinander drei Gruppenmitgliedern mit der Frage: "Gibt es etwas, das Du bisher vor mir geheimgehalten hast?" Geheimnisse zu entlocken. Wenn der Angesprochene geantwortet hat, kann der Fragesteller entweder nach einem "Danke" zum nächsten gehen oder aber mit der Formel: "Kannst Du das noch spezifischer sagen?" genauer nachfragen.

Besondere Bemerkungen:
- Leiter muß mit Widerstand aus der Gruppe rechnen

Name der Übung: Geheime Botschaft Empfehlung im Namen	**Quelle:** Vopel 2;76 Vo/Ki 157
Art der Übung: Phantasiespiel	**Dauer:** 1 Std.
Ziel: - Gefühle: Entwicklung von Offenheit und Vertrauen durch Äußerung von Geheimnissen	**Gleiche Übung auch unter Stichwort:**

Inhalt:
Die Tn sollen sich in ihrer Phantasie aus den einzelnen Buchstaben ihres Namens eine geheime, wichtige Botschaft ihres unbewußten Selbst vorstellen und formulieren. Dann macht jeder die Gruppe mit seiner Botschaft bekannt.

Besondere Bemerkungen:

Name der Übung: Intim-Frage	**Quelle:** Workbook 4.4.6
Art der Übung: Verbale Gruppenaktivität	**Dauer:** 1 - 1,5 Std.
Ziel: - Gefühle: Entwicklung von Offenheit und Vertrauen durch Äußerung von Geheimnissen - Persönliche Entwicklung: Verständnis für den Verlauf der persönlichen Entwicklung	**Gleiche Übung auch unter Stichwort:** - Persönliche Entwicklung S. 92

Inhalt:
Jeder Tn schreibt eine Frage auf, die in seinem Leben eine entscheidende Bedeutung hatte. Dann beantworten die Tn alle Fragen so, wie sie sie für ihre Person sehen. Den Grad der Offenheit bestimmt jeder für sich selbst.

Besondere Bemerkungen:
- Leiter muß mit Widerstand aus der Gruppe rechnen

Name der Übung: Geheime Impulse	**Quelle:** Vopel 5;46
Art der Übung: Verbale Gruppenaktivität	**Dauer:** 45 Min.
Ziel: - Gefühle: Entwicklung von Offenheit und Vertrauen durch Äußerung von Geheimnissen	**Gleiche Übung auch unter Stichwort:**

Inhalt:
Die Tn sitzen sich paarweise gegenüber. Jeder notiert auf einem Kärtchen das, was er mit seinem Partner gern machen würde. Dann werden die Kärtchen in der Mitte gesammelt und einzeln anonym vorgelesen.

Besondere Bemerkungen:
- Leiter muß mit Widerstand aus der Gruppe rechnen
- Hilfsmittel: 1 Kärtchen pro Tn

Name der Übung: Drei Wünsche	**Quelle:** Gudjons 129
Art der Übung: Verbale Gruppenaktivität	**Dauer:** 2 Std.
Ziel: - Gefühle: Entwicklung von Offenheit und Vertrauen (verbal)	**Gleiche Übung auch unter Stichwort:**

Inhalt:
Zu Beginn eines Arbeitsabschnittes richtet jeder drei Wünsche an einen anderen Tn. Einer der drei Wünsche soll von diesem erfüllt werden, doch nur, wenn er auch innerlich dazu bereit ist. Am Ende jeder Arbeitsphase (z. B. am Abend) wird besprochen, welche Wünsche erfüllt wurden, und welche Auswirkungen die Erfüllung bzw. Nichterfüllung haben.

Besondere Bemerkungen:

Name der Übung: Zusammenwachsen Zusammenwachsen	**Quelle:** Vopel 6;72 Workbook 4.3.1
Art der Übung: Verbale (Klein)Gruppenaktivität	**Dauer:** 1 - 1,5 Std.
Ziel: - Gefühle: Entwicklung von Offenheit und Vertrauen - Eröffnungsphase: Verbale Anwärmübung	**Gleiche Übung auch unter Stichwort:** - Eröffnungsphase S.763

Inhalt:
Die Kleingruppen erhalten nacheinander unvollständige Sätze wie:
"Wenn ich in eine Gruppe komme, fühle ich mich..." oder
"Am besten komme ich mit Leuten aus, die..."
Die Teilnehmer diskutieren ihre persönlichen Ergänzungen zu diesen Sätzen in der Kleingruppe und erleben dabei das Zusammenwachsen zu einer Gruppe.
Die Auswertung in Plenum geschieht unter dem Aspekt: "Wie wir ein Team bilden können".

Besondere Bemerkungen:
- Moderationsausrüstung empfehlenwert

Name der Übung: Wie vermeidest Du mich?	**Quelle:** Vopel 3;39
Art der Übung: Verbale Paaraktivität	**Dauer:** 30 Min.
Ziel: - Gefühle: Entwicklung von Offenheit und Vertrauen	**Gleiche Übung auch unter Stichwort:**

Inhalt:
Die Tn bilden Paare. Ein Partner beginnt mit der Frage:
"Wie vermeidest Du mich?"
Der andere Partner antwortet:
"Ich vermeide Dich, indem ich..."
Daraufhin sagt der erste "Danke schön" und wiederholt seine Frage.
Nach 5 Min. werden die Rollen gewechselt.

Besondere Bemerkungen:

Name der Übung: Ich trau Dir - ich trau Dir nicht	**Quelle:** Vopel 2;36
Art der Übung: Verbale Kleingruppenaktivität	**Dauer:** 45 - 60 Min.
Ziel: - Gefühle: Entwicklung von Offenheit und Vertrauen	**Gleiche Übung auch unter Stichwort:**

Inhalt:

In Vierergruppen spricht nacheinander jedes Miglied mit den anderen, indem er folgende Satzanfänge vervollständigt:
"Ich kann Kontakt mit Dir aufnehmen, indem ich..."
"Ich kann Kontakt mit Dir vermeiden, indem ich..."
"Ich traue Dir, weil..."
"Ich traue Dir nicht, weil..."
Eine längere Auswertung erfolgt in den Vierergruppen, eine kürzere im Plenum.

Besondere Bemerkungen:
- Leiter muß mit Widerstand aus der Gruppe rechnen

Name der Übung: Satzergänzungen	**Quelle:** Gudjons 114
Art der Übung: Verbale Paaraktivität	**Dauer:** 30 Min.
Ziel: - Gefühle: Entwicklung von Offenheit und Vertrauen	**Gleiche Übung auch unter Stichwort:**

Inhalt:

Je zwei Tn, die sich besser kennenlernen wollen, tun sich zusammen. Sie sollen eine Reihe von Satzanfängen ergänzen und sich anschließend darüber austauschen. Beispiele für Satzanfänge:
- Ich versuche, dir den Eindruck zu geben..."
- Ich fürchte, du glaubst, ich sei..."
- Ich glaube, ich könnte dir einen Gefallen tun, indem..."
- Ich kontrolliere dich dadurch, daß..."
- Ich lehne an mir ab..."
- Ich schätze an dir..."

Besondere Bemerkungen:
- Unterlagen: 1 Liste mit Satzanfängen pro Tn

Name der Übung: Befürchtungen	**Quelle:** Vopel 1;46
Art der Übung: Verbale Paaraktivität	**Dauer:** 45 Min.
Ziel: - Gefühle: Entwicklung von Offenheit und Vertrauen	**Gleiche Übung auch unter Stichwort:**

Inhalt:
Die Tn bilden Paare aus Mitgliedern, die mehr Vertrauen zueinander entwickeln wollen. Person A stellt 4 Min. lang die Frage:
"Was fürchtest Du an meiner Person und an meinem Verhalten?"
Person B antwortet jedesmal, und A bedankt sich. Dann wechseln sie die Rollen und besprechen zum Schluß ihre Erfahrungen.

Besondere Bemerkungen:
- Leiter muß mit Widerstand aus der Gruppe rechnen

Name der Übung: Wandern und Begegnen	**Quelle:** Gudjons 124
Art der Übung: Nonverbale Gruppenaktivität	**Dauer:** 45 Min.
Ziel: - Gefühle: Entwicklung von Offenheit und Vertrauen - Prozeßanalyse: Analyse der emotionalen Befindlichkeit der Tn	**Gleiche Übung auch unter Stichwort:** - Prozeßanalyse S. 881

Inhalt:
Jeder sucht sich einen Platz im Raum, an dem er sich wohlfühlt. Wenn er will, kann er auf einen anderen Tn zugehen und irgendetwas mit ihm tun, was seiner momentanen Empfindung entspricht: ihm etwas schenken, etwas wegnehmen, Zuneigung ausdrücken, mit ihm kämpfen usw. Zum Schluß setzt sich jeder wieder an seinen Platz und reflektiert das Geschehene.

Besondere Bemerkungen:

Name der Übung: Verwundeter Soldat	**Quelle:** Vopel 6;43
Art der Übung: Verbale Kleingruppenaktivität	**Dauer:** 30 Min.
Ziel: - Gefühle: Entwicklung von Offenheit und Vertrauen	**Gleiche Übung auch unter Stichwort:**

Inhalt:

Jedes Mitglied einer Sechsergruppe übernimmt einmal die Rolle eines verwundeten Soldaten, indem er sich eine Verletzung ausdenkt und sich von den "Pflegern" vorsichtig in einen anderen Raum transportieren läßt. Die Pfleger sollen dem Verwundeten ein umfassendes Geborgenheitsgefühl vermitteln.

Besondere Bemerkungen:

- Raum: zwei Räume erforderlich

Name der Übung:	Quelle:
Vertrauensspaziergang	Vopel 1;47
Vertrauensspaziergang	Vo/Ki 131
Blinder Spaziergang	Schw/S 274 , Gudjons 115
Einen Blinden führen	Pf/J 2;142

Art der Übung:	Dauer:
Nonverbale Paaraktivität	45 - 60 Min.

Ziel:	Gleiche Übung auch unter Stichwort:
- Gefühle: Entwicklung von Offenheit und Vertrauen	
- Gefühle: Training der eigenen Wahrnehmungsfähigkeit durch Schärfung der Sinneswahrnehmung	- Gefühle S.143

Inhalt:

Die Tn bilden Paare; ein Partner schließt die Augen und läßt sich vom anderen 15 Min. lang führen. Aufgabe des Führenden ist es, den "Blinden" vor allen Gefahren zu schützen und ihm darüberhinaus möglichst viele nichtoptische Sinneseindrücke zu vermitteln. Danach wechseln die Partner die Rollen.

Besondere Bemerkungen:
- Raum: Diese Aktivität findet am besten im Freien statt

Name der Übung: Blindlauf	**Quelle:** Pf&J 2;143
Art der Übung: Nonverbale Paaraktivität	**Dauer:** 30 Min.
Ziel: - Gefühle: Entwicklung von Offenheit und Vertrauen - Gefühle: Training der eigenen Wahrnehmungsfähigkeit durch Schärfung der Sinneswahrnehmung	**Gleiche Übung auch unter Stichwort:** - Gefühle S.145

Inhalt:
Die Aktivität wird im Freien veranstaltet. Die Partner nehmen einander bei der Hand, der eine schließt die Augen, und der "Sehende" führt den "Blinden" in raschem Lauf. Dann wechseln die Partner ihre Rollen.

Besondere Bemerkungen:
- Leiter muß mit Widerstand aus der Gruppe rechnen

Name der Übung: Hindernislauf	**Quelle:** Gudjons 87
Art der Übung: (Non)verbale Paaraktivität	**Dauer:** 1 Std.
Ziel: - Gefühle: Entwicklung von Offenheit und Vertrauen - Gefühle: Training der eigenen Wahrnehmungsfähigkeit durch Schärfung der Sinneswahrnehmung	**Gleiche Übung auch unter Stichwort:** - Gefühle S. 144

Inhalt:

Aus Flaschen, Büchern, Zeitungen usw. wird ein Hindernisparcours aufgebaut. Einem Partner werden die Augen verbunden, der andere stellt sich neben ihn und gibt ihm möglichst exakte Anweisungen, was er zu tun hat, um den Parcours zu durchlaufen. Für jede Berührung gibt es einen Strafpunkt. Anschließend wird gewechselt, wobei der blinde Partner die Strecke in der anderen Richtung zurücklegt.

Besondere Bemerkungen:

- Variante: mehrere Strecken, die gleichzeitig im Wettbewerb durchlaufen werden (Stimmengewirr als zusätzliches Handicap)

- Materialien: eine Anzahl von kleinen Gegenständen, die beim Umfallen ungefährlich sind.

Name der Übung: Zwei Welten	**Quelle:** Vopel 5;48
Art der Übung: Verbale Gruppenaktivität	**Dauer:** 1,5 - 2 Std.
Ziel: - Gefühle: Entwicklung von Offenheit und Vertrauen	**Gleiche Übung auch unter Stichwort:**

Inhalt:

Die Gruppe teilt sich in "Blinde" und "Sehende". Darüberhinaus hat das Experiment keine weitere Struktur, mit der Ausnahme, daß die Gruppe für jedes Mitglied verantwortlich ist und niemand in eine gefährliche Situation geraten darf.
Nach 40 Min. trifft sich die Gruppe zu einem Imbiß, wobei die Teilung der Gruppe bestehen bleibt. Anschließend wird das Experiment besprochen.

Besondere Bemerkungen:
- Leiter muß mit Widerstand aus der Gruppe rechnen
- Hilfsmittel: Augenbinden für die Hälfte der Mitglieder
- Raum: Das Experiment findet am besten im Freien statt

Name der Übung: Lebenslinie	**Quelle:** Gudjons 97
Art der Übung: Verbale Einzel- und Gruppenaktivität	**Dauer:** 2 Std.
Ziel: - Gefühle: Entwicklung von Offenheit und Vertrauen - Persönliche Entwicklung: Verständnis für den Verlauf der persönlichen Entwicklung	**Gleiche Übung auch unter Stichwort:** - Persönliche Entwicklung S. 85

Inhalt:
Auf einem querformatigen DIN-A-4-Blatt oder auf einem Plakat zeichnet jeder eine Lebenslinie und trägt darauf die Ereignisse ein, die für seine aktuelle Lebenssituation bestimmend waren. Darüber werden Symbole, Skizzen oder ein Motto angefügt, die die Ereignisse charakterisieren. Die Zeichnungen werden aufgehängt und diskutiert.

Besondere Bemerkungen:
- Varianten:
a) die Gefühle, von denen die Ereignisse begleitet waren, werden anhand einer Schätzskala nach ihrer Intensität und Richtung beschrieben
b) die Lebenslinie kann in für alle gleiche Abschnitte geteilt werden, die jeder individuell ausfüllt
c) die Lebenslinie kann in die Zukunft erweitert werden

Name der Übung: Beurteilung des Risikos	**Quelle:** Pf&J 1;124
Art der Übung: Verbale Paaraktivität	**Dauer:** zweimal 30 Min.
Ziel: - Gefühle: Entwicklung von Offenheit und Vertrauen	**Gleiche Übung auch unter Stichwort:**

Inhalt:
Während die gesamte Gruppe das Programm absolviert, treffen sich jeweils zwei Partner zweimal im Lauf eines Tages und unterrichten sich gegenseitig, welchen persönlichen Einsatz sie zu leisten beabsichtigen und welches Risiko damit verbunden ist. Beim zweiten Treffen besprechen sie ihre Erfahrungen.

Besondere Bemerkungen:

Name der Übung: Welches Risiko nehme ich auf mich?	**Quelle:** Pf&J 3;145
Art der Übung: Verbale Einzel-, Paar- und Kleingruppenaktivität	**Dauer:** 1,5 Std.
Ziel: - Gefühle: Entwicklung von Offenheit und Vertrauen - Persönliche Entwicklung: Einübung neuer Verhaltensweisen	**Gleiche Übung auch unter Stichwort:** - Persönliche Entwicklung S.117

Inhalt:
Anhand eines Fragebogens entscheiden die Tn erst individuell, dann zu zweit und anschließend in Kleingruppen, ob sie eine bestimmte Verhaltensweise in der Gruppe als riskant empfinden, welche Risiken sie auf sich nehmen wollen und ob sie ein Abkommen treffen wollen, unter welchen Umständen sie ein größeres Risiko auf sich nehmen würden.

Besondere Bemerkungen:
- Unterlagen: 1 Anweisung und 1 Fragebogen pro Tn

Name der Übung: Risiko eingehen	**Quelle:** Vopel 6;42
Art der Übung: Verbale Gruppenaktivität	**Dauer:** 10 - 20 Min.
Ziel: - Gefühle: Entwicklung von Offenheit und Vertrauen	**Gleiche Übung auch unter Stichwort:**

Inhalt:
Leiter: "Ich möchte ein kurzes Experiment vor der Gruppe durchführen und benötige dafür fünf Freiwillige. Wer möchte sich zur Verfügung stellen?"
Wenn sich 5 Tn gemeldet haben (oder auch nicht), setzt sich die ganze Gruppe in Paaren zusammen und diskutiert darüber, was die Aufforderung des Leiters bei ihnen bewirkt hat.
Zum Schluß notiert der Leiter auf einer Tafel alle Argumente, die für oder gegen das Eingehen eines Risikos in einer Gruppe sprechen.

Besondere Bemerkungen:

Name der Übung: Absichten und Wahl	**Quelle:** Pf&J 1;69
Art der Übung: Verbale Einzel- und Gruppenaktivität	**Dauer:** 1 Std.
Ziel: - Gefühle: Entwicklung von Offenheit und Vertrauen	**Gleiche Übung auch unter Stichwort:**

Inhalt:
Die Tn beantworten einen Fragebogen darüber, ob die einzelnen Gruppenmitglieder ihre Absichten zeigen und wie groß ihr Verhaltensrepertoire ist.
Anschließend tauschen sie die Daten aus und diskutieren das erhaltene Feedback.

Besondere Bemerkungen:
- Unterlagen: 1 Fragebogen "Absichten und Wahl" pro Tn

Name der Übung: Fragebogen zum Gruppenklima	**Quelle:** Fr&Y 207
Art der Übung: Verbale Gruppenaktivität	**Dauer:** 45 - 60 Min.
Ziel: - Gefühle: Entwicklung von Offenheit und Vertrauen	**Gleiche Übung auch unter Stichwort:**

Inhalt:
Die Tn beantworten 7 Fragen zum Klima in ihrer Gruppe. Sie entscheiden dann, ob sie die einzelnen Antworten offen vortragen oder die anonymen Blätter einsammeln wollen. Der Leiter überträgt die Ergebnisse auf eine vorbereitete Tafel und hilft der Gruppe, Verbesserungsmaßnahmen zu entwickeln.

Besondere Bemerkungen:
- Die Übung kann zu einem späteren Zeitpunkt wiederholt werden
- Unterlagen: 1 Fragebogen pro Tn

Name der Übung: Beurteilung des Klimas in der Gruppe	**Quelle:** Pf&J 1;87
Art der Übung: Verbale Einzel- und Gruppenaktivität	**Dauer:** 1 - 1,5 Std.
Ziel: - Gefühle: Entwicklung von Offenheit und Vertrauen	**Gleiche Übung auch unter Stichwort:**

Inhalt:
Die Tn füllen einen Fragebogen zum Klima in der Gruppe mit den Kriterien Aufrichtigkeit, Verständnis, Wertschätzung und Akzeptierung aus. Das Ergebnis wird auf eine Tafel übertragen und besprochen; ggf. werden Maßnahmen zur Verbesserung des Klimas beschlossen.

Besondere Bemerkungen:
- Unterlagen: 1 Fragebogen pro Tn

Name der Übung: Das Johari-Fenster	**Quelle:** Pf&J 1;65
Art der Übung: Verbale Gruppenaktivität	**Dauer:** 45 Min.
Ziel: - Gefühle: Entwicklung von Offenheit und Vertrauen	**Gleiche Übung auch unter Stichwort:**

Inhalt:

Der Leiter erläutert die Theorie des Johari-Fensters.
Dann notieren die Tn ihre Charakterzüge, die eine Erweiterung des Gebiets freier Aktivität begünstigen bzw. hemmen; diese Aufzeichnungen bleiben in ihrer Hand. In einem weiteren Schema beschreiben die Tn zwei Eigenschaften bei allen Mitgliedern, die das Gebiet freier Aktivität erweitern bzw. reduzieren können. Dieses Schema liest der Leiter laut vor.

Besondere Bemerkungen:
- Unterlagen: 2 Schemata pro Tn

Name der Übung: Packen Sie Ihren Koffer	**Quelle:** Pf&J 4;18
Art der Übung: Verbale Einzel- und Gruppenaktivität	**Dauer:** 2 Std.
Ziel: - Gefühle: Entwicklung von Offenheit und Vertrauen - Eröffnungsphase: Kennenlernen	**Gleiche Übung auch unter Stichwort:** - Eröffnungsphase S. 732

Inhalt:

Jeder Tn bastelt einen Koffer, auf dessen Außenseite er in Form einer Montage oder Zeichnung darstellt, wie er seiner Ansicht nach von den anderen wahrgenommen wird. Im Innern der Schachtel fertigt er auf die gleiche Weise eine Montage an, in der er darstellt, wie er sich selber auffaßt. Mit ihren Koffern gehen die Tn bei den anderen hausieren und zeigen einander soviel von der Schachtel, wie sie möchten.

Besondere Bemerkungen:

- Hilfsmittel: Pappschachteln (z.B. Schuhkartons), Scheren, Klebstoff, alte Illustrierte, Laub, Blumen, Steinchen usw.

Name der Übung: Untersuchung des Taschenbuches	**Quelle:** Pf&J 1;136
Art der Übung: Verbale Gruppenaktivität	**Dauer:** 30 - 45 Min.
Ziel: - Gefühle: Entwicklung von Offenheit und Vertrauen	**Gleiche Übung auch unter Stichwort:**

Inhalt:
Die Gruppe wird in drei Kleingruppen geteilt:
a) In diejenigen, die ihre Brieftasche von anderen untersuchen lassen würden
b) In diejenigen, die ihre eigenen Sachen nicht gern untersuchen lassen, wohl aber die der anderen
c) In diejenigen, die beides ablehnen.
Nun untersucht Kleingruppe b) die Brieftaschen der Kleingruppe a). Kleingruppe c) ist Beobachter.

Besondere Bemerkungen:
- Leiter muß mit Widerstand aus der Gruppe rechnen

Name der Übung: Vertrauensfall Fallübung	**Quelle:** Vopel 6;47 Pf&J 2;142
Art der Übung: Nonverbale Paaraktivität	**Dauer:** 15 Min.
Ziel: - Gefühle: Entwicklung von Offenheit und Vertrauen (nonverbal)	**Gleiche Übung auch unter Stichwort:**

Inhalt:
Die Tn bilden Paare. Der eine Partner kehrt dem anderen den Rücken zu, läßt sich nach hinten fallen und wird vom anderen Partner aufgefangen.

Besondere Bemerkungen:
- Leiter muß mit Widerstand aus der Gruppe rechnen

Name der Übung: Vertrauenskreis Vertrauenskreis Toter Mann Fallenlassen	**Quelle:** Vopel 1;54 Schw/S 273 Pf&J 2;144 Gudjons 118
Art der Übung: Nonverbale Gruppenaktivität	**Dauer:** 10 Min.
Ziel: - Gefühle: Entwicklung von Offenheit und Vertrauen (nonverbal) - Konflikttraining: Integration eines Außenseiters	**Gleiche Übung auch unter Stichwort:** - Konflikttraining S. 361

Inhalt:
Ein Freiwilliger stellt sich in die Mitte des Kreises, schließt die Augen, macht sich steif und läßt sich nach irgendeiner Seite fallen.
Der Kreis fängt ihn auf und schiebt ihn sanft weiter.

Besondere Bemerkungen:
- Leiter muß mit Widerstand aus der Gruppe rechnen

Name der Übung: Karussell	**Quelle:** Pf&J 2;148
Art der Übung: Nonverbale Gruppenaktivität	**Dauer:** 10 Min.
Ziel: - Gefühle: Entwicklung von Offenheit und Vertrauen (nonverbal) - Konflikttraining: Integration eines Außenseiters	**Gleiche Übung auch unter Stichwort:** - Konflikttraining S. 362

Inhalt:

Ein Tn stellt sich in die Mitte, die anderen setzen sich um ihn herum und pressen ihre Füße gegen die seinen. Der Tn in der Mitte schließt die Augen, macht sich steif, läßt sich nach irgendeiner Seite fallen und wird von den anderen im Kreis herumgerollt.

Besondere Bemerkungen:
- Leiter muß mit Widerstand aus der Gruppe rechnen

Name der Übung: Wiege	**Quelle:** Pf&J 2;144
Art der Übung: Nonverbale Gruppenaktivität	**Dauer:** 10 Min.
Ziel: - Gefühle: Entwicklung von Offenheit und Vertrauen (nonverbal) - Konflikttraining: Integration eines Außenseiters	**Gleiche Übung auch unter Stichwort:** - Konflikttraining S.360

Inhalt:

Ein Tn wird langsam bis in Ellbogenhöhe hochgehoben, sanft hin- und hergeschaukelt und wieder auf den Boden gelegt.

Besondere Bemerkungen:

- Leiter muß mit Widerstand aus der Gruppe rechnen

Name der Übung: Förderband	**Quelle:** Pf&J 2;146
Art der Übung: Nonverbale Gruppenaktivität	**Dauer:** 15 Min.
Ziel: - Gefühle: Entwicklung von Offenheit und Vertrauen (nonverbal)	**Gleiche Übung auch unter Stichwort:**

Inhalt:
Das letzte Mitglied in einer Reihe wird hochgehoben, über die Tn hinweg zum anderen Ende der Reihe weitergereicht und langsam wieder heruntergelassen. Auf diesem Förderband wandern alle Tn einmal von hinten nach vorne.

Besondere Bemerkungen:
- Leiter muß mit Widerstand aus der Gruppe rechnen

Name der Übung: Faust öffnen	**Quelle:** Vopel 4;52
Art der Übung: Nonverbale Paaraktivität	**Dauer:** 30 Min.
Ziel: - Gefühle: Entwicklung von Offenheit und Vertrauen (nonverbal)	**Gleiche Übung auch unter Stichwort:**

Inhalt:

Die Tn bilden Paare. Ein Partner ballt seine Faust und stellt sich eine Situation vor, in der er sich eingeigelt hat. Nach einiger Zeit beginnt der andere Partner, vorsichtig dessen Faust zu öffnen, sodaß er langsam Vertrauen entwickeln kann.

Besondere Bemerkungen:
- Leiter muß mit Widerstand aus der Gruppe rechnen

Name der Übung: Auspacken	**Quelle:** Pf&J 2;148
Art der Übung: Nonverbale Gruppenaktivität	**Dauer:** 15 Min.
Ziel: - Gefühle: Entwicklung von Offenheit und Vertrauen (nonverbal)	**Gleiche Übung auch unter Stichwort:**

Inhalt:
Ein Tn, der innere Konflikte erlebt, soll sich zu einer Kugel zusammenrollen. Ein von ihm ausgewähltes Gruppenmitglied soll ihn "auspacken". Der zusammengerollte Tn kann ruhig Widerstand leisten, kann aber auch alles passiv an sich geschehen lassen.

Besondere Bemerkungen:
- Leiter muß mit Widerstand aus der Gruppe rechnen

Name der Übung: Muschel öffnen	**Quelle:** Gudjons 116
Art der Übung: Nonverbale Paaraktivität	**Dauer:** 30 Min.
Ziel: - Gefühle: Entwicklung von Offenheit und Vertrauen (nonverbal)	**Gleiche Übung auch unter Stichwort:**

Inhalt:
Einer der Partner setzt sich auf den Fußboden, zieht die Knie an, legt den Kopf darüber und schließt die Arme fest um die Beine. Der andere versucht, die "Muschel" zu öffnen, indem er sowohl behutsam als auch mit festem Griff die Glieder voneinander löst. Geöffnete Teile sollen offen bleiben, bis die "Muschel" entspannt und gelockert auf dem Rücken liegt. Dann werden die Rollen getauscht.

Besondere Bemerkungen:

Name der Übung: Blind im Kreis	**Quelle:** Gudjons 118
Art der Übung: Nonverbale Gruppenaktivität	**Dauer:** 15 Min.
Ziel: - Gefühle: Entwicklung von Offenheit und Vertrauen (nonverbal)	**Gleiche Übung auch unter Stichwort:**

Inhalt:
Ein Tn stellt sich mit dem Rücken zu einem der übrigen Tn, die im Kreis stehen, und schließt die Augen. Der Kreis löst sich auf und jedes Gruppenmitglied geleitet den Blinden zum nächsten. Dabei soll jeder soviel Behutsamkeit und Fürsorglichkeit ausdrücken, wie er für angemessen hält.

Besondere Bemerkungen:

Name der Übung: Tanz der Sehenden mit den Blinden	**Quelle:** Gudjons 119
Art der Übung: Nonverbale Gruppenaktivität	**Dauer:** 45 Min.
Ziel: - Gefühle: Entwicklung von Offenheit und Vertrauen (nonverbal)	**Gleiche Übung auch unter Stichwort:**

Inhalt:
Jeder Tn entscheidet sich, ob er zuerst zu den "Sehenden" oder zu den "Blinden" gehören will, dann werden den Blinden die Augen verbunden, Musik eingeschaltet und es wird getanzt. Die Sehenden sind für die Blinden verantwortlich und beziehen sie behutsam in ihren Tanz ein. Es schließt sich ein zweiter Tanz mit vertauschten Rollen an.

Besondere Bemerkungen:
- Hilfsmittel: Augenbinden, Tanzmusik

Name der Übung: Begegnung	**Quelle:** Gudjons 132
Art der Übung: Nonverbale Gruppenaktivität	**Dauer:** 30 Min.
Ziel: - Gefühle: Entwicklung von Offenheit und Vertrauen (nonverbal)	**Gleiche Übung auch unter Stichwort:**

Inhalt:
Zwei Tn, die sich über ihre Beziehung nicht klar werden, stellen sich einander gegenüber im Raum auf und schließen die Augen. Wenn sie genügend konzentriert sind, öffnen sie die Augen und gehen aufeinander zu. In ihrer Geschwindigkeit und in Art und Weise, wie sie sich einander nähern, lassen sie sich von ihrem augenblicklichen Empfinden leiten.

Besondere Bemerkungen:

Name der Übung: Kreis	**Quelle:** Pf&J 2;144
Art der Übung: Nonverbale Gruppenaktivität	**Dauer:** 10 Min.
Ziel: - Gefühle: Entwicklung des Zusammengehörigkeitsgefühls	**Gleiche Übung auch unter Stichwort:**

Inhalt:

Die Tn bilden einen möglichst großen Kreis, ohne ihre Hände loszulassen. Dann drängen sie sich alle zu einem möglichst kleinen Kreis bzw. Klumpen zusammen.

Besondere Bemerkungen:

- Leiter muß mit Widerstand aus der Gruppe rechnen

Name der Übung: Haufen	**Quelle:** Pf&J <u>2</u>;145
Art der Übung: Nonverbale Gruppenaktivität	**Dauer:** 15 Min.
Ziel: - Gefühle: Entwicklung des Zusammengehörigkeitsgefühls	**Gleiche Übung auch unter Stichwort:**

Inhalt:
Die Tn liegen in einem Kreis auf dem Fußboden, und zwar so weit von der Mitte entfernt wie möglich und mit dem Kopf in Richtung Mitte. Daraufhin kriechen und robben alle mit geschlossenen Augen in Richtung Kreismitte, bis sie in einem großen Haufen kunterbunt über- und untereinanderliegen.

Besondere Bemerkungen:
- Leiter muß mit Widerstand aus der Gruppe rechnen

Name der Übung: Integration	**Quelle:** Ki/MSch 186
Art der Übung: Nonverbale Gruppenaktivität	**Dauer:** 15 Min.
Ziel: - Gefühle: Entwicklung des Zusammengehörigkeits- gefühls	**Gleiche Übung auch unter Stichwort:**

Inhalt:

Die Tn bilden einen Kreis, ohne sich anzufassen. Alle stellen sich vor, daß der Mittelpunkt des Kreises den Ort der größten Intimität mit der Gruppe symbolisiere. In Gedanken probiert jeder aus, wie nahe er dem Punkt der größten Intimität sein möchte. Dann stellen sich alle in dem Abstand vom Zentrum auf, der ihrem Vorsatz entspricht.

Besondere Bemerkungen:

Name der Übung: Expansionskreis	**Quelle:** Vopel 5;39
Art der Übung: Nonverbale Gruppenaktivität	**Dauer:** 5 - 10 Min.
Ziel: - Gefühle: Entwicklung des Zusammengehörigkeitsgefühls	**Gleiche Übung auch unter Stichwort:**

Inhalt:
Die Tn bilden zwei unterschiedlich große Gruppen, die sich konzentrisch aufstellen. Die Gruppenmitglieder fassen sich an den Händen und versuchen abwechselnd, den Kreis bis zur maximalen Spannung zu vergrößern und auf einen Punkt zu verkleinern.

Besondere Bemerkungen:

Name der Übung: Pyramidenbau	**Quelle:** Vopel 6;37
Art der Übung: Nonverbale Gruppenaktivität	**Dauer:** 10 Min.
Ziel: - Gefühle: Entwicklung des Zusammengehörigkeitsgefühls	**Gleiche Übung auch unter Stichwort:**

Inhalt:
Die ganze Gruppe soll sich auf einer möglichst kleinen Grundfläche unterzubringen versuchen, ohne dabei zu sprechen und ohne irgendwelche Hilfsmittel zu benutzen.

Besondere Bemerkungen:

Name der Übung: Human structure	**Quelle:** Woodcock 144
Art der Übung: Verbale (Klein)Gruppenaktivität. Beobachter erforderlich	**Dauer:** 1 Std.
Ziel: - Gefühle: Entwicklung von Zusammengehörigkeitsgefühl	**Gleiche Übung auch unter Stichwort:**

Inhalt:
Die (Klein)Gruppe(n) hat/haben die Aufgabe, eine möglichst hohe Figur aus den Gruppenmitgliedern aufzubauen. Für Planung und Ausführung stehen ihnen 15 Min. zur Verfügung. Anschließend besprechen sie mit Hilfe der Beobachter die Aktivität.

Besondere Bemerkungen:
- Raum: am besten im Freien
- Videoaufnahme empfehlenswert

Name der Übung: Unter den Brücken	**Quelle:** Pf&J 2;146
Art der Übung: Nonverbale Gruppenaktivität	**Dauer:** 15 Min.
Ziel: - Gefühle: Entwicklung des Zusammengehörigkeits-gefühls	**Gleiche Übung auch unter Stichwort:**

Inhalt:

Die Tn bilden einen Kreis und nehmen einander bei der Hand. Ein Tn löst eine Hand und führt die anderen unter den "Brücken von Händen" durch. Dann schlägt die Gruppe einen Knoten in sich selbst.

Besondere Bemerkungen:

- Leiter muß mit Widerstand aus der Gruppe rechnen

Name der Übung: Drinnen - draußen	**Quelle:** Gudjons 133
Art der Übung: Nonverbale Gruppenaktivität	**Dauer:** 45 Min.
Ziel: - Gefühle: Entwicklung des Zusammengehörigkeitsgefühls	**Gleiche Übung auch unter Stichwort:**

Inhalt:

Die Gruppenmitglieder bilden einen Kreis. Einer verläßt, ohne zu sprechen, den Kreis und geht im Raum umher. Dabei soll er auf seine Empfindungen achten, besonders wenn er sich weit entfernt bzw. sehr nah am Kreis befindet. Auch die übrigen Tn achten auf ihre Gefühle, solange das Mitglied außerhalb der Gruppe steht. Dann schließt er sich wieder dem Kreis an und ein anderer entfernt sich. Der Erfahrungsaustausch in der Gruppe beschließt die Übung.

Besondere Bemerkungen:
- Nachdem sich etwa 5 Tn aus dem Kreis entfernt haben, sollte die Übung beendet und zu einem späteren Zeitpunkt wiederholt werden, da sonst die Gefahr der Langeweile für die übrigen zu groß wird.

Name der Übung: Mann in der Mitte	**Quelle:** Vopel 3;36
Art der Übung: (Non)verbale Gruppenaktivität	**Dauer:** 10 Min.
Ziel: - Gefühle: Entwicklung des Zusammengehörigkeitsgefühls - Eröffnungsphase: Verbale Anwärmübung	**Gleiche Übung auch unter Stichwort:** - Eröffnungsphase S. 737

Inhalt:
Ein Freiwilliger stellt sich in die Mitte des Gruppenkreises.
Alle anderen imitieren seine Bewegungen, Töne und Worte. Nach 2 Min. wechselt der Mann in der Mitte; ggf. kann noch ein dritter Tn in die Mitte gehen.

Besondere Bemerkungen:

Name der Übung: Collagen Gruppencollage	**Quelle:** Vopel 2;85 Pf&J 1;114
Art der Übung: Verbale Gruppenaktivität	**Dauer:** 2 Std.
Ziel: - Gefühle: Entwicklung des Zusammengehörigkeits- gefühls	**Gleiche Übung auch unter Stichwort:**

Inhalt:
Der Leiter fordert die Tn einige Tage zuvor auf, beliebige Materialien mitzubringen. Sie lagern die Materialien in einem Depot, sichten sie und beginnen dann, gemeinsam eine Collage zu basteln.

Besondere Bemerkungen:
- Hilfsmittel: Klebstoff, Scheren, Pinsel, Farben, Bindfaden, Zeitungen und einen
  stabilen Untergrund für die Collage

Name der Übung: Weißer Fleck	**Quelle:** Fr&Y 198
Art der Übung: Verbale Gruppenaktivität	**Dauer:** 2 Tage
Ziel: - Gefühle: Entwicklung des Zusammengehörigkeits-gefühls	**Gleiche Übung auch unter Stichwort:**

Inhalt:

Die Gruppe plant und unternimmt eine Aktivität, in der sie psychisch gefordert wird und sowohl Frustration als auch Spaß und Erfolg erlebt. Beispiele dafür sind: Eine Gebirgswanderung, eine Floßfahrt, ein Werbefeldzug usf.
Wichtig ist, daß die Gruppe ein konkretes Ziel formuliert, das sie innerhalb von 2 Tagen erreichen will.

Besondere Bemerkungen:

- Tn und Leiter müssen sich darüber im klaren sein, wo die Grenzen ihrer Belastbarkeit liegen

Name der Übung: Ausbrechen	**Quelle:** Gudjons 121
Art der Übung: Nonverbale Gruppenaktivität	**Dauer:** 45 Min.
Ziel: - Konflikttraining: Umgang mit Aggressionen	**Gleiche Übung auch unter Stichwort:**

Inhalt:
Die Gruppe bildet einen engen Kreis und blickt entweder nach außen (leichte Variante) oder nach innen (schwierige Variante). Im Kreis befindet sich ein Mitglied, das sich in der Gruppe gefangen fühlt. Seine Aufgabe ist es, sich aus dem Kreis zu befreien und sich an irgendeiner Stelle des Kreises zu integrieren.

Besondere Bemerkungen:

Name der Übung: Mit Zeitungen schlagen Zeitungsschlacht	**Quelle:** Pf&J 2;145 Gudjons 205
Art der Übung: Nonverbale Gruppenaktivität	**Dauer:** 15 Min.
Ziel: - Konflikttraining: Umgang mit Aggression	**Gleiche Übung auch unter Stichwort:**

Inhalt:

Jeder Tn erhält eine zusammengerollte Zeitung. Alle gehen im Raum umher und schlagen einander mit den Zeitungen, wenn sie sich begegnen.

Besondere Bemerkungen:
- Leiter muß mit Widerstand aus der Gruppe rechnen
- Raum: Viel Platz erforderlich

Name der Übung: Phalanx 76	**Quelle:** Vopel 6;31
Art der Übung: Nonverbale Gruppenaktivität	**Dauer:** 10 - 20 Min.
Ziel: - Konflikttraining: Umgang mit Aggression	**Gleiche Übung auch unter Stichwort:**

Inhalt:
Die Tn bilden in 2 Kleingruppen je 1 Spalier. Sie haben die Aufgabe, möglichst in geschlossener Phalanx auf die gegenüberstehende Gruppe vorzurücken und sie mit Hilfe von Zeitungskeulen zurückzudrängen.

Besondere Bemerkungen:
- Hilfsmittel: 1 Zeitung oder 1 dickes Frotteehandtuch pro Tn

Name der Übung: Streichholzschachtel	**Quelle:** Vopel 6;33
Art der Übung: Phantasiespiel	**Dauer:** 15 - 30 Min.
Ziel: - Konflikttraining: Umgang mit Aggression	**Gleiche Übung auch unter Stichwort:**

Inhalt:

Die Tn erleben in ihrer Phantasie, daß sie übermenschliche Kraftakte vollbringen, indem sie mit dem riesigen Druckvermögen ihrer Hände große Dinge in kleine Behälter pressen.

Besondere Bemerkungen:

Name der Übung: Kontakt und Rückzug	**Quelle:** Vopel 3;85
Art der Übung: Phantasiespiel	**Dauer:** 15 Min.
Ziel: - Konflikttraining: Umgang mit Aggression	**Gleiche Übung auch unter Stichwort:**

Inhalt:
Die Tn werden trainiert, mehrmals hintereinander mit ihrem Bewußtsein an einen angenehmen Ort zu gehen, dort zu verweilen und wieder zurück zur Wirklichkeit zu kommen, bis sie einen ihnen entsprechenden Rhythmus des Wechsels zwischen Phantasie und Wirklichkeit gefunden haben.

Besondere Bemerkungen:
- Leiter muß mit Widerstand aus der Gruppe rechnen

Name der Übung: Phantasie-Duell	**Quelle:** Ki/MSch 190
Art der Übung: Phantasiespiel	**Dauer:** 15 Min.
Ziel: - Konflikttraining: Umgang mit Aggression	**Gleiche Übung auch unter Stichwort:**

Inhalt:

Jeder Tn stellt sich vor, daß er die Bestandteile eines inneren Konflikts personifiziert und die beiden Parteien ein Rededuell oder einen Ringkampf ausfechten.

Besondere Bemerkungen:

- Leiter muß mit Widerstand aus der Gruppe rechnen

Name der Übung: Vater und Mutter	**Quelle:** Vopel 2;54
Art der Übung: Phantasiespiel	**Dauer:** 1 Std.
Ziel: - Konflikttraining: Umgang mit Autorität	**Gleiche Übung auch unter Stichwort:**

Inhalt:
Die Tn erleben in ihrer Phantasie, daß sie über Kräfte verfügen, ihren Eltern gewachsen oder sogar überlegen zu sein.

Besondere Bemerkungen:
- Leiter muß mit Widerstand aus der Gruppe rechnen

Name der Übung: Familienmitglieder wählen	**Quelle:** Gudjons 125
Art der Übung: Verbale Gruppenaktivität	**Dauer:** 1,5 Std.
Ziel: - Konflikttraining: Umgang mit Autorität - Konflikttraining: Umgang mit Rivalität	**Gleiche Übung auch unter Stichwort:** - Konflikttraining S. 331

Inhalt:
Ein Teilnehmer wählt aus der Gruppe die Mitglieder seiner Familie aus: Vater, Mutter, Geschwister, Ehefrau, Ehemann, Kinder, vielleicht auch Onkel, Oma usw. Wenn die ganze Familie um den Tisch versammelt ist, erklärt er jedem, warum er gerade ihm/ihr die Rolle zugedacht hat und inwiefern durch diese Wahl seine aktuelle Beziehung zu dem Gruppenmitglied charakterisiert wird.

Besondere Bemerkungen:
- Variante: Die Gruppenmitglieder wählen sich selber ihre Rolle aus

Name der Übung: Auf der Wippe	**Quelle:** Vopel 1;77
Art der Übung: Phantasiespiel	**Dauer:** 30 - 45 Min.
Ziel: - Konflikttraining: Umgang mit Autorität	**Gleiche Übung auch unter Stichwort:**

Inhalt:
Der Leiter schickt die Gruppe auf eine Phantasiereise zu einem Spielplatz. Jeder Tn überlegt sich eine Bezugsperson (Vater, Mutter, Gatte, Chef, Seminarleiter usf.), mit der zusammen er auf einer Wippe schaukelt. Auf welcher Seite senkt sich der Balken?
Die Tn erzählen anschließend im Plenum von ihrer Phantasie.

Besondere Bemerkungen:
- Leiter muß mit Widerstand aus der Gruppe rechnen

Name der Übung: Mutters Kaffeekränzchen	**Quelle:** Vopel 4;71
Art der Übung: Verbale Gruppenaktivität	**Dauer:** 30 - 45 Min.
Ziel: - Konflikttraining: Umgang mit Autorität	**Gleiche Übung auch unter Stichwort:**

Inhalt:
Die weiblichen Gruppenmitglieder spielen "Mutters Kaffeekränzchen", die männlichen "Vaters Herrenrunde". Die Instruktionen sind die gleichen:
Die weiblichen Tn spielen ihre Mutter, wie sie beim Kaffeekränzchen über ihre Tochter spricht; die männlichen Tn stellen ihren Vater dar, der am Stammtisch über seinen Sohn spricht.

Besondere Bemerkungen:

Name der Übung: High Society	**Quelle:** Vopel 6;62
Art der Übung: Verbale Paaraktivität	**Dauer:** 15 - 30 Min.
Ziel: - Konflikttraining: Umgang mit Autorität	**Gleiche Übung auch unter Stichwort:**

Inhalt:
Die Tn sollen zu zweit so miteinander sprechen, als ob ihre Chefs sich über sie unterhalten würden.

Besondere Bemerkungen:

Name der Übung: Adieu, Boss!	**Quelle:** Vopel 6;66
Art der Übung: Phantasiespiel	**Dauer:** 20 - 30 Min.
Ziel: Konflikttraining: Umgang mit Autorität	**Gleiche Übung auch unter Stichwort:**

Inhalt:
Die Tn erleben in ihrer Phantasie ihren Chef in allerlei lustigen Situationen.

Besondere Bemerkungen:

Name der Übung: Balkongespräch	**Quelle:** Vopel 5;62
Art der Übung: Phantasiespiel und verbale Gruppenaktivität	**Dauer:** 45 - 60 Min.
Ziel: - Konflikttraining: Umgang mit Autorität	**Gleiche Übung auch unter Stichwort:**

Inhalt:

Die Tn erleben in ihrer Imagination, wie sie vor einem Haus stehen, auf dessen Balkon ihr Chef erscheint und ihnen etwas sagt. Anschließend schreiben die Tn das Gespräch nieder und spielen es der Gruppe vor, indem sie sich als Chef auf einen Stuhl stellen und als Mitarbeiter auf dem Boden stehend antworten.

Besondere Bemerkungen:

- Leiter muß mit Widerstand aus der Gruppe rechnen
- Anstelle des Chefs können andere Autoritätspersonen eingesetzt werden

Name der Übung: Vorgesetzter und Untergebener	**Quelle:** Vopel 5;72
Art der Übung: Verbale Paaraktivität	**Dauer:** 30 Min.
Ziel: - Konflikttraining: Umgang mit Autorität	**Gleiche Übung auch unter Stichwort:**

Inhalt:

Die Tn bilden Paare. Der eine Partner drückt aus, was er als Vorgesetzter denkt und tut, der andere Partner spielt den Untergebenen und erzählt von seinen Ansichten und Tätigkeiten. Nach einem Rollenwechsel und einer stillen Reflexion über das Experiment geben die Partner einander Feedback.

Besondere Bemerkungen:

Name der Übung: Raten des Gruppenleiterverhaltens Raten des Gruppenleiterverhaltens	**Quelle:** Vopel 3;70 Workbook 4.9.1
Art der Übung: Verbale Gruppenaktivität	**Dauer:** 1 Std.
Ziel: - Konflikttraining: Umgang mit Autorität - Prozeßanalysen: Feedback an den Leiter über seine Beziehungen zu den Tn	**Gleiche Übung auch unter Stichwort:** - Prozeßanalysen S. 892

Inhalt:
Der Leiter schildert drei Situationen aus seinem Leben. Nach jeder Situationsschilderung läßt er die Tn Vermutungen darüber niederschreiben, wie er sich wohl verhalten habe. Anschließend werden Verhalten des Leiters und Annahmen der Tn verglichen.

Besondere Bemerkungen:
- Moderationsausrüstung empfehlenswert

Name der Übung: Big Boss	**Quelle:** Vopel 3;71
Art der Übung: Verbale Gruppenaktivität	**Dauer:** 1 Std.
Ziel: - Konflikttraining: Umgang mit Autorität - Prozeßanalysen: Feedback an den Leiter über seine Beziehungen zu den Tn	**Gleiche Übung auch unter Stichwort:** - Prozeßanalysen S. 889

Inhalt:

Der Leiter erstellt einen Katalog seiner fachlichen und menschlichen Stärken und Schwächen. Parallel dazu schreiben die Tn die von ihnen wahrgenommenen Stärken und Schwächen des Leiters auf.
Gruppe und Leiter besprechen gemeinsam ihre Aussagen.

Besondere Bemerkungen:

Name der Übung: Führung annehmen - Führung abgeben	**Quelle:** Gudjons 202
Art der Übung: Nonverbale Paaraktivität	**Dauer:** 15 Min.
Ziel: - Konflittraining: Umgang mit Macht und Einfluß	**Gleiche Übung auch unter Stichwort:**

Inhalt:
Jeweils zwei Partner stehen einander gegenüber und einer beginnt mit Bewegungen der Hände, denen der andere folgt. Ohne zu sprechen übernimmt nach einer Weile der andere Partner die Führung, und so geht es mehrmals hin und her. Nach einiger Zeit tun sich jeweils zwei Paare zusammen und setzen die Übung wie oben fort.

Besondere Bemerkungen:

Name der Übung: Machtspiel	**Quelle:** Vopel 5;69
Art der Übung: Verbale (Klein)Gruppenaktivität	**Dauer:** 1,5 Std.
Ziel: - Konflikttraining: Umgang mit Macht und Einfluß	**Gleiche Übung auch unter Stichwort:**

Inhalt:

Jede Kleingruppe diskutiert über die Aufgaben und Qualifikationen eines Führers und wählt daraufhin einen Gruppenleiter. Mit Hilfe von 10 Zehnpfennigstücken, die jeder Tn besitzt, kann er symbolisch ausdrücken, wie er die Macht in der Kleingruppe verteilt haben möchte. Wer nach 45 Min. das meiste Geld vor sich liegen hat, ist Führer der Kleingruppe. Anschließend diskutieren die neuen Führer, was sie mit ihrer Macht anfangen wollen.

Besondere Bemerkungen:

- Hilfsmittel: 10 Zehnpfennigstücke pro Tn

Name der Übung: Herr und Sklave	**Quelle:** Gudjons 203
Art der Übung: Verbale Paaraktivität	**Dauer:** 1 Std.
Ziel: - Konflikttraining: Umgang mit Macht und Einfluß	**Gleiche Übung auch unter Stichwort:**

Inhalt:
Die Tn bilden Paare. Partner A ist Herr, Partner B Sklave. A gibt B Befehle, die dieser erfüllen muß. Nach einiger Zeit werden die Rollen gewechselt.

Besondere Bemerkungen:
- Leiter muß mit Widerstand aus der Gruppe rechnen

Name der Übung: Geldstücke geben und erhalten	**Quelle:** Pf&J <u>2</u>;138
Art der Übung: Verbale Gruppenaktivität	**Dauer:** 30 - 45 Min.
Ziel: - Konflikttraining: Umgang mit Macht und Einfluß	**Gleiche Übung auch unter Stichwort:**

Inhalt:

Jeder Tn sucht sich die Münze aus, die seiner Ansicht nach am besten zu ihm paßt. Dann geben die Tn einer ausgewählten Person das Geldstück. Nachdem die Empfänger der Geldstücke ihr Feedback gegeben haben, sollen diejenigen Tn, die kein Geld erhielten, ihre Gefühle beschreiben.
Anschließend wird die ganze Aktivität besprochen.

Besondere Bemerkungen:

- Leiter muß mit Widerstand aus der Gruppe rechnen
- Hilfsmittel: 1 Fünfpfennigstück, 1 Zehnpfennigstück, 1 Fünfzigpfennigstück und 1 Markstück pro Tn

Name der Übung: Geben und Nehmen	**Quelle:** Ki/MSch 150
Art der Übung: Verbale Einzel- und Gruppenaktivität	**Dauer:** 1 Std.
Ziel: - Konflikttraining: Umgang mit Macht und Einfluß	**Gleiche Übung auch unter Stichwort:**

Inhalt:
Die Tn sollen den Begriffen "Liebe", "Macht" und "Rationalität" Münzen verschiedenen Wertes zuordnen, entsprechend der Bedeutung, die der Einzelne der Sache beimißt. In der nächsten Runde sollen die Tn eine oder mehrere Münzen als symbolische Teile ihres Selbst einem anderen Gruppenmitglied übergeben.

Besondere Bemerkungen:
- Hilfsmittel: Verschiedene Münzen

Name der Übung: Die Becher	**Quelle:** Pf&J 5;101
Art der Übung: Verbale Gruppenaktivität	**Dauer:** 2 Std.
Ziel: - Konflikttraining: Umgang mit Macht und Einfluß	**Gleiche Übung auch unter Stichwort:**

Inhalt:

Die Tn stellen sich eine konkrete Situation vor, in der sie große Machtbefugnisse in der Gruppe haben. Diese Form von Macht ist gleichmäßig auf die zwei Becher verteilt, die jedes Gruppenmitglied besitzt. Nachdem jeder Tn seine Macht auf zwei Bögen Papier beschrieben hat, übergibt jeder Tn seine beiden Becher mit den darinliegenden Beschreibungen an zwei andere Mitglieder. Danach finden drei Besprechungen in "Zwiebelschale" ("Fishbowl")-Form statt: Im Innenkreis sitzen nacheinander diejenigen, die keinen Becher erhalten haben; diejenigen, die einen oder zwei erhalten haben und diejenigen, die drei oder mehr Becher erhalten haben.

Besondere Bemerkungen:
- Hilfsmittel: 2 Becher pro Tn
- Leiter muß mit Widerstand aus der Gruppe rechnen

Name der Übung: Macht und Abhängigkeit	**Quelle:** Vo/Ki 256
Art der Übung: Nonverbale Paaraktivität	**Dauer:** 30 Min.
Ziel: - Konflikttraining: Umgang mit Macht und Einfluß	**Gleiche Übung auch unter Stichwort:**

Inhalt:
Die Tn bilden Paare. Ein Partner legt die Hände auf die Schultern des anderen und versucht, ihn auf den Boden zu pressen, solange bis dieser flach auf dem Rücken liegt. Der andere kann dabei aktiv Widerstand leisten oder ganz passiv bleiben. Wenn er auf dem Rücken liegt, hilft ihm sein Partner hoch und sie tauschen die Rollen.

Besondere Bemerkungen:
- Leiter muß mit Widerstand aus der Gruppe rechnen

Name der Übung: Schwäche und Stärke	**Quelle:** Vopel 5;64
Art der Übung: Phantasiespiel	**Dauer:** 30 - 45 Min.
Ziel: - Konflikttraining: Umgang mit Macht und Einfluß	**Gleiche Übung auch unter Stichwort:**

Inhalt:

Die Tn identifizieren sich mit ihrer Stärke bzw. ihrer Schwäche; beide führen einen imaginären Dialog über ihren Nutzen und ihren Schaden für die Person.

Besondere Bemerkungen:

- Leiter muß mit Widerstand aus der Gruppe rechnen

Name der Übung: Befreiung	**Quelle:** Vopel 3;66
Art der Übung: Phantasiespiel	**Dauer:** 30 - 60 Min.
Ziel: - Konflikttraining: Umgang mit Macht und Einfluß	**Gleiche Übung auch unter Stichwort:**

Inhalt:
Die Tn erleben auf einer Phantasiereise vielfache Arten von Gefangensein und Befreiung.

Besondere Bemerkungen:
- Leiter muß mit Widerstand aus der Gruppe rechnen

Name der Übung: Macht und Einfluß	**Quelle:** Vo/Ki 212
Art der Übung: Nonverbale Kleingruppenaktivität	**Dauer:** 30 Min.
Ziel: - Konflikttraining: Umgang mit Macht und Einfluß - Prozeßanalysen: Analyse der sozialen Beziehungen zwischen den Tn	**Gleiche Übung auch unter Stichwort:** - Prozeßanalysen S. 828

Inhalt:

Die Tn sollen sich schweigend im Raum auf einer imaginären Achse zwischen den Polen "sehr großer Gruppeneinfluß" und "sehr kleinen Gruppeneinfluß" aufstellen, entsprechend dem Einfluß, den sie sich in der Gruppe wünschen. In einem ersten Durchgang darf jeder Ort auf der Linie nur von einem Gruppenmitglied besetzt sein, im zweiten Durchgang ist es erlaubt, eine bestimmte Position mit einem anderen Gruppenmitglied zu teilen.

Besondere Bemerkungen:

Name der Übung: Rangreihe	**Quelle:** Gudjons 200
Art der Übung: Verbale Gruppenaktivität	**Dauer:** 1 - 1,5 Std.
Ziel: - Konflikttraining: Umgang mit Macht und Einfluß - Prozeßanalyse: Analyse der sozialen Beziehungen zwischen den Tn	**Gleiche Übung auch unter Stichwort:** -Prozeßanalyse S. 829

Inhalt:
Die Stühle der Tn werden in einer Linie aufgestellt. Der erste Stuhl bedeutet "größter Einfluß auf das Gruppengeschehen" usw. Die Tn sollen sich nun ihre entsprechenden Stühle suchen. Wenn zwei Tn denselben Stuhl beanspruchen, müssen sie das ausdiskutieren. Zum Schluß spricht jeder von seinem Platz aus zu seiner Wahl und zur Wahl der übrigen Tn.

Besondere Bemerkungen:

Name der Übung: Rangordnung nach Einfluß	**Quelle:** Pf&J 2;105
Art der Übung: (Non)verbale Gruppenaktivität	**Dauer:** 1,5 Std.
Ziel: - Konflikttraining: Umgang mit Macht und Einfluß	**Gleiche Übung auch unter Stichwort:**

Inhalt:

In der ersten Phase setzen sich die Tn, ohne miteinander zu sprechen, in die Rangordnung, die ihrem subjektiv empfundenen Einfluß in der Gruppe entspricht. Nach einer Aussprache über diese Übung soll die Gruppe einen Führer wählen. Dabei hat das Mitglied mit dem (subjektiv) größten Einfluß eine Stimme, das nächstplazierte Mitglied zwei Stimmen usf. Nach einer 10-minütigen schriftlichen Diskussion wählen sie in geheimer Abstimmung.

Besondere Bemerkungen:

Name der Übung: Lebensraum (Vorübung)	**Quelle:** Gudjons 99
Art der Übung: Verbale (Klein)Gruppenaktivität	**Dauer:** 60 Min.
Ziel: - Konflikttraining: Umgang mit Macht und Einfluß	**Gleiche Übung auch unter Stichwort:**

Inhalt:
In Kleingruppen beantworten die Tn folgende Fragen:
a) Welches waren die ersten zwei Personen, denen wir heute morgen begegnet sind?
b) Welchen Personen, die für uns wichtig sind, sind wir heute morgen begegnet?
c) Welche Leute, die wir normalerweise in einer Woche treffen, sind für uns besonders wichtig?
d) Worin bestehen Unterschiede im Umgang mit diesen Personen?
Die Antworten werden bekanntgegeben und der Leiter schreibt sie an die Tafel.
Daran anschließen kann sich die Übung "Lebensraum" (Gudjons 102)

Besondere Bemerkungen:

Name der Übung: Lebensraum	**Quelle:** Gudjons 102
Art der Übung: Verbale Einzel- und Gruppenaktivität	**Dauer:** 2 Std.
Ziel: - Konflikttraining: Umgang mit Macht und Einfluß	**Gleiche Übung auch unter Stichwort:**

Inhalt:

Jeder Tn zeichnet in die Mitte eines Blattes einen Kreis und trägt dort das Wort "Ich" ein. In verschiedenen Abständen werden die Menschen eingetragen, zu denen man im Alltag Kontakt hat (bzw. als leichtere Variante: man zeichnet um das Ich konzentrische Kreise, die die verschiedenen Beziehungszonen repräsentieren). Anhand folgender Leitfragen werden die Beziehungen analysiert
a) Welche Personen haben auf mich den größten Einfluß? (Mit Plus und Minus wird angegeben, ob dieser Einfluß angenehm oder unangenehm ist)
b) Auf welche Menschen übe ich den stärksten Einfluß aus?
c) Welche Personen haben am meisten Macht über mich und meine Tätigkeit?
d) Wie wünsche ich mir die Verbindung und Nähe zu den Personen meines alltäglichen Lebens?

Besondere Bemerkungen:

Name der Übung: Daumenringen	**Quelle:** Vopel 2;64
Art der Übung: Nonverbale Paaraktivität	**Dauer:** 10 Min.
Ziel: - Konflikttraining: Umgang mit Rivalität	**Gleiche Übung auch unter Stichwort:**

Inhalt:
Die Tn tun sich zu zweit zusammen und verhaken ihre rechten Hände so ineinander, daß die Daumen frei bleiben. Dann versuchen sie, den Daumen des Partners für zwei Sekunden bewegungsunfähig unter den eigenen Daumen zu pressen.

Besondere Bemerkungen:

Name der Übung: Schieben und Stoßen	**Quelle:** Pf&J 2;143
Art der Übung: Nonverbale Paaraktivität	**Dauer:** 30 Min.
Ziel: - Konflikttraining: Umgang mit Rivalität	**Gleiche Übung auch unter Stichwort:**

Inhalt:

Die Partner stehen sich gegenüber, strecken ihre Arme hoch, geben sich die Hände und verschränken die Finger. Danach stoßen und schieben sie einander, bis einer der Partner mit dem Rücken an der Wand steht.

Besondere Bemerkungen:

- Leiter muß mit Widerstand aus der Gruppe rechnen

Name der Übung: Überlegen - Unterlegen	**Quelle:** Vopel 1;81
Art der Übung: Nonverbale Paaraktivität	**Dauer:** 15 Min.
Ziel: - Konflikttraining: Umgang mit Rivalität	**Gleiche Übung auch unter Stichwort:**

Inhalt:
Die Tn bilden Paare und drücken durch Körperhaltung und Gesten "Überlegenheit" und "Unterlegenheit" aus und führen "Bewegungsdialoge". Zwischendurch reflektieren sie über ihre Gefühle.

Besondere Bemerkungen:
- Variante: Dieselbe Struktur kann für andere Polaritäten verwendet werden: Eltern - Kind; Junge - Mädchen; Vorgesetzter - Mitarbeiter usf.

Name der Übung: Tauziehen ohne Tau	**Quelle:** Gudjons 200
Art der Übung: Phantasiespiel	**Dauer:** 30 Min.
Ziel: - Konflikttraining: Umgang mit Rivalität - Krisenintervention bei Konflikten unter den Tn	**Gleiche Übung auch unter Stichwort:** -Krisenintervention S. 918

Inhalt:
Die Tn schließen die Augen und stellen sich vor, daß die Kontrahenten sich mit einem dicken Tau gegenüberstehen und nach Leibeskräften ziehen. Es geht hin und her, andere werden zu Hilfe gerufen, wieder andere steigen aus usw.

Besondere Bemerkungen:

Name der Übung: Konkurrenten	**Quelle:** Vopel 2;58
Art der Übung: Phantasiespiel und verbale Paaraktivität	**Dauer:** 15 Min.
Ziel: - Konflikttraining: Umgang mit Rivalität	**Gleiche Übung auch unter Stichwort:**

Inhalt:
Der Leiter versetzt die Paare in eine Phantasie, in der sie einen Hundertmeterlauf zwischen ihnen erleben. Nach Beendigung der Phantasie fragt der eine Partner: "Auf welche Weise konkurrierst Du mit mir?" Der andere antwortet: "Ich konkurriere mit Dir, indem ich...", worauf der erste sich bedankt und die Frage wiederum stellt. Nach 3 Min. wechseln die Partner ihre Rollen.

Besondere Bemerkungen:
- Leiter muß mit Widerstand aus der Gruppe rechnen

Name der Übung: Diadochen-Sessel	**Quelle:** Vopel 4;68
Art der Übung: Nonverbale Gruppenaktivität	**Dauer:** 1 - 1,5 Std.
Ziel: - Konflikttraining: Umgang mit Rivalität	**Gleiche Übung auch unter Stichwort:**

Inhalt:
Die Gruppe soll nach folgendem Wahlmodus einen Führer wählen:
Derjenige, der entweder 1 Min. lang unangefochten auf einem Sessel sitzenbleibt oder in genau 10 Min. den Platz innehat, ist der neue Führer.
Während des Kampfes dürfen die Tn nicht reden, nicht schlagen und nicht kratzen.

Besondere Bemerkungen:
- Hilfsmittel: 1 möglichst stabiler Sessel
- Leiter muß mit Widerstand aus der Gruppe rechnen

Name der Übung: Familienmitglieder wählen	**Quelle:** Gudjons 125
Art der Übung: Verbale Gruppenaktivität	**Dauer:** 1,5 Std.
Ziel: - Konflikttraining: Umgang mit Autorität - Konflikttraining: Umgang mit Rivalität	**Gleiche Übung auch unter Stichwort:** -Konflikttraining S. 302

Inhalt:
Ein Teilnehmer wählt aus der Gruppe die Mitglieder seiner Familie aus: Vater, Mutter, Geschwister, Ehefrau, Ehemann, Kinder, vielleicht auch Onkel, Oma usw. Wenn die ganze Familie um den Tisch versammelt ist, erklärt er jedem, warum er gerade ihm/ihr die Rolle zugedacht hat und inwiefern durch diese Wahl seine aktuelle Beziehung zu dem Gruppenmitglied charakterisiert wird.

Besondere Bemerkungen:
- Variante: Die Gruppenmitglieder wählen sich selber ihre Rolle aus.

Name der Übung: Gürtellinien	**Quelle:** Gudjons 122
Art der Übung: Verbale Paar- und Gruppenaktivität	**Dauer:** 1 Std.
Ziel: - Konflikttraining: Wahrung des Selbstwertgefühls - Normen und Werte: Analyse der eigenen Wertvorstellungen	**Gleiche Übung auch unter Stichwort:** —Normen und Werte S. 62

Inhalt:
Nachdem jeder Tn einen Partner gefunden hat, fertigt er eine Liste an mit Punkten, in denen er besonders verletzlich ist. Mit seinem Partner bespricht er die Punkte und untersucht, welche Punkte tatsächlich "unter der Gürtellinie" liegen und welche nicht doch kritisierfähig sind. Im Plenum stellt jeder Tn die drei Punkte vor, in denen er am meisten verletzbar ist und der Partner macht im weiteren Verlauf der Gruppenarbeit jeweils darauf aufmerksam, wenn der andere "unter der Gürtellinie" angegriffen wird.

Besondere Bemerkungen:

Name der Übung: Unsinniger Vortrag	**Quelle:** Schw/S 279
Art der Übung: Verbale Gruppenaktivität	**Dauer:** 40 Min.
Ziel: - Konflikttraining: Wahrung des Selbstwertgefühls - Persönliche Entwicklung: Einübung neuer Verhaltensweisen	**Gleiche Übung auch unter Stichwort:** - Persönliche Entwicklung S.123

Inhalt:
Ein Tn hält einen Vortrag über ein unsinniges Thema. Dabei ist es unwichtig, ob das Gesagte richtig ist, wenn er es nur ernst, sicher, gelassen und souverän bringt. Nach 4 Min. beendet er den Vortrag, beantwortet Fragen aus dem Publikum (die meisten mit einem überzeugten: "Das kann ich beim besten Willen nicht sagen!") und bricht nach weiteren 3 Min. die Diskussion ab.

Besondere Bemerkungen:

Name der Übung: Ungeahnte Möglichkeiten	**Quelle:** Vopel 6;93
Art der Übung: Verbale Gruppenaktivität	**Dauer:** 2 Std.
Ziel: - Konflikttraining: Steigerung der Rollenflexibilität	**Gleiche Übung auch unter Stichwort:**

Inhalt:
Die Tn überlegen sich die drei Adjektive, die ihren Charakter am besten beschreiben. Aus den jeweils entgegengesetzten Adjektiven sollen sie dann eine kurze Geschichte verfassen mit dem Titel: "Ein anderes Ich".

Besondere Bemerkungen:
- Leiter muß mit Widerstand aus der Gruppe rechnen

Name der Übung: Rollentausch	**Quelle:** Pf&J 1;137
Art der Übung: Verbale Gruppenaktivität	**Dauer:** 30 Min.
Ziel: - Konflikttraining: Steigerung der Rollen- flexibilität	**Gleiche Übung auch unter Stichwort:**

Inhalt:
Je zwei Tn tauschen ihre Rollen und versuchen, für einen kurzen Zeitabschnitt einer Gruppensitzung den anderen zu personifizieren.

Besondere Bemerkungen:
- Leiter muß mit Widerstand aus der Gruppe rechnen

Name der Übung: Krankenschwester und Vamp	**Quelle:** Vopel 4;98
Art der Übung: Rollenspiel, 6 Personen simultan	**Dauer:** 1 - 1,5 Std.
Ziel: - Konflikttraining: Steigerung der Rollenflexibilität	**Gleiche Übung auch unter Stichwort:**

Inhalt:
Die Tn bilden Kleingruppen für ein Rollenspiel. Jedes Mitglied spielt die Rolle, die einen im Alltag hervorstechenden Verhaltenszug eines anderen Tn betont.
In einer zweiten Runde spielt jeder die dazugehörige Gegenrolle, und in der dritten Runde versuchen die Tn, alle 20 Sek. die Rolle zu wechseln.

Besondere Bemerkungen:
- Leiter muß mit Widerstand aus der Gruppe rechnen

Name der Übung: Rollentausch	**Quelle:** Antons 103
Art der Übung: Verbale Gruppenaktivität	**Dauer:** 1,5 Std.
Ziel: - Konflikttraining: Steigerung der Rollenflexibilität - Soziale Wahrnehmung: Abbau von Vorurteilen zwischen Individuen innerhalb der Gruppe	**Gleiche Übung auch unter Stichwort:** - Soziale Wahrnehmung S.20

Inhalt:
Jeder erhält durch ein Los den Namen eines anderen Gruppenmitglieds und hat die Aufgabe, dessen Rolle zu spielen unter der Fragestellung: "Wie sehe ich den Anderen?" und nach einem Rollenwechsel: "Wie wünsche ich mir den Anderen?"

Besondere Bemerkungen:
- Gefahr der Rollenkarikierung
- Hilfsmittel: Pappschilder mit Namen und Anstecknadeln

Name der Übung: Rollenumkehr und Rollenübertreibung	**Quelle:** Vopel 5;89
Art der Übung: Verbale Gruppenaktivität	**Dauer:** 1 - 1,5 Std.
Ziel: - Konflikttraining: Steigerung der Rollenflexibilität	**Gleiche Übung auch unter Stichwort:**

Inhalt:
Die Gruppe formt die stereotypen Verhaltensweisen ihrer Mitglieder in Rollen um, indem sie entweder die Verhaltensweise überzeichnen oder ins Gegenteil verkehren. In einer anschließenden Diskussion spielt jeder seine Rolle.

Besondere Bemerkungen:
- Leiter muß mit Widerstand aus der Gruppe rechnen

Name der Übung: Er und Sie	**Quelle:** Pf&J <u>5</u>;134
Art der Übung: Verbale Gruppenaktivität	**Dauer:** 3/4 Tag
Ziel: - Konflikttraining: Steigerung der Rollenflexibilität - Soziale Wahrnehmung: Geschlechtsrollenstereotype	**Gleiche Übung auch unter Stichwort:** - Soziale Wahrnehmung S.36

Inhalt:

Jeder Tn soll so realistisch wie möglich eine bestimmte Person des anderen Geschlechts kopieren (nicht karikieren). Dann fährt die Gruppe in ihrem geplanten Programm fort. Nach einem halben Tag beginnt der Erfahrungsaustausch über diese Aktivität.

Besondere Bemerkungen:

- Die Gruppe sollte ungefähr gleichviele männliche und weibliche Mitglieder haben
- Leiter muß mit Widerstand aus der Gruppe rechnen

Name der Übung: Anders sein	**Quelle:** Pf&J 5;132
Art der Übung: Verbale Gruppenaktivität	**Dauer:** 2 - 3 Std.
Ziel: - Konflikttraining: Steigerung der Rollenflexibilität - Soziale Wahrnehmung: Geschlechtsrollenstereotype	**Gleiche Übung auch unter Stichwort:** - Soziale Wahrnehmung S. 35

Inhalt:

Die Gruppe wird in eine größere und eine kleinere Untergruppe geteilt. In der kleineren Gruppe sollen die weiblichen Mitglieder Krawatten und die männlichen Mitglieder Armbänder und Halsketten tragen. Während der gesamten Aktivität fährt die Gruppe in ihrem normalen Programm fort.

Besondere Bemerkungen:

- Leiter muß mit Widerstand aus der Gruppe rechnen

Name der Übung: Rollenklischees	**Quelle:** Pf&J 4;33
Art der Übung: Verbale Gruppenaktivität	**Dauer:** 2 Std.
Ziel: - Konflikttraining: Steigerung der Rollenflexibilität - Soziale Wahrnehmung: Geschlechtsrollenstereotype	**Gleiche Übung auch unter Stichwort:** - Soziale Wahrnehmung S. 38

Inhalt:
Die Tn erstellen eine Liste von Gruppenentscheidungen, die unter starkem Einfluß der Frauen bzw. der Männer in der Gruppe getroffen wurden. Die Tn äußern sich darüber, wie sie diese Entscheidungen einschätzen und besprechen sie aufs neue. Anschließend bewerten sie einander mit Hilfe einer Rating-Skala und unter Berufung auf konkretes Verhalten nach den Kriterien Männlichkeit - Weiblichkeit.

Besondere Bemerkungen:
- Leiter muß mit Widerstand aus der Gruppe rechnen
- Unterlagen: 1 Bewertungsschema pro Tn

Name der Übung: Bewegungsdialog	**Quelle:** Vopel 5;88
Art der Übung: Nonverbale Paaraktivität	**Dauer:** 10 - 30 Min.
Ziel: - Konflikttraining: Steigerung der Rollenflexibilität	**Gleiche Übung auch unter Stichwort:**

Inhalt:
Die Tn stellen einige komplementäre Rollen pantomimisch dar:
Polizist - Dieb; Irrer - Wärter; Liebe - Haß; Maus - Elefant.

Besondere Bemerkungen:

Name der Übung: Rollen erzeugen Gefühle	**Quelle:** Pf&J <u>6</u>;147
Art der Übung: (Non)verbale Gruppenaktivität	**Dauer:** 2,5 Std.
Ziel: - Konflikttraining: Steigerung der Rollenflexibilität	**Gleiche Übung auch unter Stichwort:**

Inhalt:

Die Tn spielen nonverbal verschiedene Rollen und beschreiben die Gefühle, die sie dabei empfinden. Dann suchen sie ihre Lieblingsrolle, spielen diese kurz und versuchen dann, in die komplementäre Rolle zu schlüpfen.

Besondere Bemerkungen:

- Leiter muß mit Widerstand aus der Gruppe rechnen
- Hilfsmittel: 2 Namensschilder pro Tn

Name der Übung: Roboter und Dorftrottel	**Quelle:** Vopel 4;94
Art der Übung: Nonverbale Gruppenaktivität	**Dauer:** 10 Min.
Ziel: - Konflikttraining: Steigerung der Rollenflexibilität	**Gleiche Übung auch unter Stichwort:**

Inhalt:

Die Tn sollen erst einen Roboter spielen, der sich ganz mechanisch bewegt und dann einen Dorftrottel, der sich völlig unkontrolliert bewegt.

Besondere Bemerkungen:

Name der Übung: Lehrer - Schüler	**Quelle:** Vopel 6;92
Art der Übung: Verbale Paaraktivität	**Dauer:** 15 Min.
Ziel: - Konflikttraining: Steigerung der Rollenflexibilität	**Gleiche Übung auch unter Stichwort:**

Inhalt:
Beispiel für eine Lehrergruppe: Nachdem die Tn Paare gebildet haben identifiziert sich der eine Partner mit einem seiner Schüler, der seinem Lehrer (= dem anderen Partner) von sich erzählt. Danach wird der andere Partner zum Schüler und der erste zum zuhörenden Lehrer. Zum Schluß besprechen die Paare ihre Erfahrungen und Gefühle bei der Übung.

Besondere Bemerkungen:
- Die Übung ist auch mit anderen komplementären Rollen möglich (Mann - Frau, Vorgesetzter - Untergebener u.ä.)

Name der Übung:	Quelle:
Wunschzettel	Fr&Y 184

Art der Übung:	Dauer:
Verbale Gruppenaktivität	2 - 3 Std.

Ziel:	Gleiche Übung auch unter Stichwort:
- Konflikttraining: Steigerung der Rollenflexibilität - Führungskräfte-Training: Erweiterung von Führungsqualitäten	- Führungskräfte-Training S.631

Inhalt:

Während jedes Gruppenmitglied für sich die Fragen:
"Was erwarte ich von meinem Vorgesetzten" und
"Was erwartet mein Vorgesetzter von mir"
beantwortet, schreibt der Vorgesetzte auf, was er für die Gruppe leisten kann und was er von der Gruppe erwartet. Alle Aussagen werden an eine Tafel geheftet und die gemeinsamen Punkte auf eine besondere Liste übertragen. Die kontroversen Punkte werden einzeln durchgegangen, wobei jede Seite im Sinne der anderen Seite argumentiert. Nachdem die Rolle des Vorgesetzten (neu) definiert ist, können auch die Rollen der einzelnen Gruppenmitglieder überprüft werden.

Besondere Bemerkungen:

- Moderationsausrüstung empfehlenswert
- Statt "Vorgesetzter" lies auch "Leiter" (z.B. Seminarleiter)
- Die Übung kann auch zur Besprechung anderer Rollen eingesetzt werden (z.B. Sekretärin eines Teams, Klassensprecher)

Name der Übung: Etikette	**Quelle:** Pf&J <u>6</u>;46
Art der Übung: Verbale Gruppenaktivität, Beobachter erforderlich	**Dauer:** 45 Min.
Ziel: - Konflikttraining: Steigerung der Rollen- flexibilität	**Gleiche Übung auch unter Stichwort:**

Inhalt:

Die Tn, außer 2 - 3 Beobachtern, erhalten ein Stirnband mit einer schlagwortartigen Rollenbeschreibung (z.B. "Experte - Fragt mich um Rat!"). Keiner kennt seine eigene Rollenbeschreibung. Nach einer Diskussion, in der jeder sich dem anderen gegenüber rollengerecht verhält, versuchen die Tn, ihre eigene Rolle zu erraten. Anschließend besprechen sie ihre Erfahrungen.

Besondere Bemerkungen:

- Hilfsmittel: 1 Klebestreifen, der mit Text versehen wird pro Rollenspieler
- Die Übung ist besonders geeignet, die Tn die Auseinandersetzung mit Erwartungen der Umwelt erleben zu lassen

Name der Übung: Rollenspielsituation	**Quelle:** Gudjons 175
Art der Übung: Rollenspiel	**Dauer:** 3 x 15 Min. Spielzeit
Ziel: - Konflikttraining: Steigerung der Rollenflexibilität - Prozeßanalyse: Analyse der Rollenverteilung	**Gleiche Übung auch unter Stichwort:** - Prozeßanalyse S. 846

Inhalt:
Die Gruppe simuliert im Rollenspiel eine Situation, z. B. daß sie auf Urlaubsfahrt in Spanien plötzlich auf einer Dorfstraße eine Panne hat.
a) In der ersten Szene wird jedem Tn eine Rolle zugewiesen, die seinem Verhalten in der Gruppe entspricht (z. B. ein dominanter Tn ist der Reiseleiter, ein eloquenter Tn ist Agent des Reiseunternehmens etc.)
b) In der zweiten Szene wählt jeder eine möglichst alternative Rolle
c) In der dritten Szene spielt jedes Gruppenmitglied die Rolle, die das Verhalten zeigt, wie er gerne sein möchte.

Besondere Bemerkungen:
- Varianten:
a) Jeder spielt eine Rolle, die ihm schwer fällt, die er aber für wichtig hält.
b) Jeder spielt die Rolle eines anderen Gruppenmitglieds; hinterher wird geraten, wer gemeint war.
- Videoaufnahme empfehlenswert

Name der Übung: Neue Identität	**Quelle:** Vopel 4;96
Art der Übung: Verbale Gruppenaktivität	**Dauer:** 15 - 30 Min.
Ziel: - Konflikttraining: Steigerung der Rollenflexibilität - Eröffnungsphase: Verbale Anwärmübung	**Gleiche Übung auch unter Stichwort:** - Eröffnungsphase S.746

Inhalt:

Jeder Tn wählt sich irgendeine Persönlichkeit aus, die er spielen möchte, eine historische Persönlichkeit, eine Phantasiefigur, eine dichterische Gestalt usw. Dann gehen die Tn im Raum umher und suchen möglichst viel Kontakt zu den anderen "Persönlichkeiten".

Besondere Bemerkungen:

- Leiter muß mit Widerstand aus der Gruppe rechnen

Name der Übung: Familienszenen	**Quelle:** Gudjons 177
Art der Übung: Rollenspiele	**Dauer:** 4 Rollenspiele mit jeweils 5 Min.
Ziel: - Konflikttraining: Steigerung der Rollenflexibilität	**Gleiche Übung auch unter Stichwort:**

Inhalt:
In diesen Rollenspielen, die von Thema und Inhalt nicht vorgegeben sind, kommen die vier "Personen":"der Besänftiger", der "Ausweichende", der "Tadelnde" und der "Predigende" vor. Die 4 Tn, die spielen, wählen sich die Rollen Vater, Mutter, Sohn und Tochter und verkörpern in fünfminütigen Rollenspielen jeweils eine der vier "Personen".

Besondere Bemerkungen:

Name der Übung: Rollenzirkus	**Quelle:** Gudjons 179
Art der Übung: Rollenspiele	**Dauer:** 5 Rollenspiele mit jeweils 5 Min.
Ziel: - Konflikttraining: Steigerung der Rollen- flexibilität	**Gleiche Übung auch unter Stichwort:**

Inhalt:
In Fünfergruppen spielen die Tn der Reihe nach folgende Personen: den Intellektuellen, den "Raufbold", das "Mauerblümchen", die "Krankenschwester" und den "Skeptiker". Das Diskussionsthema kann sich in jedem Rollenspiel ändern oder ein Thema durchgehend beibehalten werden.

Besondere Bemerkungen:

Name der Übung: Robinson-Spiel	**Quelle:** Gudjons 177
Art der Übung: Verbale Gruppenaktivität	**Dauer:** mindestens 3 Std.
Ziel: - Konflikttraining: Steigerung der Rollen- flexibilität	**Gleiche Übung auch unter Stichwort:**

Inhalt:

Die Tn sind "Schiffbrüchige", die sich mit Müh und Not auf eine Insel retten konnten. Nahrung und Ausrüstung sind versunken und die Insel ist völlig unbekannt.

Besondere Bemerkungen:

Name der Übung: Gruppenzentriertes Psychodrama	**Quelle:** Gudjons 108
Art der Übung: Verbale Gruppenaktivität	**Dauer:** 2 Std.
Ziel: - Konflikttraining: Steigerung der Rollenflexibilität - Krisenintervention: Konflikte unter den Teilnehmern	**Gleiche Übung auch unter Stichwort:** -Krisenintervention S. 921

Inhalt:
Nachdem das Problem (entweder ein individuelles oder ein gemeinsames) definiert ist, beginnt ein psychodramatisches Rollenspiel in 4 Phasen:
1. Diagnostische Phase: der Raum wird zur "Szene" umgebaut und der Hauptakteur schildert das Problem, z. B. aus der Sicht eines im Raum befindlichen Gegenstandes. Dann werden die anderen Tn über ihre Rollen instruiert.
2. Psychokathartische Phase: die Konfliktsituation wird gespielt.
3. Gesprächs- und Diskussionsphase: Zuschauer und Spieler geben dem Hauptakteur ihr Feedback.
4. Verhaltensmodifizierende Phase: unter Zuhilfenahme des Feedbacks wird die ganze Szene oder ein Teil davon nochmals gespielt und wiederum besprochen.

Besondere Bemerkungen:

Name der Übung:	Quelle:
Exklusion	Pf&J 3;151

Art der Übung:	Dauer:
Verbale (Klein)Gruppenaktivität	1,5 Std.

Ziel:	Gleiche Übung auch unter Stichwort:
- Konflikttraining: Umgang mit Diskriminierung - Soziale Wahrnehmung: Minderheiten und Außenseiter in der Gesellschaft	- Soziale Wahrnehmung S.40

Inhalt:

Jede Kleingruppe schließt eines ihrer Mitglieder nach zuvor einstimmig beschlossenen Kriterien aus. Während einer anschließenden Erfrischungspause darf zu den Ausgeschlossenen kein Kontakt aufgenommen werden.

Im Plenum haben Kleingruppen und Ausgeschlossene Gelegenheit, sich zu äußern.

Besondere Bemerkungen:

- Leiter muß mit Widerstand aus der Gruppe rechnen

Name der Übung: Tabletten	**Quelle:** Pf&J 5;47
Art der Übung: Verbale Kleingruppenaktivität	**Dauer:** 1 - 1,5 Std.
Ziel: - Konflikttraining: Umgang mit Diskriminierung - Entscheidungsfindung in Gruppen: Konsensusbildung	**Gleiche Übung auch unter Stichwort:** - Entscheidungsfindung in Gruppen S. 574

Inhalt:
Die Tn stellen sich vor, daß sie soeben eine vorzügliche Mahlzeit genossen haben. Plötzlich kommt der Koch und sagt, daß er infolge eines Versehens statt eines Gewürzes ein tödliches Gift beigegeben hat. Das Gegengift muß innerhalb der nächsten 30 Min. eingenommen werden. Leider ist nicht genügend Gegengift vorhanden, ein Kleingruppenmitglied kann keine Tablette bekommen. Die Kleingruppe hat nun 30 Min. Zeit, über den Fall zu beraten.

Besondere Bemerkungen:
- Leiter muß mit Widerstand aus der Gruppe rechnen
- Hilfsmittel: 1 Schachtel Bonbons (1 Bonbon weniger als Mitglieder) pro Kleingruppe

Name der Übung:	Quelle:
Körperbehindert	Pf&J <u>5</u>;135

Art der Übung:	Dauer:
Verbale Gruppenaktivität	3/4 Tag

Ziel:	Gleiche Übung auch unter Stichwort:
- Konflikttraining: Umgang mit Diskriminierung - Soziale Wahrnehmung: Minderheiten und Außenseiter in der Gesellschaft	- Soziale Wahrnehmung S. 41

Inhalt:
Sechs Freiwillige (2 "Blinde", 2 "Schwerhörige" und 2 "Gehbehinderte") sollen durch ihr Verhalten veranschaulichen, was Gesunde gegenüber Behinderten und Behinderte gegenüber Gesunden empfinden. Währenddessen erledigt die Gruppe ihr geplantes Programm und leitet nach einem halben Tag in eine Analyse über.

Besondere Bemerkungen:
- Leiter muß mit Widerstand aus der Gruppe rechnen
- Hilfsmittel: 2 Krückstöcke, 2 Blindenstöcke, 2 Augenbinden, 2 Armbinden für Taube und 2 Sätze schalldämmende Ohrenschützer

Name der Übung: Fremdarbeiter	**Quelle:** Pf&J <u>5</u>;132
Art der Übung: Verbale Gruppenaktivität	**Dauer:** 2 1/2 Tage
Ziel: - Konflikttraining: Umgang mit Diskriminierung - Soziale Wahrnehmung: Minderheiten und Außenseiter in der Gesellschaft	**Gleiche Übung auch unter Stichwort:** - Soziale Wahrnehmung S. 42

Inhalt:
Die Gruppe wird geteilt; eine Untergruppe wird mit Hilfe von verschiedenfarbigen losen Kragen zu Gastarbeitern erklärt (z.B. Jugoslawen und Italiener), die andere Untergruppe sind die Deutschen, die die Gastarbeiter sozial isolieren. Am zweiten Tag werden die Rollen getauscht, und der letzte halbe Tag dient der Prozeßanalyse.

Besondere Bemerkungen:
- Leiter muß mit Widerstand aus der Gruppe rechnen
- Hilfsmittel: lose Kragen, ca. 8 cm breit, in zwei verschiedenen Farben

Name der Übung: Minorität	**Quelle:** Pf&J 5;130
Art der Übung: Verbale Gruppenaktivität	**Dauer:** 5 - 6 Std.
Ziel: - Konflikttraining: Umgang mit Diskriminierung - Soziale Wahrnehmung: Minderheiten und Außenseiter in der Gesellschaft	**Gleiche Übung auch unter Stichwort:** - Soziale Wahrnehmung S. 43

Inhalt:
Etwa 3/4 der Tn erhalten schwarze Stirnbänder und sind "Neger" mit allen sozialen Nachteilen. Die übrigen Tn, die "Weißen", beschäftigen sich mit Dingen, die ihrer Ansicht nach wesentlich sind, während die Schwarzen das tun, was ihnen von den Weißen befohlen wird.

Besondere Bemerkungen:
- Leiter muß mit Widerstand aus der Gruppe rechnen
- Hilfsmittel: Stirnbänder (2 cm breit, schwarz)

Name der Übung: Ich will rein! Einbrechen Einbrechen Einbrechen	**Quelle:** Vopel 1;69, Ki/MSch 186, Vo/Ki 189 Schw/S 277 Gudjons 120
Art der Übung: Nonverbale (Klein)Gruppenaktivität	**Dauer:** 10 - 20 Min.
Ziel: - Konflikttraining: Integration von Außen- seitern	**Gleiche Übung auch unter Stichwort:**

Inhalt:
Ein "Außenseiter" wählt sich einige Tn aus, die einen Kreis bilden.
Er selber muß nun versuchen, in den Kreis einzudringen (Schlagen und Übersteigen ist verboten), während der Kreis versucht, den Eindringling nicht hereinzulassen.

Besondere Bemerkungen:
- Leiter muß mit Widerstand aus der Gruppe rechnen

Name der Übung:	Quelle:
Wiege	Pf&J 2;144

Art der Übung:	Dauer:
Nonverbale Gruppenaktivität	10 Min.

Ziel:	Gleiche Übung auch unter Stichwort:
- Konflikttraining: Integration von Außenseitern	
- Gefühle: Entwicklung von Offenheit und Vertrauen (nonverbal)	- Gefühle S.276

Inhalt:
Ein Tn wird langsam bis in Ellbogenhöhe hochgehoben, sanft hin- und hergeschaukelt und wieder auf den Boden gelegt.

Besondere Bemerkungen:
- Leiter muß mit Widerstand aus der Gruppe rechnen

Name der Übung: Vertrauenskreis Vertrauenskreis Toter Mann Fallenlassen	**Quelle:** Vopel 1;54 Schw/S 237 Pf&J 2;144 Gudjons 118
Art der Übung: Nonverbale Gruppenaktivität	**Dauer:** 10 Min.
Ziel: - Konflikttraining: Integration von Außenseitern - Gefühle: Entwicklung von Offenheit und Vertrauen (nonverbal)	**Gleiche Übung auch unter Stichwort:** - Gefühle S.274

Inhalt:
Ein Freiwilliger stellt sich in die Mitte des Kreises, schließt die Augen, macht sich steif und läßt sich nach irgendeiner Seite fallen. Der Kreis fängt ihn auf und schiebt ihn sanft weiter.

Besondere Bemerkungen:
- Leiter muß mit Widerstand aus der Gruppe rechnen

Name der Übung: Karussell	**Quelle:** Pf&J 2;148
Art der Übung: Nonverbale Gruppenaktivität	**Dauer:** 10 Min.
Ziel: - Konflikttraining: Integration von Außenseitern - Gefühle: Entwicklung von Offenheit und Vertrauen (nonverbal)	**Gleiche Übung auch unter Stichwort:** - Gefühle S. 275

Inhalt:

Ein Tn stellt sich in die Mitte, die anderen setzen sich um ihn herum und pressen ihre Füße gegen die seinen. Der Tn in der Mitte schließt die Augen, macht sich steif, läßt sich nach irgendeiner Seite fallen und wird von den anderen im Kreis herumgerollt.

Besondere Bemerkungen:

- Leiter muß mit Widerstand aus der Gruppe rechnen

Name der Übung: Konklave	**Quelle:** Fr&Y 200
Art der Übung: Verbale Gruppenaktivität	**Dauer:** 2 - 3 Std.
Ziel: - Konflikttraining: Integration von Außenseitern - Verbale Feedbacktechnik: gemischtes Feedback	**Gleiche Übung auch unter Stichwort:** - Feedback S. 462

Inhalt:
Nachdem sich ein Tn bereiterklärt hat, als Zielperson für ein Feedback-Spiel zu fungieren, arbeitet die Gruppe einen Leitfaden für ein Gespräch aus, das dazu dienen soll, die Beziehungen zwischen der Zielperson und der Gruppe zu definieren und Probleme aufzudecken. Ein Tn führt das Gespräch unter vier Augen in einem separaten Raum durch und informiert dann die Gruppe über den Ablauf.
Die Gruppe überlegt sich, was sie in der anschließenden Feedbackrunde für die Zielperson tun kann, um sie als ein wertvolles Gruppenmitglied zu gewinnen.

Besondere Bemerkungen:
- Leiter muß mit Widerstand aus der Gruppe rechnen
- Raum: 1 großer und 1 kleiner Raum erforderlich

Kommunikation

Name der Übung: Wer hat den Ball?	**Quelle:** Pf&J 3;50
Art der Übung: Verbale Gruppenaktivität	**Dauer:** 45 Min.
Ziel: - Verbale Kommunikation: Analyse der Kommunikationsstruktur	**Gleiche Übung auch unter Stichwort:**

Inhalt:

Die Tn diskutieren 15 Min. lang ein Thema, an dem alle interessiert sind. Dabei darf jeweils nur derjenige reden, der im Besitz des Balles ist. Er muß den Ball solange behalten, bis ein anderer Tn zu erkennen gibt, daß er gern reden möchte, der Inhaber des Balles bestimmt jedoch selber, ob er den Ball abgibt oder nicht.

Besondere Bemerkungen:
- Hilfsmittel: 1 Tennisball o.ä.

Name der Übung: Wer spricht zu wem? Interaktionsanalyse	**Quelle:** Vopel 1;22 Vo/Ki 175
Art der Übung: Verbale Gruppenaktivität mit Beobachtern	**Dauer:** 1 Std.
Ziel: - Verbale Kommunikation: Analyse der Kommunikationsstruktur	**Gleiche Übung auch unter Stichwort:**

Inhalt:

Während die Gruppe über ein beliebiges Thema diskutiert, sitzen zwei Beobachter am Rand und zeichnen die Interaktionen zwischen den Gruppenmitgliedern auf. Dabei verbinden sie die Namen der nacheinander Interagierenden mit Pfeilen. Das Ergebnis wird gemeinsam ausgewertet.

Besondere Bemerkungen:

Name der Übung: Das Gerücht	**Quelle:** Pf&J <u>1</u>;25
Art der Übung: Verbale Gruppenaktivität	**Dauer:** 30 Min.
Ziel: - Verbale Kommunikation: Kommunikationsstörungen; Einweg-Kommunikation	**Gleiche Übung auch unter Stichwort:**

Inhalt:

Während 5 Tn draußen warten, liest der Leiter einem Tn einen Unfallbericht vor. Der nächste Tn wird in den Raum gebeten und der erste teilt diesem mit, was er den Leiter sagen hörte, dieser erzählt es dem nächsten usf. Der sechste Tn ist der Polizeibeamte, der den Unfallbericht auf einer Tafel notiert.
Urfassung und Protokoll werden verglichen.

Besondere Bemerkungen:

- Tonbandaufzeichnung empfehlenswert
- Unterlagen: Unfallbericht und Beobachtungsschema

Name der Übung: Cognac - Mädchen	**Quelle:** Antons 53
Art der Übung: Verbale Gruppenaktivität	**Dauer:** 30 Min.
Ziel: - Verbale Kommunikation: Kommunikationsstörungen; Einweg-Kommunikation - Soziale Wahrnehmung: Demonstration von Wahrnehmungsphänomenen	**Gleiche Übung auch unter Stichwort:** - Soziale Wahrnehmung S. 5

Inhalt:
Der erste Tn einer kleinen Experimentalgruppe erhält ein Bild und 10 Aussagen zu dem Bild. Nachdem er sich die Aussagen eingeprägt hat, gibt er die Informationen dem nächsten, der draußen gewartet hat, weiter, ohne aber irgendwelche Fragen zu beantworten.
Es sollte für jede der 10 Aussagen ein Beobachter zuständig sein, der die Veränderung der Aussage mitprotokolliert.

Besondere Bemerkungen:
- Unterlagen: 1 Instruktion und 1 Bild

Name der Übung: Alte Frau - Junge Frau	**Quelle:** Antons 49
Art der Übung: Verbale Kleingruppenaktivität	**Dauer:** 30 Min.
Ziel: - Verbale Kommunikation: Kommunikations- störungen, Einweg-Kommunikation	**Gleiche Übung auch unter Stichwort:**

Inhalt:
Der erste Tn einer kleinen Experimentalgruppe (die übrigen Tn sind Zuschauer) erhält das Kippbild "Alte Frau - Junge Frau" und 10 statements dazu. Nachdem er sich die Informationen eingeprägt hat, gibt er sie (ohne Bild) flüsternd seinem Nachbarn in der Experimentalgruppe weiter. Dieser erzählt die Informationen seinem Nachbarn usf. bis zum letzten Mitglied, dessen Aussagen dann mit den ursprünglichen Informationen verglichen werden.

Besondere Bemerkungen:
- Unterlagen: Kippbild und Liste mit statements

Name der Übung: Zueinander oder miteinander sprechen	**Quelle:** Pf&J 3;20
Art der Übung: Verbale Gruppenaktivität, Beobachter empfehlenswert	**Dauer:** 45 - 60 Min.
Ziel: - Verbale Kommunikation: Kommunikationsstörungen; Einweg-Kommunikation	**Gleiche Übung auch unter Stichwort:**

Inhalt:

Alle Tn erhalten ein komplexes graphisches Muster. Ein freiwilliger Instruktor erklärt ihnen, an welchen Stellen des Musters sie Kreuze setzen sollen. Der Instruktor darf die anderen Tn nicht sehen und darf in der ersten Runde keine Fragen der Tn beantworten. In der zweiten Runde erhalten die Tn ein neues Muster mit der gleichen Aufgabe; diesmal darf der Instruktor Fragen beantworten.

Besondere Bemerkungen:

- Ähnliche Übungen: "Einweg-Zweiweg-Kommunikation" (Pf&J 2;22 und Antons 73); diese Übung hier ist weniger technisch, erfordert halb soviel Zeit und bringt dieselben Resultate.
- Hilfsmittel: 2 Schemata pro Tn

Name der Übung: Einweg-Zweiweg-Kommunikation Einweg-Zweiweg-Kommunikation	**Quelle:** Pf&J 2;22 Antons 73
Art der Übung: Verbale Gruppenaktivität	**Dauer:** 1,5 Std.
Ziel: - Verbale Kommunikation: Kommunikationsstörungen; Einweg-Kommunikation	**Gleiche Übung auch unter Stichwort:**

Inhalt:

Ein Tn gibt der Gruppe Instruktionen, wie sie eine Serie von Quadraten zu zeichnen haben. Im ersten Durchgang dürfen die Tn keine Fragen stellen, im zweiten Durchgang darf der Instruktor jede gestellte Frage beantworten.

Besondere Bemerkungen:
- Variante (nach Antons 75): 4 Gruppen spielen simultan unter verschiedenen Versuchsbedingungen (Kommunikationsbarrieren)
- Unterlagen: 2 Vorlagen pro Durchgang und Auswertungstabellen
- Ähnliche Übung: "Zueinander oder miteinander sprechen", Pf&J 3;20. Diese Übung ist weniger technisch, erfordert nur halb soviel Zeit und erbringt dieselben Resultate.

Name der Übung: Domino	**Quelle:** Pf&J 6;41
Art der Übung: Verbale Kleingruppenaktivität	**Dauer:** 1,5 Std.
Ziel: - Verbale Kommunikation: Kommunikations- störungen; Einweg-Kommunikation	**Gleiche Übung auch unter Stichwort:**

Inhalt:
Die Tn werden in Dreier- oder Vierergruppen eingeteilt, zwei Mitglieder spielen, mit dem Rücken zueinander, die anderen sind Beobachter.
1. Runde: Ein Spieler ordnet 3 Dominosteine (Legos, Bauklötze, Spielkarten o.ä.) in einer Reihe und gibt dem anderen Anweisungen, daß dieser seine (gleichen) Steine in derselben Reihenfolge anordnen kann. Der andere Spieler darf keine Fragen stellen.
2. Runde: Der andere Spieler darf Fragen stellen, die aber nur mit Ja oder Nein beantwortet werden dürfen.
3. Runde: Beide Spieler dürfen ohne Einschränkungen miteinander sprechen.

Besondere Bemerkungen:
- Hilfmittel: 2 x die gleichen Dominosteine (Legos, Bauklötze, Spielkarten o.ä.) für jede Kleingruppe, starre Arbeitsunterlagen
- Raum: Sehr viel Platz erforderlich

Name der Übung: Kommunikationsfallen und Selbstverteidung beim Konfliktgespräch	**Quelle:** Schw/S 137
Art der Übung: Verbale Einzel- und Kleingruppenaktivität	**Dauer:** 45 Min.
Ziel: - Verbale Kommunikation: Kommunikations- störungen allgemein	**Gleiche Übung auch unter Stichwort:**

Inhalt:
In einem Fragenkatalog sind 12 "Kommunikationsfallen" (Kommunikationsformen, die den anderen in die Defensive drängen) aufgeführt. Die Tn haben die Aufgabe, für jede ein Beispiel zu finden.

Besondere Bemerkungen:
- Unterlagen: 1 Fragenkatalog pro Tn

Name der Übung: Kommunikation im Team	**Quelle:** Fr&Y 247
Art der Übung: Verbale Einzel- und Gruppenaktivität	**Dauer:** 2 Std.
Ziel: - Verbale Kommunikation: Kommunikations- störungen allgemein	**Gleiche Übung auch unter Stichwort:**

Inhalt:
Jeder Tn überlegt sich 3 Beispiele für eine nicht funktionierende Kommunikation in der Gruppe und was dies bei ihm bewirkt hat.
Nachdem der Leiter alle Beispiele auf eine Tafel geschrieben hat, sprechen die Tn darüber, wie sie solche Fehlschläge in Zukunft vermeiden können.

Besondere Bemerkungen:

Name der Übung: Nicht zuhören	**Quelle:** Pf&J 1;29
Art der Übung: Rollenspiel, 2 Personen simultan	**Dauer:** 45 Min.
Ziel: - Verbale Kommunikation: Kommunikationsstörungen infolge Nichtzuhörens	**Gleiche Übung auch unter Stichwort:**

Inhalt:

Die Tn bilden Paare und erhalten Rollenanweisungen.
Die Rollen sind so konstruiert, daß beide Spieler Interessen vertreten, einander aber nicht zuhören. Wenn die Tn ein Höchstmaß an Enttäuschung erleben (Lärmpegel!), bricht der Leiter das Spiel ab und bespricht das Geschehene mit der Gruppe.

Besondere Bemerkungen:
- Unterlagen: 1 Rollenanweisung (Einkaufschef oder Werksdirektor) pro Tn

Name der Übung: Ohne Punkt und Komma	**Quelle:** Vopel 5;29
Art der Übung: Verbale Kleingruppenaktivität	**Dauer:** 1 Std.
Ziel: - Verbale Kommunikation: Kommunikationsstörungen infolge Nicht-Zuhörens	**Gleiche Übung auch unter Stichwort:**

Inhalt:

Jeweils zwei Tn legen ein Diskussionsthema fest und müssen in der anschließenden Diskussion folgende Spielregeln beachten:
Beide reden gleichzeitig, ohne Pause und ohne auf den anderen einzugehen, jedoch mit der Absicht, irgendetwas zu sagen, das der andere aufgreift.
Ein Schiedsrichter in jeder Zweiergruppe achtet auf die Einhaltung der Regeln.

Besondere Bemerkungen:

Name der Übung: Widersprüchliche Kommunikation Umgekehrtes Verhalten Verworrene Aussagen	**Quelle:** Vopel 3;28 Pf&J 1;137 Gudjons 84
Art der Übung: (Non)verbale Paaraktivität	**Dauer:** 40 Min.
Ziel: - Verbale Kommunikation: Kommunikations- störungen infolge paradoxer Kommunikation	**Gleiche Übung auch unter Stichwort:**

Inhalt:
Die Tn führen Dialoge, bei denen sie alles, was sie verbal ausdrücken, durch nonverbales Verhalten wieder aufheben.

Besondere Bemerkungen:

Name der Übung: Organisationsstrukturen Kreis-Kette-Stern Kommunikationsmuster in Gruppen: Kette-Stern-Kreis-Gabel	**Quelle:** Pf&J <u>3</u>;58 Ki/MSch 108 Antons 77
Art der Übung: Verbale Kleingruppenaktivität	**Dauer:** 1,5 Std.

Ziel:
- Verbale Kommunikation: Kommunikations-
  störungen infolge reduzierter Kommunikations-
  struktur
	Gleiche Übung auch unter Stichwort:

Inhalt:
Jede Kleingruppe erhält eine besondere Kommunikationsstruktur (Kette, Stern, Kreis oder Gabel). Dann müssen sie Aufgaben lösen, wobei die Kommunikation nur in den jeweils vorgegebenen Kanälen und schriftlich (bzw. ohne Zeugen) stattfinden darf.

Besondere Bemerkungen:

Hilfsmittel: Bei Pf&J drei Kartenspiele pro 18 Tn
              Hoher Material- und Vorbereitungsaufwand bei Antons

Name der Übung: Unregelmäßige Konjugation	**Quelle:** Vopel 5;26
Art der Übung: Verbale Kleingruppenaktivität	**Dauer:** 30 - 60 Min.
Ziel: - Verbale Kommunikation: Kommunikationsstörungen durch Projektion eigener Fehler auf Andere - Soziale Wahrnehmung: Demonstration von Wahrnehmungsphänomenen	**Gleiche Übung auch unter Stichwort:** - Soziale Wahrnehmung S. 7

Inhalt:
Die Tn sollen in Fünfergruppen Aussagen konjugieren nach folgendem Muster: Ich bin standhaft - du bist eigensinnig - er/sie ist dickköpfig. Damit wird demonstriert, daß man dem eigenen Verhalten weniger kritisch gegenübersteht als fremdem.

Besondere Bemerkungen:
- Unterlagen: 1 Formular "Ich-Aussagen" pro Tn

Name der Übung: 30-Sekunden-Regel	**Quelle:** Workbook 4.4.7
Art der Übung: Methodische Regel	**Dauer:**
Ziel: - Verbales Kommunikationstraining: Aufstellen von Kommunikationsregeln	**Gleiche Übung auch unter Stichwort:**

Inhalt:
Der Leiter schreibt groß und deutlich "30 SEKUNDEN" an eine Tafel. Dazu erklärt er, daß alle Tn ihre Beiträge auf ca. 30 Sek. beschränken mögen, um zu erreichen, daß in jedem Redebeitrag nur ein Punkt angesprochen wird.

Besondere Bemerkungen:
- Sinn dieser Übung ist nicht ihre rigide Handhabung, sondern eine höhere Beteiligung an der Diskussion

Name der Übung: Sprich per Ich	**Quelle:** Vopel 3;25
Art der Übung: Verbale Paaraktivität	**Dauer:** 30 - 45 Min.
Ziel: - Verbales Kommunikationstraining: Aufstellen von Kommunikationsregeln	**Gleiche Übung auch unter Stichwort:**

Inhalt:

Im Rahmen der Vorstellung der Kommunikationsregel "Sprich per Ich und nicht per Man oder Wir!" führen die Tn nacheinander Dialoge in folgenden Formen: ganz normale Sätze - Sätze mit "man" - Sätze mit "du" - Sätze mit "wir" - Sätze mit "ich" - Sätze mit "ich" und "du" (dir, dich).

Besondere Bemerkungen:

Name der Übung: Ich-Aussagen	**Quelle:** Gudjons 85
Art der Übung: Verbale Paaraktivität	**Dauer:** 1 Std.
Ziel: - Verbales Kommunikationstraining: Aufstellen von Kommunikationsregeln	**Gleiche Übung auch unter Stichwort:**

Inhalt:
1. Die Partner unterhalten sich ganz normal über irgendein Thema.
2. Die Partner machen nur unverbindliche Pauschalsätze, die mit "man", "wir" oder "alle" beginnen.
3. Nun sollen die beiden nur Fragesätze bilden, wobei sie die Antworten auf die Fragen des Gegenübers ebenfalls in Fragesätze kleiden.
4. Die zuvor gestellten Fragen werden in Ich-Aussagen umformuliert (Beispiel: anstatt:"Warum grinst Du so" heißt es jetzt: "Ich sehe, daß Du grinst, das macht mich unsicher").

Nach jeder Phase findet eine kurze Auswertung statt, in der die Partner besonders auf den Grad der Offenheit der Unterhaltung eingehen.

Besondere Bemerkungen:

Name der Übung: Aussagen statt Fragen Aussagen statt Fragen	**Quelle:** Vopel 1;28 Workbook 4.4.3
Art der Übung: Verbale Paar- und Gruppenaktivität	**Dauer:** 1 Std.
Ziel: - Verbales Kommunikationstraining: Aufstellen von Kommunikationsregeln	**Gleiche Übung auch unter Stichwort:**

Inhalt:

In der ersten Phase sollen die Paare sich einfach unterhalten, in der zweiten Phase stellen sie sich nur Fragen, ohne sie zu beantworten und in der dritten Phase wandeln sie die zuvor gestellten Fragen in Ich-Aussagen um.
Die Aktivität wird in der Gruppe gründlich ausgewertet.

Besondere Bemerkungen:
- Leiter muß mit Widerstand aus der Gruppe rechnen

Name der Übung: Mitteilung von Störungen	**Quelle:** Vopel 1;23
Art der Übung: Verbale Gruppenaktivität	**Dauer:** 45 - 60 Min.

Ziel:
- Verbales Kommunikationstraining:
  Aufstellen von Kommunikationsregeln
 	
- Kriseninterventionen:
  Aktivierung bei Müdigkeit und Unlust
	Gleiche Übung auch unter Stichwort:
	
	- Kriseninterventionen S. 893

Inhalt:
Die Tn sollen, wenn sie abgelenkt, gelangweilt oder ärgerlich sind, das Gruppengespräch unterbrechen und diese Störungen der Gruppe mitteilen. Vor Beginn der Aktivität erklärt der Leiter die Bedeutung des Satzes: "Störungen haben Vorrang"; dann bereitet er die Aktivität durch eine kleine Phantasiereise vor.

Besondere Bemerkungen:

Name der Übung: Muß-Soll-Spiel	**Quelle:** Antons 181
Art der Übung: Verbale Gruppenaktivität	**Dauer:** 30 - 45 Min.
Ziel: - Verbales Kommunikationstraining: Aufstellen von Kommunikationsregeln - Normen und Werte: Analyse der eigenen Normen	**Gleiche Übung auch unter Stichwort:** - Normen und Werte S. 44

Inhalt:
Jeder Tn erhält 10 Spielmarken. Er hat jedesmal eine davon abzugeben, wenn er im Verlauf der Diskussion Normierungswörter (muß, soll, darf nicht usf.) verwendet.

Besondere Bemerkungen:
- Hilfsmittel: Spielmarken oder Bonbons und ein Topf

Name der Übung: Nicht um die Ecke sprechen Nicht um die Ecke sprechen	**Quelle:** Vopel 1;25 Workbook 4.4.2
Art der Übung: Verbale Gruppenaktivität	**Dauer:** 30 - 45 Min.
Ziel: - Verbales Kommunikationstraining: Aufstellen von Kommunikationsregeln	**Gleiche Übung auch unter Stichwort:**

Inhalt:
Jeder Tn überlegt sich, was ihm zu einem bestimmten Gruppenmitglied einfällt, äußert sich darüber aber zu einem anderen Gruppenmitglied.
Dieser antwortet: "Sprich nicht um die Ecke!", worauf der Tn sich direkt an seine Zielperson wendet und ihm gegenüber den Satz wiederholt.

Besondere Bemerkungen:
- Leiter muß mit Widerstand aus der Gruppe rechnen

Name der Übung: Erstellen von Kommunikationsregeln	**Quelle:** Workbook 3.7.2.
Art der Übung: Verbale Gruppenaktivität	**Dauer:** 5 Min. pro Tag, 15 Min. am Ende des Kurses
Ziel: - Verbales Kommunikationstraining: Aufstellen von Kommunikationsregeln	**Gleiche Übung auch unter Stichwort:**

Inhalt:

Am Ende jedes Tages werden von der Gruppe gemeinsam die am Tag erarbeiteten Regeln und Hinweise zusammengestellt. Am Ende des Seminars bewerten die Tn diese Regeln hinsichtlich ihrer Allgemeingültigkeit und hinsichtlich ihrer Gültigkeit für die eigene Person. Jeder Tn vermerkt diese Punkte für sich.

Besondere Bemerkungen:
- Die Regeln müssen konkret formuliert werden

Name der Übung: Feedback-Kommuniqué	**Quelle:** Fr&Y 153
Art der Übung: Verbale Einzel- und Gruppenaktivität	**Dauer:** 1 Std.
Ziel: - Verbales Kommunikationstraining: Aufstellen von Kommunikationsregeln	**Gleiche Übung auch unter Stichwort:**

Inhalt:
Aus einer Liste von neun Statements zur Technik des Feedback wählt jeder Tn die fünf aus, die ihm am wichtigsten erscheinen. Anschließend versucht die Gruppe, eine gemeinsame Liste zu erstellen unter der Überschrift: "Für diese Gruppe bedeutet gutes Feedback..."

Besondere Bemerkungen:
- Unterlagen: 1 Liste mit Statements und 1 Bewertungstabelle

Name der Übung: Kontrollierter Dialog Gespräche im Trio Zuhören Aufeinander hören Können Sie diskutieren?	**Quelle:** Workbook 4.4.4 und Antons 87 Gudjons 222 Vopel <u>6</u>;25 Pf&J <u>2</u>;28 Ki/MSch 87
Art der Übung: Verbale Kleingruppenaktivität	**Dauer:** 45 - 60 Min.
Ziel: - Verbales Kommunikationstraining: Zuhören und Paraphrasieren lernen	**Gleiche Übung auch unter Stichwort:**

Inhalt:

Nachdem die Tn Dreiergruppen gebildet haben, einigen sich zwei auf ein Thema und beginnen einen Dialog. Bevor der Antwortende sich zum Thema äußert, wiederholt er erst sinngemäß die Aussage des Sprechers und läßt sich die Richtigkeit des Wiederholten bestätigen. Der dritte Tn fungiert als Beobachter.

Besondere Bemerkungen:

Name der Übung: Aktives Zuhören	**Quelle:** Pf&J 1;139
Art der Übung: Verbale Paaraktivität	**Dauer:** 30 Min.
Ziel: - Verbales Kommunikationstraining: Zuhören und Paraphrasieren lernen	**Gleiche Übung auch unter Stichwort:**

Inhalt:
Die Tn bilden Paare. Ein Partner erzählt etwas zu einem Thema, das ihm persönlich wichtig ist. Von Zeit zu Zeit wiederholt sein Partner das Gesagte mit eigenen Worten und läßt sich die Richtigkeit des Wiederholten bestätigen. Nach 5 - 10 Min. wechseln die Partner die Rollen.

Besondere Bemerkungen:
- Leiter muß mit Widerstand aus der Gruppe rechnen

Name der Übung: Partner vorstellen	**Quelle:** Gudjons 81
Art der Übung: Verbale Paar- und Gruppenaktivität	**Dauer:** 45 - 60 Min.
Ziel: - Verbales Kommunikationstraining: Zuhören und Paraphrasieren lernen - Eröffnungsphase: Kennenlernen	**Gleiche Übung auch unter Stichwort:** -Eröffnungsphase S. 712

Inhalt:
Je zwei Tn setzen sich zusammen und unterhalten sich über ein persönliches Thema (Beispiel: Was habe ich letzte Woche erlebt?). Einer erzählt, der andere wiederholt, was gesagt wurde. Nach einiger Zeit werden die Rollen gewechselt. Im Plenum stellt jeder seinen Partner in "Ich"-Form vor.

Besondere Bemerkungen:

Name der Übung: Maximale Übereinstimmung	**Quelle:** Vopel 4;33
Art der Übung: Verbale Gruppenaktivität	**Dauer:** Mindestens 15 Min.
Ziel: - Verbales Kommunikationstraining: Zuhören und Paraphrasieren lernen	**Gleiche Übung auch unter Stichwort:**

Inhalt:
Ein Tn beginnt mit einer Aussage zu einem Diskussionsthema. Ein anderer zeigt, daß er den Sprecher verstanden hat, indem er erstens dessen Aussage mit eigenen Worten wiederholt, zweitens angibt, inwieweit er der geäußerten Auffassung zustimmt und drittens Kritik und weiterführende Gedanken äußert.

Besondere Bemerkungen:

Name der Übung: Hilfe reichen und annehmen	**Quelle:** Pf&J 1;140
Art der Übung: Verbale Kleingruppenaktivität	**Dauer:** 45 Min. pro Runde
Ziel: - Verbales Kommunikationstraining: Zuhören und Paraphrasieren lernen	**Gleiche Übung auch unter Stichwort:**

Inhalt:

Die Tn bilden Vierergruppen. Tn A schildert ein wichtiges reales Problem; Tn B stellt Fragen dazu; Tn C gibt gute Ratschläge und Tn D ist Beobachter. Nach Ende einer Gesprächsrunde diskutieren die Tn in der Kleingruppe ihre Erfahrungen und wiederholen die Übung mit vertauschten Rollen.

Besondere Bemerkungen:

- Leiter muß mit Widerstand aus der Gruppe rechnen

Name der Übung: Erste Eindrücke	**Quelle:** Vo/Ki 64
Art der Übung: Verbale Gruppenaktivität	**Dauer:** 30 Min.
Ziel: - Verbales Kommunikationstraining: Zuhören und Paraphrasieren lernen	**Gleiche Übung auch unter Stichwort:**

Inhalt:
Ein Tn wendet sich vor der Gruppe an einen anderen Tn und berichtet ihm den Eindruck, den andere Leute gewöhnlich von ihm haben. Der andere Tn versucht eine Umschreibung dieser Aussage und fügt dann hinzu, welchen Eindruck er von dem Betreffenden gewonnen hat.

Besondere Bemerkungen:

Name der Übung: Du und Ich	**Quelle:** Pf&J 1;139
Art der Übung: Verbale Gruppenaktivität	**Dauer:** 15 - 30 Min.
Ziel: - Verbales Kommunikationstraining: Zuhören und Paraphrasieren lernen	**Gleiche Übung auch unter Stichwort:**

Inhalt:
Zwei Tn, denen es schwerfällt, einander zuzuhören, sitzen sich gegenüber. Sie machen abwechselnd zwei Behauptungen, von denen die eine mit "Ich" und die andere mit "Du" beginnen muß, solange bis sie einander zuhören und sich verstehen.

Besondere Bemerkungen:
- Leiter muß mit Widerstand aus der Gruppe rechnen

Name der Übung: Der Fall Ulrich Bohn	**Quelle:** Fr&Y 203
Art der Übung: Rollenspiel, 2 Personen in der Einzelgruppe	**Dauer:** 1 - 1,5 Std.
Ziel: - Verbales Kommunikationstraining: Zuhören und Paraphrasieren lernen	**Gleiche Übung auch unter Stichwort:**

Inhalt:

Nachdem sich alle Tn mit dem Rollenspiel vertraut gemacht haben, überlegen sie sich 20 Min. lang das Problem:

John Rudd arbeitet in der Zweigniederlassung einer Maschinenbaufirma und hat die Aufgabe, Arbeitsabläufe zu überwachen. Seinem Chef, Roger Smith, fällt auf, daß Rudd mit verdrossener Miene dasitzt, wenig Kontakt zu seinen Kollegen sucht und trinkt. Zwei Tn führen das Rollenspiel vor, anschließend bespricht es die Gruppe und zum Schluß faßt ein Tn das Gelernte zusammen.

Besondere Bemerkungen:

- Unterlagen: 1 Rollenanweisung pro Tn
- Videoaufnahme empfehlenswert

Name der Übung: Is the team listening?	**Quelle:** Woodcock 129
Art der Übung: Verbale Kleingruppenaktivität	**Dauer:** 1 Std.
Ziel: - Verbales Kommunikationstraining: Zuhören und Paraphrasieren lernen	**Gleiche Übung auch unter Stichwort:**

Inhalt:

Die Tn diskutieren 20 - 30 Min. lang in Kleingruppen ein kontroverses Thema. Dann geben sie ein gemeinsam verfaßtes Kommuniqué über ihr Ergebnis heraus. Anschließend versucht jedes Kleingruppenmitglied, die Standpunkte der anderen zu formulieren. Die Standpunkte werden ausgetauscht und mit Kommentaren versehen.

Besondere Bemerkungen:

Name der Übung: Auf der Bühne	**Quelle:** Vopel 4;29
Art der Übung: Phantasiespiel	**Dauer:** 15 - 30 Min.
Ziel: - Verbales Kommunikationstraining: Verbesserung der Kommunikationsfähigkeit durch Überwinden von Redeangst - Gefühle: Training der verbalen Ausdrucksfähigkeit von Gefühlen	**Gleiche Übung auch unter Stichwort:** - Gefühle S. -182

Inhalt:
Die Tn erleben in ihrer Phantasie, wie sie auf einer Bühne stehen, dem Publikum etwas vortragen und dafür Beifall erhalten.

Besondere Bemerkungen:
- Leiter muß mit Widerstand aus der Gruppe rechnen

Name der Übung: Eigene kommunikative Reaktionsweisen	**Quelle:** Vo/Ki 140 und 144
Art der Übung: Verbale Gruppenaktivität	**Dauer:** 1 Std.
Ziel: - Verbales Kommunikationstraining: Verbesserung der Kommunikationsfähigkeit	**Gleiche Übung auch unter Stichwort:**

Inhalt:
Die Tn sollen individuell zu verschiedenen Aussagen je eine Antwort mit bestärkender und eine mit entmutigender Wirkung finden. In Vierergruppen besprechen sie anschließend diese Antworten.

Besondere Bemerkungen:
- Unterlagen: 1 Blatt mit Aussagen pro Tn (Vo/Ki 147)

Name der Übung: Partnerzentriertes Gespräch	**Quelle:** Gudjons 218
Art der Übung: Verbale Kleingruppenaktivität	**Dauer:** 1 Std.
Ziel: - Verbales Kommunikationstraining: Verbesserung der Kommunikationsfähigkeit	**Gleiche Übung auch unter Stichwort:**

Inhalt:
Jeder Tn erhält das Arbeitsblatt "Fördernde und hemmende Reaktionen im Gespräch" (Gudjons 218f.). In Vierergruppen wird der Teil I des Papiers diskutiert; danach sollen die Tn zu Beispielsätzen (Teil II) sowohl fördernde als auch hemmende Antworten finden (Beispielsatz: "Mit dem Kollegen Meier habe ich immer Krach. Das ist ein richtiger Spinner.")

Besondere Bemerkungen:
- Unterlagen: 1 Kopie des Arbeitsblattes für jeden Tn

Name der Übung: Zwei Übungen zur Unterscheidung von fördernden und hemmenden Reaktionen	**Quelle:** Schw/S 105 und 117
Art der Übung: Verbale Einzelaktivität	**Dauer:** 30 Min.
Ziel: - Verbales Kommunikationstraining: Verbesserung der Kommunikationsfähigkeit	**Gleiche Übung auch unter Stichwort:**

Inhalt:
Die Tn sollen versuchen, auf Äußerungen Antworten zu finden, die es dem Gesprächspartner erleichtern bzw. erschweren, das Gespräch weiterzuführen.

Besondere Bemerkungen:
- Unterlagen: 1 Fragebogen pro Tn

Name der Übung: Tiefergehen	**Quelle:** Vopel 6;45
Art der Übung: Verbale Paaraktivität	**Dauer:** 15 - 30 Min.
Ziel: - Verbales Kommunikationstraining: Verbesserung der Kommunikationsfähigkeit - Gefühle: Training der verbalen Ausdrucksfähigkeit von Gefühlen	**Gleiche Übung auch unter Stichwort:** - Gefühle S. 178

Inhalt:
Jeder Tn sucht sich einen Partner und führt mit ihm einen Dialog in der Form, daß er auf eine Aussage des anderen erst eine rationale und dann eine emotionale Antwort gibt.

Besondere Bemerkungen:
- Leiter muß mit Widerstand aus der Gruppe rechnen

Name der Übung: Mitteilung von Gefühlen Was ist direkt - was ist indirekt? Direkter und indirekter Ausdruck von Gefühlen	**Quelle:** Vo/Ki 82 und 94 Schw/S 58 Gudjons 87
Art der Übung: Verbale Einzelaktivität	**Dauer:** 30 - 45 Min.
Ziel: - Verbales Kommunikationstraining: Verbesserung der Kommunikationsfähigkeit - Gefühle: Training der verbalen Ausdrucksfähigkeit von Gefühlen	**Gleiche Übung auch unter Stichwort:** - Gefühle S. 175

Inhalt:

Die Tn sollen Aussagen beurteilen, die entweder direkt einen emotionalen Zustand beschreiben oder nur indirekt eine Gefühlsäußerung beinhalten.

Besondere Bemerkungen:

- Unterlagen: 1 Aussagenliste und 1 Antwortblatt pro Tn

Name der Übung: Auswirkungen von direktem und von indirektem Ausdruck	**Quelle:** Schw/S 56
Art der Übung: Verbale Einzelaktivität	**Dauer:** 30 - 45 Min.
Ziel: - Verbales Kommunikationstraining: Verbesserung der Kommunikationsfähigkeit - Gefühle: Training der verbalen Ausdrucksfähigkeit von Gefühlen	**Gleiche Übung auch unter Stichwort:** - Gefühle S. 177

Inhalt:
Die Tn sollen anhand von direkten bzw. indirekten Äußerungen ihre jeweiligen gefühlsmäßigen Reaktionen darauf zum Ausdruck bringen.

Besondere Bemerkungen:
- Unterlagen: 1 Fragebogen pro Tn

Name der Übung: Indirektes Nein	**Quelle:** Vopel 4;35
Art der Übung: Verbale Paaraktivität	**Dauer:** 30 Min.
Ziel: - Verbales Kommunikationstraining. Verbesserung der Kommunikationsfähigkeit	**Gleiche Übung auch unter Stichwort:**

Inhalt:

Die Tn bilden Paare. Der eine Partner bittet den anderen 5 Min. lang um Dinge, von denen er annimmt, daß der andere sie ihm nicht geben kann. Der andere Partner darf nicht direkt Nein sagen, sondern muß die Ablehnung umschreiben.
Anschließend werden die Rollen gewechselt und die Übung kurz besprochen.

Besondere Bemerkungen:

Name der Übung: Du hast, was ich haben möchte	**Quelle:** Vopel 1;74
Art der Übung: Verbale Paaraktivität	**Dauer:** 30 - 45 Min.
Ziel: - Verbales Kommunikationstraining: Verbesserung der Kommunikationsfähigkeit - Eröffnungsphase: Verbale Anwärmübung	**Gleiche Übung auch unter Stichwort:** - Eröffnungsphase S.751

Inhalt:
Zwei Partner sitzen sich gegenüber und sprechen so zueinander, als ob der eine irgendetwas hat, was der andere gerne haben möchte. Der Besitzer möchte diesen Gegenstand bzw. diese Idee aber unbedingt selber behalten.
Zwischen den Dialogen sind immer kurze Reflexionspausen eingeschaltet; am Ende erfolgt ein Erfahrungsaustausch im Plenum.

Besondere Bemerkungen:
- Leiter muß mit Widerstand aus der Gruppe rechnen

Name der Übung: Wechselnde Distanz	**Quelle:** Vopel 3;30
Art der Übung: (Non)verbale Paaraktivität	**Dauer:** 15 - 30 Min.
Ziel: - Verbales Kommunikationstraining: Verbesserung der Kommunikationsfähigkeit	**Gleiche Übung auch unter Stichwort:**

Inhalt:
Sender und Empfänger stehen sich in einem Abstand von eineinhalb Meter gegenüber. Ziel des Senders ist es, durch Reden 4 Min. lang die Aufmerksamkeit des Empfängers zu fesseln. Der Empfänger zeigt den Grad seiner Aufmerksamkeit dadurch an, daß er sich auf den Sender zubewegt, wenn er interessiert ist und sich vom Sender entfernt, wenn er sich langweilt.

Besondere Bemerkungen:

Name der Übung: Beurteilung des Feedbacks in der Gruppe	**Quelle:** Pf&J <u>1</u>;87
Art der Übung: Verbale Einzel- und Gruppenaktivität	**Dauer:** 1 - 1,5 Std.
Ziel: - Verbales Kommunikationstraining: Verbesserung der Kommunikationsfähigkeit - Prozeßanalysen: Beurteilung des Verlaufs der Sitzung	**Gleiche Übung auch unter Stichwort:** - Prozeßanalysen S. 869

Inhalt:
Die Tn füllen einen Fragebogen bezüglich der Qualität des Feedbacks in der Gruppe aus. Das Ergebnis wird auf eine Tafel übertragen und besprochen; ggf. können Maßnahmen zur Verbesserung des Feedbacks beschlossen werden.

Besondere Bemerkungen:
- Unterlagen: 1 Fragebogen pro Tn

Name der Übung: Capito	**Quelle:** Vopel 5;22
Art der Übung: Verbale Gruppenaktivität	**Dauer:** 30 Min.
Ziel: - Verbales Kommunikationstraining: Verbesserung der Kommunikationsfähigkeit	**Gleiche Übung auch unter Stichwort:**

Inhalt:
Zwei Freiwillige diskutieren in Gegenwart der Gruppe über ein Thema, das sie jedoch geheimhalten. Sobald ein Tn meint, das Thema erraten zu haben, kann er sich an der Diskussion beteiligen, muß aber gewärtig sein, daß er aufgefordert wird, das Gesprächsthema einem der Freiwilligen ins Ohr flüstern zu müssen. Hat sich der Betreffende im Thema geirrt, muß er in die Gruppe zurück.

Besondere Bemerkungen:

Name der Übung: Beschreibung nonverbalen Verhaltens	**Quelle:** Pf&J 2;125
Art der Übung: Verbale (Klein)Gruppenaktivität	**Dauer:** 30 Min.
Ziel: - Nonverbales Kommunikationstraining: allgemein	**Gleiche Übung auch unter Stichwort:**

Inhalt:

Die Tn bilden Dreiergruppen. Mitglied A soll 2 Min. lang das nonverbale Verhalten von B beschreiben. Nach einer kurzen Besprechung beschreibt B das nonverbale Verhalten von C usf. In der abschließenden Plenumsdiskussion sollen die Tn auf alle Formen nonverbaler Ausdrucksweisen achten.

Besondere Bemerkungen:

Name der Übung: Nonverbale Signale	**Quelle:** Vo/Ki 103
Art der Übung: Nonverbale Gruppenaktivität	**Dauer:** 15 Min.
Ziel: - Nonverbales Kommunikationstraining: allgemein	**Gleiche Übung auch unter Stichwort:**

Inhalt:

Die Tn bewegen sich frei im Raum umher und senden beliebige nonverbale Kommunikationssignale bzw. versuchen solche Signale von anderen aufzufangen.

Besondere Bemerkungen:

Name der Übung: Telegramme Telegramme	**Quelle:** Vo/Ki 104 Vopel 1;31
Art der Übung: (Non)verbale Paaraktivität	**Dauer:** 30 - 45 Min.
Ziel: - Nonverbales Kommunikationstraining: allgemein	**Gleiche Übung auch unter Stichwort:**

Inhalt:
Die Tn interagieren paarweise in verschiedenen Kommunikationsformen: normales Gespräch, Vier-Wort-Sätze, Ein-Wort-Sätze, Laute, Phantasiegespräche, Gesten, Handkommunikation.

Besondere Bemerkungen:

Name der Übung: Babel	**Quelle:** Pf&J 4;147
Art der Übung: (Non)verbale Kleingruppenaktivität	**Dauer:** 2 Std.
Ziel: - Nonverbales Kommunikationstraining: allgemein	**Gleiche Übung auch unter Stichwort:**

Inhalt:
Jede Kleingruppe muß eine aus vier Formeln bestehende Sprache erfinden und diese z.T. blind anderen Gruppenmitgliedern vermitteln.

Besondere Bemerkungen:
- Hilfsmittel: 1 Augenbinde pro Tn

Name der Übung: Körpersprache	**Quelle:** Pf&J 2;147
Art der Übung: Nonverbale Gruppenaktivität	**Dauer:** 1 Std.
Ziel: - Nonverbales Kommunikationstraining: allgemein - Gefühle: Training der nonverbalen Ausdrucksfähigkeit von Gefühlen	**Gleiche Übung auch unter Stichwort:** - Gefühle S. 189

Inhalt:
Der Leiter gibt jedem Tn einen Zettel, auf dem steht, welches Gefühl er nonverbal darstellen soll. Die Gruppe versucht herauszufinden, welches Gefühl der Tn ausdrückt.

Besondere Bemerkungen:
- Unterlagen: 1 Gefühlsbegriff pro Tn
- Videoaufnahme empfehlenswert

Name der Übung: Unterredung	**Quelle:** Pf&J <u>2</u>;143
Art der Übung: (Non)verbale Paaraktivität	**Dauer:** 15 Min.
Ziel: - Nonverbales Kommunikationstraining: allgemein - Gefühle: Training der (non)verbalen Ausdrucksfähigkeit von Gefühlen	**Gleiche Übung auch unter Stichwort:** - Gefühle S. 187

Inhalt:
Die Partner sitzen sich gegenüber und teilen einander mit, welche Gefühle sie füreinander haben. Nach 2 - 3 Min. setzen sie sich mit dem Rücken zueinander, führen aber ihre Unterredung fort. Nach weiteren 2 - 3 Min. drehen sie sich wieder um, sodaß sie sich ansehen, und teilen sich einander nonverbal mit.

Besondere Bemerkungen:
- Leiter muß mit Widerstand aus der Gruppe rechnen

Name der Übung: Stummer Kontakt	**Quelle:** Gudjons 76
Art der Übung: Nonverbale Paaraktivität	**Dauer:** 30 Min.
Ziel: - Nonverbales Kommunikationstraining: allgemein	**Gleiche Übung auch unter Stichwort:**

Inhalt:
Die Gruppe teilt sich in Paare auf. Jedes Paar hat die Aufgabe, fünf Minuten gemeinsam etwas zu tun, ohne sich verbal miteinander zu verständigen.

Besondere Bemerkungen:

Name der Übung: Spießrutenlaufen	**Quelle:** Pf&J 2;148
Art der Übung: Nonverbale Gruppenaktivität	**Dauer:** 30 - 45 Min.
Ziel: - Nonverbales Kommunikationstraining: allgemein - Gefühle: Training der nonverbalen Ausdrucksfähigkeit von Gefühlen	**Gleiche Übung auch unter Stichwort:** - Gefühle S. 200

Inhalt:
Die Tn stehen sich in zwei Reihen gegenüber. Nacheinander gehen sie durch das Spalier, währenddessen ist nonverbale Kommunikation zwischen ihm und den anderen Tn erlaubt. Die Gefühle, die hierbei zum Ausdruck kommen, werden diskutiert, nachdem alle zwischen den Reihen durchgegangen sind.

Besondere Bemerkungen:
- Leiter muß mit Widerstand aus der Gruppe rechnen

Name der Übung: Wie drücken Sie Ihre Gefühle aus?	**Quelle:** Vo/Ki 104 und 110
Art der Übung: Verbale Einzel- und Kleingruppenaktivität	**Dauer:** 45 - 60 Min.
Ziel: - Nonverbales Kommunikationstraining: allgemein - Gefühle: Training der (non)verbalen Ausdrucks- fähigkeit von Gefühlen	**Gleiche Übung auch unter Stichwort:** - Gefühle S. 188

Inhalt:
Die Tn sollen fünf Fragen nach Gefühlen auf zweierlei Arten beantworten:
In der ersten Antwort schildern sie, wie sie ihre Gefühle verbal äußern
In der zweiten Antwort, wie sie ihre Gefühle nonverbal äußern.
Anschließend diskutieren die Tn ihre Antworten in Dreiergruppen.

Besondere Bemerkungen:
- Unterlagen: 1 Fragebogen pro Tn

Name der Übung: Spiegeln	**Quelle:** Schw/S 272
Art der Übung: Nonverbale Paaraktivität	**Dauer:** 15 Min.
Ziel: - Nonverbales Kommunikationstraining: allgemein - Gefühle: Empathietraining, nonverbal	**Gleiche Übung auch unter Stichwort:** - Gefühle S.225

Inhalt:
Die Tn bilden Paare und sollen gegenseitig Bewegungen, Körperhaltungen und Mimik des anderen nachahmen, und zwar nach folgendem Schema:
1. A bewegt sich und B spiegelt ihn;
2. B bewegt sich und A spiegelt ihn;
3. Beide versuchen sich gegenseitig zu spiegeln.

Besondere Bemerkungen:

Name der Übung: Double Spiegeln	**Quelle:** Ki/MSch 190 Vopel 6;24
Art der Übung: (Non)verbale Paaraktivität	**Dauer:** 30 Min.
Ziel: - Nonverbales Kommunikationstraining: allgemein - Gefühle: Empathietraining, verbal	**Gleiche Übung auch unter Stichwort:** - Gefühle S.208

Inhalt:

Die Tn setzen sich zu zweit zusammen; ein Partner beginnt, engagiert über ein Thema zu reden. Der andere soll das Gesagte genau wiederholen und versuchen, Tonfall, Lautstärke, Pausen, Sitzhaltung usw. zu kopieren.

Besondere Bemerkungen:

Name der Übung: Stummes Bauen	**Quelle:** Vopel 4;80
Art der Übung: (Non)verbale (Klein)Gruppenaktivität	**Dauer:** 1 Std.
Ziel: - Nonverbales Kommunikationstraining: allgemein - Beobachtung des Problemlösungsprozesses: Kooperation zwischen Individuen innerhalb konkurrierender Kleingruppen	**Gleiche Übung auch unter Stichwort:** - Beobachtung des Problemlösungsprozesses S.519

Inhalt:
Die Tn bilden Kleingruppen (nicht mehr als 7 Mitglieder) und haben die Aufgabe, aus den vorgegebenen Materialien ein möglichst hohes Bauwerk zu erstellen, ohne dabei zu sprechen.
Die Auswertung findet in Form eines "Fishbowls" ("Zwiebelschale") statt; d.h. eine Kleingruppe sitzt in einem Innenkreis und diskutiert die Aktivität, während die übrigen Tn in einem Außenkreis die Diskussion beobachten.

Besondere Bemerkungen:
- Unterlagen: evtl. Beobachtungsschema
- Hilfsmittel: 10 Bogen DIN-A-3 Papier und Klebstoff pro Kleingruppe

Name der Übung: Blickkontakt	**Quelle:** Schw/S 259
Art der Übung: (Non)verbale Gruppenaktivität	**Dauer:** 20 Min.
Ziel: - Nonverbales Kommunikationstraining: Blickkontakt	**Gleiche Übung auch unter Stichwort:**

Inhalt:

Die Tn bilden 2 konzentrische Kreise, sodaß je ein Mitglied des Innenkreises einem Partner im Außenkreis gegenübersteht. Dann blicken sich die beiden etwa 1 Min. lang in die Augen, sprechen anschließend über ihre Gefühle und der Außenkreis wandert einen Partner nach rechts.

Besondere Bemerkungen:
- Leiter muß mit Widerstand aus der Gruppe rechnen

Name der Übung: Augenkontaktkette	**Quelle:** Pf&J 2;145
Art der Übung: Nonverbale Gruppenaktivität	**Dauer:** 30 Min.
Ziel: - Nonverbales Kommunikationstraining: Blickkontakt	**Gleiche Übung auch unter Stichwort:**

Inhalt:
Die Tn stehen sich in zwei Reihen gegenüber und bilden durch Zusammenschließen eine Kette. Jeder sieht seinem Gegenüber in die Augen; nach kurzer Zeit gehen alle einen Schritt nach rechts und schauen dem nächsten in die Augen usf. bis die Ausgangsstellung wieder erreicht ist.

Besondere Bemerkungen:
- Leiter muß mit Widerstand aus der Gruppe rechnen

Name der Übung: Kontakt und Kommunikation Kontakt und Kommunikation	**Quelle:** Workbook 4.4.1 Vopel 2;24
Art der Übung: Verbale Gruppenaktivität	**Dauer:** 15 - 30 Min.
Ziel: - Nonverbales Kommunikationstraining: Blickkontakt	**Gleiche Übung auch unter Stichwort:**

Inhalt:

Ein Freiwilliger spricht 6 Min. zu einem Thema seiner Wahl.
In einem zweiten Durchgang spricht er über dasselbe Thema, dabei achtet er jedoch darauf, stets Blickkontakt und physischen Kontakt zu einem der Zuhörer zu haben.

Besondere Bemerkungen:

Name der Übung: Einander helfen	**Quelle:** Pf&J 4;143
Art der Übung: (Non)verbale Gruppenaktivität	**Dauer:** 30 Min.
Ziel: - Nonverbales Kommunikationstraining: Körperhaltung und Blickkontakt - Beratungstechnik und Hilfeleistung: Beratung bei individuellen Problemen	**Gleiche Übung auch unter Stichwort:** - Beratungstechnik und Hilfeleistung S.442

Inhalt:
Die Tn erfahren mit Hilfe kleiner Übungen die Bedeutung von Körperhaltung und Blickkontakt für die Kommunikation allgemein und in Klient-Berater-Situationen speziell.

Besondere Bemerkungen:

Name der Übung: Sich in Positur stellen	**Quelle:** Pf&J 2;146
Art der Übung: (Non)verbale Gruppenaktivität	**Dauer:** 30 - 45 Min.
Ziel: - Nonverbales Kommunikationstraining: Körperhaltung - Gefühle: Empathietraining, nonverbal	**Gleiche Übung auch unter Stichwort:** - Gefühle S.218

Inhalt:

Die Tn sitzen sich in zwei Reihen gegenüber. Die Tn in der einen Reihe versuchen die Körperhaltungen der anderen Reihe zu imitieren, während diese diskutieren.

Besondere Bemerkungen:

Name der Übung: Körperbewußtsein	**Quelle:** Vopel 4;37
Art der Übung: Verbale Paaraktivität	**Dauer:** 30 Min.
Ziel: - Nonverbales Kommunikationstraining: Körperhaltung - Gefühle: Training der nonverbalen Ausdrucksfähigkeit von Gefühlen	**Gleiche Übung auch unter Stichwort:** - Gefühle S. 199

Inhalt:
Nachdem die Tn sich in Paare aufgeteilt haben, stellen sich die Partner einander gegenüber und "frieren" ihre Körperhaltung ein. Aus dieser Haltung sagen sie einander, was sie über ihre eigene Körperhaltung und über die des Partners herausgefunden haben.

Besondere Bemerkungen:

Name der Übung: Unterwürfigkeit - Aggression- Selbstsicherheit	**Quelle:** Pf&J 6;95
Art der Übung: (Non)verbale Gruppenaktivität	**Dauer:** 30 - 60 Min.
Ziel: - Nonverbales Kommunikationstraining: Körperhaltung - Gefühle: Training der nonverbalen Ausdrucksfähigkeit von Gefühlen	**Gleiche Übung auch unter Stichwort:** - Gefühle S.190

Inhalt:

Die Tn versuchen, sich eine unterwürfige Person vorzustellen und ihr Verhalten nonverbal auszudrücken. Nach etwa 5 Min. verharrt jeder in einer typisch unterwürfigen Haltung und vergleicht seine Haltung mit den anderen. Nach einer Besprechung ihrer Erfahrungen wiederholen sie diese Aktivität auf die gleiche Weise mit den Begriffen "Aggression" und "Selbstsicherheit".

Besondere Bemerkungen:
- Raum: viel Platz erforderlich

Name der Übung: Marionette	**Quelle:** Schw/S 272
Art der Übung: Verbale Paaraktivität	**Dauer:** 15 Min.
Ziel: - Nonverbales Kommunikationstraining: Körperhaltung - Gefühle: Training der eigenen Wahrnehmungsfähigkeit durch Körpererfahrung und Bewegung	**Gleiche Übung auch unter Stichwort:** - Gefühle S.168

Inhalt:
Die Tn bilden Paare, ein Partner ist "Marionette", der andere "Bewegungskoordinator". Während die Marionette nur sagt, wie sie sich bewegen will, bewegt der Koordinator die Glieder der Puppe nach deren Wünschen. Anschließend wechseln die Partner ihre Rollen.

Besondere Bemerkungen:

Name der Übung: Maskenball	**Quelle:** Vopel 3;34
Art der Übung: Nonverbale Gruppenaktivität	**Dauer:** 15 Min.
Ziel: - Nonverbales Kommunikationstraining: Mimik und Körperhaltung - Gefühle: Training der nonverbalen Ausdrucksfähigkeit von Gefühlen	**Gleiche Übung auch unter Stichwort:** - Gefühle S.201

Inhalt:
Der Leiter verformt sein Gesicht zu einer Maske, die sein Nachbar imitieren muß. Dieser dreht sich mit der imitierten Maske seinem Nachbarn zu, zeigt sie ihm kurz und wechselt zu einer neuen Grimasse. Diesen Vorgang wiederholt der ganze Tn-Kreis. Zum Schluß setzt jeder die Maske auf, die ihm gerade liegt und versucht, die durch die Maske ausgedrückte Stimmung mit dem ganzen Körper auszuagieren.

Besondere Bemerkungen:
- Leiter muß mit Widerstand aus der Gruppe rechnen

Name der Übung: Identifikation	**Quelle:** Vopel 5;24
Art der Übung: Verbale Paaraktivität	**Dauer:** 15 - 30 Min.
Ziel: - Nonverbales Kommunikationstraining: Stimme	**Gleiche Übung auch unter Stichwort:**

Inhalt:

Die Tn bilden Zweiergruppen; beide Partner sollen genau auf ihre Stimme hören, sie beschreiben und sagen, was sie ausdrückt.

Besondere Bemerkungen:
- Leiter muß mit Widerstand aus der Gruppe rechnen

Name der Übung: Nonsens	**Quelle:** Pf&J 1;137
Art der Übung: Nonverbale Gruppenaktivität	**Dauer:** 15 Min.
Ziel: - Nonverbales Kommunikationstraining: Stimme - Gefühle: Training der nonverbalen Ausdrucksfähigkeit von Gefühlen	**Gleiche Übung auch unter Stichwort:** - Gefühle S.196

Inhalt:
Ein Tn wird gebeten, seine Gefühle dadurch mitzuteilen, daß er Silben verwendet, die keinen Sinn geben, z.B. "bip", "bap", "flo" usw.

Besondere Bemerkungen:

Name der Übung: Namen rufen	**Quelle:** Schw/S 262
Art der Übung: Verbale Gruppenaktivität	**Dauer:** 30 Min.
Ziel: - Nonverbales Kommunikationstraining: Stimme - Gefühle: Training der nonverbalen Ausdrucksfähigkeit von Gefühlen	**Gleiche Übung auch unter Stichwort:** - Gefühle S.203

Inhalt:

Die Tn stellen sich im Kreis auf, fassen sich bei den Schultern und schließen die Augen. Nach einem kurzen Schweigen beginnt jeder, seinen Vornamen erst leise zu flüstern, steigert langsam die Lautstärke bis zum Schluß jeder seinen Namen ganz laut ruft. Anschließend äußert jeder seine Gefühle.

Besondere Bemerkungen:

- Leiter muß mit Widerstand aus der Gruppe rechnen

Name der Übung: Stummes Sprechen	**Quelle:** Vopel 6;22
Art der Übung: Nonverbale Gruppenaktivität	**Dauer:** 30 Min.
Ziel: - Nonverbales Kommunikationstraining: Gestik	**Gleiche Übung auch unter Stichwort:**

Inhalt:

Ein Freiwilliger zieht einen Kopfkissenbezug über sein Gesicht und versucht, ohne Worte und Töne, allein durch Einsatz seines Körpers, eine Botschaft zu senden. Die Gruppe versucht, seine Botschaft zu entziffern. Sender und Empfänger vergleichen am Schluß ihre Botschaften.

Besondere Bemerkungen:

- Hilfsmittel: 1 Kopfkissenbezug

Name der Übung: Pfeifenreiniger-Spiel Pfeifenreiniger-Spiel	**Quelle:** Vopel 6;20 Workbook 4.4.8
Art der Übung: Nonverbale Paaraktivität	**Dauer:** 30 - 45 Min.
Ziel: - Nonverbales Kommunikationstraining: Gestik	**Gleiche Übung auch unter Stichwort:**

Inhalt:

Die Tn werden in sich gegenübersitzende Spaliere aufgeteilt. Der Leiter stellt sich so hin, daß er nur von einer Reihe des Spaliers gesehen werden kann und zeigt diesen Tn einen Gegenstand. Alle Mitglieder der Reihe, die den Gegenstand gesehen haben, beschreiben ihren gegenübersitzenden Partnern nonverbal diesen Gegenstand. Diese müssen mit Hilfe von 15 Pfeifenreinigern ein Modell des betreffenden Gegenstandes herstellen. Das schnellste Paar mit den besten Modell gewinnt.

Besondere Bemerkungen:

- Hilfsmittel: 15 Pfeifenreiniger pro Tn und zwei beliebige Gegenstände (Ball, Würfel, Haus, Blume) für den Leiter

Name der Übung: Sicherheitsabstand Partner dirigieren	**Quelle:** Pf&J $\underline{2}$;144 Gudjons 77
Art der Übung: Nonverbale Paaraktivität	**Dauer:** 15 Min.

Ziel:
- Nonverbales Kommunikationstraining:
  Nähe und Distanz
 	
- Gefühle: Training der eigenen Wahrnehmungs-
  fähigkeit durch Schärfung der Sinneswahr-
  nehmung
	Gleiche Übung auch unter Stichwort:
	
	- Gefühle S.142

Inhalt:
Der eine Partner steht in etwa 1 m Abstand mit dem Rücken zur Wand; der andere bewegt sich aus einer Entfernung von 2 - 3 m langsam auf ihn zu und nähert sich ihm soweit, wie dieser es erlaubt.

Besondere Bemerkungen:

Name der Übung: Distanz und Nähe im Raum	**Quelle:** Gudjons 83
Art der Übung: Verbale Paaraktivität	**Dauer:** 1,5 Std.
Ziel: - Nonverbales Kommunikationstraining: Nähe und Distanz - Prozeßanalyse: Analyse der sozialen Beziehungen zwischen den Tn	**Gleiche Übung auch unter Stichwort:** -Prozeßanalyse S. 827

Inhalt:
Je 2 Tn sitzen sich im Abstand von 2 m gegenüber und unterhalten sich über ein vorher festgelegtes Thema. Während des Gespräches rücken sie einander immer näher, bis sie sich direkt gegenübersitzen. Danach werden die Erfahrungen im Plenum diskutiert. Dann probiert die Gruppe verschiedene Sitzordnungen aus (2 Reihen, Kreis, Hufeisenform usw.), die sie jeweils einige Minuten auf sich wirken läßt und nachzuempfinden versucht, welche Beziehungskonstellation darin zum Ausdruck kommt.

Besondere Bemerkungen:
- Variante: die Tn sehen anfangs aneinander vorbei und nehmen erst bei einem Abstand von 1 m Blickkontakt auf.

Name der Übung: Blinde Kuh	**Quelle:** Ki/MSch 185
Art der Übung: Nonverbale Gruppenaktivität	**Dauer:** 30 - 45 Min.
Ziel: - Nonverbales Kommunikationstraining: Nähe und Distanz - Gefühle: Training der eigenen Wahrnehmungsfähigkeit durch Schärfung der Sinneswahrnehmung	**Gleiche Übung auch unter Stichwort:** - Gefühle S.140

Inhalt:
Alle Tn stehen auf, schließen die Augen, strecken die Hände aus und gehen schweigend im Raum umher. Wenn zwei Gruppenmitglieder aufeinandertreffen, erforschen sie einander mit Händen oder Körper.

Besondere Bemerkungen:
- Leiter muß mit Widerstand aus der Gruppe rechnen

Name der Übung:	Quelle:
Raumfühlen	Ki/MSch 185

Art der Übung:	Dauer:
Nonverbale Gruppenaktivität	15 - 30 Min.

Ziel:	Gleiche Übung auch unter Stichwort:
- Nonverbales Kommunikationstraining: Nähe und Distanz - Gefühle: Training der eigenen Wahrnehmungsfähigkeit durch Schärfung der Sinneswahrnehmung	- Gefühle S.141

Inhalt:
Die Tn rücken eng zusammen, schließen die Augen und strecken die Hände aus, um ihren "persönlichen Raum" zu fühlen. Dann treten sie mit ihren Nachbarn in Kontakt, um sich der Gefühle bewußt zu werden, wenn sie in "fremden Raum" eindringen.

Besondere Bemerkungen:
- Leiter muß mit Widerstand aus der Gruppe rechnen

Name der Übung: Checkliste: Beratung und Beurteilung	**Quelle:** Fr&Y 163
Art der Übung: Verbale Einzelaktivität	**Dauer:** 45 - 60 Min.
Ziel: - Beratungstechnik und Hilfeleistung: Beratung bei individuellen Problemen - Führungskräfte-Training: Erweiterung von Führungsqualitäten	**Gleiche Übung auch unter Stichwort:** - Führungskräfte-Training S.632

Inhalt:
Mit Hilfe eines Flußdiagramms kann der Vorgesetzte abchecken, ob er für ein Beurteilungs- oder Beratungsgespräch präpariert ist und während des Gesprächs überprüfen, ob er alle wichtigen Punkte angesprochen hat.

Besondere Bemerkungen:
- Unterlagen: 1 Flußdiagramm pro Tn

Name der Übung: Einander helfen	**Quelle:** Pf&J 4;143
Art der Übung: (Non)verbale Gruppenaktivität	**Dauer:** 30 Min.
Ziel: - Beratungstechnik und Hilfeleistung: Beratung bei individuellen Problemen - Nonverbales Kommunikationstraining: Körperhaltung und Blickkontakt	**Gleiche Übung auch unter Stichwort:** - Nonverbales Kommunikationstraining S. 426

Inhalt:
Die Tn erfahren mit Hilfe kleiner Übungen die Bedeutung von Körperhaltung und Blickkontakt für die Kommunikation allgemein und in Klient-Berater-Situationen speziell.

Besondere Bemerkungen:

Name der Übung: Hilfe suchen - Hilfe geben Beratungstechnik Das partnerzentrierte Gespräch	**Quelle:** Antons 231 Ki/MSch 170 Schw/S 269
Art der Übung: Verbale Kleingruppenaktivität	**Dauer:** 1,5 Std.
Ziel: - Beratungstechnik und Hilfeleistung: Beratung bei individuellen Problemen	**Gleiche Übung auch unter Stichwort:**

Inhalt:
Ein Mitglied einer Dreiergruppe trägt einem anderen ein für ihn bedeutsames Problem vor und bittet ihn um Hilfe. Während dieser versucht, ihm zu helfen, beobachtet der dritte das Gespräch und achtet auf die Einhaltung der Regeln. Nach jeweils 15 Min. werden die Rollen gewechselt.

Besondere Bemerkungen:
- Unterlagen: 1 Instruktionsblatt pro Tn

Name der Übung: Beratungsstelle	**Quelle:** Antons 233
Art der Übung: Rollenspiel, 3 Personen simultan	**Dauer:** 20 Min. plus Besprechung
Ziel: - Beratungstechnik und Hilfeleistung: Beratung bei individuellen Problemen	**Gleiche Übung auch unter Stichwort:**

Inhalt:
Der Leiter kann unter 4 als Rollenspiele aufbereiteten Problemfällen auswählen. Die Tn spielen in Dreiergruppen das Rollenspiel, einer als Klient, der andere als Berater und der dritte als Beobachter.

Besondere Bemerkungen:
- Unterlagen: 3 Instruktionsblätter und 1 Beobachtungsbogen pro Kleingruppe

Name der Übung: Laufbahnplanung Lebensplanung	**Quelle:** Antons 253 Pf&J 2;108
Art der Übung: Verbale Kleingruppenaktivität	**Dauer:** zweimal 3 Std.
Ziel: - Beratungstechnik und Hilfeleistung: Beratung bei individuellen Problemen - Persönliche Entwicklung: Förderung der persönlichen Weiterentwicklung	**Gleiche Übung auch unter Stichwort:** - Persönliche Entwicklung S.114

Inhalt:
Mit Hilfe detaillierter Instruktionen sollen sich die Tn in Dreiergruppen darüber klar werden, wo sie beruflich und privat jetzt stehen, wohin sie gelangen wollen und über welche Mittel und Möglichkeiten sie verfügen, diese Ziele zu erreichen.

Besondere Bemerkungen:
- Unterlagen: 8 Instruktionsblätter pro Tn

Name der Übung: Vollständiges Rollenspiel	**Quelle:** Schw/S 280
Art der Übung: Verbale Gruppenaktivität	**Dauer:** 40 Min.
Ziel: - Beratungstechnik und Hilfeleistung: Beratung bei individuellen Problemen - Persönliche Entwicklung: Einübung neuer Verhaltensweisen	**Gleiche Übung auch unter Stichwort:** - Persönliche Entwicklung S.124

Inhalt:

Ein Tn erzählt der Gruppe eine Alltagssituation, die ihm Schwierigkeiten bereitet, weil er sich, seiner Ansicht nach, zu ängstlich verhält. Die Gruppe überlegt nun gemeinsam, wie diese Schwierigkeiten in einem Rollenspiel darstellbar sind. Im Rollenspiel soll der Spieler durch überschießendes, selbstbehauptendes und aggressives Verhalten zunächst seine Angst in der Situation reduzieren; wenn er die Situation sicher beherrscht, werden die Schwierigkeiten erhöht.

Im letzten Teil wird die Situation mit angemessenen Reaktionen (ruhig, freundlich, verständnisvoll) gespielt.

Besondere Bemerkungen:
- Videoaufnahme empfehlenswert

Name der Übung: Problemgespräche und Übungen	**Quelle:** Schw/S 289
Art der Übung: Verbale Gruppenaktivität	**Dauer:** 2,5 Std.
Ziel: - Beratungstechnik und Hilfeleistung: Beratung bei individuellen Problemen	**Gleiche Übung auch unter Stichwort:**

Inhalt:
Ein Tn schildert der Gruppe ein persönliches Problem und entscheidet mit Hilfe der Gruppe, welches der aufgeführten Instrumente (intrapersoneller Konflikt, Beziehungsgespräch, Konfliktgespräch oder partnerzentriertes Gespräch) für seine Probleme am hilfreichsten ist.

Besondere Bemerkungen:
- Jedes der 4 Instrumente sollte einmal ausprobiert werden

Name der Übung: Annahme - Ablehnung	**Quelle:** Antons 239
Art der Übung: Verbale Gruppenaktivität	**Dauer:** 1 Std.
Ziel: - Beratungstechnik und Hilfeleistung: Beratung bei Gruppenproblemen	**Gleiche Übung auch unter Stichwort:**

Inhalt:

Der Leiter schafft in der Gruppe eine Situation, in der Hilfe durch Berater erbeten wird. Die beiden Berater erhalten dann die Instruktion, größtmögliche Hilfe zu leisten, während die Gruppe Anweisung hat, einen der Berater zu bevorzugen und den anderen links liegen zu lassen.

Besondere Bemerkungen:

Name der Übung: Prozeßinterventionen	**Quelle:** Pf&J 2;123
Art der Übung: Verbale Gruppenaktivität	**Dauer:** 1 - 1,5 Std.
Ziel: - Beratungstechnik und Hilfeleistung: Beratung bei Gruppenproblemen - Train the trainer	**Gleiche Übung auch unter Stichwort:** - Train the trainer S. 970

Inhalt:
Während einer Gruppensitzung nimmt ein zuvor gewählter Beobachter zwei Prozeßinterventionen vor. Wenn er eine dritte für erforderlich hält, hebt er einen Gegenstand in die Höhe und beendet die Sitzung. Jeder Tn notiert nun, worin seiner Meinung nach die beste Intervention bestünde. Der Tn mit der "besten" Intervention wird in der nächsten Runde Beobachter.

Besondere Bemerkungen:
- Hilfsmittel: 1 beliebiger Gegenstand (Buch, Aschenbecher o.ä.) zum Hochheben

Name der Übung: Streichhölzer	**Quelle:** Pf&J 3;137
Art der Übung: Verbale Gruppenaktivität	**Dauer:** 1,5 Std.
Ziel: - Beratungstechnik und Hilfeleistung: Beratung bei Gruppenproblemen	**Gleiche Übung auch unter Stichwort:**

Inhalt:
Die Gruppe wird geteilt in eine Arbeitsgruppe (1 - 3 Personen), eine Helfergruppe (6 Personen) und eine Beobachtergruppe. Jeder Helfer hat eine bestimmte Rolle ("Experte", "Freund", "Antreiber" usw.), und er darf der Arbeitsgruppe, die ein Problem löst, 90 Sek. lang auf seine Art helfen.
Im Plenum bespricht die Gruppe, wie die sechs Formen von Hilfe bei der Arbeitsgruppe angekommen sind.

Besondere Bemerkungen:
- Unterlagen: Streichhölzer, 1 - 2 Aufgaben und 6 Karten mit Rollenanweisungen für die Helfer
- Videoaufnahme empfehlenswert

Name der Übung: HELPCO - Ein OE-Rollenspiel	**Quelle:** Pf&J 6;133
Art der Übung: Rollenspiel, 17 Personen in der Einzelgruppe	**Dauer:** 3 Std.

Ziel:
- Beratungstechnik und Hilfeleistung:
  Beratung bei Gruppenproblemen
 	
- Beobachtung des Problemlösungsprozesses:
  Kooperation zwischen Individuen innerhalb
  konkurrierender Kleingruppen
	Gleiche Übung auch unter Stichwort:
	
	- Beobachtung des Problemlösungs-
	  prozesses S. 526

Inhalt:

Die Gruppe spielt eine Management-Ausbildungsfirma, die von der Stadtbank den Auftrag erhält, ein Trainingsprogramm in Problemlösungstechnik für deren leitende Angestellte zu entwickeln. Die Firma steht unter hohem ökonomischem Druck und muß den Kunden unbedingt zufriedenstellen.
Der Chef der Firma schreibt deshalb einen firmeninternen Wettbewerb aus und stellt für das beste Programm eine hohe Prämie in Aussicht. Außerdem kann die Firma die Hilfe der HELPCO-Beratungsgesellschaft in Anspruch nehmen.

Besondere Bemerkungen:
- Teilweise Videoaufnahme empfehlenswert
- Unterlagen und Hilfsmittel: siehe Quelle

Name der Übung: Stärken-Bombardement	**Quelle:** Gudjons 151
Art der Übung: Verbale Gruppenaktivität	**Dauer:** 30 Min.
Ziel: - Verbale Feedbacktechnik: positives Feedback - Krisenintervention in nicht spezifischen Situationen	**Gleiche Übung auch unter Stichwort:** -Krisenintervention S. 927

Inhalt:

Die Gruppe gibt einem Tn viele Rückmeldungen darüber, was sie an ihm als Stärken und verborgene Potentiale sehen.

Besondere Bemerkungen:

Name der Übung: Wertschätzung	**Quelle:** Vopel 2;44
Art der Übung: Verbale Gruppenaktivität	**Dauer:** 45 - 60 Min.
Ziel: - Verbale Feedbacktechnik: positives Feedback	**Gleiche Übung auch unter Stichwort:**

Inhalt:

Ein Tn setzt sich in die Mitte des Gruppenkreises. Sein bisheriger Nebenmann sagt ihm zwei oder drei konkrete Verhaltensweisen, die er an ihm besonders schätzt.

Besondere Bemerkungen:

Name der Übung: Anerkennungsschreiben	**Quelle:** Gudjons 145
Art der Übung: Verbale Gruppenaktivität	**Dauer:** 1,5 Std.
Ziel: - Verbale Feedbacktechnik: positives Feedback	**Gleiche Übung auch unter Stichwort:**

Inhalt:

Jeder Tn schreibt auf ein Blatt Papier seinen Namen und die Überschrift: "Wir möchten unsere Anerkennung darüber ausdrücken, daß..." Dann stehen alle auf, legen das Blatt auf ihren Stuhl und wandern von einem Platz zum anderen, wobei sie jeweils mit Angabe des Absenders ihr positives Feedback so konkret wie möglich formulieren. Zum Schluß wird in der Gruppe besprochen, wie die Feedbacks erlebt wurden.

Besondere Bemerkungen:

Name der Übung: Positives Feedback als Geschenk	**Quelle:** Pf&J 3;36
Art der Übung: Verbale Gruppenaktivität	**Dauer:** 1,5 Std.
Ziel: - Verbale Feedbacktechnik: positives Feedback	**Gleiche Übung auch unter Stichwort:**

Inhalt:
Die Tn machen einander auf kleinen Zetteln Mitteilungen, die sie erfreuen. Jeder macht eine bestimmte Stelle im Raum zu seinem "Briefkasten", liest die ihm zugedachten Mitteilungen und kommentiert sein Feedback vor der Gruppe.

Besondere Bemerkungen:

Name der Übung: Feedback auf andere Weise	**Quelle:** Pf&J 2;79
Art der Übung: Verbale Gruppenaktivität	**Dauer:** 2 Std.
Ziel: - Verbale Feedbacktechnik: positives Feedback	**Gleiche Übung auch unter Stichwort:**

Inhalt:
Jeder Tn benennt das Gruppenmitglied, für das er die positivsten Gefühle empfindet. Dann schreibt jeder für jeden eine kurze Feedbacknotiz nieder, die eingesammelt wird. Nun setzt sich einer nach dem anderen auf einen besonderen Feedback-Stuhl. Dort äußert jeder erst seine Erwartungen an das Feedback, empfängt es dann und kommentiert es anschließend.

Besondere Bemerkungen:
- Leiter muß mit Widerstand aus der Gruppe rechnen

Name der Übung: Paar-Interview	**Quelle:** Antons 99
Art der Übung: Verbale Paaraktivität	**Dauer:** 30 Min.
Ziel: - Verbale Feedbacktechnik: gemischtes Feedback; Einführung in die Feedback-Technik	**Gleiche Übung auch unter Stichwort:**

Inhalt:

In Paarinterviews besprechen die Tn Gruppenvorgänge und ihr persönliches Verhalten in der Sitzung. Es findet keine Auswertung statt.

Besondere Bemerkungen:

- Unterlagen: 1 Instruktionsbogen pro Tn

Name der Übung: Frühes Feedback	**Quelle:** Vopel 6;52
Art der Übung: Verbale Gruppenaktivität	**Dauer:** 30 Min.
Ziel: - Verbale Feedbacktechnik: gemischtes Feedback	**Gleiche Übung auch unter Stichwort:**

Inhalt:
Ein Freiwilliger steht auf und gibt drei anderen Gruppenmitgliedern, denen er kritisch gegenübersteht Feedback, indem er auf möglichst konkrete Verhaltensweisen anspricht. Anschließend sagt er drei anderen Tn, was ihm an ihnen besonders gefällt. Die jeweils Angesprochenen können kurz darauf reagieren. Eventuell kann noch eine zweite Runde gespielt werden.

Besondere Bemerkungen:

Name der Übung: Heißer Stuhl Heißer Stuhl Heißer Sitz Heißer Stuhl	**Quelle:** Vopel 1;66 , Workbook 4.6.4 Vo/Ki 112 Schw/S 286 Gudjons 147
Art der Übung: Verbale Gruppenaktivität	**Dauer:** 2 Std.
Ziel: - Verbale Feedbacktechnik: gemischtes Feedback	**Gleiche Übung auch unter Stichwort:**

Inhalt:

Ein an Feedback interessierter Tn setzt sich mitten in den Kreis auf den "Heißen Stuhl". Alle, die ihm etwas zu sagen haben, gehen zu ihm hin und geben ihm positives und/oder negatives Feedback.

Besondere Bemerkungen:

- Leiter muß mit Widerstand aus der Gruppe rechnen

Name der Übung: Eindrucksbombardierung Eindrucksbombardierung	**Quelle:** Vopel 1;58 Vo/Ki 66
Art der Übung: Verbale Gruppenaktivität	**Dauer:** 5 - 15 Min.
Ziel: - Verbale Feedbacktechnik: gemischtes Feedback	**Gleiche Übung auch unter Stichwort:**

Inhalt:
Eine Zielperson hört sich ohne Kommentar die ersten Eindrücke der verschiedenen Tn an. Die Aussagen müssen möglichst konkret und spezifisch sein. Der Leiter fragt am Schluß die Zielperson kurz nach ihrer Reaktion, vermeidet aber eine ausführliche Auswertung.

Besondere Bemerkungen:
- Leiter muß mit Widerstand aus der Gruppe rechnen

Name der Übung: Feedback-Portrait	**Quelle:** Pf&J 3;46
Art der Übung: Verbale Gruppenaktivität	**Dauer:** 20 Min. pro Tn
Ziel: - Verbale Feedbacktechnik: gemischtes Feedback	**Gleiche Übung auch unter Stichwort:**

Inhalt:

Ein freiwilliger Tn wählt "leichtes" oder "massives" Feedback und verläßt daraufhin den Raum, um aufzuschreiben, was er erwartet. Währenddessen schreiben die übrigen Gruppenmitglieder ihr Feedback auf eine Tafel. Der Feedbackempfänger liest das Aufgezeichnete laut vor und kommentiert sein Feedback.

Besondere Bemerkungen:

- Leiter muß mit Widerstand aus der Gruppe rechnen
- Moderationsausrüstung empfehlenswert

Name der Übung: Konklave	**Quelle:** Fr&Y 200
Art der Übung: Verbale Gruppenaktivität	**Dauer:** 2 - 3 Std.
Ziel: - Verbale Feedbacktechnik: gemischtes Feedback - Konflikttraining: Integration eines Außenseiters	**Gleiche Übung auch unter Stichwort:** - Konflikttraining S. 363

Inhalt:
Nachdem sich ein Tn bereiterklärt hat, als Zielperson für ein Feedback-Spiel zu fungieren, arbeitet die Gruppe einen Leitfaden für ein Gespräch aus, das dazu dienen soll, die Beziehungen zwischen der Zielperson und der Gruppe zu definieren und Probleme aufzudecken. Ein Tn führt das Gespräch unter vier Augen in einem separaten Raum durch und informiert dann die Gruppe über den Ablauf. Die Gruppe überlegt sich, was sie in der anschließenden Feedbackrunde für die Zielperson tun kann, um sie als ein wertvolles Gruppenmitglied zu gewinnen.

Besondere Bemerkungen:
- Leiter muß mit Widerstand aus der Gruppe rechnen
- Raum: 1 großer und 1 kleiner Raum erforderlich

Name der Übung: Alter-Ego Alter-Ego Gruppenzwischenbilanz mit Alter-Ego	**Quelle:** Antons 101 Pf&J 1;139 Gudjons 170
Art der Übung: Verbale Gruppenaktivität	**Dauer:** 1 - 2 Std.
Ziel: - Verbale Feedbacktechnik: gemischtes Feedback	**Gleiche Übung auch unter Stichwort:**

Inhalt:
Jeder Tn in einem Innenkreis hat einen Partner im Außenkreis, der ihm Feedback über seine Verhaltensweisen gibt und als sein anderes Ich in den Diskussionsprozeß im Innenkreis eingreifen kann.

Besondere Bemerkungen:

Name der Übung: Promenade	**Quelle:** Gudjons 156
Art der Übung: Verbale Gruppenaktivität	**Dauer:** 1 Std.
Ziel: - Verbale Feedbacktechnik; gemischtes Feedback	**Gleiche Übung auch unter Stichwort:**

Inhalt:
Der Leiter bittet einen Tn zu einem Gespräch. Beide spazieren durch den Raum und unterhalten sich völlig offen, als ob die Gruppe überhaupt nicht anwesend wäre. Sie sprechen über die Arbeit der Gruppe, den bisherigen Verlauf, über die Beziehungen innerhalb der Gruppe, über einzelne Gruppenmitglieder etc. Die Gruppe beobachtet schweigend das Gespräch, auch wenn Namen fallen. Nach einigen Minuten wird das Gespräch beendet und wird im Plenum diskutiert.

Besondere Bemerkungen:
- Leiter muß mit Widerstand aus der Gruppe rechnen.

Name der Übung: Schriftliches Feedback	**Quelle:** Workbook 4.6.3
Art der Übung: Verbale Einzel- und Gruppenaktivität	**Dauer:** 45 - 60 Min.
Ziel: - Verbale Feedbacktechnik: gemischtes Feedback	**Gleiche Übung auch unter Stichwort:**

Inhalt:

Im Plenum werden die Feedback-Kriterien festgelegt (z.B. "Was ich besonders an Dir mag"). Anschließend erhält jeder Tn die Feedbackbögen mit den Kriterien und füllt sie für jeden Tn aus. Die Feedbacks werden individuell und in der Gruppe besprochen.

Besondere Bemerkungen:

- Hilfsmittel: Gerät zur Verfielfältigung der Feedback-Bögen oder Moderationsausrüstung
- Leiter muß mit Widerstand aus der Gruppe rechnen

Name der Übung: Einführung in das Feedback	**Quelle:** Gudjons 137
Art der Übung: Verbale (Klein)Gruppenaktivität	**Dauer:** 1,5 Std.
Ziel: - Verbale Feedbacktechnik: gemischtes Feedback	**Gleiche Übung auch unter Stichwort:**

Inhalt:
Die Tn einigen sich in Dreiergruppen auf Szenen aus dem bisherigen Gruppenleben, bei denen etwas "los" war. Jeder beschreibt auf der linken Spalte seines Blattes die beteiligten Personen und deren Verhalten, auf der rechten Seite notiert er "Spontanfeedbacks", d.h. Dinge, die er selber in dieser Situation gesagt oder getan hätte. Beschreibung und Spontanfeedback werden von den übrigen Mitgliedern der Dreiergruppe unter folgenden Aspekten betrachtet:
a) verletzend (sehr - mittel - wenig)
b) reizt zum Angriff oder zwingt zur Verteidigung (sehr - mittel - wenig)
c) gibt sachliche Information über die eigene Reaktion auf die Szene (sehr...)
d) regt an nachzufragen (sehr...)
Anschließend erhalten die Tn das Papier "Warum und wie gibt man Feedback?" (Gudjons 144).

Besondere Bemerkungen:
- Unterlagen: "Warum und wie gibt man Feedback?" (Gudjons 144)

Name der Übung: Einfluß und Vertrauen	**Quelle:** Gudjons 150
Art der Übung: (Non)verbale Gruppenaktivität	**Dauer:** 1,5 - 2 Std.
Ziel: - Verbale Feedbacktechnik: gemischtes Feedback	**Gleiche Übung auch unter Stichwort:**

Inhalt:
Jeder Tn erhält verschiedenfarbige Kärtchen und soll sie anhand folgender Kriterien an andere Gruppenmitglieder vergeben (bzw. auch selber behalten)
a) blaue Kärtchen an die Tn, zu denen er am meisten Vertrauen hat
b) rote Kärtchen an die Tn, die seiner Ansicht nach den deutlich positivsten Einfluß aufs Gruppengeschehen hatten
c) gelbe Kärtchen an die Tn, die seiner Ansicht nach den deutlich negativsten Einfluß aufs Gruppengeschehen hatten.
Die Ergebnisse werden aufgezeichnet und gründlich besprochen.

Besondere Bemerkungen:
- Variante: Auf jedes Kärtchen wird der Absender geschrieben.
- Hilfsmittel: bei Gruppen von 8 - 10 Tn je 2 verschiedenfarbige Kärtchen, bei einer Gruppengröße von 11 - 15 Tn je 3 Kärtchen.

Name der Übung: Gruppenbeobachtungstraining	**Quelle:** Gudjons 71
Art der Übung: Verbale Gruppenaktivität	**Dauer:** 2,5 Std.
Ziel: - Verbale Feedbacktechnik: gemischtes Feedback - Prozeßanalyse: allgemeine Analyse von Gruppenprozessen; Kleingruppe beobachtet Kleingruppe	**Gleiche Übung auch unter Stichwort:** - Prozeßanalyse S. 812

Inhalt:
Nachdem die Gruppe sich auf ein Diskussionsthema geeinigt hat (sie kann wählen zwischen einem freien Thema oder einem Thema, das sie unmittelbar betrifft oder auch auf ein Thema verzichten), teilt sie sich in Diskutierende und Beobachter auf. Die Beobachter können ein vorgegebenes Beobachtungsschema benutzen (s. Gudjons 161ff) oder ein DIN-A-4-Blatt in 3 Spalten unterteilen mit den Überschriften: 1. Ich beobachte... 2. Ich verstehe dies als... 3. Ich empfinde dabei... die Diskussion soll ca. 45 Minuten dauern und wird anhand des Beobachtungsschemas besprochen.

Besondere Bemerkungen:

Name der Übung: Heiratsanzeigen	**Quelle:** Gudjons 152
Art der Übung: Verbale (Klein)Gruppenaktivität	**Dauer:** 1,5 Std.
Ziel: - Verbale Feedbacktechnik: gemischtes Feedback	**Gleiche Übung auch unter Stichwort:**

Inhalt:
Je zwei weibliche und männliche Tn bilden eine Kleingruppe. Die beiden männlichen Tn verfassen für die beiden Damen "Heiratsanzeigen" und umgekehrt. Die Anzeigen können sehr ausführlich sein und sollten auch geschlechtsspezifische Selbstdarstellungen enthalten, wie sie von den Verfasser/innen vermutet werden. In der Gesamtgruppe werden die Heiratsanzeigen vorgelesen und kommentiert.

Besondere Bemerkungen:

Name der Übung: Poesiealbum	**Quelle:** Vopel 3;62
Art der Übung: Verbale Gruppenaktivität	**Dauer:** 1,5 - 2 Std.
Ziel: - Verbale Feedbacktechnik: gemischtes Feedback	**Gleiche Übung auch unter Stichwort:**

Inhalt:

Jeder Tn fertigt ein Plakat an: rechts oben zeichnet er eine Skizze seines Gesichts, den übrigen Platz teilt er in zwei Hälften. In der linken Spalte steht: "Was mir an Dir gefällt", in der rechten: "Was mir an Dir nicht gefällt". Alle Tn gehen nun von Plakat zu Plakat und schreiben ihr Feedback auf.

Besondere Bemerkungen:

- Leiter muß mit Widerstand aus der Gruppe rechnen
- Moderationsausrüstung empfehlenswert

Name der Übung: Verkehrszeichen	**Quelle:** Gudjons 172
Art der Übung: Verbale Gruppenaktivität	**Dauer:** 1 Std.
Ziel: - Verbale Feedbacktechnik: gemischtes Feedback - Prozeßanalyse: Analyse des Entwicklungsstandes der Gruppe	**Gleiche Übung auch unter Stichwort:** -Prozeßanalyse S. 818

Inhalt:
Der Leiter zeichnet einige Verkehrsschilder an die Tafel. Jeder Tn überlegt sich, welches davon er sinnbildlich vor der Gruppe aufstellen würde und schreibt auf, was diese Zeichen für die Gruppe bedeuten sollen. Beispiele: "Vorfahrtsstraße" = ich habe den Eindruck, einige Tn setzen sich immer durch und die übrigen müssen warten; "Absolutes Halteverbot" = ich habe den Eindruck, daß sich keines der Gruppenmitglieder eine Pause gönnen will, alles geht nur auf Tempo, Tempo, Tempo.

Besondere Bemerkungen:

Name der Übung: Positive und negative Feedback	**Quelle:** Woodcock 158
Art der Übung: Verbale Einzel- und Gruppenaktivität	**Dauer:** 1 Std.
Ziel: - Verbale Feedbacktechnik: gemischtes Feedback	**Gleiche Übung auch unter Stichwort:**

Inhalt:
Jeder Tn füllt mehrere Feedback-Bögen aus, die in einem Briefkasten gesammelt werden. Jeder entnimmt daraus die für ihn bestimmten Bögen. Nachdem die Tn ihr Feedback gelesen haben, können sie die Gruppe um Erläuterungen bitten oder ihr mitteilen, welches Feedback für den Einzelnen am wertvollsten war.

Besondere Bemerkungen:
- Leiter muß mit Widerstand aus der Gruppe rechnen

Name der Übung: Zukunftsmusik	**Quelle:** Gudjons 153
Art der Übung: Verbale Einzel- und Gruppenaktivität	**Dauer:** 1,5 Std.
Ziel: - Verbale Feedbacktechnik: gemischtes Feedback	**Gleiche Übung auch unter Stichwort:**

Inhalt:
Die Tn legen sich entspannt auf den Boden und überlegen sich, wie sie in 10 Jahren aussehen, wo sie leben werden, welcher Tätigkeit sie nachgehen werden und welche Wünsche sie haben werden. Alle schreiben ihre Gedanken auf einen Zettel (ohne Namensangabe), diese werden eingesammelt und zufällig verteilt. Jeder liest sein Blatt vor und die Gruppe versucht, den Autor zu erraten.

Besondere Bemerkungen:

Name der Übung: Bild-Gedicht	**Quelle:** Vopel 6;16
Art der Übung: Verbale Paaraktivität	**Dauer:** 1 - 1,5 Std.
Ziel: - Verbale Feedbacktechnik: gemischtes Feedback	**Gleiche Übung auch unter Stichwort:**

Inhalt:
Die Tn bilden Paare. Jeder malt seinen Partner so, wie er ihn sieht und erlebt. Auf der Rückseite des Papiers verfaßt er ein Gedicht über seinen Partner, dessen Verse mit den Anfangsbuchstaben des Vornamens beginnen.

Besondere Bemerkungen:

Name der Übung: Intuitives Umhergehen	**Quelle:** Vopel 6;53
Art der Übung: Verbale Gruppenaktivität	**Dauer:** 30 Min.
Ziel: - Verbale Feedbacktechnik: gemischtes Feedback	**Gleiche Übung auch unter Stichwort:**

Inhalt:
Die Tn geben einander Feedback, indem sie auf ihre eigene innere Stimme hören, was diese über den anderen zu sagen weiß.
Der Angesprochene hört aufmerksam zu und versucht, die intuitive Botschaft möglichst offen aufzunehmen.

Besondere Bemerkungen:
- Leiter muß mit Widerstand aus der Gruppe rechnen

Name der Übung: Die Katze aus dem Sack lassen	**Quelle:** Pf&J 1;137
Art der Übung: Verbale Gruppenaktivität	**Dauer:** 1 Std.
Ziel: - Verbale Feedbacktechnik: gemischtes Feedback	**Gleiche Übung auch unter Stichwort:**

Inhalt:

Wenn die Gruppenmitglieder genügend Vertrauen zueinander gefaßt haben, bittet der Leiter sie darum, aufzuschreiben, was sie jedem einzelnen Tn bisher nicht zu sagen wagten. Der Leiter liest die Zettel dann laut vor.

Besondere Bemerkungen:

- Leiter muß mit Widerstand aus der Gruppe rechnen

Name der Übung: Streichholzspiel	**Quelle:** Gudjons 126
Art der Übung: Verbale Gruppenaktivität	**Dauer:** 3 - 4 Std.
Ziel: - Verbale Feedbacktechnik: gemischtes Feedback - Prozeßanalyse: Analyse der sozialen Beziehungen zwischen den Tn	**Gleiche Übung auch unter Stichwort:** -Prozeßanalyse S. 841

Inhalt:
Jeder Tn erhält ein ganzes und ein halbes Streichholz. Das lange Streichholz wird für den ersten Teil der Frage, das kurze für den zweiten Teil vergeben. Die Fragen lauten:
a) Mit wem konnte ich mich bisher am stärksten identifizieren? Mit wem am wenigsten?
b) Von wem wünsche ich mir am meisten Anerkennung? Von wem am wenigsten?
c) Zu wem habe ich die klarste Beziehung? Mit wem habe ich die meisten Spannungen?
d) Wer gibt mir am meisten das Gefühl der Sicherheit? Wer am wenigsten?
e) Zu wem möchte ich außerhalb der Gruppe unbedingt Kontakt pflegen? Zu wem am wenigsten?

Besondere Bemerkungen:
- Leiter muß mit Widerstand aus der Gruppe rechnen
- Hilfsmittel: Streichhölzer

Name der Übung:	**Quelle:**
Ähnlichkeiten und Unterschiede	Vopel 3;60

Art der Übung:	**Dauer:**
Verbale Paaraktivität	30 Min.

Ziel:	**Gleiche Übung auch unter Stichwort:**
- Verbale Feedbacktechnik: gemischtes Feedback	
- Normen und Werte: Analyse der eigenen Normen	- Normen und Werte S.47

Inhalt:

Die Tn stellen paarweise einen Katalog von Eigenschaften zusammen, in denen sie sich ähnlich sind und in denen sie sich unterscheiden.

Besondere Bemerkungen:

Name der Übung: Paarinterview	**Quelle:** Gudjons 158
Art der Übung: Verbale Paaraktivität	**Dauer:** 30 Min.
Ziel: - Verbale Feedbacktechnik: gemischtes Feedback - Prozeßanalyse: Analyse des Entwicklungsstands der Gruppe	**Gleiche Übung auch unter Stichwort:** -Prozeßanalyse S. 819

Inhalt:
Die Tn bilden Paare. Partner A befragt B anhand des folgenden Leitfadens:
1. Frage den Partner, wie er sich in der vorausgegangenen Sitzung fühlte und warum.
2. Sage ihm, wie du ihn in der Sitzung erlebt hast.
3. Frage ihn, wie _er_ sich seiner Meinung nach verhalten hat.
4. Sage ihm, wie du ihn darin beschreiben würdest.
5. Frage ihn, worin er z. Zt. die Hauptprobleme der Gruppe sieht und warum.
6. Frage den Partner, wie er sich jetzt fühlt und höre ihm gut zu.
Anschließend werden die Rollen gewechselt.

Besondere Bemerkungen:

Name der Übung:	Quelle:
Selbstbild - Fremdbild	Gudjons 144

Art der Übung:	Dauer:
Verbale Einzel- und Gruppenaktivität	1,5 - 2 Std.

Ziel:	Gleiche Übung auch unter Stichwort:
- Verbale Feedbacktechnik: gemischtes Feedback - Soziale Wahrnehmung: Abbau von Vorurteilen	-Soziale Wahrnehmung S. 21

Inhalt:
Alle Tn beantworten auf der Vorderseite des Blattes die Frage: "Wie sehe ich mich selbst?" und auf der Rückseite die Frage: "Wie sieht mich die Gruppe?"
Die Zettel werden eingesammelt und zufällig an die Tn verteilt. Jeder liest die Vorderseite ("Selbstbild") vor und die anderen äußern ihre Vermutungen (mit Begründung), wer der Verfasser ist. Wenn alle Tn durch sind, werden die "vermuteten Fremdbilder" vorgelesen und kommentiert.

Besondere Bemerkungen:
- Die beiden letzten "Selbstbilder" werden zusammen vorgelesen.

Name der Übung: Glauben und Wissen	**Quelle:** Gudjons 59
Art der Übung: Verbale Einzel- und Gruppenaktivität	**Dauer:** 1,5 Std.
Ziel: - Verbale Feedbacktechnik: gemischtes Feedback - Normen und Werte: Analyse der eigenen Wertvorstellungen	**Gleiche Übung auch unter Stichwort:** –Normen und Werte S. 63

Inhalt:
Jeder Tn erhält ein Papier, auf dem folgende Fragen stehen:
a) Als eines meiner größter Vorbilder würde ich nennen...
b) Ich halte mich für einen Menschen, der...
c) Wenn ich 100.000,-- DM gewinnen würde, würde ich...
d) Als letztes Buch habe ich gelesen...
e) Menschen, mit denen ich gerne umgehe, müssen... sein.
Alle Zettel werden eingesammelt. Jeder zieht einen beliebigen heraus, liest ihn vor und die Gruppe versucht den Schreiber des Zettels zu erraten (mit Begründung!). Wenn jeder seine Meinung geäußert hat, gibt sich der Verfasser zu erkennen.

Besondere Bemerkungen:
- Problem: bei den letzten ist es nicht mehr spannend

Name der Übung: Advokatenspiel	**Quelle:** Gudjons 141
Art der Übung: Verbale Gruppenaktivität	**Dauer:** 30 Min.
Ziel: - Verbale Feedbacktechnik: gemischtes Feedback - Gefühle: Empathietraining	**Gleiche Übung auch unter Stichwort:** -Gefühle S. 212

Inhalt:

Ein Tn stellt sich in die Mitte des Kreises und stellt nacheinander verschiedenen Gruppenmitgliedern Fragen über deren Verhalten. Der jeweils Befragte äußert sich jedoch nicht selbst, sondern seine beiden Nebensitzer antworten an seiner Stelle, gleichsam als seine Advokaten. Nach 3 - 5 Antworten darf er selber sagen, ob seine Advokaten ihn richtig eingeschätzt haben und wie er sich tatsächlich verhält.

Besondere Bemerkungen:

Name der Übung: Schönes langes Leben Ritual für Feedback	**Quelle:** Vopel 3;59 Gudjons 154
Art der Übung: Verbale Gruppenaktivität	**Dauer:** 30 Min.
Ziel: - Verbale Feedbacktechnik: negatives Feedback - Kriseninterventionen: Konflikte unter den Tn	**Gleiche Übung auch unter Stichwort:** - Kriseninterventionen S.917

Inhalt:

Die Tn geben sich in folgender Form Feedback:

A sagt: "Ich wünsche Dir ein schönes langes Leben, aber ich ärgere mich über die Art, wie Du..."

Darauf B: "Vielen Dank, daß Du mir das sagst, ich will darüber nachdenken. Und ich bin nicht auf der Welt, um so zu sein, wie Du mich haben willst."

Dann sucht sich B einen Partner aus dem Tn-Kreis und wiederholt mit diesem die Aktivität.

Besondere Bemerkungen:

Name der Übung: Beschwerdebrief	**Quelle:** Gudjons 146
Art der Übung: Verbale Gruppenaktivität	**Dauer:** 2 - 3 Std.
Ziel: - Verbale Feedbacktechnik: negatives Feedback	**Gleiche Übung auch unter Stichwort:**

Inhalt:
Jeder Tn schreibt auf ein Blatt Papier seinen Namen und die Überschrift "Wir möchten uns darüber beschweren, daß..." Dann stehen alle auf, legen das Blatt auf ihren Stuhl und wandern von einem Platz zum andern, wobei sie jeweils mit Angabe des Absenders ihr negatives Feedback so konkret wie möglich formulieren. Zum Schluß wird in der Gruppe besprochen, wie die Feedbacks erlebt wurden.

Besondere Bemerkungen:

Name der Übung: Milde Konfrontation	**Quelle:** Pf&J 4;40
Art der Übung: Verbale Paaraktivität	**Dauer:** 1,5 Std.
Ziel: - Verbale Feedbacktechnik: negatives Feedback - Krisenintervention: Konflikte unter den Tn	**Gleiche Übung auch unter Stichwort:** - Krisenintervention S. 916

Inhalt:
Jedes Gruppenmitglied sucht sich die Person heraus, über die es sich am meisten wundert und gibt ihm Feedback in der Form:
"Das Gruppenmitglied, über das ich mich am meisten wundere, ist... Das Verhalten, worüber ich mich wundere, ist..."
Der angesprochene Tn kann darauf reagieren, indem er sein Verhalten zu erklären versucht, oder er kann schweigen.
Zu jedem Feedback können die übrigen Mitglieder Stellung nehmen.

Besondere Bemerkungen:
- Leiter muß mit Widerstand aus der Gruppe rechnen

Name der Übung:	Quelle:
Tierassoziation Tiermetaphern	Pf&J 1;137 Gudjons 142

Art der Übung:	Dauer:
Verbale Gruppenaktivität	1 Std.

Ziel:	Gleiche Übung auch unter Stichwort:
- Verbale Feedbacktechnik: Allegorien	

Inhalt:

Alle Tn werden gebeten, einander Tiere zuzuordnen und durch die Wahl der Tiere auszudrücken, wie sie die anderen Tn empfinden.

Jeder Tn erfährt dann seine ihm zugeteilten Tiere und kann sein Feedback kommentieren.

Besondere Bemerkungen:

- Leiter muß mit Widerstand aus der Gruppe rechnen

Name der Übung: Kindertheater	**Quelle:** Vo/Ki 72
Art der Übung: Verbale Gruppenaktivität	**Dauer:** 2 Std.
Ziel: - Verbale Feedbacktechnik: Allegorien	**Gleiche Übung auch unter Stichwort:**

Inhalt:
Eine Hälfte der Tn sind Angestellte einer Schauspieltruppe, die andere Hälfte sind Beobachter, die in einem Kreis um die "Schauspieler" herumsitzen. Jeder Schauspieler soll für ein Kindertheater ein Tier darstellen, welches besonders gut zu ihm paßt. Sie diskutieren darüber, wer welches Tier darstellt, wobei die Vorschläge sowohl vom jeweiligen Kandidaten selber als auch von den anderen Schauspielern kommen können; die Entscheidung liegt jedoch beim Kandidaten selber.
Nach der Besprechung werden die Rollen zwischen Schauspielern und Beobachtern gewechselt.

Besondere Bemerkungen:
- Unterlagen: ggf. Beobachtungsschemata

Name der Übung: Zoo	**Quelle:** Schw/S 282
Art der Übung: Verbale Gruppenaktivität	**Dauer:** 1 Std.
Ziel: - Verbale Feedbacktechnik: Allegorien	**Gleiche Übung auch unter Stichwort:**

Inhalt:
Die Gruppe halbiert sich in Beobachter und Spieler. Die Spieler sollen sich vorstellen, daß sie einen Zoo zusammensetzen und jedem Mitspieler eine Tierrolle zuteilen müssen, die zu seiner Persönlichkeit paßt.
Nach 20 Min. besprechen Beobachter und Spieler die Situation und wiederholen die Aktivität mit vertauschten Rollen.

Besondere Bemerkungen:

Name der Übung: Chinesischer Fächer	**Quelle:** Workbook 4.6.5
Art der Übung: Verbale Gruppenaktivität	**Dauer:** Mindestens 1,5 Std.
Ziel: - Verbale Feedbacktechnik: Allegorien	**Gleiche Übung auch unter Stichwort:**

Inhalt:

Zwei Tn verlassen kurz die Gruppe und wählen sich einen aus der Gruppe als Zielperson aus. Wenn die beiden Tn wieder zur Gruppe zurückgekehrt sind, werden sie von den anderen gefragt, etwa in der Art: "Welches Tier könnte diese Person sein?"
Die beiden beantworten diese Fragen unabhängig voneinander. Wenn die Gruppe meint, die Zielperson erraten zu können, schreibt jeder seine Vermutung auf einen Zettel, knickt ihn um und gibt ihn dem nächsten weiter, sodaß ein Fächer entsteht.
Die Zielperson erhält dann Gelegenheit, sich zum Feedback zu äußern.

Besondere Bemerkungen:

- Das Spiel dauert sehr lange, wenn alle drankommen sollen

Name der Übung: Who is who? Lexikonspiel	**Quelle:** Workbook 4.1.5 Gudjons 141
Art der Übung: Verbale Einzel- und Gruppenaktivität	**Dauer:** 30 - 45 Min.
Ziel: - Verbale Feedbacktechnik: Allegorien	**Gleiche Übung auch unter Stichwort:**

Inhalt:
Jeder Tn charakterisiert ein ihm zugelostes Gruppenmitglied nach folgenden Kriterien: Welche Landschaft würde zur Zielperson passen, welches Tier, welche Pflanze, welche Wetterlage usf.
Die Charakterisierungen werden anonym auf Plakate aufgezeichnet und jeder kann die dargestellte Person raten.

Besondere Bemerkungen:
- Moderationsausrüstung empfehlenswert

Name der Übung: Analogien bilden	**Quelle:** Ki/MSch 191
Art der Übung: Verbale Gruppenaktivität	**Dauer:** 30 Min.
Ziel: - Verbale Feedbacktechnik: Allegorien	**Gleiche Übung auch unter Stichwort:**

Inhalt:

Die Tn versuchen sich das Wesen anderer Gruppenmitglieder klarzumachen, indem sie sich fragen:
"Wenn der Betreffende eine Farbe (Nahrungsmittel, Tier, Möbelstück usf.) wäre, welche Farbe wäre er dann?"

Besondere Bemerkungen:

Name der Übung: Hüte machen Leute	**Quelle:** Gudjons 140
Art der Übung: Verbale Gruppenaktivität	**Dauer:** 45 Min.
Ziel: - Verbale Feedbacktechnik: Allegorien	**Gleiche Übung auch unter Stichwort:**

Inhalt:
Aus einem Sortiment verschiedener Kopfbedeckungen (Zylinder, Sturzhelm, Stetson, Cowboyhut etc.) verleiht die Gruppe jedem ihrer Mitglieder einen Hut. Jeder Vorschlag soll begründet werden.

Besondere Bemerkungen:
- Hilfsmittel: verschiedene Hüte, etwas mehr als die Teilnehmerzahl

Name der Übung: Neue Karrieren	**Quelle:** Fr&Y 261
Art der Übung: Verbale Einzel- und Gruppenaktivität	**Dauer:** 1 Std.
Ziel: - Verbale Feedbacktechnik: Allegorien	**Gleiche Übung auch unter Stichwort:**

Inhalt:

Jeder Tn ergänzt folgende Vorlage:

"Wenn... seine Berufslaufbahn neu beginnen würde und sich für einen anderen Beruf entscheiden würde, sollte er... werden, weil..."

Die Berufe werden gesammelt, und die Tn haben Gelegenheit, sich über ihr Feedback auszusprechen. Zum Schluß schreiben die Tn auf, was sie in dieser Übung über ihre Wirkung auf Andere gelernt haben.

Besondere Bemerkungen:

- Leiter muß mit Widerstand aus der Gruppe rechnen
- Unterlagen: 1 oder mehrere Vorlagen pro Tn

Name der Übung: Berufswahl	**Quelle:** Ki/MSch 134
Art der Übung: Verbale Einzel- und Gruppenaktivität	**Dauer:** 45 Min.
Ziel: - Verbale Feedbacktechnik: Allegorien	**Gleiche Übung auch unter Stichwort:**

Inhalt:

In Kleingruppen sucht jeder Tn für sich und für die anderen Mitglieder einen Beruf, von dem er glaubt, daß dieser am meisten über deren Wesen aussagt. Dann einigen sich die Kleingruppen auf einen Beruf für jedes Mitglied.

Besondere Bemerkungen:

- Varianten: Statt Berufen können auch Tiere, Karnevalskostüme oder historische Figuren gewählt werden

Name der Übung: Lügendetektor	**Quelle:** Gudjons 60
Art der Übung: Verbale Einzel- und Gruppenaktivität	**Dauer:** 1,5 Std.
Ziel: - Verbale Feedbacktechnik: Allegorien - Eröffnungsphase: Kennenlernen	**Gleiche Übung auch unter Stichwort:** - Eröffnungsphase S. 728

Inhalt:
Jeder Tn soll von vier Fragen eine nicht wahrheitsgemäß beantworten. Die Fragen lauten:

a) Welches ist meine liebste Fernsehsendung?
b) Wer war mein größtes Idol, als ich 16 war?
c) Mit welcher Art von Haus würde ich mich am ehesten vergleichen?
d) Welches ist mein liebster Zeitvertreib?

Alle lesen ihre Antworten vor; die Gruppe stellt Vermutungen über die geschwindelte Antwort an (mit Begründung) und zum Schluß sagt jeder, welche Person er am meisten kennengelernt hat, welche Antwort ihn am meisten überrascht hat, welche Person ihm am meisten ähnelt usw.

Besondere Bemerkungen:

Name der Übung: Holz und Stein	**Quelle:** Gudjons 96
Art der Übung: Nonverbale Einzelaktivität	**Dauer:** 1 Std.
Ziel: - Verbale Feedbacktechnik: Allegorien - Gefühle: Training der eigenen Wahrnehmungsfähigkeit durch Schärfung der Sinneswahrnehmung	**Gleiche Übung auch unter Stichwort:** - Gefühle S. 154

Inhalt:

Aus einer Anzahl verschiedener Steine und Holzstücke nimmt jeder Tn eines heraus und versucht, durch Tasten, Riechen, Klopfen usw. die "Persönlichkeit" des Gegenstandes kennenzulernen. Wenn alle Tn 4 - 5 Hölzer oder Steine geprüft haben, wählt sich jeder denjenigen davon aus, der seiner Persönlichkeit am meisten entspricht. In Vierergruppen werden die Elemente vorgestellt. Im Anschluß daran kann jeder für die anderen Mitglieder seiner Vierergruppe auf die gleiche Art und Weise einen Gegenstand suchen.

Besondere Bemerkungen:
- Hilfsmittel: Steine und Hölzer

Name der Übung: Kreatives Feedback Kreatives Feedback	**Quelle:** Vopel <u>4</u>;62 Workbook 4.6.2.
Art der Übung: Verbale Gruppenaktivität	**Dauer:** 3 Min. pro Tn
Ziel: - Verbale Feedbacktechnik: Allegorien	**Gleiche Übung auch unter Stichwort:**

Inhalt:
Die Tn teilen einer an Feedback interessierten Zielperson mit, was ihnen zu folgender Fragestellung einfällt:
"Wenn die Zielperson Held(in) eines literarischen Werkes wäre, wie würde dann das literarische Werk heißen?"
Um den Kreativitätsprozeß nicht zu unterbrechen, dürfen keine Kommentare geäußert werden.

Besondere Bemerkungen:

Name der Übung: Autoren von Geschichten raten	**Quelle:** Gudjons 143
Art der Übung: Verbale Einzel- und Gruppenaktivität	**Dauer:** 2 Std.
Ziel: - Verbale Feedbacktechniken: Allegorien	**Gleiche Übung auch unter Stichwort:**

Inhalt:
Jeder Tn schreibt eine Geschichte, in der er selbst in typischer Weise vorkommt, aber sein Name nicht genannt wird. Alle Geschichten haben denselben Beginn, z. B. "Vor vier Wochen erhielt ich die Nachricht, daß ein entfernter Verwandter in Amerika mir 1 Mio. Dollar hinterlassen hat." Die Geschichte darf nicht länger als 10 Sätze sein, dann werden die Blätter eingesammelt und die erste Geschichte vorgelesen. Alle Tn äußern ihre Vermutungen, von wem die Geschichte stammen könnte; wenn sich alle geäußert haben, gibt sich der Autor zu erkennen. Aus dramaturgischen Gründen können die zwei (drei) letzten Geschichten gemeinsam vorgelesen werden.

Besondere Bemerkungen:

Name der Übung: Phantasie-Gemälde	**Quelle:** Gudjons 145
Art der Übung: Verbale Gruppenaktivität	**Dauer:** 30 Min.
Ziel: - Verbale Feedbacktechnik: Allegorien	**Gleiche Übung auch unter Stichwort:**

Inhalt:
Ein Tn stellt sich hinter den Stuhl eines anderen und beginnt, ein Bild zu beschreiben, das die Person so darstellt, wie er sie sieht. Dabei sollen auch die Details, die Stimmung, Farben, andere Personen etc. erwähnt werden. Der "Gemalte" stellt sich dann vor, er habe einen Pinsel und könne das Bild nach seinen Wünschen verändern. Beides wird anschließend in der Gruppe besprochen.

Besondere Bemerkungen:

Name der Übung: Märchen erzählen	**Quelle:** Gudjons 157
Art der Übung: Verbale Gruppenaktivität	**Dauer:** 1 Std.
Ziel: - Verbale Feedbacktechnik: Allegorien	**Gleiche Übung auch unter Stichwort:**

Inhalt:

Der Leiter gibt den Anfang einer märchenartigen Erzählung vor, die einen Bezug zur Gruppensituation herstellt, z. B. "Alle Tiere der Welt hatten beschlossen, einen Kongreß zu veranstalten. Die Eröffnungsrede hielt...". Die Tn setzen nacheinander die Erzählung fort. Zum Schluß wird das Märchen ähnlich einem projektiven Test ausgewertet.

Besondere Bemerkungen:

- Leiter muß mit Widerstand der Gruppe rechnen

Name der Übung: Gruppe als Zielscheibe	**Quelle:** Gudjons 160
Art der Übung: (Non)verbale Einzel- und Gruppenaktivität	**Dauer:** 1 Std.
Ziel: - Verbale Feedbacktechnik: Allegorien	**Gleiche Übung auch unter Stichwort:**

Inhalt:

Jeder Tn erhält eine Papiertüte. Er soll seine spontanen Gefühle der Gruppe gegenüber durch eine entsprechende "Behandlung" der Papiertüte ausdrücken, indem er z. B. die Tüte aufbläst und platzen läßt, oder sie durch Einreißen verziert, sie kunstvoll faltet etc. Anschließend äußert jeder kurz, was er mit der Tüte gemacht hat und welche Einstellung zur Gruppe darin zum Ausdruck kommt.

Besondere Bemerkungen:

- Materialien: 1 Papiertüte pro Tn

Name der Übung: Tiere imaginieren	**Quelle:** Gudjons 93
Art der Übung: Phantasiespiel	**Dauer:** 1 Std.
Ziel: - Verbale Feedbacktechnik: Allegorien - Gefühle: Training der eigenen Wahrnehmungsfähigkeit durch Körpererfahrung und Bewegung	**Gleiche Übung auch unter Stichwort:** -Gefühle S. 170

Inhalt:
Alle setzen oder legen sich hin und entspannen sich. Der Leiter läßt die Tn sich vorstellen, daß sie in einem dunklen Raum sitzen, in dem sich eine Leinwand befindet. Dort erscheint langsam ein Tier, das den Tn darstellt. Jeder Tn versucht, das Tier zu identifizieren und überlegt, welche Gemeinsamkeiten in Verhalten, Haltung, Reaktionen er mit dem Tier hat. In Kleingruppen werden die Erfahrungen ausgetauscht.

Besondere Bemerkungen:

Name der Übung: Gruppenmaschine	**Quelle:** Vopel 5;54
Art der Übung: Nonverbale Einzel- und Gruppenaktivität	**Dauer:** 1,5 - 2 Std.
Ziel: - Verbale Feedbacktechnik: Allegorien	**Gleiche Übung auch unter Stichwort:**

Inhalt:
Jeder Tn hat die Aufgabe, mit seiner linken Hand ein Bild zu malen, das die Gruppe als Maschine darstellt und die Mitglieder als deren Einzelteile ausweist. Danach unterhalten sich die Tn über die Bilder.

Besondere Bemerkungen:

Name der Übung: Nonverbales Feedback	**Quelle:** Pf&J 2;147
Art der Übung: Nonverbale Gruppenaktivität	**Dauer:** 1 Std.
Ziel: - Nonverbale Feedbacktechnik	**Gleiche Übung auch unter Stichwort:**

Inhalt:

Ein Tn nach dem anderen erhält von der Gruppe Feedback; dabei drücken die Feedbackgeber mit Händen und Körper aus, welchen Eindruck sie sich vom Feedbackempfänger gebildet haben.

Besondere Bemerkungen:

Name der Übung: Nonverbale Gefühlsäußerungen	**Quelle:** Gudjons 132
Art der Übung: Nonverbale Gruppenaktivität	**Dauer:** 2 - 3 Std.
Ziel: - Nonverbale Feedbacktechnik	**Gleiche Übung auch unter Stichwort:**

Inhalt:
Ein Tn steht in der Mitte, die übrigen bilden einen Kreis um ihn. Nacheinander bringen alle ihre Gefühle dem in der Mitte Stehenden zum Ausdruck, indem sie auf irgendeine nonverbale Art Kontakt mit ihm aufnehmen (Hand schütteln, Haare zersausen, Streicheln etc.). Dieser berichtet anschließend über seine Empfindungen. Danach geht der Nächste in die Mitte.

Besondere Bemerkungen:
- Leiter muß mit Widerstand aus der Gruppe rechnen

Name der Übung: Konfrontation	**Quelle:** Vopel 6;55
Art der Übung: Nonverbale Gruppenaktivität	**Dauer:** 45 Min.
Ziel: - Nonverbale Feedbacktechnik	**Gleiche Übung auch unter Stichwort:**

Inhalt:
Die Tn stellen, ohne zu reden, die Persönlichkeit verschiedener Gruppenmitglieder in Form einer Pantomime, Statue o.ä. dar.

Besondere Bemerkungen:
- Leiter muß mit Widerstand aus der Gruppe rechnen

Name der Übung: Statuen Bildhauerspiel	**Quelle:** Vopel 3;54 Gudjons 131
Art der Übung: (Non)verbale Paaraktivität	**Dauer:** 30 - 45 Min.
Ziel: - Nonverbale Feedbacktechnik - Gefühle: Empathietraining, nonverbal	**Gleiche Übung auch unter Stichwort:** - Gefühle S. 217

Inhalt:
Die Tn bilden Paare; der eine Partner hat die Aufgabe, den anderen zu einer Statue zu formen und zwar so, daß er den typischen Charakterzug, den er an ihm wahrnimmt, etwas übertreibt.
Anschließend imitiert der "Bildhauer" die Position der Statue; die beiden sprechen über ihre Gefühle und wechseln dann die Rollen.

Besondere Bemerkungen:
- Leiter muß mit Widerstand aus der Gruppe rechnen

Name der Übung: Silhouetten	**Quelle:** Pf&J <u>1</u>;114
Art der Übung: (Non)verbale Paar- und Gruppenaktivität	**Dauer:** 30 Min.
Ziel: - Nonverbale Feedbacktechnik	**Gleiche Übung auch unter Stichwort:**

Inhalt:
Die Tn bilden Paare und zeichnen gegenseitig ihre Silhouetten. Die Zeichnungen werden an die Wand gehängt, und jeder vervollständigt die Schattenrisse um die Züge, die ihm wichtig erscheinen.

Besondere Bemerkungen:
- Moderationsausrüstung empfehlenswert

Arbeitsbezogene Aspekte der Gruppe

Name der Übung: Rostopschin	**Quelle:** Fr&Y 226
Art der Übung: Verbale Gruppenaktivität	**Dauer:** 2 Std.
Ziel: - Beobachtung des Problemlösungsprozesses: Kooperation zwischen Individuen innerhalb einer Gruppe	**Gleiche Übung auch unter Stichwort:**

Inhalt:

Die Gruppe hat die Aufgabe, innerhalb von 40 Min. ein Spiel für zwei Personen zu erfinden. Danach kommen zwei "Gäste", lassen sich das Spiel erklären, spielen 10 Min. und geben ihren Kommentar ab.
Die Gruppe hat dann die Möglichkeit, das Spiel zu verbessern und die Gäste nochmals spielen zu lassen. Mit Hilfe eines Fragebogens besprechen Sie anschließend die ganze Übung.

Besondere Bemerkungen:

- Unterlagen: 1 Fragebogen pro Tn
- Hilfsmittel: 10 gleichwertige Münzen, 1 Päckchen Spielkarten und eine große Schachtel Süßigkeiten
- Videoaufnahme empfehlenswert

Name der Übung: Gruppenbild malen	**Quelle:** Gudjons 186
Art der Übung: (Non)verbale (Klein)Gruppenaktivität	**Dauer:** 1 Std.
Ziel: - Beobachtung des Problemlösungsprozesses: Kooperation zwischen Individuen innerhalb einer Gruppe - Gefühle: Empathietraining	**Gleiche Übung auch unter Stichwort:** -Gefühle S. 229

Inhalt:
Die Kleingruppen haben die Aufgabe, auf eine große Malfläche ein gemeinsames Bild zu malen, ohne miteinander zu reden.

Besondere Bemerkungen:

- Hilfsmittel: große Malfläche, Stifte für jede Kleingruppe

- Moderationsausrüstung empfehlenswert

Name der Übung:	Quelle:
Puzzle	Gudjons 181

Art der Übung:	Dauer:
Verbale Einzel- und Kleingruppenaktivität	1 Std.

Ziel:	Gleiche Übung auch unter Stichwort:
- Beobachtung des Problemlösungsprozesses: Kooperation zwischen Individuen innerhalb konkurrierender Kleingruppen	
- Entscheidungsfindung in Gruppen: Synergiedemonstration	-Entscheidungsfindung in Gruppen S. 578

Inhalt:

Die ganze Gruppe wird in Kleingruppen und Einzelpersonen aufgeteilt. Sie haben die Aufgabe, möglichst schnell ein Puzzle zusammenzusetzen.

Besondere Bemerkungen:

- Hilfsmittel: entsprechende Anzahl von Puzzles

Name der Übung: Firma gründen	**Quelle:** Vopel 1;85
Art der Übung: Verbale (Klein)Gruppenaktivität	**Dauer:** 1,5 - 2 Std.
Ziel: - Beobachtung des Problemlösungsprozesses: Kooperation zwischen Individuen innerhalb einer Gruppe	**Gleiche Übung auch unter Stichwort:**

Inhalt:
Die Tn stellen ein Team dar, das 1 Jahr lang in einer Firma zusammenarbeiten muß. Mit einem Startkapital von DM 200.000,-- müssen sich die Mitglieder darauf einigen, in welcher Branche die Firma tätig werden soll und dafür einen detaillierten Aktions- und Organisationsplan ausarbeiten.

Besondere Bemerkungen:

Name der Übung: Startschuß	**Quelle:** Fr&Y 249
Art der Übung: Verbale Gruppenaktivität	**Dauer:** 1,5 - 2 Std.
Ziel: - Beobachtung des Problemlösungsprozesses: Kooperation zwischen Individuen innerhalb einer Gruppe	**Gleiche Übung auch unter Stichwort:**

Inhalt:
Die Tn erhalten folgende Information:
Ihre Firma hat soeben eine neue Fabrik erworben, die Hundefutter nach dem revolutionären "Friski-Frio"-Verfahren herstellt. Technisch ist die Fabrik voll ausgerüstet, was ihr fehlt, sind 120 Leute.
Die Gruppe hat nun die Aufgabe, in der neuen Fabrik die Produktion zu starten und ein Jahr lang zu führen. Anhand zweier strukturierender Fragebögen sollen sich die Tn Gedanken machen zu Organisation, Hierarchie, Rollenverteilung und Kommunikationssystem.

Besondere Bemerkungen:
- Unterlagen: 2 Fragebögen pro Tn

Name der Übung: Werbefunk	**Quelle:** Fr&Y 281
Art der Übung: Verbale Gruppenaktivität	**Dauer:** 2 Std.
Ziel: - Beobachtung des Problemlösungsprozesses: Kooperation zwischen Individuen innerhalb einer Gruppe	**Gleiche Übung auch unter Stichwort:**

Inhalt:

Die Tn haben die Anweisung, als Unternehmensberatergruppe einen fünfminütigen Radiowerbespot über ihre Tätigkeit zu produzieren. Dazu haben sie 55 Min. Zeit. Sie dürfen aber frühestens nach 45 Min. mit der Aufnahme des Werbespots auf ein Tonbandgerät beginnen, denn bis dahin wird der Entwicklungsprozeß des Spots aufgezeichnet.
Der Spot wird einigen Gästen vorgeführt; dann hören die Tn das ganze Tonband ab, analysieren den Entwicklungsprozeß und betrachten die Stärken der einzelnen Mitglieder.

Besondere Bemerkungen:

- Hilfsmittel: 1 Cassettenrecorder (mit 60 Min. Band) oder Video-Ausrüstung

Name der Übung: Team tasks	**Quelle:** Woodcock 154
Art der Übung: Verbale Gruppenaktivität	**Dauer:** 10 - 60 Min. plus Besprechung
Ziel: - Beobachtung des Problemlösungsprozesses: Kooperation zwischen Individuen innerhalb einer Gruppe	**Gleiche Übung auch unter Stichwort:**

Inhalt:
Der Leiter sucht aus sieben angegebenen Aufgaben (z.B. Planung einer Wahlkampagne) eine heraus, läßt sie durchführen und bewertet sie am Ende zusammen mit der Gruppe nach den Kriterien: Prozeß, Qualität und Effektivität.

Besondere Bemerkungen:
- Hilfsmittel: nur für 3 Aufgaben erforderlich, siehe Quelle

Name der Übung:	**Quelle:**
Turmbau-Übung	Antons 131
Der Turm	Pf&J 1;51
Turmbau	Vo/Ki 197

Art der Übung:	**Dauer:**
Verbale Kleingruppenaktivität, Beobachter erforderlich	2 - 2,5 Std.

Ziel:	**Gleiche Übung auch unter Stichwort:**
- Beobachtung des Problemlösungsprozesses: Kooperation zwischen Individuen innerhalb konkurrierender Kleingruppen	

Inhalt:
Jede Kleingruppe muß innerhalb von 60 Min. einen standfesten, originellen und möglichst hohen Turm aus Pappe bauen.

Besondere Bemerkungen:
- Hilfsmittel: Kartons, Klebstoff, Scheren, Lineale
- Unterlagen: Instruktionen für Gruppen und Beobachter
- Raum: viel Platz und räumliche Trennung erforderlich
- Videoaufnahme empfehlenswert
- Variante bei Pf&J: Die Hilfsmittel können zuvor versteigert werden

Name der Übung: Brückenbau	**Quelle:** Gudjons 183
Art der Übung: Verbale (Klein)Gruppenaktivität	**Dauer:** 1,5 - 2 Std.
Ziel: - Beobachtung des Problemlösungsprozesses: Kooperation zwischen Individuen innerhalb konkurrierender Kleingruppen	**Gleiche Übung auch unter Stichwort:**

Inhalt:

Konkurrierende Kleingruppen bauen eine Brücke aus 6 - 8 großen Kartonbögen, Klebstoff, Schere und Lineal. Die Brücke soll standfest, möglichst lang und möglichst originell sein. Kein Einzelteil darf größer als eine Postkarte sein.

Besondere Bemerkungen:

- Hilfsmittel: 6 - 8 große Kartonbögen, 1 Lineal, 2 Scheren und 1 Tube Klebstoff
- Unterlagen: Instruktion für die Spielgruppen und Auswertungsfragen für die Beobachter

Name der Übung: Stummes Bauen	**Quelle:** Vopel 4;80
Art der Übung: (Non)verbale (Klein)Gruppenaktivität	**Dauer:** 1 Std.
Ziel: - Beobachtung des Problemlösungsprozesses: Kooperation zwischen Individuen innerhalb konkurrierender Kleingruppen - Nonverbales Kommunikationstraining: allgemein	**Gleiche Übung auch unter Stichwort:** - Nonverbales Kommunikations- training S. 422

Inhalt:

Die Tn bilden Kleingruppen (nicht mehr als 7 Mitglieder) und haben die Aufgabe, aus den vorgegebenen Materialien ein möglichst hohes Bauwerk zu erstellen, ohne dabei zu sprechen.

Die Auswertung findet in Form eines "Fishbowls" ("Zwiebelschale") statt; d.h. eine Kleingruppe sitzt in einem Innenkreis und diskutiert die Aktivität, während die übrigen Tn in einem Außenkreis die Diskussion beobachten.

Besondere Bemerkungen:

- Unterlagen: evtl. Beobachtungsschemata
- Hilfsmittel: 10 Bogen DIN-A-3 Papier und Klebstoff pro Kleingruppe

Name der Übung: Quadrat-Übung Die Quadrate Spiel der Stummen Silent shapes	**Quelle:** Antons 117 Pf&J 1;35 Ki/MSch 65 Woodcock 173
Art der Übung: Nonverbale Kleingruppenaktivität, Beobachter erforderlich	**Dauer:** 1,5 Std.
Ziel: - Beobachtung des Problemlösungsprozesses: Kooperation zwischen Individuen innerhalb konkurrierender Kleingruppen	**Gleiche Übung auch unter Stichwort:**

Inhalt:
In Kleingruppen muß jeder Tn aus zufällig unter ihnen verteilten Kartonstückchen ein Quadrat (oder Sechseck) herstellen. Die Tn dürfen nicht miteinander sprechen und (nach Antons) ihre Einzelteile nicht direkt austauschen, sondern in einen gemeinsamen Pool legen. Nach Pf&J müssen die Einzelteile demjenigen, der das Teil benötigt, direkt gereicht werden.

Besondere Bemerkungen:
- Hilfsmittel: 1 Satz Kartonstücke in Umschlägen verpackt
- Unterlagen: 1 Instruktionsblatt pro Tn und 1 Beobachtungsschemata pro Beobachter

Name der Übung:	Quelle:
Modellbau	Pf&J 2;56

Art der Übung:	Dauer:
Verbale Kleingruppenaktivität, Beobachter empfehlenswert	1,5 Std.

Ziel:	Gleiche Übung auch unter Stichwort:
- Beobachtung des Problemlösungsprozesses: Kooperation zwischen Individuen innerhalb konkurrierender Kleingruppen	

Inhalt:
Der Leiter präsentiert ein Modell, das von den Tn nachgebaut werden soll. Die Kleingruppen wählen je einen Preisrichter, die Ablauf und Regeln planen und die Kriterien für die Prämiierung des besten Modells ausarbeiten. Unter ihrer Leitung bauen die Kleingruppen dann das Modell mit Hilfe von Lego-Bausteinen o.ä. nach.

Besondere Bemerkungen:
- Hilfsmittel: 1 Satz Baumaterialien (z.B. Lego) pro Kleingruppe

Name der Übung: Zeitschriften sortieren	**Quelle:** Gudjons 183
Art der Übung: Verbale (Klein)Gruppenaktivität	**Dauer:** 1,5 - 2 Std.
Ziel: - Beobachtung des Problemlösungsprozesses: Kooperation zwischen Individuen innerhalb konkurrierender Kleingruppen	**Gleiche Übung auch unter Stichwort:**

Inhalt:
Zwei Kleingruppen werden gebildet. Jede erhält eine Zeitschrift, die in gut durchmischte Blätter zerlegt worden ist (durch Entfernen der Heftung in der Mitte). Die Kleingruppen sollen so schnell wie möglich die Blätter in die richtige Reihenfolge ordnen.

Besondere Bemerkungen:
- Hilfsmittel: 2 gleiche Zeitschriften

Name der Übung: Lego-Brücke	**Quelle:** Pf&J 5;50
Art der Übung: Verbale Kleingruppenaktivität	**Dauer:** 2 Std.
Ziel: - Beobachtung des Problemlösungsprozesses: Kooperation zwischen Individuen innerhalb konkurrierender Kleingruppen	**Gleiche Übung auch unter Stichwort:**

Inhalt:
Die Kleingruppen haben die Aufgabe, in zwei Phasen (Planung und Ausführung) und unter Verwendung eines detaillierten Kostenplanes eine Brücke zu bauen. Sieger ist die Kleingruppe, die den größten Gewinn erwirtschaftet hat.

Besondere Bemerkungen:
- Unterlagen und Hilfsmittel: siehe Quelle

Name der Übung: Malbuch	**Quelle:** Pf&J 5;70
Art der Übung: Verbale Kleingruppenaktivität, mindestens 13 Tn	**Dauer:** 1,5 Std.
Ziel: - Beobachtung des Problemlösungsprozesses: Kooperation zwischen Individuen innerhalb konkurrierender Kleingruppen	**Gleiche Übung auch unter Stichwort:**

Inhalt:

In zwei Phasen (Planung und Ausführung) sollen die Kleingruppen eine Umschlagseite für ein Malbuch farblich so ausgestalten, daß sie ansprechend aussieht und sich leicht produzieren läßt.
Sieger ist die Kleingruppe, die den größten Gewinn aus der Massenproduktion von Umschlagseiten erwirtschaftet.

Besondere Bemerkungen:

- Hilfsmittel: 1 Satz Farbstifte und 100 Exemplare der Umschlagseite für das Malbuch im Format DIN-A-4 pro Kleingruppe
- Unterlagen: Auftrag und Produktionsbedingungen pro Kleingruppe

Name der Übung: Staatsgeheimnis	**Quelle:** Pf&J 6;83
Art der Übung: Verbale Kleingruppenaktivität, Beobachter erforderlich	**Dauer:** 2 - 3 Std.
Ziel: - Beobachtung des Problemlösungsprozesses: Kooperation zwischen Individuen innerhalb konkurrierender Kleingruppen - Führungskräfte-Training: Analyse von Führungsstilen	**Gleiche Übung auch unter Stichwort:** - Führungskräfte-Training S.622

Inhalt:
Jede Kleingruppe hat den Auftrag, im Wettbewerb mit den anderen Kleingruppen den geheimen Prototyp eines Flugzeugs zu entwickeln. Die Kleingruppen sind streng hierarchisch gegliedert in Direktor, Produktionsleiter, Lagerverwalter und Arbeiter. Leiter und Helfer achten als Regierungsbeauftragte auf die Einhaltung der Spielregeln.

Besondere Bemerkungen:
- Hilfsmittel: 1 Lego-Bausatz (Modell 698) pro Kleingruppe, 1 Lego-Bausatz für jeden Direktor und 1 Lego-Bausatz für die Regierungsbeauftragten
- Unterlagen: siehe Quelle
- Raum: 1 sehr großer Raum mit Sichtblenden oder mehrere kleine Räume erforderlich

Name der Übung: HELPCO - Ein OE-Rollenspiel	**Quelle:** Pf&J 6;133
Art der Übung: Rollenspiel, 17 Personen in der Einzelgruppe	**Dauer:** 3 Std.
Ziel: - Beobachtung des Problemlösungsprozesses: Kooperation zwischen Individuen innerhalb konkurrierender Kleingruppen - Beratungstechnik und Hilfeleistung: Beratung bei Gruppenproblemen	**Gleiche Übung auch unter Stichwort:** - Beratungstechnik und Hilfeleistung S. 451

Inhalt:
Die Gruppe spielt eine Management-Ausbildungsfirma, die von der Stadtbank den Auftrag erhält, ein Trainingsprogramm in Problemlösungstechnik für deren leitende Angestellte zu entwickeln. Die Firma steht unter hohem ökonomischem Druck und muß den Kunden unbedingt zufriedenstellen.
Der Chef der Firma schreibt deshalb einen firmeninternen Wettbewerb aus und stellt für das beste Programm eine hohe Prämie in Aussicht. Außerdem kann die Firma die Hilfe der HELPCO-Beratungsgesellschaft in Anspruch nehmen.

Besondere Bemerkungen:
- Teilweise Videoaufnahme empfehlenswert
- Unterlagen und Hilfsmittel: siehe Quelle

Name der Übung: Wolkenkuckucksheim	**Quelle:** Fr&Y 287
Art der Übung: Verbale Kleingruppenaktivität, Beobachter empfehlenswert	**Dauer:** 4 Std.
Ziel: - Beobachtung des Problemlösungsprozesses: Kooperation zwischen Individuen innerhalb konkurrierender Kleingruppen	**Gleiche Übung auch unter Stichwort:**

Inhalt:
Jede Kleingruppe erhält Material und soll daraus innerhalb einer Stunde ein Schloß bauen. Anschließend bewerten die Kleingruppen gegenseitig ihre Bauten nach Originalität oder anderen Kriterien und können auch Verbesserungen anbringen.
In neuen Kleingruppen diskutieren die Tn über die Qualität ihrer Zusammenarbeit und über die Bewertung des Schlosses durch andere, treffen sich danach wieder in den alten Kleingruppen und formulieren einen Bericht zum Thema: "Fördernde und hindernde Einflüsse auf die Beziehungen zwischen Gruppen".

Besondere Bemerkungen:
- Hilfsmittel: siehe Quelle
- Raum: sehr viel Platz erforderlich
- Videoaufnahme empfehlenswert

Name der Übung: Schuhgeschäft	**Quelle:** Pf&J 3;26
Art der Übung: Verbale (Klein)Gruppenaktivität	**Dauer:** 1 Std.
Ziel: - Beobachtung des Problemlösungsprozesses: Kooperation zwischen Individuen innerhalb konkurrierender Kleingruppen - Entscheidungsfindung in Gruppen: Konsensusbildung	**Gleiche Übung auch unter Stichwort:** - Entscheidungsfindung in Gruppen S. 568

Inhalt:
Die Tn müssen in Kleingruppen ein mathematisches Rätsel lösen; die Lösung muß von allen Kleingruppenmitgliedern getragen werden.
Wenn alle Kleingruppen die korrekte Lösung gefunden haben, diskutieren sie im Plenum den Lösungsprozeß und/oder den Kommunikationsprozeß.

Besondere Bemerkungen:
- Unterlagen: 1 schriftliche Vorlage des Rätsels pro Tn

Name der Übung: Clover leaf	**Quelle:** Woodcock 151
Art der Übung: Verbale Kleingruppenaktivität, mindestens 6 Mitglieder	**Dauer:** 45 Min.
Ziel: - Beobachtung des Problemlösungsprozesses: Kooperation zwischen Individuen innerhalb konkurrierender Kleingruppen	**Gleiche Übung auch unter Stichwort:**

Inhalt:

Der Leiter zeichnet für jede Kleingruppe ein 6 x 6 m großes Kleeblatt auf den Boden (siehe Skizze). Die Kleingruppen haben nun die Aufgabe, möglichst viele Kleeblätter "fertig zu stellen". Ein Kleeblatt ist dann "fertig", wenn 1 Tn die Außenlinie der Figur durchlaufen hat. Während der ganzen Zeit muß sich eine gleichbleibende Anzahl von Personen auf den Feldern A, B, C und D befinden.

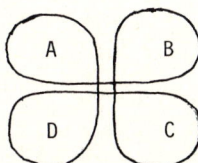

Besondere Bemerkungen:
- Hilfsmittel: Klebeband zur Markierung der Kleeblätter
- Raum: sehr viel Platz erforderlich oder im Freien

Name der Übung:	**Quelle:**
Four letter words	Woodcock 153

Art der Übung:	**Dauer:**
Verbale (Klein)Gruppenaktivität	1 Std.

Ziel:	**Gleiche Übung auch unter Stichwort:**
- Beobachtung des Problemlösungsprozesses: Kooperation zwischen Individuen innerhalb konkurrierender Kleingruppen - Motivation, Erfolg und Mißerfolg	- Motivation, Erfolg und Mißerfolg S.126

Inhalt:

Die Aufgabe der Gruppe oder der Kleingruppen besteht darin, aus einem Satz "Scrabble"-Buchstaben in 1 Min. möglichst viele Wörter mit vier Buchstaben herzustellen. In weiteren Durchgängen kann der Leiter das Soll erhöhen.

Besondere Bemerkungen:

- Hilfsmittel: 1 Satz "Scrabble"-Buchstaben pro (Klein)Gruppe

Name der Übung: Dart-Spiel	**Quelle:** Pf&J 6;127
Art der Übung: Verbale Kleingruppenaktivität	**Dauer:** 1,5 Std.
Ziel: - Beobachtung des Problemlösungsprozesses: Kooperation zwischen Individuen innerhalb konkurrierender Kleingruppen	**Gleiche Übung auch unter Stichwort:**

Inhalt:

Die erste Runde des Spiels besteht aus 25 Würfen pro Tn aus 2,8 m Entfernung. In der zweiten Runde werden die Tn mit Handicaps belastet, die von ihrer Trefferzahl in der ersten Runde abhängig sind, infolgedessen streuen die Ergebnisse weniger. Die dritte Runde findet unter scharfen Wettbewerbsbedingungen statt; anschließend wird die Übung besprochen.

Besondere Bemerkungen:
- Unterlagen und Hilfsmittel: siehe Quelle
- Raum: sehr viel Bewegungsfreiheit erforderlich

Name der Übung: Ungleiche Ressourcen	**Quelle:** Pf&J 4;21
Art der Übung: Verbale Kleingruppenaktivität, Beobachter empfehlenswert	**Dauer:** 1 Std.
Ziel: - Beobachtung des Problemlösungsprozesses: Kooperation und Verhandlungstechnik zwischen konkurrierenden Kleingruppen	**Gleiche Übung auch unter Stichwort:**

Inhalt:
Die Tn lösen in Kleingruppen fünf Aufgaben (z.B. Herstellung eines 8 x 8 cm großen Quadrats aus goldenem Papier). Dabei ist jede Kleingruppe unterschiedlich gut mit Materialien und Hilfsmitteln ausgerüstet.

Besondere Bemerkungen:
- Unterlagen und Hilfsmittel: siehe Quelle

Name der Übung: Rätsel raten	**Quelle:** Pf&J 4;126
Art der Übung: Verbale Gruppenaktivität, Beobachter erforderlich	**Dauer:** 1,5 Std.
Ziel: - Beobachtung des Problemlösungsprozesses: Kooperation und Verhandlungstechnik zwischen konkurrierenden Kleingruppen	**Gleiche Übung auch unter Stichwort:**

Inhalt:
Vier Kleingruppen müssen vier Rätsel lösen. Die einzelnen Bestandteile der Rätsel sind unter allen Kleingruppen verteilt. Durch geschicktes Verhandeln müssen die Tn danach trachten, alle Informationen, die für die Lösung des Rätsels wichtig sind, von den anderen zu ergattern.

Besondere Bemerkungen:
- Beobachter müssen auf die genaue Einhaltung der Spielregeln achten
- Unterlagen: 24 Karten mit "Einzelteilen" der Rätsel und 4 Umschläge

Name der Übung: Prüfung	**Quelle:** Pf&J 5;77
Art der Übung: Verbale (Klein)Gruppenaktivität	**Dauer:** 2 Std.
Ziel: - Beobachtung des Problemlösungsprozesses: Kooperation und Verhandlungstechnik zwischen konkurrierenden Kleingruppen	**Gleiche Übung auch unter Stichwort:**

Inhalt:
Die Tn werden in gleichgroße Kleingruppen aufgeteilt. Jede Kleingruppe hat 3 Min. Zeit, eine Frage des allgemeinen Wissens zu stellen und 4 Min. Zeit, eine ihr gestellte Frage zu beantworten.
Während der 10 Fragerunden dürfen die Tn nur schriftlich miteinander verkehren.
Vor der dritten, sechsten und neunten Runde können sich Repräsentanten jeder Kleingruppe miteinander treffen.

Besondere Bemerkungen:
- Unterlagen: 10 Fragezettel, 10 Antwortzettel und Anweisungen pro Kleingruppe

Name der Übung:	Quelle:
Prisoners' dilemma	Antons 127
Prisoners' dilemma	Woodcock 140
Das Dilemma der Gefangenen	Pf&J 1;56
Gefangenen-Spiel	Ki/MSch 78

Art der Übung:	Dauer:
Verbale Kleingruppenaktivität	1,5 - 2 Std.

Ziel:	Gleiche Übung auch unter Stichwort:
- Beobachtung des Problemlösungsprozesses: Kooperation und Verhandlungstechnik zwischen konkurrierenden Kleingruppen	

Inhalt:
Dieses Spiel wird in 3 Runden à 10 Durchgängen gespielt. Erste Runde: jedes Mitglied entscheidet individuell und die Mehrheit bestimmt die Kleingruppenentscheidung; zweite Runde: die Entscheidung muß einstimmig gefällt werden; dritte Runde: die Unterhändler jeder Kleingruppe verhandeln miteinander.

Besondere Bemerkungen:
- Gerade Anzahl von Gruppen mit einer ungeraden Anzahl von Mitgliedern erforderlich
- ggf. eine Bank einsetzen
- Unterlagen: 1 Ergebnismatrix pro Tn

Name der Übung: Gewinnt soviel ihr könnt Gewinnt so hoch ihr könnt	**Quelle:** Ki/MSch 93 Pf&J 1;60
Art der Übung: Verbale Gruppenaktivität	**Dauer:** 1 Std.
Ziel: - Beobachtung des Problemlösungsprozesses: Kooperation und Verhandlungstechnik zwischen konkurrierenden Kleingruppen	**Gleiche Übung auch unter Stichwort:**

Inhalt:
In 10 aufeinanderfolgenden Runden sollen 4 Paare gleichzeitig und unabhängig voneinander sich entweder für X oder für Y entscheiden.
Je nach der Ergebniskonstellation gewinnen oder verlieren die Paare. In bestimmten Runden werden Gewinn und Verlust multipliziert, dafür können sich die Paare zuvor über ihre Entscheidungen abstimmen. Es gibt dabei die Möglichkeit, daß alle gewinnen, wenn sie sich kooperativ verhalten.

Besondere Bemerkungen:
- Unterlagen: 1 Ergebnismatrix pro Paar
- Variante: es kann eine Bank eingesetzt werden

Name der Übung: Versteigerung	**Quelle:** Pf&J 2;59
Art der Übung: Verbale Gruppenaktivität	**Dauer:** 1 - 1,5 Std.
Ziel: - Beobachtung des Problemlösungsprozesses: Kooperation und Verhandlungstechnik zwischen konkurrierenden Kleingruppen	**Gleiche Übung auch unter Stichwort:**

Inhalt:
Der Leiter teilt die Gruppe auf und bittet die Kleingruppen, einen Vertreter für jede von 12 Versteigerungsrunden zu wählen. Versteigert werden abwechselnd schriftlich und mündlich Umschläge mit unbekannten Geldsummen. Die Regeln verbieten eine Zusammenarbeit zwischen den Kleingruppen nicht, doch sollte der Leiter dies nicht explicit sagen.

Besondere Bemerkungen:
- Hilfsmittel: 12 Umschläge und Geldstücke

Name der Übung: Kreuze und Punkte	**Quelle:** Pf&J <u>6</u>;54
Art der Übung: Verbale Kleingruppenaktivität	**Dauer:** 1 Std.
Ziel: - Beobachtung des Problemlösungsprozesses: Kooperation und Verhandlungstechnik zwischen konkurrierenden Kleingruppen	**Gleiche Übung auch unter Stichwort:**

Inhalt:
Jeder Tn bezahlt DM 1,-- Einsatz. Je zwei Kleingruppen haben nun die Aufgabe, auf einem schachbrettartigen Muster ihre 15 Zeichen (Kreuze oder Punkte) so zu setzen, daß sie möglichst viele Fünferreihen von ihren Zeichen fertigbringen.
Die beiden Kleingruppen setzen abwechselnd ein Zeichen in das Muster. Entsprechend der Anzahl der Fünferreihen ist der Gewinn; durch Kooperation können die beiden Kleingruppen ihre Gewinne maximieren.

Besondere Bemerkungen:
- Hilfsmittel: 1 Bogen mit 6 x 6 Feldern, Filzschreiber und Uhr mit Sekundenzeiger für je 2 Kleingruppen

Name der Übung: Abenteuerspielplatz	**Quelle:** Vo/Ki 244
Art der Übung: Planspiel, 16 Personen	**Dauer:** 2 - 3 Std.
Ziel: - Beobachtung des Problemlösungsprozesses: Kooperation und Verhandlungstechnik zwischen konkurrierenden Kleingruppen	**Gleiche Übung auch unter Stichwort:**

Inhalt:
Eine Bürgerinitiative, eine Baugesellschaft und Vertreter des Senats treffen sich, um über die Einrichtung eines Kinderspielplatzes in einem Neubaugebiet zu beraten.

Besondere Bemerkungen:
- Unterlagen: Instruktionen für die Tn (Vo/Ki 249ff)

Name der Übung: Operation Vorstadt	**Quelle:** Ki/MSch 197
Art der Übung: Planspiel	**Dauer:** 1 - 2 Std.
Ziel: - Beobachtung des Problemlösungsprozesses: Kooperation und Verhandlungstechnik zwischen konkurrierenden Kleingruppen	**Gleiche Übung auch unter Stichwort:**

Inhalt:
Vier (bzw. sechs, nach Sbandi) Kleingruppen haben die Aufgabe, durch geschicktes Verhandeln Grundstücke voneinander zu erwerben, um ihre Bauvorhaben verwirklichen zu können.

Besondere Bemerkungen:
- Raum: ein sehr großer oder mehrere kleine Räume erforderlich
- Unterlagen: siehe Quellen

Name der Übung: Das Sanierungsspiel	**Quelle:** Kramer 122
Art der Übung: Planspiel	**Dauer:** 3 - 4 Std.
Ziel: - Beobachtung des Problemlösungsprozesses: Kooperation und Verhandlungstechnik zwischen konkurrierenden Kleingruppen	**Gleiche Übung auch unter Stichwort:**

Inhalt:

Im Gruppenraum werden 8 Häuser markiert, die von zwei Mietergruppen bewohnt werden. Die Mieter erhalten detaillierte Handlungsanweisungen und können erleben, welche Probleme entstehen, wenn eine Wohnungsbaugesellschaft über Geld und Macht verfügt, Häuser abzureißen und aufzubauen, wie es ihr gefällt.
Wenn die beiden Mietergruppen jedoch zusammenhalten, können sie diese Probleme zufriedenstellend lösen.

Besondere Bemerkungen:
- Unterlagen und Hilfsmittel: siehe Quelle
- Raum: sehr großer Raum erforderlich

Name der Übung: Planspiel	**Quelle:** Antons 135
Art der Übung: Verbale Kleingruppenaktivität bzw. Rollenspiel (Typ III)	**Dauer:** 1 Tag
Ziel: - Beobachtung des Problemlösungsprozesses: Kooperation und Verhandlungstechnik zwischen konkurrierenden Kleingruppen	**Gleiche Übung auch unter Stichwort:**

Inhalt:
Jede Kleingruppe erhält eine Planungsaufgabe. Kooperationsgrad, Kommunikationsgrad und Konfliktstärke können vom Leiter je nach Planspieltyp (es sind 3 Planspieltypen angegeben) variiert werden.

Besondere Bemerkungen:
- Unterlagen und Hilfsmittel: siehe Quelle

Name der Übung:	**Quelle:**
Cartoon-Time	Fr&Y 290

Art der Übung:	**Dauer:**
Verbale (Klein)Gruppenaktivität	1,5 - 2 Std.

Ziel:	**Gleiche Übung auch unter Stichwort:**
- Beobachtung des Problemlösungsprozesses: Kooperation und Verhandlungstechnik zwischen konkurrierenden Kleingruppen	

Inhalt:
Nachdem der Leiter einen Vortrag über "Beziehungen zwischen Gruppen" gehalten hat, bilden die Tn Kleingruppen und erhalten die Aufgabe, gemeinsam ein Cartoon-Buch zum Thema "Beziehungsprobleme zwischen Gruppen" zu zeichnen.
Anschließend beantworten sie in einem Fragebogen, wie gut die Zusammenarbeit zwischen den Kleingruppen geklappt hat. Im Plenum besprechen sie die Ergebnisse und überlegen, warum Schwierigkeiten und Mißverständnisse aufgetreten sind.
Jeder Tn erhält später eine Fotokopie des Cartoon-Buches.

Besondere Bemerkungen:
- Unterlagen: 1 Exemplar des Kapitels "Beziehungen zwischen Gruppen" (Fr&Y 114 ff.), 1 Instruktion und 1 Schlußfragebogen pro Tn
- Hilfsmittel: 1 Satz Farbstifte pro Kleingruppe und 1 Buch mit leeren Blättern

Name der Übung:	**Quelle:**
Wähle eine Farbe	Pf&J 1;46

Art der Übung:	**Dauer:**
Rollenspiel, 7 - 10 Personen, simultan oder in der Einzelgruppe	30 Min. plus Besprechung

Ziel:	**Gleiche Übung auch unter Stichwort:**
- Beobachtung des Problemlösungsprozesses: Kooperation bei unklaren Zielvorgaben - Entscheidungsfindung in Gruppen: Verbesserung der Entscheidungsfähigkeit	 - Entscheidungsfindung in Gruppen S.612

Inhalt:

Das Rollenspiel gliedert sich in drei Phasen: In der ersten Phase soll die Gruppe eine Farbe wählen, wobei jedes Mitglied eine detaillierte Rollenanweisung hat; in der zweiten Phase soll die Gruppe einen Vorsitzenden wählen und in der dritten Phase soll unter der Leitung des neugewählten Vorsitzenden über die beiden vorausgegangenen Phasen reflektiert werden.
Einen besonderen Akzent erhält die Übung dadurch, daß zwei Tn bereits in der ersten Phase wissen, daß in der zweiten Phase ein Vorsitzender gewählt werden soll und dadurch die Möglichkeit erhalten, die Gruppe zu manipulieren.

Besondere Bemerkungen:
- Unterlagen: allgemeine und individuelle Anweisungen
- Hilfsmittel: 10 große, 30 mittelgroße und 30 kleine Umschläge pro 10 Spieler

Name der Übung: Planungsaufgabe	**Quelle:** Pf&J 2;46
Art der Übung: Verbale Kleingruppenaktivität, Beobachter erforderlich	**Dauer:** 1,5 Std.
Ziel: - Beobachtung des Problemlösungsprozesses: Kooperation bei unklaren Zielvorgaben - Entscheidungsfindung in Gruppen: Förderung der Akzeptanz einer Entscheidung	**Gleiche Übung auch unter Stichwort:** - Entscheidungsfindung in Gruppen S.601

Inhalt:

Eine Planungsgruppe erhält eine Aufgabe (aus 16 Kartonstücken ein Quadrat bilden) und die Lösung dazu. Sie soll nun für die anderen Kleingruppen die Instruktionen ausarbeiten, nach der die Aufgabe zu lösen ist. Mit Hilfe dieser Instruktionen versuchen die Kleingruppen, die Aufgabe zu erfüllen.

Besondere Bemerkungen:

- Unterlagen: Anweisungen für die Planungsgruppe, Arbeitsgruppen und Beobachter

Name der Übung:	**Quelle:**
Wörter und Buchstaben	Pf&J 6;33

Art der Übung:	**Dauer:**
Verbale Kleingruppenaktivität	1,5 Std.

Ziel:	**Gleiche Übung auch unter Stichwort:**
- Beobachtung des Problemlösungsprozesses: Kooperation bei unklaren Zielvorgaben	

Inhalt:

Eine Innenkreisgruppe erhält zwei Aufgaben und muß eine davon lösen, wobei sie selber entscheiden muß, wann die Aufgabe (die keine eindeutige Lösung hat) als gelöst betrachtet werden kann.

Während des Problemlösungsprozesses erhalten die Tn keine zusätzlichen Informationen. Die Außenkreisgruppe beobachtet die Vorgänge, gibt anschließend Rückmeldung, geht dann in den Innenkreis und versucht, die andere Aufgabe zu lösen.

Besondere Bemerkungen:

- Hilfsmittel: Vorsicht: Druckfehler in Pf&J! Deshalb ausführlich:
  1 Briefumschlag Format DIN-A-4, 2 Briefumschläge DIN-A-5,
  1 "Wörter und Buchstaben" Anweisung in den großen Umschlag,
  1 Anweisung für die "Wörter"-Aufgabe und 7 Karten in Postkartengröße, in einen der kleinen Umschläge,
  1 Anweisung für die "Buchstaben"-Aufgabe und 21 Karten in Postkartengröße in den anderen kleinen Umschlag

Name der Übung:	**Quelle:**
Regel Du mir, so regel ich Dir	Antons 161

Art der Übung:	**Dauer:**
Verbale Kleingruppenaktivität	2 Std.

Ziel:	**Gleiche Übung auch unter Stichwort:**
- Beobachtung des Problemlösungsprozesses: Kooperation bei unklaren Zielvorgaben	
- Entscheidungsfindung in Gruppen: Verbesserung der Entscheidungsfähigkeit	- Entscheidungsfindung in Gruppen S.613

Inhalt:
Diese Übung ist ein Brettspiel, das keine Regeln hat.
Die Kleingruppen sollen Spielziele definieren, Regeln erfinden und können sogar den vorgegebenen Spielplan verändern.

Besondere Bemerkungen:
- Hilfsmittel: 1 Spielplan (auf einem Flip-Chart-Bogen aufgezeichnet) pro Kleingruppe, dazu Würfel und Spielfiguren

Name der Übung: Happening	**Quelle:** Pf&J 4;43
Art der Übung: Verbale Gruppenaktivität	**Dauer:** 1 Tag
Ziel: - Beobachtung des Problemlösungsprozesses: Kooperation bei unklaren Zielvorgaben - Kreativität: Förderung von kreativem Verhalten	**Gleiche Übung auch unter Stichwort:** - Kreativität S.678

Inhalt:

Die Gruppe gestaltet einen Tag ganz nach ihren Wünschen.
Die Tn sind an keine Vorschriften gebunden, müssen aber bereit sein, ihr Verhalten zu verantworten.

Besondere Bemerkungen:
- Auf 10 Tn sollte 1 Assistent kommen
- Am Tag vor dem Happening werden die Aktivitäten mit den Tn geplant
- Raum: sehr viel Platz erforderlich
- Einsatz von Video (als Gestaltungsmöglichkeit) empfehlenswert

Name der Übung: Pelle Grashüpfer	**Quelle:** Pf&J <u>3</u>;30
Art der Übung: Verbale Kleingruppenaktivität	**Dauer:** 1 Std.
Ziel: - Beobachtung des Problemlösungsprozesses: Kooperation bei unterschiedlichem Informationsstand der Tn	**Gleiche Übung auch unter Stichwort:**

Inhalt:
Die Sechsergruppen haben eine Aufgabe zu lösen, wobei fünf Lösungsregeln auf die Mitglieder verteilt sind; das sechste Mitglied ist Beobachter. Wenn die Aufgabe gelöst ist, diskutieren die Kleingruppen zusammen mit dem Beobachter, wie jedes einzelne Mitglied durch sein Verhalten den Lösungsprozeß beeinflußt hat.

Besondere Bemerkungen:
- Unterlagen: 1 Satz Regeln (auf Kärtchen), Anweisungen und Beobachtungsschema pro Kleingruppe

Name der Übung: Verkaufskonferenz	**Quelle:** Pf&J 4;151
Art der Übung: Verbale (Klein)Gruppeninformationen	**Dauer:** 1 - 1,5 Std.
Ziel: - Beobachtung des Problemlösungsprozesses: Kooperation bei unterschiedlichem Informationsstand der Tn	**Gleiche Übung auch unter Stichwort:**

Inhalt:
Die Tn werden in Fünfergruppen aufgeteilt und erhalten eine Aufgabe, die sie innerhalb von 30 Min. lösen sollen. Jedes Kleingruppenmitglied besitzt 5 von 15 lösungsrelevanten Informationen.

Besondere Bemerkungen:
- Raum: 1 sehr großer oder mehrere kleine Räume erforderlich
- Videoaufnahme empfehlenswert (wenn nur 1 Kleingruppe spielt)
- Unterlagen: 15 Informationskarten pro Kleingruppe

Name der Übung: Die D-Klasse	**Quelle:** Pf&J 5;23
Art der Übung: Verbale (Klein)Gruppenaktivität	**Dauer:** 45 - 60 Min.
Ziel: - Beobachtung des Problemlösungsprozesses: Kooperation bei unterschiedlichem Informationsstand der Tn	**Gleiche Übung auch unter Stichwort:**

Inhalt:
Die Tn bilden Sechsergruppen und erhalten eine Aufgabe, die sie innerhalb von 20 Min. lösen sollen. Jedes Kleingruppenmitglied besitzt lösungsrelevante Informationen.

Besondere Bemerkungen:
- Raum: 1 sehr großer oder mehrere kleine Räume erforderlich
- Videoaufnahme empfehlenswert (wenn nur 1 Kleingruppe spielt)
- Unterlagen: 1 Satz Informationskarten pro Kleingruppe

Name der Übung:	**Quelle:**
Problemlösungsaufgabe	Pf&J 2;37
Mipps und Wors	Ki/MSch 42
Ohne Namensangabe bei	Schw/S 303

Art der Übung:	**Dauer:**
Verbale (Klein)Gruppenaktivität	1 Std.

Ziel:	**Gleiche Übung auch unter Stichwort:**
- Beobachtung des Problemlösungsprozesses: Kooperation bei unterschiedlichem Informationsstand der Tn	

Inhalt:

Die Informationen zu der Aufgabe: "Wenn LUTTS und MIPPS neue Längenmaße und DARS, WORS und MIRS neue Zeiteinheiten sind - wieviele WORS dauert dann eine Fahrt von A nach C?" sind zufällig unter den Tn verstreut.

Die (Klein)Gruppe muß diese Informationen strukturieren und die Aufgabe lösen.

Besondere Bemerkungen:

- Videoaufnahme empfehlenswert
- Unterlagen: Instruktionen, Informationskärtchen und Beobachtungsschema

Name der Übung: The zin obelisk Der Sin-Obelisk	**Quelle:** Woodcock 145 Fr&Y 168
Art der Übung: Verbale (Klein)Gruppenaktivität	**Dauer:** 1,5 Std.
Ziel: - Beobachtung des Problemlösungsprozesses: Kooperation bei unterschiedlichem Informationsstand der Tn	**Gleiche Übung auch unter Stichwort:**

Inhalt:
Der Leiter verteilt 31 Informationskärtchen zufällig in jeder (Klein)Gruppe. Auf den Kärtchen stehen die Angaben, wie der Zin-Obelisk, ein der Göttin Tina im alten Atlantis geweihter Turm, gebaut wird. Die Tn haben die Aufgabe, aus den verstreuten Informationen herauszufinden, an welchem Wochentag der Turm fertiggestellt wurde.

Besondere Bemerkungen:
- Hilfsmittel: 31 Informationskärtchen pro (Klein)Gruppe
- Unterlagen: 1 Fragebogen zum Problemlösungsprozeß pro Tn
- Videoaufnahme empfehlenswert

Name der Übung: Flugzeugentführung - ein Rätselspiel	**Quelle:** Gudjons 192
Art der Übung: Verbale Gruppenaktivität	**Dauer:** 1,5 Std.
Ziel: - Beobachtung des Problemlösungsprozesses: Kooperation bei unterschiedlichem Informationsstand der Tn	**Gleiche Übung auch unter Stichwort:**

Inhalt:
Auf 17 Kärtchen steht je eine relevante Information zur Aufklärung einer Flugzeugentführung. Jeder Tn besitzt eine solche Information, und die Gruppe soll aus den verstreuten Informationen die Täterin finden.

Besondere Bemerkungen:
- Hilfsmittel: Kärtchen mit den Informationen

Name der Übung: Kohlengesellschaft	**Quelle:** Antons 121
Art der Übung: Rollenspiel, mindestens 5 Personen in der Einzelgruppe, Beobachter empfehlenswert	**Dauer:** 30 Min. plus Besprechung
Ziel: - Beobachtung des Problemlösungsprozesses: Kooperation bei unterschiedlichem Informationsstand der Tn	**Gleiche Übung auch unter Stichwort:**

Inhalt:

Die Rollenspieler sind die leitenden Ingenieure einer Kohlengesellschaft in Nigeria, die einen Kandidaten für den Posten des Direktors auswählen. Die Spieler haben einen unterschiedlichen Informationsstand über die Einstellungsbedingungen der Bewerber; wenn sie ihre Informationen jedoch kooperativ anwenden, fallen sechs der sieben Kandidaten aufgrund ihrer mangelnden Qualifikation aus dem Wettbewerb heraus.

Besondere Bemerkungen:

- Videoaufnahme empfehlenswert
- Unterlagen: Instruktionen für die Tn

Name der Übung: Kommune Hochburg	**Quelle:** Pf&J 3;105
Art der Übung: Rollenspiel, 5 Personen, simultan oder in der Einzelgruppe	**Dauer:** 30 Min. plus Besprechung
Ziel: - Beobachtung des Problemlösungsprozesses: Kooperation bei unterschiedlichem Informationsstand der Tn	**Gleiche Übung auch unter Stichwort:**

Inhalt:

Die Rollenspielgruppe hat folgende Aufgabe:
Aus sechs Bewerbern um einen Posten in einer Familienberatungsstelle soll sie denjenigen herausfinden, der alle Anforderungen erfüllt.
Die Mitglieder haben alle einen unterschiedlichen Informationsstand.

Besondere Bemerkungen:
- Videoaufnahme empfehlenswert
- Unterlagen: 5 Datenblätter, 5 Anweisungen, 5 Zusammenstellungen der Bewerberdaten und 5 Lösungsblätter pro Rollenspielgruppe

Name der Übung: Kosmetikfirma	**Quelle:** Antons 51
Art der Übung: Rollenspiel, 5 - 10 Personen, simultan oder in der Einzelgruppe	**Dauer:** mit Zeitlimit (30 Min.) oder ohne Zeitlimit durchführbar
Ziel: - Beobachtung des Problemlösungsprozesses: Kooperation bei unterschiedlichem Informationsstand der Tn	**Gleiche Übung auch unter Stichwort:**

Inhalt:
Das Kippbild "Alte Frau - Junge Frau" stellt das Bild einer Kandidatin dar, die sich um den Posten einer Filialleiterin in einer Kosmetikfirma bewirbt.
Ohne auf persönliche Daten zurückgreifen zu können, sollen die Tn als Personalchefs entscheiden, ob und warum sie diese Bewerberin (nicht) einstellen. Das Bild darf nicht berührt werden und es darf nicht gezeigt und gedeutet werden.

Besondere Bemerkungen:
- Videoaufnahme empfehlenswert
- Unterlagen: 1 Kippbild "Alte Frau - Junge Frau" pro Tn

Name der Übung: Ein Tag in Paris	**Quelle:** Vopel 6;70
Art der Übung: Verbale Paaraktivität	**Dauer:** 1 - 1,5 Std.
Ziel: - Entscheidungsfindung in Gruppen: Konsensusbildung	**Gleiche Übung auch unter Stichwort:**

Inhalt:
Die Tn versuchen zu zweit, folgendes Problem zu lösen:
Nachdem sie soeben in Paris gelandet sind, müssen sie sich darüber einigen, wie sie die nächsten 12 Stunden bis zum Rückflug verbringen wollen. Zur Verfügung stehen ihnen ein vollgetanktes Auto und 40 Francs.

Besondere Bemerkungen:

Name der Übung: Charakteristika eines guten Lehrers	**Quelle:** Pf&J 3;82 und 97
Art der Übung: Verbale Einzel- und Kleingruppenaktivität	**Dauer:** 1 Std.
Ziel: - Entscheidungsfindung in Gruppen: Konsensusbildung - Normen und Werte: Analyse der eigenen Wertvorstellungen	**Gleiche Übung auch unter Stichwort:** - Normen und Werte S.66

Inhalt:
Die Tn bewerten individuell und in der Kleingruppe Aussagen danach, ob sie auf einen guten Lehrer zutreffen oder nicht.
Einzel- und Kleingruppenergebnisse werden verglichen.

Besondere Bemerkungen:
- Unterlagen: 1 Blatt "Charakteristika eines guten Lehrers" pro Tn

Name der Übung: Teenager	**Quelle:** Pf&J 3;82 und 96
Art der Übung: Verbale Einzel- und Kleingruppenaktivität	**Dauer:** 1 Std.
Ziel: - Entscheidungsfindung in Gruppen: Konsensusbildung - Normen und Werte: Analyse der eigenen Wertvorstellungen	**Gleiche Übung auch unter Stichwort:** - Normen und Werte S.69

Inhalt:
Die Tn entscheiden individuell und in der Kleingruppe, welche Statements die Einstellungen von Teenagern am besten, zweitbesten, drittbesten usf. wiedergeben. Einzel- und Kleingruppenergebnisse werden verglichen.

Besondere Bemerkungen:
- Unterlagen: 1 Blatt "Teenager" pro Tn

Name der Übung: Politiker	**Quelle:** Pf&J 3;82 und 92
Art der Übung: Verbale Einzel- und Kleingruppenaktivität	**Dauer:** 1 Std.
Ziel: - Entscheidungsfindung in Gruppen: Konsensusbildung - Normen und Werte: Analyse der eigenen Wertvorstellungen	**Gleiche Übung auch unter Stichwort:** - Normen und Werte S.68

Inhalt:
Die Tn sollen individuell und in der Kleingruppe fünf Eigenschaften auswählen, die für einen Kommunalpolitiker von Wichtigkeit sind.
Einzel- und Gruppenergebnisse werden verglichen.

Besondere Bemerkungen:
- Unterlagen: 1 Blatt "Politiker" pro Tn

Name der Übung: Wer soll zurückgelassen werden?	**Quelle:** Pf&J 3;82 und 94
Art der Übung: Verbale Einzel- und Gruppenaktivität	**Dauer:** 1 Std.
Ziel: - Entscheidungsfindung in Gruppen: Konsensusbildung - Normen und Werte: Analyse der eigenen Wertvorstellungen	**Gleiche Übung auch unter Stichwort:** - Normen und Werte S.71

Inhalt:
Die Tn sollen individuell und in der Kleingruppe entscheiden, welche drei Personen bei einer Evakuierung zurückgelassen werden sollen, und so möglicherweise einer Katastrophe zum Opfer fallen.
Einzel- und Kleingruppenergebnisse werden verglichen.

Besondere Bemerkungen:
- Unterlagen: 1 Blatt "Wer soll zurückgelassen werden?" pro Tn
- Leiter muß mit Widerstand aus der Gruppe rechnen

Name der Übung:	Quelle:
Cave rescue Verschüttet	Woodcock 131 Fr&Y 214

Art der Übung:	Dauer:
Verbale (Klein)Gruppenaktivität	1,5 Std.

Ziel:	Gleiche Übung auch unter Stichwort:
- Entscheidungsfindung in Gruppen: Konsensusbildung - Normen und Werte: Analyse der eigenen Wertvorstellungen	- Normen und Werte S.76

Inhalt:
Eine Höhlen-Expeditionsgruppe ist in eine Notlage geraten. Die herbeigerufene Rettungsmannschaft meint, daß sie die Verunglückten nur einzeln herausholen kann und jeweils 1 Stunde dafür braucht. Dabei wird die Gefahr immer größer, daß die Expeditionsteilnehmer im reißenden Wasser ertrinken.
Die Kleingruppe soll nun Konsensus darüber erzielen, in welcher Reihenfolge die sechs Verunglückten, deren persönliche Daten vorliegen, gerettet werden sollen.

Besondere Bemerkungen:
- Unterlagen: 1 Instruktionsblatt und 1 Fragenkatalog pro Tn

Name der Übung:	Quelle:
Rettungsboot	Gudjons 195

Art der Übung:	Dauer:
Verbale Gruppenaktivität	2 - 3 Std.

Ziel:	Gleiche Übung auch unter Stichwort:
- Entscheidungsfindung in Gruppen: Konsensusbildung	
- Normen und Werte: Analyse der eigenen Wertvorstellungen	- Normen und Werte S. 72

Inhalt:

Nach einem Schiffsunglück sitzen die Tn in einem Rettungsboot, das zu sinken droht, weil zuviele Menschen drin sind. Daher müssen die Tn innerhalb von 30 Min. entscheiden, wer von ihnen mit dem Rettungsring aussteigen muß. Die Tn spielen folgende Rollen: 14-jährige Schülerin, Lehrerin, Profi-Sportler, 50-jähriger Fabrikant, berühmter Schriftsteller, Tischler, pensionierter Regierungsrat, Hausfrau, Krankenschwester usw. Wenn sie nach 30 Min. keine Entscheidung getroffen haben, geht das Boot unter.

Besondere Bemerkungen:

- Leiter muß mit Widerstand aus der Gruppe rechnen

Name der Übung: Maklerspiel	**Quelle:** Gudjons 196
Art der Übung: Verbale Gruppenaktivität	**Dauer:** 2 - 3 Std.
Ziel: - Entscheidungsfindung in Gruppen: Konsensusbildung - Normen und Werte: Analyse der eigenen Wertvorstellungen	**Gleiche Übung auch unter Stichwort:** -Normen und Werte S. 74

Inhalt:
Ein Makler hat die Interessenten für eine sehr günstige 5-Zimmer-Wohnung versammelt. Der Makler will eine "demokratische" Entscheidung herbeiführen und die Bewerber sich selber einigen lassen; er selber hat aber das letzte Wort. Für jeden Bewerber gibt es eine kleine Rolle.

Besondere Bemerkungen:

Name der Übung: Synergie	**Quelle:** Vopel 3;77
Art der Übung: Verbale Einzel- und Kleingruppenaktivität	**Dauer:** 1 - 1,5 Std.
Ziel: - Entscheidungsfindung in Gruppen: Konsensusbildung	**Gleiche Übung auch unter Stichwort:**

Inhalt:

Die Tn sollen zuerst individuell, dann in der Kleingruppe einen Problemkatalog bearbeiten, der Fragen aus dem Lehrgebiet des Leiters enthält.
In den Kleingruppen müssen bei jeder Entscheidung alle Mitglieder zustimmen.

Besondere Bemerkungen:

- Unterlagen: Der Leiter muß einen Problemkatalog ausarbeiten mit Fragen, auf die es keine eindeutigen Antworten gibt.
  Jeder Tn erhält 1 Exemplar des Problemkataloges

Name der Übung: Kleckse deuten	**Quelle:** Gudjons 185
Art der Übung: Verbale Kleingruppenaktivität	**Dauer:** 1,5 Std.
Ziel: - Entscheidungsfindung in Gruppen. Konsensusbildung	**Gleiche Übung auch unter Stichwort:**

Inhalt:
Jede Kleingruppe erhält 10 Tafeln mit (selbsthergestellten) Klecksbildern und soll innerhalb einer bestimmten Zeit jedem dieser Bilder einen gemeinsamen Namen geben.

Besondere Bemerkungen:
- Hilfsmittel: 10 Klecksbilder pro Kleingruppe

Name der Übung: Schuhgeschäft	**Quelle:** Pf&J 3;26
Art der Übung: Verbale (Klein)Gruppenaktivität	**Dauer:** 1 Std.
Ziel: - Entscheidungsfindung in Gruppen: Konsensusbildung - Beobachtung des Problemlösungsprozesses: Kooperation zwischen Individuen innerhalb konkurrierender Kleingruppen	**Gleiche Übung auch unter Stichwort:** - Beobachtung des Problemlösungsprozesses S.528

Inhalt:
Die Tn müssen in Kleingruppen ein mathematisches Rätsel lösen; die Lösung muß von allen Kleingruppenmitgliedern getragen werden.
Wenn alle Kleingruppen die korrekte Lösung gefunden haben, diskutieren sie im Plenum den Lösungsprozeß und/oder den Kommunikationsprozeß.

Besondere Bemerkungen:
- Unterlagen: 1 schriftliche Vorlage des Rätsels pro Tn

Name der Übung: Auswählen von Führungskräften	**Quelle:** Pf&J <u>5</u>;152
Art der Übung: Verbale Einzel- und (Klein)Gruppenaktivität	**Dauer:** 2 Std.
Ziel: - Entscheidungsfindung in Gruppen: Konsensusbildung - Führungskräfte-Training: Erweiterung von Führungsqualitäten	**Gleiche Übung auch unter Stichwort:** - Führungskräfte-Training S.624

Inhalt:

Nachdem jeder Tn für sich eine Liste mit 12 Anforderungen an Führungskräfte in eine Rangreihe gebracht hat, sollen sie erst individuell, dann in der Kleingruppe aus einer Reihe von Bewerbern fünf für einen Führungsposten geeignete Kandidaten auswählen. Zum Schluß einigt sich die Gesamtgruppe auf eine Rangordnung der zuvor schon individuell bearbeiteten Anforderungen an Führungskräfte.

Besondere Bemerkungen:

- Unterlagen: 1 Exemplar "Anforderungen an Führungskräfte",
  1 Anweisung für das Auswählen der 5 Führungskräfte und 1 Bewerberliste pro Tn

Name der Übung: Plazierung von Führerverhaltensweisen/ Ausbildungszielen	**Quelle:** Pf&J <u>1</u>;107
Art der Übung: Verbale Gruppenaktivität	**Dauer:** 1,5 Std.
Ziel: - Entscheidungsfindung in Gruppen: Konsensusbildung - Prozeßanalysen: allgemeine Analyse von Gruppenprozessen; Kleingruppe beobachtet Kleingruppe	**Gleiche Übung auch unter Stichwort:** - Prozeßanalysen S. 810

Inhalt:
Eine Kleingruppe im Innenkreis hat die Aufgabe, Beispiele von Führerverhaltensweisen in eine Reihenfolge zu bringen. Dabei wird sie von den übrigen Tn, die im Außenkreis sitzen, beobachtet (siehe: "Gruppe beobachtet Gruppe" S. 675). Die Innengruppe hat keinen formellen Diskussionsleiter und kann nach einem beliebigen Verfahren entscheiden.
Nach 15 Min. wird die Übung abgebrochen und eine kurze Feedbackphase eingeschoben; dann wechseln Innen- und Außenkreis und die Aufgabe des Innenkreises heißt jetzt, Ausbildungsziele nach Prioritäten zu ordnen.

Besondere Bemerkungen:
- Unterlagen: 2 Rangordnungsschemata und ggf. 2 Beobachtungsschemata pro Tn

Name der Übung: Gruppendynamische Prozeßbeobachtungsübungen	**Quelle:** Pf&J 5;136
Art der Übung: Verbale Gruppenaktivität, mindestens 17 Tn	**Dauer:** 2 Std.
Ziel: - Entscheidungsfindung in Gruppen: Konsensusbildung - Normen und Werte: Analyse der eigenen Wertvorstellungen	**Gleiche Übung auch unter Stichwort:** - Normen und Werte S.70

Inhalt:
Nach einem kurzen Referat des Leiters über Gruppenentwicklungsmodelle setzen sich sechs oder mehr Freiwillige in einen Innenkreis. Sie hören die Geschichte: "Das Mädchen und der Schiffszimmermann", in der es um einen Wertekonflikt geht, und sollen darüber diskutieren, wie sympathisch die Personen in der Geschichte auf die Tn wirken. Elf Mitglieder im Außenkreis beobachten mit Hilfe von detaillierten Schemata den Prozeß.

Besondere Bemerkungen:
- Unterlagen: 11 verschiedene Beobachteranweisungen

Name der Übung: Wüste, Sand und Sterne	**Quelle:** Vopel 6;77
Art der Übung: Verbale Kleingruppenaktivität	**Dauer:** 1 - 1,5 Std.
Ziel: - Entscheidungsfindung in Gruppen: Konsensusbildung	**Gleiche Übung auch unter Stichwort:**

Inhalt:
Die Kleingruppe befindet sich auf einer Sahara-Expedition und hat sich verirrt. Der arabische Führer und der Expeditionsleiter, die sich auf die Suche nach einer Oase gemacht haben, sind längst überfällig.
Die Kleingruppe soll nun einen einstimmigen Beschluß herbeiführen, welche Maßnahmen zu ergreifen sind.

Besondere Bemerkungen:

Name der Übung: Entscheidungskontinuum	**Quelle:** Gudjons 197
Art der Übung: Verbale Einzel-, Kleingruppen- und Gruppenaktivität	**Dauer:** 2 Std.
Ziel: - Entscheidungsfindung in Gruppen: Konsensusbildung - Normen und Werte: Analyse der eigenen Wertvorstellungen	**Gleiche Übung auch unter Stichwort:** -Normen und Werte S. 73

Inhalt:
Die Gruppe soll auf eine einsame Insel verbannt werden und darf außer ihrer Bekleidung zusammen nur 10 Gegenstände mitnehmen. In der ersten Phase fertigt jedes Gruppenmitglied eine Liste seiner notwendigen und sinnvollen Gegenstände an; danach sollen sie sich in Vierergruppen anhand der individuellen Listen auf die 10 Gegenstände einigen. In der dritten Phase schickt jede Vierergruppe einen Vertreter in die Gesamtgruppe, wo die endgültige Entscheidung über die 10 Gegenstände getroffen wird.

Besondere Bemerkungen:

Name der Übung: Tabletten	**Quelle:** Pf&J 5;47
Art der Übung: Verbale Kleingruppenaktivität	**Dauer:** 1 - 1,5 Std.
Ziel: - Entscheidungsfindung in Gruppen: Konsensusbildung - Konflikttraining: Umgang mit Diskriminierung	**Gleiche Übung auch unter Stichwort:** - Konflikttraining S. 355

Inhalt:
Die Tn stellen sich vor, daß sie soeben eine vorzügliche Mahlzeit genossen haben. Plötzlich kommt der Koch und sagt, daß er infolge eines Versehens statt eines Gewürzes ein tödliches Gift beigegeben hat. Das Gegengift muß innerhalb der nächsten 30 Min. eingenommen werden. Leider ist nicht genügend Gegengift vorhanden, ein Kleingruppenmitglied kann keine Tablette bekommen.
Die Kleingruppe hat nun 30 Min. Zeit, über den Fall zu beraten.

Besondere Bemerkungen:
- Leiter muß mit Widerstand aus der Gruppe rechnen

Name der Übung: Konsensus im Fishbowl	**Quelle:** Vo/Ki 229
Art der Übung: Verbale Gruppenaktivität	**Dauer:** 1 Std.
Ziel: - Entscheidungsfindung in Gruppen: Konsensusbildung - Prozeßanalysen: allgemeine Analyse von Gruppenprozessen, Kleingruppe beobachtet Kleingruppe	**Gleiche Übung auch unter Stichwort:** - Prozeßanalysen S.809

Inhalt:
Eine Innenkreisgruppe hat die Aufgabe, innerhalb von 20 Min. einen Leiter zu wählen, während die Außenkreisgruppe die ablaufenden Gruppenprozesse beobachtet.
Nach einer anschließenden zehnminütigen Besprechung werden die Rollen getauscht.

Besondere Bemerkungen:

Name der Übung: Große Koalition bilden	**Quelle:** Workbook 4.9.6
Art der Übung: Verbale Gruppenaktivität	**Dauer:** 1,5 - 3 Std.
Ziel: - Entscheidungsfindung in Gruppen: Konsensusbildung - Entscheidungsfindung in Gruppen: Förderung der Akzeptanz einer Entscheidung	**Gleiche Übung auch unter Stichwort:** - Entscheidungsfindung in Gruppen S. 604

Inhalt:

Konfliktgruppen wählen 2 - 3 Verhandlungsführer, die in einer Koalition einen Konsens suchen. Die übrigen Tn bilden die "kritische Öffentlichkeit", welche Kriterien erarbeitet, nach denen das Verhandlungsergebnis bewertet wird.
Die Koalitionsrunde stellt ihr Ergebnis der Öffentlichkeit vor, von der es entweder akzeptiert oder verworfen wird.

Besondere Bemerkungen:
- Moderationsausrüstung empfehlenswert

Name der Übung: Jägerspiel	**Quelle:** Gudjons 182
Art der Übung: Verbale Gruppenaktivität	**Dauer:** 1 Std.
Ziel: - Entscheidungsfindung in Gruppen: Konsensusbildung - Eröffnungsphase: Anwärmübung	**Gleiche Übung auch unter Stichwort:** -Eröffnungsphase S. 762

Inhalt:

Zwei Tn versuchen, durch Anticken aus der Menge der übrigen Tn einen zu fassen. Dieser hakt sich bei den beiden ein und gemeinsam fangen sie einen vierten. Danach teilt sich die Vierergruppe wieder in 2 Paare und machen auf die oben beschriebene Art Jagd auf weitere Tn.

Besondere Bemerkungen:

- Raum: zu diesem Spiel braucht man viel Platz

Name der Übung:	Quelle:
Puzzle	Gudjons 181

Art der Übung:	Dauer:
Verbale Einzel- und Kleingruppenaktivität	1 Std.

Ziel:	Gleiche Übung auch unter Stichwort:
- Entscheidungsfindung in Gruppen: Synergiedemonstration - Beobachtung des Problemlösungsprozesses: Kooperation zwischen Individuen innerhalb konkurrierender Kleingruppen	- Beobachtung des Problemlösungsprozesses S. 512

Inhalt:

Die ganze Gruppe wird in Kleingruppen und Einzelpersonen aufgeteilt. Sie haben die Aufgabe, möglichst schnell ein Puzzle zusammenzusetzen.

Besondere Bemerkungen:

- Hilfsmittel: entsprechende Anzahl von Puzzles

Name der Übung:	Quelle:
NASA-Übung NASA-Spiel NASA-Spiel	Antons 155 Workbook 4.3.3 Ki/MSch 28
Art der Übung:	**Dauer:**
Verbale Einzel- und Kleingruppenaktivität	1 Std.
Ziel:	**Gleiche Übung auch unter Stichwort:**
- Entscheidungsfindung in Gruppen: Synergiedemonstration	

Inhalt:

Jeder Tn muß erst individuell und dann in einer Kleingruppe eine Rangordnung derjenigen Gegenstände erstellen, die bei einer Notlandung auf dem Mond überlebensnotwendig sind.
Die Entscheidung in der Kleingruppe muß einstimmig erfolgen.

Besondere Bemerkungen:
- Unterlagen: Instruktionen für jeden Tn

Name der Übung: Seenot	**Quelle:** Pf&J 6;67
Art der Übung: Verbale Einzel- und Kleingruppenaktivität	**Dauer:** 1 Std.
Ziel: - Entscheidungsfindung in Gruppen: Synergiedemonstration	**Gleiche Übung auch unter Stichwort:**

Inhalt:

Die Tn sollen individuell und in der Kleingruppe 15 Gegenstände, die sie als Schiffbrüchige noch besitzen, nach ihrer Bedeutung im Hinblick auf ihr Rettung in eine Rangordnung bringen.

Besondere Bemerkungen:
- Unterlagen: 1 Individuelles Bewertungsschema, 1 Gruppenbewertungsschema und 1 Exemplar "Antworten und Begründungen" pro Tn

Name der Übung: Status im Krankenhaus	**Quelle:** Pf&J 5;31
Art der Übung: Verbale Einzel- und Kleingruppenaktivität	**Dauer:** 1 Std.
Ziel: - Entscheidungsfindung in Gruppen: Synergiedemonstration	**Gleiche Übung auch unter Stichwort:**

Inhalt:
Die Tn bewerten individuell und in der Kleingruppe den Status von 14 Spezialisten, die im Krankenhaus tätig sind.
Die Ergebnisse werden mit einer amerikanischen Studie verglichen.

Besondere Bemerkungen:
- Unterlagen: 1 Liste von Ärzten pro Tn

Name der Übung: Highway code - a consensus-seeking activity	**Quelle:** Woodcock 121
Art der Übung: Verbale Einzel- und Kleingruppenaktivität	**Dauer:** 1,5 Std.
Ziel: - Entscheidungsfindung in Gruppen: Synergiedemonstration	**Gleiche Übung auch unter Stichwort:**

Inhalt:
Die Tn beantworten individuell 10 Fragen über Autobahn-Verkehrsvorschriften.
In Kleingruppen versuchen sie dann, einstimmige Antworten auf die Fragen zu finden.

Besondere Bemerkungen:
- Unterlagen: 1 Fragebogen, 2 Antwortbogen und Auflösungen pro Tn
- Fragen und Antworten müssen auf deutsche Verhältnisse übertragen werden

Name der Übung: Was nach Ansicht junger Menschen wertvoll ist	**Quelle:** Pf&J 3;82 und 95
Art der Übung: Verbale Einzel- und Gruppenaktivität	**Dauer:** 1 Std.
Ziel: - Entscheidungsfindung in Gruppen: Synergiedemonstration	**Gleiche Übung auch unter Stichwort:**

Inhalt:
Die Tn entscheiden individuell und in der Kleingruppe, was nach Ansicht amerikanischer Schüler im Leben wertvoll ist.
Einzel- und Kleingruppenergebnisse werden mit einer empirischen Untersuchung verglichen.

Besondere Bemerkungen:
- Unterlagen: 1 Blatt "Was nach Ansicht junger Menschen wertvoll ist" pro Tn

Name der Übung: Glaubwürdigkeit	**Quelle:** Pf&J 3;82 und 93
Art der Übung: Verbale Einzel- und Kleingruppenaktivität	**Dauer:** 1 Std.
Ziel: - Entscheidungsfindung in Gruppen: Synergiedemonstration - Normen und Werte: Analyse der eigenen Wertvorstellungen	**Gleiche Übung auch unter Stichwort:** - Normen und Werte S.67

Inhalt:
Die Tn entscheiden individuell und in der Kleingruppe, wieviel Glaubwürdigkeit Personen aus 20 verschiedenen Berufen genießen.
Einzel- und Gruppenergebnisse werden mit einer empirischen Untersuchung verglichen.

Besondere Bemerkungen:
- Unterlagen: 1 Blatt "Glaubwürdigkeit" pro Tn

Name der Übung: Auswahl der Gefährtin	**Quelle:** Pf&J 3;82 und 91
Art der Übung: Verbale Einzel- und Kleingruppenaktivität	**Dauer:** 1 Std.
Ziel: - Entscheidungsfindung in Gruppen: Synergiedemonstration	**Gleiche Übung auch unter Stichwort:**

Inhalt:
Die Tn entscheiden individuell und in der Kleingruppe, welche Kriterien für Harvard-Studenten entscheidend waren, wenn sie ein Mädchen einluden.
Einzel- und Kleingruppenergebnisse werden anschließend verglichen.

Besondere Bemerkungen:
- Unterlagen: 1 Blatt "Auswahl der Gefährtin" pro Tn

Name der Übung: Krisen im Leben	**Quelle:** Pf&J 3;82 und 90
Art der Übung: Verbale Einzel- und Kleingruppenaktivität	**Dauer:** 1 Std.
Ziel: - Entscheidungsfindung in Gruppen: Synergiedemonstration	**Gleiche Übung auch unter Stichwort:**

Inhalt:
Die Tn bewerten individuell und in der Kleingruppe kritische Lebensereignisse danach, wie schwer die Konsequenzen für die Betroffenen waren.
Einzel- und Kleingruppenergebnisse werden mit einer empirischen Untersuchung verglichen.

Besondere Bemerkungen:
- Unterlagen: 1 Blatt "Krisen im Leben" pro Tn

Name der Übung: Registrierkasse	**Quelle:** Pf&J 4;138
Art der Übung: Verbale Einzel- und Kleingruppenaktivität	**Dauer:** 45 Min.
Ziel: - Entscheidungsfindung in Gruppen: Synergiedemonstration	**Gleiche Übung auch unter Stichwort:**

Inhalt:
Die Tn sollen erst einzeln, dann in der Kleingruppe 11 Aussagen, die sich auf eine kurze Geschichte beziehen, danach einstufen, ob sie richtig oder falsch sind.

Besondere Bemerkungen:
- Unterlagen: 1 Schema "Registrierkasse" pro Tn und pro Kleingruppe

Name der Übung: Die zwölf Geschworenen	**Quelle:** Pf&J 4;11
Art der Übung: Verbale Einzel- und Kleingruppenaktivität	**Dauer:** 3 Std.
Ziel: - Entscheidungsfindung in Gruppen: Synergiedemonstration	**Gleiche Übung auch unter Stichwort:**

Inhalt:
Die Tn sollen individuell und in der Kleingruppe voraussagen, in welcher Reihenfolge die zwölf Geschworenen des gleichnamigen Films ihre Meinung ändern.

Besondere Bemerkungen:
- Unterlagen: 1 individuelles Beurteilungsschema und 1 Gruppenbeurteilungsschema pro Tn
- Hilfsmittel: Film "Die zwölf Geschworenen", 35 mm - Vorführgerät, Leinwand

Name der Übung: Utopie-Spiel	**Quelle:** Workbook 3.2.13
Art der Übung: Verbale (Klein)Gruppenaktivität	**Dauer:** 1 - 3 Std.
Ziel: - Entscheidungsfindung in Gruppen: Anwendung einer Problemlösungsstrategie - Kreativität: kreative Lösungsstrategie	**Gleiche Übung auch unter Stichwort:** - Kreativität S. 673

Inhalt:

Ein Thema wird so formuliert, daß Utopien entwickelt werden können. Nach einem freien Ideensammlungsprozeß in Kleingruppen (vgl. Brainstorming) werden die besten Utopien prämiiert und auf ihre Verwirklichbarkeit geprüft.

Besondere Bemerkungen:
- Die Gruppe muß stimmungsmäßig zum "Spinnen" hingeführt werden
- Moderationsausrüstung empfehlenswert

Name der Übung:	Quelle:
Brainstorming	Workbook 2.2.3. und 3.2.16
Brainstorming und Ideenanalyse	Pf&J 2;19
Methode 6-3-5	Ki/MSch 53
Brainstorming	Woodcock 83 , Gudjons 210
Brainstorming	Fr&Y 276
Art der Übung:	**Dauer:** 15 Min. für die eigentliche Sitzung; anschließend 1-2 Std. für die Bearbeitung des Materials
Verbale (Klein)Gruppenaktivität	

Ziel:	Gleiche Übung auch unter Stichwort:
- Entscheidungsfindung in Gruppen: Anwendung einer Problemlösungsstrategie	
- Kreativität: kreative Lösungsstrategie	- Kreativität S.670

Inhalt:

Zu einer klar umschriebenen Problemstellung kann jeder Tn vollkommen frei Ideen äußern. Während der Ideensammlung dürfen die Äußerungen keinesfalls bewertet werden; in der anschließenden Auswertungsphase werden die Ideen dann klassifiziert und kritisiert.

Besondere Bemerkungen:
- Die laufende Dokumentation der Ideen muß sichergestellt sein
- Die gesammelten Daten müssen allen Tn zugänglich sein

Name der Übung: Morphologischer Kasten	**Quelle:** Workbook 3.2.14
Art der Übung: Verbale (Klein)Gruppenaktivität	**Dauer:** Mindestens 2 Std.
Ziel: - Entscheidungsfindung in Gruppen: Anwendung einer Problemlösungsstrategie - Kreativität: kreative Lösungsstrategie	**Gleiche Übung auch unter Stichwort:** - Kreativität S. 672

Inhalt:

In der senkrechten Vorspalte einer Matrix werden die unabhängigen Einflußgrößen eines Problems eingetragen und zu jeder Einflußgröße alle Ausprägungen gesammelt. Beispiel: Entwicklung eines neuen Autos:

Einfluß- größen \ Ausprä- gungen				
Antriebsart	Ottomotor	Dieselmotor	Wasser	...
Zweck	Pers.transp.	Lasten	Ideen	...

Besondere Bemerkungen:
- Hoher Auswertungsaufwand
- Moderationsausrüstung empfehlenswert

Name der Übung: Kreativer Wandel	**Quelle:** Fr&Y 278
Art der Übung: Verbale Einzel- und Gruppenaktivität	**Dauer:** Mindestens 2 Std.
Ziel: - Entscheidungsfindung in Gruppen: Anwendung einer Problemlösungsstrategie - Kreativität: kreative Lösungsstrategie	**Gleiche Übung auch unter Stichwort:** - Kreativität S.674

Inhalt:
Der Leiter gibt folgende Situationsbeschreibung:
Eine Projektgruppe hat die Aufgabe, die Arbeitsbedingungen zu verbessern. Das Projekt ist erfolgreich, wenn meßbare Verbesserungen eingetreten sind.
In fünf Schritten entwickeln die Tn ein Programm:
Beschreibung einer idealen Umwelt - Sammlung der Ideen - Auswahl der besten Ideen - förderliche und hinderliche Einflüsse - Einigung auf eine Idee - Umsetzung in die Tat.

Besondere Bemerkungen:
- Moderationsausrüstung empfehlenswert

Name der Übung: Quäkersitzung (Brainstorming in großen Gruppen)	**Quelle:** Pf&J 3;155
Art der Übung: Verbale Gruppenaktivität	**Dauer:** 15 Min. für die eigentliche Sitzung; anschließend 1 - 2 Std. für die Bearbeitung des Materials
Ziel: - Entscheidungsfindung in Gruppen: Anwendung einer Problemlösungsstrategie - Kreativität: kreative Lösungsstrategie	**Gleiche Übung auch unter Stichwort:** - Kreativität S.671

Inhalt:
Jeder Tn, der zu einem Thema eine Idee hat, steht auf und äußert seinen Gedanken schnell, kurz, laut und deutlich. Mehrere Tn protokollieren die Äußerungen simultan mit. Die geäußerten Ideen dürfen erst in der anschließenden Auswertungsphase kommentiert werden.

Besondere Bemerkungen:
- Die gesammelten Ideen müssen allen Tn zugänglich sein (Moderationsausrüstung empfehlenswert)

Name der Übung: Force field analysis Eine Kraft-Feld Analyse übertragen/anwenden	**Quelle:** Woodcock 78 Pf&J <u>1</u>;100
Art der Übung: Verbale Einzel-, Paar- oder Gruppenaktivität	**Dauer:** 1,5 - 2 Std.
Ziel: - Entscheidungsfindung in Gruppen: Anwendung einer Problemlösungsstrategie	**Gleiche Übung auch unter Stichwort:**

Inhalt:

Die Tn umschreiben möglichst genau ein akutes Problem und definieren eine Zielsituation. Dann erstellen sie eine Liste der Einflüsse, die eine Lösung des Problems begünstigen und behindern und überlegen sich, welche Quellen diese Einflüsse haben. Nun planen sie Schritte, wie sie unter Verwendung der günstigen und unter Ausschaltung der ungünstigen Kräfte das Ziel erreichen können.

Besondere Bemerkungen:

- "Team effectiveness action plan" (Woodcock 80) S. 481 ist ein Beispiel, wie diese Strategie in einem Training verwendet werden kann

Name der Übung: Team effectiveness action plan	**Quelle:** Woodcock 80
Art der Übung: Verbale Einzel-, Paar- oder Gruppenaktivität	**Dauer:** über das ganze Training verteilt ca. 2,5 Std.
Ziel: - Entscheidungsfindung in Gruppen: Anwendung einer Problemlösungsstrategie	**Gleiche Übung auch unter Stichwort:**

Inhalt:
In diesem (ein ganzes Training begleitendes) Sechs-Punkte-Programm wird das Schema der "Force field analysis" (siehe S. 480) angewendet, um die Effektivität von Gruppen zu verbessern.

Besondere Bemerkungen:
- Unterlagen: 1 Aktionsplan pro Tn

Name der Übung: Weg-Ziel-Analyse	**Quelle:** Fr&Y 239
Art der Übung: Verbale Gruppenaktivität	**Dauer:** 1,5 Std.
Ziel: - Entscheidungsfindung in Gruppen: Anwendung einer Problemlösungsstrategie	**Gleiche Übung auch unter Stichwort:**

Inhalt:
Anhand eines Beispiels machen sich die Tn mit der "Why/How-Charting-Problemlösungstechnik vertraut. Dann einigt sich die Gruppe auf ein Problem, das sie auf diese Weise behandelt haben möchte.
Kern des Why/How Charting ist, daß Ursachen eines Problems und Ziele einer Lösung schrittweise von allgemeinen und abstrakten Ideen in spezielles und konkretes Verhalten übergeführt werden.

Besondere Bemerkungen:
- Unterlagen: Vorbereitung und Demonstration eines Beispiels (siehe Quelle)
- Moderationsausrüstung empfehlenswert

Name der Übung: Was ist wesentlich?	**Quelle:** Pf&J <u>6</u>;76
Art der Übung: Verbale Kleingruppenaktivität	**Dauer:** 2 Std.
Ziel: - Entscheidungsfindung in Gruppen: Anwendung einer Problemlösungsstrategie	**Gleiche Übung auch unter Stichwort:**

Inhalt:
Jedes Kleingruppenmitglied sammelt individuell Informationen, die zur Bearbeitung eines Problems relevant sind. Diese Informationen werden von der Kleingruppe nach ihrer Wichtigkeit bewertet und in ein Gruppen-Rangordnungsschema eingetragen.
In einer Plenumssitzung orientieren die Kleingruppen einander über die von ihnen gewählte Rangordnung.
Wichtig: In dieser Übung werden keine Lösungen hervorgebracht, sondern nur die Problemlösungstechnik untersucht.

Besondere Bemerkungen:
- Unterlagen: 1 individuelles Analysenschema und 1 Gruppen-Rangordnungsschema pro Tn
- Hilfsmittel: 20 Kartonstücke in Postkartengröße pro Tn oder Moderationsausrüstung

Name der Übung: Halbiere den Apfel!	**Quelle:** Vopel 5;76
Art der Übung: Verbale Kleingruppenaktivität	**Dauer:** 1 - 1,5 Std.
Ziel: - Entscheidungsfindung in Gruppen: Anwendung einer Problemlösungsstrategie	**Gleiche Übung auch unter Stichwort:**

Inhalt:
Die Kleingruppen erhalten die Beschreibung eines Problems und sollen dann zwei vollkommen gleichwertige Lösungsalternativen entwickeln. Die Entscheidung für die eine oder andere Möglichkeit fällt der Leiter mit einer Münze. Tn, die nach dem Münzwurf erleichtert oder enttäuscht waren, ist es nicht gelungen, vollständig gleichwertige Alternativen zu finden; sie können anschließend ihre Lösungen verbessern.

Besondere Bemerkungen:
- Unterlagen: eine aus fünf angegebenen "Schwierigen Situationen" pro Kleingruppe

Name der Übung: Konsensusspiel	**Quelle:** Workbook 3.2.15
Art der Übung: Verbale Gruppenaktivität	**Dauer:** 1 - 3 Tage keine Zeitbegrenzung vorgeben
Ziel: - Entscheidungsfindung in Gruppen: Anwendung einer Problemlösungsstrategie	**Gleiche Übung auch unter Stichwort:**

Inhalt:
Zu einem gegebenen Problem erarbeiten die Tn erst zu zweit eine Lösung. Danach bilden sie Vierergruppen und einigen sich auf eine Lösung, ohne daß jemand überstimmt wird. Die Vierergruppen gehen dann in Achtergruppen auf usf. bis das Plenum einstimmig eine Lösung akzeptiert.

Besondere Bemerkungen:
- Kreativität leidet unter Konsensuszwang

Name der Übung: Einflußphären	**Quelle:** Fr&Y 285
Art der Übung: Verbale Einzel- und Gruppenaktivität	**Dauer:** 1 - 1,5 Std.
Ziel: - Entscheidungsfindung in Gruppen: Anwendung einer Problemlösungsstrategie	**Gleiche Übung auch unter Stichwort:**

Inhalt:
Der Leiter zeichnet drei konzentrische Kreise an die Tafel:
Der innere Kreis (A) symbolisiert die Probleme, die von der Gruppe allein gelöst werden können.
Der mittlere Kreis (B) repräsentiert Probleme, auf die die Gruppe Einfluß nehmen kann, aber nicht voll kontrollieren kann.
Der äußere Kreis (C) sind die unkontrollierbaren Kräfte, die auf die Gruppe einwirken. Nachdem die Gruppe ihre Probleme gesammelt und jedes in eine der drei Einflußsphären eingeordnet hat, überlegen sie sich, wie sie die Kreise A und B erweitern könnten.

Besondere Bemerkungen:

Name der Übung: Planungsaufgabe	**Quelle:** Pf&J 2;46
Art der Übung: Verbale Kleingruppenaktivität, Beobachter erforderlich	**Dauer:** 1,5 Std.

Ziel:
- Entscheidungsfindung in Gruppen:
  Förderung der Akzeptanz einer Entscheidung
 	
- Beobachtung des Problemlösungsprozesses: Kooperation bei unklaren Zielvorgaben
	Gleiche Übung auch unter Stichwort:
	
	- Beobachtung des Problemlösungs-
	  prozesses S. 545

Inhalt:
Eine Planungsgruppe erhält eine Aufgabe (aus 16 Kartonstücken ein Quadrat bilden) und die Lösung dazu. Sie soll nun für die anderen Kleingruppen die Instruktionen ausarbeiten, nach der die Aufgabe zu lösen ist. Mit Hilfe dieser Instruktionen versuchen die Kleingruppen, die Aufgabe zu erfüllen.

Besondere Bemerkungen:
- Unterlagen: Anweisungen für die Planungsgruppe, Arbeitsgruppen und Beobachter

Name der Übung: Dienstwagen	**Quelle:** Antons 149
Art der Übung: Rollenspiel, 6 Personen simultan oder in der Einzelgruppe	**Dauer:** 30 Min. plus Besprechung
Ziel: - Entscheidungsfindung in Gruppen: Förderung der Akzeptanz einer Entscheidung	**Gleiche Übung auch unter Stichwort:**

Inhalt:

Die Monteure einer Servicefirma erhalten einen neuen Dienstwagen. Sie sollen sich darauf einigen, wer das neue Auto bekommt.

Besondere Bemerkungen:

- Unterlagen: Instruktionen für die Tn
- Videoaufnahme empfehlenswert

Name der Übung: Die Krankmeldung	**Quelle:** Pf&J <u>5</u>;35
Art der Übung: Verbale Gruppenaktivität	**Dauer:** 1,5 Std.
Ziel: - Entscheidungsfindung in Gruppen: Förderung der Akzeptanz einer Entscheidung	**Gleiche Übung auch unter Stichwort:**

Inhalt:
Die Gruppe wird in "Direktoren" und "leitende Angestellte" unterteilt.
Beide beraten über den Fall eines Abteilungsleiters, der sich krankgemeldet hatte, um einer bestimmten Arbeit aus dem Weg zu gehen. Der Sprecher der leitenden Angestellten macht die Direktoren mit ihren Vorschlägen vertraut. Während er zurückkehrt und von seinen Kollegen Feedback über seinen Auftritt erhält, beschließt die Direktion, was unternommen werden soll und verkündet ihre Entscheidung.
Die Tn besprechen anschließend zu zweit diese Übung.

Besondere Bemerkungen:
- Unterlagen: 1 "Darstellung des Falles" pro Tn

Name der Übung:	Quelle:
Große Koalition bilden	Workbook 4.9.6

Art der Übung:	Dauer:
Verbale Gruppenaktivität	1,5 - 3 Std.

Ziel:	Gleiche Übung auch unter Stichwort:
- Entscheidungsfindung in Gruppen: Förderung der Akzeptanz einer Entscheidung - Entscheidungsfindung in Gruppen: Konsensusbildung	- Entscheidungsfindung in Gruppen S. 576

Inhalt:
Konfliktgruppen wählen 2 - 3 Verhandlungsführer, die in einer Koalition einen Konsens suchen. Die übrigen Tn bilden die "kritische Öffentlichkeit", welche Kriterien erarbeitet, nach denen das Verhandlungsergebnis bewertet wird.
Die Koalitionsrunde stellt ihr Ergebnis der Öffentlichkeit vor, von der es entweder akzeptiert oder verworfen wird.

Besondere Bemerkungen:
- Moderationsausrüstung empfehlenswert

Name der Übung: Rote Karte	**Quelle:** Vopel 4;76
Art der Übung: Verbale Paaraktivität	**Dauer:** 30 - 60 Min.
Ziel: - Entscheidungsfindung in Gruppen: Verbesserung der Entscheidungsfähigkeit	**Gleiche Übung auch unter Stichwort:**

Inhalt:
Die Tn bilden Paare und diskutieren die Frage: "Wo möchte ich Urlaub machen?" Mit Hilfe einer Faktorenliste ("Was möchte ich bei der Urlaubsplanung bedenken?") sollen die Partner nur über ihre Ziele und Erwartungen reden, keinesfalls gemeinsame Aktionen planen oder Entscheidungen treffen. Wer dies dennoch tut, dem wird eine rote Karte angeheftet. Nach jeweils 10 Min. wechseln die Paare.

Besondere Bemerkungen:
- Unterlagen: 1 Faktorenliste pro Tn
- Hilfsmittel: Sicherheitsnadeln und rote Karten

Name der Übung: Annahmen	**Quelle:** Vopel 6;80
Art der Übung: Verbale Kleingruppenaktivität	**Dauer:** 45 Min.
Ziel: - Entscheidungsfindung in Gruppen: Verbesserung der Entscheidungsfähigkeit	**Gleiche Übung auch unter Stichwort:**

Inhalt:
Die Tn erhalten 27 Aussagen und sollen herausfinden, welche Annahmen und Implikationen in den Aussagen enthalten sind.

Besondere Bemerkungen:
- Unterlagen: 1 Formular "Annahmen" pro Tn

Name der Übung: Wahrheit und Wahrscheinlichkeit	**Quelle:** Vopel 4;83
Art der Übung: Verbale Kleingruppenaktivität	**Dauer:** 1 Std.
Ziel: - Entscheidungsfindung in Gruppen: Verbesserung der Entscheidungsfähigkeit	**Gleiche Übung auch unter Stichwort:**

Inhalt:
Die Tn bearbeiten in Kleingruppen eine Reihe von Aussagen (z.B. "Es gibt 10 Stühle in diesem Raum" oder "Lehrer werden überbezahlt"). Dabei sollen die Mitglieder nicht über die Wahrheit oder Falschheit der Aussage diskutieren, sondern die Voraussetzungen aufzeigen, unter denen sie annehmen, daß der Satz wahr ist.

Besondere Bemerkungen:
- Unterlagen: 1 Formular "Wahrheit und Wahrscheinlichkeit" pro Tn

Name der Übung: Entscheidungstypen	**Quelle:** Fr&Y 252
Art der Übung: Verbale Einzel- und Gruppenaktivität	**Dauer:** 1 - 1,5 Std.
Ziel: - Entscheidungsfindung in Gruppen: Verbesserung der Entscheidungsfähigkeit	**Gleiche Übung auch unter Stichwort:**

Inhalt:

Nachdem der Leiter ein kurzes Referat über die verschiedenen Arten einer Entscheidungsfindung gehalten hat, erhalten die Tn eine Liste mit Statements über Entscheidungsverhalten, aus der sie die fünf auswählen, die am besten auf die Gruppe passen. Mit Hilfe einer Auswertungstabelle können sie ersehen, welchen Entscheidungstyp die Gruppe bevorzugt. In der anschließenden Besprechung versucht die Gruppe, sich auf einen gemeinsamen Entscheidungstyp zu einigen.

Besondere Bemerkungen:

- Unterlagen: 1 Fragebogen und 1 Auswertungsbogen pro Tn
- Leiter muß Input vorbereiten (Fr&Y 226)

Name der Übung: Problemlösungsinventar	**Quelle:** Fr&Y 242
Art der Übung: Verbale Einzel- und Gruppenaktivität	**Dauer:** 45 - 60 Min.
Ziel: - Entscheidungsfindung in Gruppen: Verbesserung der Entscheidungsfähigkeit	**Gleiche Übung auch unter Stichwort:**

Inhalt:
Die Tn beurteilen in einem 10 Items umfassenden Polaritätsprofil die Effektivität einer Problemlösung. Nachdem sie entweder offen oder anonym die Ergebnisse ausgewertet haben, entwickeln sie ein Sechs-Punkte-Programm, mit dem sie die Schwächen beheben können; der Leiter dokumentiert die Maßnahmen für die folgenden Sitzungen.

Besondere Bemerkungen:
- Unterlagen: 1 Fragebogen pro Tn

Name der Übung: How we make decisions	**Quelle:** Woodcock 168
Art der Übung: Verbale Gruppenaktivität	**Dauer:** 45 Min.
Ziel: - Entscheidungsfindung in Gruppen: Verbesserung der Entscheidungsfähigkeit	**Gleiche Übung auch unter Stichwort:**

Inhalt:
Nachdem der Leiter die vier Arten der Entscheidungsfindung erklärt hat, erhält jeder Tn einen Fragebogen, in dem er eintragen kann, welchen Entscheidungsstil eine bestimmte Person hat.
Anschließend werden die Ergebnisse besprochen.

Besondere Bemerkungen:
- Unterlagen: 1 Fragebogen pro Tn
- Leiter muß Input vorbereiten (siehe Woodcock 193)

Name der Übung: Decision-taking	**Quelle:** Woodcock 179
Art der Übung: Verbale Einzel- und Gruppenaktivität	**Dauer:** 1 Std.
Ziel: - Entscheidungsfindung in Gruppen: Verbesserung der Entscheidungsfähigkeit	**Gleiche Übung auch unter Stichwort:**

Inhalt:
Nachdem der Leiter die vier Arten der Entscheidungsfindung erklärt hat, zeichnen die Tn zwei Schaubilder auf, wie Entscheidungen in der Gruppe tatsächlich gefällt werden und wie es nach Ansicht der Tn sein sollte.
Anschließend findet im Plenum eine Diskussion über das Ergebnis statt.

Besondere Bemerkungen:
- Leiter muß Input vorbereiten (siehe Woodcock 193)

Name der Übung: Wähle eine Farbe	**Quelle:** Pf&J 1;46
Art der Übung: Rollenspiel, 7 - 10 Personen, simultan oder in der Einzelgruppe	**Dauer:** 30 Min. plus Besprechung
Ziel: - Entscheidungsfindung in Gruppen: Verbesserung der Entscheidungsfähigkeit - Beobachtung des Problemlösungsprozesses: Kooperation bei unklaren Zielvorgaben	**Gleiche Übung auch unter Stichwort:** - Beobachtung des Problemlösungsprozesses S.544

Inhalt:
Das Rollenspiel gliedert sich in drei Phasen:
In der ersten Phase soll die Gruppe eine Farbe wählen, wobei jedes Mitglied eine detaillierte Rollenanweisung hat.
In der zweiten Phase soll die Gruppe einen Vorsitzenden wählen.
In der dritten Phase soll unter der Leitung des neugewählten Vorsitzenden über die beiden vorausgegangenen Phasen reflektiert werden.
Einen besonderen Akzent erhält die Übung dadurch, daß zwei Tn bereits in der ersten Phase wissen, daß in der zweiten Phase ein Vorsitzender gewählt werden soll und dadurch die Möglichkeit erhalten, die Gruppe zu manipulieren.

Besondere Bemerkungen:
- Unterlagen: allgemeine und individuelle Anweisungen
- Hilfsmittel: 10 große, 30 mittelgroße und 30 kleine Umschläge pro 10 Spieler

Name der Übung:	Quelle:
Regel Du mir, so regel ich Dir	Antons 161

Art der Übung:	Dauer:
Verbale Kleingruppenaktivität	2 Std.

Ziel:	Gleiche Übung auch unter Stichwort:
- Entscheidungsfindung in Gruppen: Verbesserung der Entscheidungsfähigkeit - Beobachtung des Problemlösungsprozesses: Kooperation bei unklaren Zielvorgaben	- Beobachtung des Problemlösungsprozesses S.547

Inhalt:

Diese Übung ist ein Brettspiel, das keine Regeln hat. Die Kleingruppen sollen Spielziele definieren, Regeln erfinden und können sogar den vorgegebenen Spielplan verändern.

Besondere Bemerkungen:

- Hilfsmittel: 1 Spielplan (auf einem Flip-Chart-Bogen aufgezeichnet) pro Kleingruppe, dazu Würfel und Spielfiguren

Name der Übung: Führungsstil, X-Y-Theorie	**Quelle:** Pf&J 4;61
Art der Übung: Verbale Einzel- und Gruppenaktivität	**Dauer:** 1,5 Std.
Ziel: - Führungskräfte-Training: Analyse von Führungsstilen	**Gleiche Übung auch unter Stichwort:**

Inhalt:

Die Tn füllen drei Fragebögen aus:

Im ersten Fragebogen erklären sie, welche Einstellungen sie ihren Untergebenen gegenüber haben; im zweiten schätzen sie sich selber ein, an welcher Stelle zwischen den X-Y-Polen sie sich befinden und mit Hilfe des dritten werten sie den ersten Fragebogen aus.

Im Plenum haben sie Gelegenheit, über ihre Führungsstile zu reden.

Besondere Bemerkungen:

- Unterlagen: 3 Fragebögen pro Tn

Name der Übung: Management style	**Quelle:** Woodcock 101
Art der Übung: Verbale Einzel- und Gruppenaktivität	**Dauer:** 45 Min.
Ziel: - Führungskräfte-Training: Analyse von Führungsstilen	**Gleiche Übung auch unter Stichwort:**

Inhalt:

Die Tn füllen einen Fragebogen aus, der auf der X-Y-Theorie von MacGregor basiert. Anschließend tragen alle Tn ihre Punktzahlen auf einer Tafel auf und diskutieren das Ergebnis anhand einer Fünf-Punkte-Liste.

Besondere Bemerkungen:

- Unterlagen: 1 Fragebogen, 1 Auswertungsbogen und ggf. Diskussionspunkte

Name der Übung: Team leadership style	**Quelle:** Woodcock 69
Art der Übung: Verbale Einzel- und Gruppenaktivität	**Dauer:** 20 Min. plus Besprechung
Ziel: - Führungskräfte-Training: Analyse von Führungsstilen	**Gleiche Übung auch unter Stichwort:**

Inhalt:

Alle Tn füllen einen Fragebogen zum Führungsstil in ihrer Gruppe aus, indem sie angeben, welche Einstellungen in der Gruppe darüber herrschen und welche Einstellungen wünschbar sind. Ein Tn sammelt die Fragebögen ein und wertet sie aus. Zu einem späteren Zeitpunkt besprechen die Tn die Ergebnisse.

Besondere Bemerkungen:
- Unterlagen: 1 Fragebogen pro Tn

Name der Übung: Führungsprofil	**Quelle:** Fr&Y 176
Art der Übung: Verbale Gruppenaktivität	**Dauer:** 1,5 - 2 Std.
Ziel: - Führungskräfte-Training: Analyse von Führungsstilen	**Gleiche Übung auch unter Stichwort:**

Inhalt:
Die Tn beurteilen den Führungsstil ihres Vorgesetzten mit Hilfe einer Rating-Skala. Die Gruppe bespricht dann gemeinsam mit dem Vorgesetzten alle Items und vereinbart Maßnahmen, wie der Vorgesetzte seine Führungsfähigkeiten verbessern kann.

Besondere Bemerkungen:
- Leiter muß mit Widerstand aus der Gruppe rechnen
- Unterlagen: 1 Rating-Skala pro Tn

Name der Übung: AM-Beurteilung des eigenen Führungsstils	**Quelle:** Pf&J 5;118
Art der Übung: Verbale Einzelaktivität	**Dauer:** 1 Std.
Ziel: - Führungskräfte-Training: Analyse von Führungsstilen	**Gleiche Übung auch unter Stichwort:**

Inhalt:

Die Tn füllen einen Fragebogen aus, mit dem sie ihren Führungsstil nach dem Interesse an der Arbeit (A) bzw. am Menschen (M) beurteilen. Dann referiert der Leiter kurz über die drei Führungsstile und leitet nach der Auswertung der Ergebnisse zu einer Diskussion über.

Besondere Bemerkungen:
- Unterlagen: 1 Fragebogen, 1 Auswertungsanweisung und 1 Ergebnisschema pro Tn
- Leiter muß Input vorbereiten

Name der Übung: Leitungsstile	**Quelle:** Antons 81
Art der Übung: Verbale Gruppenaktivität	**Dauer:** 1 Std.
Ziel: - Führungskräfte-Training: Analyse von Führungsstilen	**Gleiche Übung auch unter Stichwort:**

Inhalt:
Nachdem zwei Experimentalgruppen gebildet worden sind und eine davon den Raum verlassen hat, führt der Leiter mit der ersten Gruppe eine Diskussion in autoritärem Stil und mit der zweiten Gruppe in einem kollegialen Stil.
Anschließend werden die Erfahrungen verglichen.

Besondere Bemerkungen:
- Erfolg der Übung hängt stark von den Fähigkeiten des Leiters ab

Name der Übung: Holzstäbchen und Trinkhalme	**Quelle:** Pf&J 5;59
Art der Übung: Verbale Kleingruppenaktivität	**Dauer:** 2 Std.
Ziel: - Führungskräfte-Training: Analyse von Führungsstilen	**Gleiche Übung auch unter Stichwort:**

Inhalt:
Drei Kleingruppen unter autoritärer, demokratischer und laissez-faire-Führung sollen Skulpturen aus Holzstäbchen und Trinkhalmen bauen.

Besondere Bemerkungen:
- Hilfsmittel: Trinkhalme, Holzstäbchen und Klebstreifen
- Unterlagen: 1 Anweisung für Gruppenleiter und 1 100 x 50 cm großer Karton pro Kleingruppe; 1 Anweisung und 1 Bewertungsschema pro Tn; ggf. Beobachtungsschemata

Name der Übung: Lehrerkonferenz	**Quelle:** Pf&J 6;99
Art der Übung: Rollenspiel, 7 Personen, simultan oder in der Einzelgruppe, Beobachter erforderlich	**Dauer:** 3 x 10 Min. plus Besprechung
Ziel: - Führungskräfte-Training: Analyse von Führungsstilen	**Gleiche Übung auch unter Stichwort:**

Inhalt:
Der Schuldirektor und die Lehrer probieren in drei Konferenzen drei verschiedene Führungsmuster bzw. Anpassungsmuster aus. Nach jeder Konferenz notieren Direktor und Lehrer ihre Reaktionen. Nach der dritten Konferenz beurteilen die Tn, welche Führungs- und Anpassungsmuster einander entsprechen.

Besondere Bemerkungen:
- Unterlagen: siehe Quelle

Name der Übung: Staatsgeheimnis	**Quelle:** Pf&J 6;83
Art der Übung: Verbale Kleingruppenaktivität, Beobachter erforderlich	**Dauer:** 2 - 3 Std.
Ziel: - Führungskräfte-Training: Analyse von Führungsstilen - Beobachtung des Problemlösungsprozesses: Kooperation zwischen Individuen innerhalb konkurrierender Kleingruppen	**Gleiche Übung auch unter Stichwort:** - Beobachtung des Problemlösungsprozesses S. 525

Inhalt:
Jede Kleingruppe hat den Auftrag, im Wettbewerb mit den anderen Kleingruppen den geheimen Prototyp eines Flugzeugs zu entwickeln. Die Kleingruppen sind streng hierarchisch gegliedert in Direktor, Produktionsleiter, Lagerverwalter und Arbeiter. Leiter und Helfer achten als Regierungsbeauftragte auf die Einhaltung der Spielregeln.

Besondere Bemerkungen:
- Hilfsmittel: 1 Lego-Bausatz (Modell 698) pro Kleingruppe, 1 Lego-Bausatz für jeden Direktor und 1 Lego-Bausatz für die Regierungsbeauftragten
- Unterlagen: siehe Quelle
- Raum: 1 sehr großer Raum mit Sichtblenden oder mehrere kleine Räume erforderlich

Name der Übung: Aufteilung der Kasse	**Quelle:** Pf&J 2;70
Art der Übung: Verbale Gruppenaktivität	**Dauer:** 1 Std.
Ziel: - Führungskräfte Training: Erweiterung von Führungsqualitäten	**Gleiche Übung auch unter Stichwort:**

Inhalt:

Von jedem Tn werden DM 10,-- eingesammelt. Eine (gewählte) Führungsperson soll das Geld nach Kriterien, die sie selbst bestimmt, unter den Mitgliedern ungleichmäßig verteilen. Zwar können die Gruppenmitglieder bei der Auswahl der Kriterien mitreden, das letzte Wort hat aber die Führungsperson.

Besondere Bemerkungen:

- Geld nach Ende der Aktivität wieder zurückgeben

Name der Übung: Auswählen von Führungskräften	**Quelle:** Pf&J 5;152
Art der Übung: Verbale Einzel- und (Klein)Gruppenaktivität	**Dauer:** 2 Std.

Ziel:
- Führungskräfte-Training:
  Erweiterung von Führungsqualitäten
 	
- Entscheidungsfindung in Gruppen:
  Konsensusbildung
	Gleiche Übung auch unter Stichwort:
	
	- Entscheidungsfindung in
	  Gruppen S. 569

Inhalt:
Nachdem jeder Tn für sich eine Liste mit 12 Anforderungen an Führungskräfte in eine Rangreihe gebracht hat, sollen sie erst individuell, dann in der Kleingruppe aus einer Reihe von Bewerbern fünf für einen Führungsposten geeignete Kandidaten auswählen. Zum Schluß einigt sich die Gesamtgruppe auf eine Rangordnung der zuvor schon individuell bearbeiteten Anforderungen an Führungskräfte.

Besondere Bemerkungen:
- Unterlagen: 1 Exemplar "Anforderungen an Führungskräfte", 1 Anweisung für das Auswählen der 5 Führungskräfte und 1 Bewerberliste pro Tn

Name der Übung: Führungsmethoden	**Quelle:** Pf&J <u>4</u>;69
Art der Übung: Verbale Einzel- und (Klein)Gruppenaktivität	**Dauer:** 4 - 5 Std.
Ziel: - Führungskräfte-Training: Erweiterung von Führungsqualitäten - Train the trainer	**Gleiche Übung auch unter Stichwort:** - Train the trainer S.975

Inhalt:
Jeder Tn erhält einen Fragebogen, der 21 verschiedene Situationen schildert, wie sie ab und zu in Gruppen entstehen. Zu jeder Situation sind 19 mögliche Reaktionsweisen angegeben. Die Tn sollen nun versuchen, zu beurteilen, wie sie als Gruppenleiter in der jeweiligen Situation reagieren würden.
Nach der gemeinsamen Auswertung diskutieren die Tn in Kleingruppen ihre Ergebnisse.

Besondere Bemerkungen:
- Unterlagen: 1 Broschüre mit Anweisungen und dem Fragebogen pro Tn
- Es ist möglich, einzelne Situationsbeschreibungen bei aktuellen Anlässen einzusetzen

Name der Übung: Der beste Chef, den ich kenne	**Quelle:** Fr&Y 180
Art der Übung: Verbale Einzel- und Gruppenaktivität	**Dauer:** 1 Std.
Ziel: - Führungskräfte-Training: Erweiterung von Führungsqualitäten	**Gleiche Übung auch unter Stichwort:**

Inhalt:

Jeder Tn versucht, eine gute Führungspersönlichkeit, mit der er entweder schon zusammengearbeitet hat oder über die er gelesen hat, zu charakterisieren; zur Unterstützung erhält er einen Katalog von positiven Führungseigenschaften.
Anschließend stellen die Tn ihre Beispiele vor und versuchen, aus den genannten Eigenschaften die wichtigsten herauszufinden.

Besondere Bemerkungen:

- Unterlagen: 1 Blatt mit positiven Führungseigenschaften

Name der Übung:	Quelle:
Checkliste für Führungskräfte	Fr&Y 266

Art der Übung:	Dauer:
Verbale Einzel- und Paaraktivität	1 - 1,5 Std.

Ziel:	Gleiche Übung auch unter Stichwort:
- Führungskräfte-Training: Erweiterung von Führungsqualitäten	

Inhalt:

Die Tn erhalten einen Fragebogen, in dem 62 Verhaltensweisen aufgelistet sind, die für eine Führungskraft wichtig sind. Sie vergleichen ihr eigenes Verhalten mit jedem Item, indem sie ankreuzen, ob sie "mehr davon" oder "weniger davon" benötigen. Anschließend berät sich jeder mit mindestens 1 Tn, wie er sein Verhaltensrepertoire erweitern kann.

Besondere Bemerkungen:

- Unterlagen: 1 Fragebogen pro Tn
- Es ist günstig, dieser Aktivität die Übung "Good coaching practice" (siehe S. 522) vorzuschalten

Name der Übung: Das Beratungsgespräch	**Quelle:** Fr&Y 273
Art der Übung: Verbale (Klein)Gruppenaktivität	**Dauer:** 1 Std.
Ziel: - Führungskräfte-Training: Erweiterung von Führungsqualitäten	**Gleiche Übung auch unter Stichwort:**

Inhalt:

In Kleingruppen wählen die Tn aus einer Checkliste aus, welche Fertigkeiten ein guter Vorgesetzter besitzen muß. Im Plenum einigt sich die Gruppe auf eine gemeinsame Checkliste, die der Leiter vervielfältigt und jedem Tn gibt.

Besondere Bemerkungen:

- Unterlagen: 1 Checkliste pro Tn
- Hilfsmittel: Gerät zur Vervielfältigung der gemeinsamen Checkliste

Name der Übung: Team leader effectiveness	**Quelle:** Woodcock 67
Art der Übung: Verbale Gruppenaktivität	**Dauer:** 30 Min.
Ziel: - Führungskräfte-Training: Erweiterung von Führungsqualitäten	**Gleiche Übung auch unter Stichwort:**

Inhalt:
Jeder Vorgesetzte beurteilt sich selber mit Hilfe von 10 vorgegebenen Kriterien, bespricht diese Beurteilung mit einem oder mehreren Mitgliedern seiner Gruppe und versucht dann, sich im Lichte dieses Kommentars neu zu beurteilen.

Besondere Bemerkungen:
- Unterlagen: 2 Fragebögen pro Tn

Name der Übung: How good a coach are you? und Being a better coach	**Quelle:** Woodcock 91 Woodcock 94
Art der Übung: Verbale Einzelaktivitäten	**Dauer:** Insgesamt 2 Std.
Ziel: - Führungskräfte-Training: Erweiterung von Führungsqualitäten	**Gleiche Übung auch unter Stichwort:**

Inhalt:
Jeder Tn beantwortet einen Fragebogen über seine Führungsqualitäten, arbeitet anschließend ein Lernprogramm zur Verbesserung seines Führungsverhaltens aus und erstellt einen konkreten Maßnahmenkatalog.

Besondere Bemerkungen:
- Unterlagen: 1 Fragebogen, 1 Vordruck fürs Lernprogramm und 1 Vordruck des Maßnahmenkatalogs

Name der Übung: Wunschzettel	**Quelle:** Fr&Y 184
Art der Übung: Verbale Gruppenaktivität	**Dauer:** 2 - 3 Std.

Ziel:
- Führungskräfte-Training:
  Erweiterung von Führungsqualitäten
 	
- Konflikttraining:
  Steigerung der Rollenflexibilität
	Gleiche Übung auch unter Stichwort:
	
	- Konflikttraining S. 346

Inhalt:
Während jedes Gruppenmitglied für sich die Fragen: "Was erwarte ich von meinem Vorgesetzten" und "Was erwartet mein Vorgesetzter von mir" beantwortet, schreibt der Vorgesetzte auf, was er für die Gruppe leisten kann und was er von der Gruppe erwartet. Alle Aussagen werden an eine Tafel geheftet und die gemeinsamen Punkte auf eine besondere Liste übertragen. Die kontroversen Punkte werden einzeln durchgegangen, wobei jede Seite im Sinne der anderen Seite argumentiert.
Nachdem die Rolle des Vorgesetzten (neu) definiert ist, können auch die Rollen der einzelnen Gruppenmitglieder überprüft werden.

Besondere Bemerkungen:
- Moderationsausrüstung empfehlenswert
- Statt "Vorgesetzter" lies auch "Leiter" (z.B. Seminarleiter)
- Die Übung kann auch zur Besprechung anderer Rollen eingesetzt werden
  (z.B. Sekretärin eines Teams, Klassensprecher)

Name der Übung: Checkliste: Beratung und Beurteilung	**Quelle:** Fr&Y 163
Art der Übung: Verbale Einzelaktivität	**Dauer:** 45 - 60 Min.

Ziel:
- Führungskräfte-Training:
  Erweiterung von Führungsqualitäten
 	
- Beratungstechnik und Hilfeleistung:
  Beratung bei individuellen Problemen
	Gleiche Übung auch unter Stichwort:
	
	- Beratungstechnik und Hilfe-
	  leistung S. 441

Inhalt:
Mit Hilfe eines Flußdiagramms kann der Vorgesetzte abchecken, ob er für ein Beurteilungs- oder Beratungsgespräch präpariert ist, und während des Gesprächs kann er überprüfen, ob er alle wichtigen Punkte angesprochen hat.

Besondere Bemerkungen:
- Unterlagen: 1 Flußdiagramm pro Tn

Name der Übung: Ziele setzen	**Quelle:** Pf&J <u>6</u>;50
Art der Übung: Verbale Paaraktivität	**Dauer:** 1 Std.

Ziel:
- Führungskräfte-Training:
  Erweiterung von Führungsqualitäten
 	
- Motivation, Erfolg und Mißerfolg
	Gleiche Übung auch unter Stichwort:
	
	- Motivation, Erfolg und
	  Mißerfolg S. 128

Inhalt:
Jedes Paar einigt sich darauf, wer "Führungskraft" und "Arbeiter" spielt. Beide einigen sich darauf, wieviele Punkte der Arbeiter beim Dart-Spiel erreichen will, führen vier Spielrunden aus und wechseln dann die Rollen. Nach einer Situationsanalyse werden nochmals 2 x 3 Runden gespielt, wobei die Führungskräfte die Arbeiter aktiv unterstützen sollen.

Besondere Bemerkungen:
- Hilfsmittel: 1 Dart-Spiel pro Paar
- Unterlagen: 1 Auswertungsschema pro Paar

Name der Übung: Gabellabyrinth	**Quelle:** Pf&J 5,40
Art der Übung: Verbale Kleingruppenaktivität	**Dauer:** 3 - 7 Std.
Ziel: - Führungskräfte-Training: Erweiterung von Führungsqualitäten	**Gleiche Übung auch unter Stichwort:**

Inhalt:

Die Tn bilden Siebenergruppen. In jeder Kleingruppe sollen zwei Führungskräfte vier Arbeiter anleiten, die Labyrinthaufgabe zu lösen. Das siebte Mitglied ist Punktberechner.

Besondere Bemerkungen:

- Unterlagen: 1 Aufgabenblatt pro Tn und 1 Punktberechnungsschema pro Kleingruppe
- Hilfsmittel: Pro Kleingruppe 1 Gabellabyrinth (siehe Quelle) und 2 Augenbinden

Name der Übung: Halbzeit	**Quelle:** Vopel 4;90
Art der Übung: Verbale Paaraktivität	**Dauer:** 15 - 30 Min.
Ziel: - Förderung der Kooperationsfähigkeit zwischen Individuen innerhalb einer Arbeitsgruppe - Persönliche Entwicklung: Förderung der persönlichen Weiterentwicklung	**Gleiche Übung auch unter Stichwort:** - Persönliche Entwicklung S. 97

Inhalt:
Die Tn bilden Paare und ein Partner beginnt mit der Frage:
"Woran könntest Du in dieser Gruppe noch arbeiten?"
Der andere antwortet mit einem vollständigen Satz, worauf der erste seine Frage wiederholt. Nach 5 Min. werden die Rollen gewechselt.

Besondere Bemerkungen:

Name der Übung:	**Quelle:**
Gruppenpotential	Vopel 3;47

Art der Übung:	**Dauer:**
Verbale Gruppenaktivität	6 Std.

Ziel:	**Gleiche Übung auch unter Stichwort:**
- Förderung der Kooperationsfähigkeit zwischen Individuen innerhalb einer Arbeitsgruppe	
- Kreativität: Förderung von kreativem Verhalten	- Kreativität S.677

Inhalt:

Die Übung gliedert sich in 4 Spiele:
1. Inventur: Welche Stärken sehen die Tn in ihrer Gruppe?
2. Aktionsprogramm: Was kann dazu beitragen, daß die Gruppe sich weiterentwickelt?
3. Stärkenbombardierung: Was sehen die Tn als persönliche Stärken der einzelnen Mitglieder an?
4. Stärkentraining: Der einzelne Tn soll mit Hilfe der Gruppe produktive Verhaltensweisen identifizieren, die er weiter aufbauen möchte.

Eventuell sind Nachfolgesitzungen erforderlich.

Besondere Bemerkungen:

- Moderationsausrüstung empfehlenswert

Name der Übung: Diagnostizierungs- und Problemlösungssitzung	**Quelle:** Pf&J 2;97
Art der Übung: Verbale Gruppenaktivität	**Dauer:** Mindestens 3 Tage
Ziel: - Förderung der Kooperationsfähigkeit zwischen Individuen innerhalb einer Arbeitsgruppe - Krisenintervationen in nicht spezifizierten Situationen	**Gleiche Übung auch unter Stichwort:** - Krisenintervationen S. 929

Inhalt:

Vor Beginn des Seminars interviewt der Leiter jedes Mitglied privat. Er analysiert die Ergebnisse hinsichtlich der Bedeutung für das zu bearbeitende Problem. Dann beginnt die Gruppe mit der Lösung, wobei der Leiter besonderen Wert auf Prozeßbeobachtung und Feedback legt.

Besondere Bemerkungen:

- Diese Übung stellt sehr hohe Anforderungen an das Wissen, Können und an die Erfahrung des Leiters
- Unterlagen: Interview-Schemata für das vorbereitende Interview

Name der Übung: What makes teams effective?	**Quelle:** Woodcock 58
Art der Übung: Verbale Gruppenaktivität	**Dauer:** 30 - 45 Min.
Ziel: - Förderung der Kooperationsfähigkeit zwischen Individuen innerhalb einer Arbeitsgruppe	**Gleiche Übung auch unter Stichwort:**

Inhalt:

Die Tn sollen eine Reihe von Statements über die Effektivität einer Gruppe ihrer Bedeutung nach ordnen.

Besondere Bemerkungen:

- Unterlagen: 1 Blatt mit Statements

Name der Übung: Initial review	**Quelle:** Woodcock 137
Art der Übung: Verbale Einzel- und Gruppenaktivität	**Dauer:** 15 Min. für den Fragebogen und 2 Std. Besprechung
Ziel: - Förderung der Kooperationsfähigkeit zwischen Individuen innerhalb einer Arbeitsgruppe	**Gleiche Übung auch unter Stichwort:**

Inhalt:
Alle Tn füllen anonym einen Fragebogen aus, in dem ihre Art und Weise erfaßt wird, wie sie zusammenarbeiten. Ein Tn wertet die Antworten aus, erstellt ein Schaubild; die Gruppe bespricht gemeinsam die Ergebnisse und versucht, Schritte zur Verbesserung ihrer Zusammenarbeit zu planen.

Besondere Bemerkungen:
- Unterlagen: 1 Fragebogen pro Tn

Name der Übung: Wie gut sind Ihre Sitzungen?	**Quelle:** Fr&Y 237
Art der Übung: Verbale Einzel- und Gruppenaktivität	**Dauer:** 1 - 1,5 Std.
Ziel: - Förderung der Kooperationsfähigkeit zwischen Individuen innerhalb einer Arbeitsgruppe	**Gleiche Übung auch unter Stichwort:**

Inhalt:

Die Tn beurteilen 12 Statements bezüglich der Qualität ihrer Arbeit und ihrer Zusammenarbeit in der Gruppe. Sie entscheiden dann, ob sie die Ergebnisse offen oder anonym vortragen und behandeln dann das Problem, das die höchste Punktzahl erhalten hat. In weiteren Sitzungen können die übrigen Probleme in absteigender Reihenfolge behandelt werden.

Besondere Bemerkungen:
- Unterlagen: 1 Liste mit 12 Statements pro Tn

Name der Übung: Talent-Bilanz	**Quelle:** Fr&Y 187
Art der Übung: Verbale Einzel- und Gruppenaktivität	**Dauer:** 2 Std.
Ziel: - Förderung der Kooperationsfähigkeit zwischen Individuen innerhalb einer Arbeitsgruppe	**Gleiche Übung auch unter Stichwort:**

Inhalt:
Jeder Tn bewertet eine Reihe von Verhaltensweisen, die für die Gruppe wichtig sind. Die Bewertungen werden verglichen und die Gruppe einigt sich auf die 15 bedeutsamsten. In einem zweiten Durchgang bewerten die Tn erst einzeln, dann in der Gruppe, welche "skills" sie als verbesserungswürdig erachten.

Besondere Bemerkungen:
- Unterlagen: 2 Fragebögen pro Tn

Name der Übung:	Quelle:
Neigungen und Abneigungen	Fr&Y 256

Art der Übung:	Dauer:
Verbale Einzel- und Gruppenaktivität	1 Std.

Ziel:	Gleiche Übung auch unter Stichwort:
- Förderung der Kooperationsfähigkeit zwischen Individuen innerhalb einer Arbeitsgruppe - Krisenintervention in nicht spezifizierten Situationen	 - Krisenintervention S. 923

Inhalt:

Jeder Tn beantwortet schriftlich, was ihm an der Gruppe gefällt und was ihm nicht gefällt. Der Leiter läßt die Tn wählen, ob sie offen ihre Aussagen und die dahinterliegenden Motive besprechen wollen, oder ob sie die anonymen Blätter als Grundlage für eine allgemeine Diskussion verwenden wollen.

Besondere Bemerkungen:

- Unterlagen: 1 Blatt "Was mir an dieser Gruppe gefällt/nicht gefällt" pro Tn

Name der Übung: Das Spaßmachometer	**Quelle:** Fr&Y 195
Art der Übung: Verbale Einzel- und Gruppenaktivität	**Dauer:** 1 Std.
Ziel: - Förderung der Kooperationsfähigkeit zwischen Individuen innerhalb einer Arbeitsgruppe	**Gleiche Übung auch unter Stichwort:**

Inhalt:
Eine Liste von Punkten, die für den Zusammenhalt einer Gruppe wichtig sind, soll jeder Tn danach beurteilen, wie bedeutsam diese Punkte für ihn persönlich sind. Die Listen werden an die Wand geheftet und die Gruppe überlegt sich (ggf. mittels Brainstorming), welche positiven Tendenzen sie verstärken und welche negativen Tendenzen sie ausschalten kann.

Besondere Bemerkungen:
- Unterlagen: 1 Liste pro Tn

Name der Übung: Planung eines Team-Trainings	**Quelle:** Fr&Y 158
Art der Übung: Verbale Einzel- und Gruppenaktivität	**Dauer:** 2 Std.
Ziel: - Förderung der Kooperationsfähigkeit zwischen Individuen innerhalb einer Arbeitsgruppe	**Gleiche Übung auch unter Stichwort:**

Inhalt:
Die Tn füllen den "Team-Review-Fragebogen" mit 108 Fragen zum Funktionieren der Gruppe aus, arbeiten die wichtigsten Punkte heraus und erstellen einen Maßnahmenkatalog zur Verbesserung ihrer Zusammenarbeit.

Besondere Bemerkungen:
- Unterlagen: 1 Fragebogen (siehe Fr&Y 43), 1 Antwortbogen und 1 Auswertungsbogen pro Tn

Name der Übung: Leistung und Kontrolle	**Quelle:** Fr&Y 221
Art der Übung: Verbale Einzel- und Gruppenaktivität	**Dauer:** Mindestens 1 Std.
Ziel: - Förderung der Kooperationsfähigkeit zwischen Individuen innerhalb einer Arbeitsgruppe	**Gleiche Übung auch unter Stichwort:**

Inhalt:

Die Mitglieder erhalten eine Tabelle, in der sie alle Gruppenaktivitäten prozentual danach unterteilen, ob sie aufgabenorientiert sind oder ob sie dazu dienen, den Erhalt der Gruppe zu sichern. Im Plenum besprechen die Tn, ob das Verhältnis zwischen diesen beiden Funktionen adäquat ist.

Besondere Bemerkungen:

- Unterlagen: 1 Tabelle pro Tn
- Moderationsausrüstung empfehlenswert

Name der Übung: Pro- und Contra-Spiel	**Quelle:** Workbook 3.2.12 und 4.9.2
Art der Übung: Verbale Gruppenaktivität	**Dauer:** 30 - 45 Min.
Ziel: - Förderung der Kooperationsfähigkeit zwischen Individuen innerhalb einer Arbeitsgruppe - Kriseninterventionen: Konflikte unter den Tn	**Gleiche Übung auch unter Stichwort:** - Kriseninterventionen S. 919

Inhalt:
Wenn in einer Gruppe zwei Meinungen scharf gegenüberstehen, melden sich zu jeder Meinungsseite 3 Tn, die in schneller Folge Argumente austauschen.
Nach 5 Min. tauschen die Parteien ihre Plätze und bringen die Argumente der Gegenpartei vor. Alle Tn bewerten am Ende die besten Argumente.

Besondere Bemerkungen:
- Die Argumente müssen aufgezeichnet werden
- Nur reale Konflikte verwenden
- Moderationsausrüstung empfehlenswert

Name der Übung: Disputation mit vertauschten Rollen	**Quelle:** Gudjons 199
Art der Übung: Verbale Gruppenaktivität	**Dauer:** 1 Std.
Ziel: - Förderung der Kooperationsfähigkeit zwischen Individuen innerhalb einer Arbeitsgruppe	**Gleiche Übung auch unter Stichwort:**

Inhalt:

Die Tn bilden zu einem kontroversen Thema zwei Kleingruppen, die eine gegenteilige Meinung vertreten. Nun tauschen die beiden Kleingruppen ihre engagiertesten Verfechter aus. Danach sammeln die Kleingruppen Argumente für ihre Positionen, und der von der anderen Gruppe gekommene Tn soll sein Pendant von der Richtigkeit dieser Anschauung überzeugen und umgekehrt.

Besondere Bemerkungen:

Name der Übung: Vorbereitung einer informellen Sitzung	**Quelle:** Fr&Y 160
Art der Übung: Verbale Einzel-, Paar- und Gruppenaktivität	**Dauer:** 4 Std.
Ziel: - Förderung der Kooperationsfähigkeit zwischen Individuen innerhalb einer Arbeitsgruppe - Krisenintervention in nicht spezifizierten Situationen	**Gleiche Übung auch unter Stichwort:** - Krisenintervention S. 925

Inhalt:

Jeder Tn beschreibt zwei oder drei akute Probleme in der Gruppe, der Leiter listet sie an einer Tafel auf und die Gruppe sucht gemeinsam die wichtigsten heraus. Dann taxieren die Tn die Probleme nach Komplexität und Zeitaufwand, arbeiten in Paaren Lösungsmöglichkeiten aus und erstellen zum Schluß ein gemeinsames Problemlösungsdesign.

Besondere Bemerkungen:

- Raum: separate Räume erforderlich
- Moderationsausrüstung empfehlenswert

Name der Übung: Standortbestimmung	**Quelle:** Fr&Y 229
Art der Übung: Verbale Einzel- und Gruppenaktivität	**Dauer:** 1,5 - 2 Std.
Ziel: - Förderung von Kooperationsfähigkeit zwischen Individuen innerhalb einer Arbeitsgruppe - Förderung von Kooperationsfähigkeit zwischen Arbeitsgruppen	**Gleiche Übung auch unter Stichwort:** - Förderung von Kooperationsfähigkeit S. 658

Inhalt:
Jeder Tn äußert sich schriftlich zu folgenden Punkten:
1. Der Beitrag dieser Gruppe zur Stabilität und Zukunft dieses Unternehmens besteht darin ...
2. Um diesen Beitrag zu leisten, kann sie allein folgende drei Maßnahmen ergreifen ...
3. Zusammen mit anderen Gruppen kann diese Gruppe folgende drei Maßnahmen ergreifen ..
Die Vorschläge werden auf einer Tafel gesammelt und besprochen.

Besondere Bemerkungen:
- Moderationsausrüstung empfehlenswert

Name der Übung: Leistungsbilanz	**Quelle:** Fr&Y 259
Art der Übung: Verbale Einzel- und Gruppenaktivität	**Dauer:** 1,5 Std.
Ziel: - Förderung der Kooperationsfähigkeit zwischen Individuen innerhalb einer Arbeitsgruppe	**Gleiche Übung auch unter Stichwort:**

Inhalt:
Jeder Tn benennt die fünf besten und die fünf schlechtesten Leistungen, die die Gruppe in einem bestimmten Zeitraum gebracht hat. Nach der Entscheidung, ob sie die Punkte offen oder anonym behandeln wollen, versucht die Gruppe, über mindestens drei positive und drei negative Leistungen Gemeinsamkeit zu erzielen.
Anschließend planen sie eine Aktion zur Überwindung der Fehlschläge und eine Aktion zur Verstärkung der guten Leistungen.

Besondere Bemerkungen:
- Unterlagen: 1 Tabelle pro Tn

Name der Übung: Die Erfolgskurve	**Quelle:** Fr&Y 224
Art der Übung: Verbale Einzel- und Gruppenaktivität	**Dauer:** 1,5 - 2 Std.
Ziel: - Förderung der Kooperationsfähigkeit zwischen Individuen innerhalb einer Arbeitsgruppe	**Gleiche Übung auch unter Stichwort:**

Inhalt:
Der Leiter bereitet ein großes Koordinatenschema (2,5 x 1 m) und ein kleines (auf einem Flip-over-Bogen) vor mit den Achsen "Zeit" und "Erfolg".
Jeder Tn zeichnet nun individuell nach dem gleichen Muster eine Erfolgslinie der Gruppe über das vergangene Jahr. Die einzelnen Kurven werden auf das kleine Diagramm übertragen. Auf dem großen Diagramm wird die Mittelwertslinie eingezeichnet und deren Verlauf diskutiert.

Besondere Bemerkungen:
- Hilfsmittel: 1 großer Papierbogen (2,5 x 1 m)

Name der Übung: My meetings with others	**Quelle:** Woodcock 74
Art der Übung: Verbale Einzelaktivität	**Dauer:** 45 Min.
Ziel: - Förderung der Kooperationsfähigkeit zwischen Individuen innerhalb einer Arbeitsgruppe	**Gleiche Übung auch unter Stichwort:**

Inhalt:

In einem ersten Schritt sollen die Tn die Gruppen benennen, in denen sie regelmäßig verkehren und sie nach ihrer Wichtigkeit für sie einstufen.
In einem zweiten Schritt sollen sie diese Gruppen mit charakteristischen Adjektiven versehen, um herauszufinden, wo eine Verbesserung notwendig ist.
Dann sollen sie konkrete Maßnahmen planen.

Besondere Bemerkungen:
- Unterlagen: 3 Tabellen pro Tn

Name der Übung: The teams in my working life	**Quelle:** Woodcock 63
Art der Übung: Verbale Einzelaktivität	**Dauer:** 1 Std.
Ziel: - Förderung der Kooperationsfähigkeit zwischen Individuen innerhalb einer Arbeitsgruppe	**Gleiche Übung auch unter Stichwort:**

Inhalt:
Jeder Tn analysiert vier Gruppen, denen er angehört, anhand einer Checkliste und eines Fragebogens hinsichtlich ihrer Funktionsfähigkeit.

Besondere Bemerkungen:
- Unterlagen: 1 Checkliste und Fragen pro Tn

Name der Übung: Das neue Mitglied	**Quelle:** Fr&Y 191
Art der Übung: Verbale Einzel- und Gruppenaktivität	**Dauer:** 1 - 1,5 Std.
Ziel: - Förderung der Kooperationsfähigkeit zwischen Individuen innerhalb einer Arbeitsgruppe	**Gleiche Übung auch unter Stichwort:**

Inhalt:
Jeder Tn überlegt sich im Zusammenhang mit der Einstellung eines neuen Mitarbeiters folgende Punkte:
1. Die Aufgabe des neuen Mitarbeiters
2. Die Personen, mit denen er zusammenarbeiten muß
3. Die erforderlichen technischen Fertigkeiten und persönlichen Verhaltensweisen
4. Welche Art Persönlichkeit er sich für diesen Job wünscht.
In der Gruppe werden die Aussagen verglichen, ergänzt und auf eine gemeinsame Formulierung gebracht.

Besondere Bemerkungen:
- Moderationsausrüstung empfehlenswert

Name der Übung: Auf Herz und Nieren	**Quelle:** Fr&Y 234
Art der Übung: Verbale Gruppenaktivität	**Dauer:** 2 Std.
Ziel: - Verbesserung der Kooperationsfähigkeiten zwischen Individuen innerhalb einer Arbeitsgruppe	**Gleiche Übung auch unter Stichwort:**

Inhalt:
Der Leiter schildert den Tn folgende Situation:
Die Firma hat einen neuen Generaldirektor, der rigoros Budgets kürzt und Personal reduziert. Sechs Monate lang hat er, ohne viel zu reden, ganze Abteilungen aufgelöst. Gerüchte besagen, daß die Tn-Gruppe als nächstes auf der Liste steht, und ihr Abteilungsleiter ist für heute zum Generaldirektor bestellt.
Die Gruppe hat nun die Aufgabe, innerhalb von 1 Stunde einen hieb- und stichfesten Bericht zu erstellen, in dem die Bedeutung dieser Gruppe innerhalb der Organisation deutlich zum Ausdruck kommt. Wenn der Bericht fertig ist, entscheidet eine unabhängige Person als Generaldirektor über das Weiterbestehen der Abteilung.

Besondere Bemerkungen:

Name der Übung: Widerspiegelung einer Organisation	**Quelle:** Pf&J 2;103
Art der Übung: Verbale Gruppenaktivität	**Dauer:** 2 Std.
Ziel: - Förderung der Kooperationsfähigkeit zwischen Arbeitsgruppen	**Gleiche Übung auch unter Stichwort:**

Inhalt:
Die Mitglieder einer Organisation besprechen ihre Probleme, wobei auch Betroffene, die nicht zur Organisation gehören, hinzugezogen werden.
Der Leiter übernimmt die Rolle eines Moderators und trägt dafür Sorge, daß die gefundenen Lösungswege weiterverfolgt werden.

Besondere Bemerkungen:

Name der Übung: Orgavigation	**Quelle:** Fr&Y 231
Art der Übung: Verbale Gruppenaktivität	**Dauer:** 2 Std.
Ziel: - Förderung der Kooperationsfähigkeit zwischen Arbeitsgruppen	**Gleiche Übung auch unter Stichwort:**

Inhalt:
Die Gruppe zeichnet eine Graphik, die ihre Beziehungen zu anderen Gruppen veranschaulicht. Die Tn identifizieren erst andere Gruppen, zu denen die Gruppe Beziehungen unterhält, dann stellen sie diese Beziehungen graphisch dar, indem sie die Intensität und Häufigkeit und die Art der Beziehung (über/untergeordnet, zuarbeitend, weiterbearbeitend usf.) berücksichtigen.
Zum Schluß untersuchen die Tn, welche Beziehungen verbessert werden müssen.

Besondere Bemerkungen:
- Moderationsausrüstung empfehlenswert

Name der Übung: Standortbestimmung	**Quelle:** Fr&Y 229
Art der Übung: Verbale Einzel- und Gruppenaktivität	**Dauer:** 1,5 - 2 Std.
Ziel: - Förderung von Kooperationsfähigkeit zwischen Arbeitsgruppen - Förderung von Kooperationsfähigkeit zwischen Individuen innerhalb einer Arbeitsgruppe	**Gleiche Übung auch unter Stichwort:** - Förderung der Kooperationsfähigkeit S.649

Inhalt:
Jeder Tn äußert sich schriftlich zu folgenden Punkten:
1. Der Beitrag dieser Gruppe zur Stabilität und Zukunft dieses Unternehmens besteht darin ...
2. Um diesen Beitrag zu leisten, kann sie allein folgende drei Maßnahmen ergreifen ...
3. Zusammen mit anderen Gruppen kann diese Gruppe folgende drei Maßnahmen ergreifen ..
Die Vorschläge werden auf einer Tafel gesammelt und besprochen.

Besondere Bemerkungen:
- Moderationsausrüstung empfehlenswert

Name der Übung: Konfrontation	**Quelle:** Pf&J 1;132
Art der Übung: Verbale Gruppenaktivität	**Dauer:** 3 Std.
Ziel: - Förderung von Kooperationsfähigkeit zwischen Arbeitsgruppen - Soziale Wahrnehmung: Abbau von Vorurteilen zwischen Kleingruppen - Normen und Werte: Analyse diskrepanter Wertvorstellungen zwischen Kleingruppen	**Gleiche Übung auch unter Stichwort:** - Soziale Wahrnehmung S.30 - Normen und Werte S.78

Inhalt:
Die Tn werden in zwei (komplementäre) Kleingruppen aufgeteilt und beantworten die Fragen:
"Wie wirkt die andere Gruppe auf uns?" und "Wie wirken wir auf die andere Gruppe?"
Sie treffen sich dann zu einer gemeinsamen Sitzung, besprechen wiederum getrennt die ausgetauschten Daten und überlegen sich zum Schluß im Plenum, wie sie sich eine weitere Entwicklung oder Zusammenarbeit denken können.

Besondere Bemerkungen:
- Die Übung ist geeignet, die Beziehungen zwischen Gruppen zu verbessern (z.B. Betriebsrat - Personalabteilung, Gefangene - Vollzugsbedienstete, Innendienst - Außendienst, Jugendliche - ältere Menschen)

Name der Übung:	Quelle:
Spiegelbild	Fr&Y 283

Art der Übung:	Dauer:
Verbale (Klein)Gruppenaktivität	2 Std.

Ziel:	Gleiche Übung auch unter Stichwort:
- Förderung von Kooperationsfähigkeit zwischen Arbeitsgruppen - Soziale Wahrnehmung: Abbau von Vorurteilen zwischen Kleingruppen - Normen und Werte: Analyse diskrepanter Wertvorstellungen zwischen Kleingruppen	- Soziale Wahrnehmung S.29 - Normen und Werte S.79

Inhalt:

Die Tn aus zwei (komplementären) Kleingruppen beantworten folgende Fragen:
1. Wie sehen wir die andere Gruppe?
2. Wie sieht die andere Gruppe uns?
3. Wie sehen wir uns selber?
4. Was erwarten wir von der anderen Gruppe?

Im Plenum präsentiert jede Kleingruppe ihre Antworten und beide überlegen sich, wie sie ihre Zusammenarbeit verbessern können.

Besondere Bemerkungen:

- Raum: 1 großer und 1 kleiner Raum erforderlich

Name der Übung: Team mirroring	**Quelle:** Woodcock 65
Art der Übung: Verbale Kleingruppenaktivität	**Dauer:** 1,5 - 2 Std.
Ziel: - Förderung von Kooperationsfähigkeit zwischen Arbeitsgruppen - Soziale Wahrnehmung: Abbau von Vorurteilen zwischen Kleingruppen - Normen und Werte: Analyse diskrepanter Wertvorstellungen zwischen Kleingruppen	**Gleiche Übung auch unter Stichwort:** - Soziale Wahrnehmung S. 32 - Normen und Werte S. 82

Inhalt:
Zwei komplementäre Kleingruppen haben die Aufgabe, je 12 positive und negative Eigenschaften zu suchen, welche die andere Kleingruppe charakterisieren.
Dann besprechen je zwei Angehörige einer Kleingruppe diese Beurteilungen.
Am Schluß sollen die Kleingruppen eine gemeinsame positive Aktion miteinander vereinbaren.

Besondere Bemerkungen:

Name der Übung: Neun-Punkte-Problem	**Quelle:** Antons 57
Art der Übung: Denksportaufgabe	**Dauer:** 20 Min.
Ziel: - Kreativität: Aufbrechen alter Denkschemata	**Gleiche Übung auch unter Stichwort:**

Inhalt:

Neun Punkte, quadratisch angeordnet, sollen durch 4 gerade Linien ohne Absetzen miteinander verbunden werden.

Besondere Bemerkungen:

- Anwendung in Trainings fraglich, da starke pädagogische Momente; als psychologischer Versuch geeignet
- Unterlagen: 1 Formblatt mit Punkten und Instruktion pro Tn

Name der Übung: Nonsense-Spiel	**Quelle:** Workbook 4.8.3.
Art der Übung: Verbale Kleingruppen- oder Gruppenaktivität	**Dauer:** 30 Min.
Ziel: - Kreativität: Aufbrechen alter Denkschemata durch Steigerung der Assoziationsfähigkeit	**Gleiche Übung auch unter Stichwort:**

Inhalt:

Die Gruppe sammelt unsinnige Thesen nach dem Muster:
"Sollten Kühe (oder Trainer) rosarote Brillen tragen?"
Der Leiter hat eine JA- und eine NEIN-Karte. Je nachdem, welche Karte er hochhält, müssen die Tn Argumente für oder gegen die These äußern.

Besondere Bemerkungen:

- Da es bei den Tn zu Angst vor einer Blamage kommen kann:
  Variante: Diskussion in Dreiergruppen über das Nonsens-Thema

Name der Übung: Gruppengeschichte erzählen	**Quelle:** Workbook 4.8.4
Art der Übung: Verbale Gruppenaktivität	**Dauer:** 15 - 30 Min.
Ziel: - Kreativität: Aufbrechen alter Denkschemata durch Steigerung der Assoziationsfähigkeit	**Gleiche Übung auch unter Stichwort:**

Inhalt:
Ein Tn erfindet den ersten Satz einer Geschichte. Der rechte Nachbar setzt die Geschichte mit einem zweiten Satz fort, bis jeder Tn mindestens einmal an der Reihe war und die Spannung nachläßt.

Besondere Bemerkungen:
- Leiter muß mit Widerstand aus der Gruppe rechnen

Name der Übung: Brainstorming	**Quelle:** Vo/Ki 238
Art der Übung: Verbale Kleingruppenaktivität	**Dauer:** 30 - 45 Min.
Ziel: - Kreativität: Aufbrechen alter Denkschemata	**Gleiche Übung auch unter Stichwort:**

Inhalt:
Drei Schiffbrüchige sind unbekleidet an einer einsamen Insel gestrandet. Die einzigen Gegenstände, die sie bei sich tragen sind ein Gürtel, eine Flasche und eine Geige. Die Tn sollen nun in Kleingruppen möglichst ausgefallene und kreative Verwendungsmöglichkeiten für diese drei Gegenstände finden.

Besondere Bemerkungen:
- Siehe auch "Brainstorming" S. 476 und S. 563

Name der Übung: Abfall-Menschen	**Quelle:** Gudjons 213
Art der Übung: (Non)verbale Kleingruppenaktivität	**Dauer:** 45 - 60 Min.
Ziel: - Kreativität: Aufbrechen alter Denkschemata	**Gleiche Übung auch unter Stichwort:**

Inhalt:
Aus Abfallmaterialien (Stoffreste, Wolle, Papier, Blechdosen, Holzstücke, Styropor usw.) sollen die Kleingruppen einen großen, aufrecht stehenden Menschen basteln. Danach versuchen sie, der Figur eine Biographie zu geben; dann stellt sich einer nach dem anderen hinter die Figur und probiert aus, welche Stimme zu ihr paßt.

Besondere Bemerkungen:
- Hilfsmittel: eine große Menge Abfallmaterialien, Schere, Klebstoff

Name der Übung: Musikmeditation	**Quelle:** Gudjons 211
Art der Übung: Nonverbale Einzelaktivität	**Dauer:** das Musikstück sollte 10 - 15 Min. dauern
Ziel: - Kreativität: Aufbrechen alter Denkschemata - Gefühle: Training der Ausdrucksfähigkeit von Gefühlen (nonverbal)	**Gleiche Übung auch unter Stichwort:** - Gefühle S. 193

Inhalt:
Vor Beginn der Übung sollen sich die Tn für eine der folgenden Möglichkeiten entscheiden:
a) Musik einfach hören und auf sich wirken lassen
b) durch Malen den entstehenden Gefühlen Ausdruck verleihen
c) durch Malen mit einem Partner die Wirkung der Musik ausdrücken
d) die Musik in Bewegungen umsetzen
e) Bilder, Gedanken, Assoziationen auf einem Zettel festhalten.
Nach einer Entspannungsphase beginnt die Musik und die Tn tun das, wofür sie sich zuvor entschieden haben.

Besondere Bemerkungen:
- Hilfsmittel: Musik, empfehlenswert sind Panflöte, Orgel-, Sitarstücke, aber auch Romantik.

Name der Übung: Objektweitergabe Einen Gegenstand wandern lassen	**Quelle:** Vo/Ki 239 Pf&J 2;146
Art der Übung: Nonverbale Gruppenaktivität	**Dauer:** 5 - 10 Min.
Ziel: - Kreativität: Aufbrechen alter Denkschemata	**Gleiche Übung auch unter Stichwort:**

Inhalt:

Ein kugelförmiger, leichter Gegenstand, der symbolisch für irgendeine Idee steht, soll schweigend an andere Gruppenmitglieder weitergereicht werden. Dabei kann der Gegenstand beliebig verändert werden.

Besondere Bemerkungen:

Name der Übung: Team zu verkaufen!	**Quelle:** Fr&Y 193
Art der Übung: Verbale Gruppenaktivität	**Dauer:** 2 Std.
Ziel: - Kreativität: Aufbrechen alter Denkschemata	**Gleiche Übung auch unter Stichwort:**

Inhalt:
Der Leiter einer Beratungsabteilung in einer großen Organisation erhält von seinem Chef den Auftrag, seine Dienste auch anderen Firmen anzubieten, um so etwa die Hälfte der Kosten der Beratungsabteilung hereinzuspielen.
Die Tn stellen die Mitarbeiter der Beratungsabteilung dar und sollen einen Plan ausarbeiten, wie sie sich erfolgreich auf dem Markt durchsetzen können. Dabei sollen sie sich auf ihre ungenutzten Fähigkeiten und Ressourcen besinnen.

Besondere Bemerkungen:
- Moderationsausrüstung empfehlenswert

Name der Übung: Brainstorming Brainstorming und Ideeanalyse Methode 6-3-5 Brainstorming Brainstorming	**Quelle:** Workbook 2.2.3 und 3.2.16 Pf&J <u>2</u>;19 Ki/MSch 53 Woodcock 83 Fr&Y 276 , Gudjons 210
Art der Übung: Verbale (Klein)Gruppenaktivität	**Dauer:** 15 Min. für die eigentliche Sitzung; anschließend 1-2 Std. für die Bearbeitung des Materials
Ziel: - Kreativität: kreative Lösungsstrategie - Entscheidungsfindung in Gruppen: Anwendung einer Problemlösungsstrategie	**Gleiche Übung auch unter Stichwort:** - Entscheidungsfindung in Gruppen S.590

Inhalt:

Zu einer klar umschriebenen Problemstellung kann jeder Tn vollkommen frei Ideen äußern. Während der Ideensammlung dürfen die Äußerungen keinesfalls bewertet werden; in der anschließenden Auswertungsphase werden die Ideen dann klassifiziert und kritisiert.

Besondere Bemerkungen:
- Die laufende Dokumentation der Ideen muß sichergestellt sein
- Die gesammelten Daten müssen allen Tn zugänglich sein

Name der Übung: Quäkersitzung (Brainstorming in großen Gruppen)	**Quelle:** Pf&J 3;155
Art der Übung: Verbale Gruppenaktivität	**Dauer:** 15 Min. für die eigentliche Sitzung; anschließend 1 - 2 Std. für die Bearbeitung des Materials
Ziel: - Kreativität: kreative Lösungsstrategie - Entscheidungsfindung in Gruppen: Anwendung einer Problemlösungsstrategie	**Gleiche Übung auch unter Stichwort:** - Entscheidungsfindung in Gruppen S. 593

Inhalt:
Jeder Tn, der zu einem Thema eine Idee hat, steht auf und äußert seinen Gedanken schnell, kurz, laut und deutlich. Mehrere Tn protokollieren die Äußerungen simultan mit. Die geäußerten Ideen dürfen erst in der anschließenden Auswertungsphase kommentiert werden.

Besondere Bemerkungen:
- Die gesammelten Ideen müssen allen Tn zugänglich sein (Moderationsausrüstung empfehlenswert)

Name der Übung:	Quelle:
Morphologischer Kasten	Workbook 3.2.14

Art der Übung:	Dauer:
Verbale (Klein)Gruppenaktivität	Mindestens 2 Std.

Ziel:	Gleiche Übung auch unter Stichwort:
- Kreativität: kreative Lösungsstrategie - Entscheidungsfindung in Gruppen: Anwendung einer Problemlösungsstrategie	- Entscheidungsfindung in Gruppen S. 591

Inhalt:

In der senkrechten Vorspalte einer Matrix werden die unabhängigen Einflußgrößen eines Problems eingetragen und zu jeder Einflußgröße alle Ausprägungen gesammelt. Beispiel: Entwicklung eines neuen Autos:

Einfluß- größen \ Ausprä- gungen				
Antriebsart	Ottomotor	Dieselmotor	Wasser	...
Zweck	Pers.transp.	Lasten	Ideen	...

Besondere Bemerkungen:

- Hoher Auswertungsaufwand
- Moderationsausrüstung empfehlenswert

Name der Übung: Utopie-Spiel	**Quelle:** Workbook 3.2.13
Art der Übung: Verbale (Klein)Gruppenaktivität	**Dauer:** 1 - 3 Std.
Ziel: - Kreativität: kreative Lösungsstrategie - Entscheidungsfindung in Gruppen: Anwendung einer Problemlösungsstrategie	**Gleiche Übung auch unter Stichwort:** - Entscheidungsfindung in Gruppen S. 589

Inhalt:
Ein Thema wird so formuliert, daß Utopien entwickelt werden können. Nach einem freien Ideensammlungsprozeß in Kleingruppen (vgl. Brainstorming) werden die besten Utopien prämiiert und auf ihre Verwirklichbarkeit geprüft.

Besondere Bemerkungen:
- Die Gruppe muß stimmungsmäßig zum "Spinnen" hingeführt werden
- Moderationsausrüstung empfehlenswert

Name der Übung: Kreativer Wandel	**Quelle:** Fr&Y 278
Art der Übung: Verbale Einzel- und Gruppenaktivität	**Dauer:** Mindestens 2 Std.
Ziel: - Kreativität: kreative Lösungsstrategie - Entscheidungsfindung in Gruppen: Anwendung einer Problemlösungsstrategie	**Gleiche Übung auch unter Stichwort:** - Entscheidungsfindung in Gruppen S. 592

Inhalt:
Der Leiter gibt folgende Situationsbeschreibung:
Eine Projektgruppe hat die Aufgabe, die Arbeitsbedingungen zu verbessern. Das Projekt ist erfolgreich, wenn meßbare Verbesserungen eingetreten sind.
In fünf Schritten entwickeln die Tn ein Programm:
Beschreibung einer idealen Umwelt - Sammlung der Ideen - Auswahl der besten Ideen - förderliche und hinderliche Einflüsse - Einigung auf eine Idee - Umsetzung in die Tat.

Besondere Bemerkungen:
- Moderationsausrüstung empfehlenswert

Name der Übung: Kreative Begrüßung	**Quelle:** Vo/Ki 237
Art der Übung: Nonverbale Paaraktivität	**Dauer:** 10 Min.
Ziel: - Kreativität: Förderung von kreativem Verhalten - Eröffnungsphase: nonverbale Anwärmübung	**Gleiche Übung auch unter Stichwort:** - Eröffnungsphase S. 772

Inhalt:
Jeder Tn stellt sich vor, daß sein Partner ein alter Bekannter sei, den er schon lange nicht mehr gesehen hat. Um seiner großen Freude Ausdruck zu verleihen, soll er eine völlig neue Begrüßungsform erfinden, ohne dabei zu sprechen.

Besondere Bemerkungen:

Name der Übung: Oktopus	**Quelle:** Vopel 5;79
Art der Übung: Nonverbale Kleingruppenaktivität	**Dauer:** 30 Min.
Ziel: - Kreativität: Förderung von kreativem Verhalten - Eröffnungsphase: nonverbale Anwärmübung	**Gleiche Übung auch unter Stichwort:** - Eröffnungsphase S. 782

Inhalt:
Die Tn stellen in Fünfergruppen einen Oktopus dar unter Beachtung folgender Spielregeln:
Jeder Tn hält zu mindestens zwei anderen Kleingruppenmitgliedern physischen Kontakt, während sich die ganze Kleingruppe durch den Raum bewegt und irgendwelche Phantasiegeräusche von sich gibt.
Während der ganzen Übung darf nicht gesprochen werden. Im Anschluß daran können die Tn noch einen Elefanten und ein Tier ihrer Wahl oder Phantasie darstellen.

Besondere Bemerkungen:

Name der Übung: Gruppenpotential	**Quelle:** Vopel 3;47
Art der Übung: Verbale Gruppenaktivität	**Dauer:** 6 Std.
Ziel: - Kreativität: Förderung von kreativem Verhalten - Förderung der Kooperationsfähigkeit zwischen Individuen innerhalb einer Arbeitsgruppe	**Gleiche Übung auch unter Stichwort:** - Kreativität S. 636

Inhalt:
Die Übung gliedert sich in 4 Spiele:
1. Inventur: Welche Stärken sehen die Tn in ihrer Gruppe?
2. Aktionsprogramm: Was kann dazu beitragen, daß die Gruppe sich weiterentwickelt?
3. Stärkenbombardierung: Was sehen die Tn als persönliche Stärken der einzelnen Mitglieder an?
4. Stärkentraining: Der einzelne Tn soll mit Hilfe der Gruppe produktive Verhaltensweisen identifizieren, die er weiter ausbauen möchte.

Eventuell sind Nachfolgesitzungen erforderlich.

Besondere Bemerkungen:

Name der Übung: Happening	**Quelle:** Pf&J 4,43
Art der Übung: Verbale Gruppenaktivität	**Dauer:** 1 Tag
Ziel: - Kreativität: Förderung von kreativem Verhalten - Beobachtung des Problemlösungsprozesses: Kooperation bei unklaren Zielvorgaben	**Gleiche Übung auch unter Stichwort:** - Beobachtung des Problemlösungsprozesses S. 548

Inhalt:
Die Gruppe gestaltet einen Tag ganz nach ihren Wünschen.
Die Tn sind an keine Vorschriften gebunden, müssen aber bereit sein, ihr Verhalten zu verantworten.

Besondere Bemerkungen:
- Auf 10 Tn sollte 1 Assistent kommen
- Am Tag vor dem Happening werden die Aktivitäten mit den Tn geplant
- Raum: sehr viel Platz erforderlich
- Einsatz von Video (als Gestaltungsmöglichkeit) empfehlenswert

Name der Übung: Use of time	**Quelle:** Woodcock 77
Art der Übung: Verbale Einzelaktivität	**Dauer:** 1,5 Std.
Ziel: - Lern- und Arbeitstechniken	**Gleiche Übung auch unter Stichwort:**

Inhalt:
Die Tn listen alle Aktivitäten auf, die sie während einer normalen Woche erledigen. Die Tätigkeiten ordnen sie dann entsprechend ihrer Dauer und suchen diejenigen heraus, die produktiv und wichtig sind. Dann trennen sie die Tätigkeiten, die unwichtig sind und viel Zeit kosten von denen, die wichtig sind, aber vernachlässigt werden.

Besondere Bemerkungen:

Name der Übung: The working clock	**Quelle:** Woodcock 175
Art der Übung: Verbale Einzel- und Paaraktivität	**Dauer:** 1 Std.
Ziel: - Lern- und Arbeitstechniken	**Gleiche Übung auch unter Stichwort:**

Inhalt:
Jeder Tn malt einen Kreis, der seine Arbeitswoche darstellt und unterteilt den Kreis in Segmente, entsprechend der zeitlichen Beanspruchung der einzelnen Tätigkeiten. Jeweils zwei Tn vergleichen ihr "Arbeitsziffernblatt".

Besondere Bemerkungen:

Name der Übung: Lerntechniken	**Quelle:** Antons 83
Art der Übung: Verbale Kleingruppenaktivität	**Dauer:** 2 Std.
Ziel: - Lern- und Arbeitstechniken	**Gleiche Übung auch unter Stichwort:**

Inhalt:
Nach einem Vortest bezüglich des Wissensstands der Tn über "Feedback" erarbeiten drei Kleingruppen unter verschiedenen didaktischen Bedingungen Texte zu diesem Thema.
In einem identischen Nachtest werden der individuelle und kollektive Wissenszuwachs ermittelt und die Gruppenergebnisse verglichen.

Besondere Bemerkungen:
- Unterlagen: 1 Testformular und 1 Instruktion pro Tn

Name der Übung: Frag mich was!	**Quelle:** Vopel 3;79
Art der Übung: Verbale Gruppenaktivität	**Dauer:** 1 Std.
Ziel: - Lern- und Arbeitstechniken	**Gleiche Übung auch unter Stichwort:**

Inhalt:
Nachdem die Tn sich auf ein Arbeitsgebiet geeinigt haben, dessen Kenntnisstand überprüft werden soll, bilden sie zwei Kleingruppen A und B.
Ein Tn aus A stellt einem Tn aus B eine Frage. Wird die Frage unvollständig oder falsch beantwortet, korrigiert der Fragende und das Fragerecht bleibt in A; wird die Frage richtig beantwortet, wechselt das Fragerecht zur Kleingruppe B.

Besondere Bemerkungen:

Name der Übung: Miniversität	**Quelle:** Pf&J 2;15
Art der Übung: Verbale Gruppenaktivität	**Dauer:** 3 Std. bei 50 - 200 Tn
Ziel: - Lern- und Arbeitstechniken	**Gleiche Übung auch unter Stichwort:**

Inhalt:

Die Tn sollen in Kleingruppen den anderen Mitgliedern einen Teil ihres Spezialwissens in Form von halbstündigen Kursen vermitteln. Ein Ausschuß trifft eine Themenauswahl und erstellt einen Kursplan.

Besondere Bemerkungen:

- Moderationsausrüstung empfehlenswert
- Unterlagen: 1 Kursplan
- Hilfsmittel: didaktische Geräte, Kurskarten
- Raum: ein großer und mehrere kleine Räume erforderlich

Struktur und Prozeß des Seminars

Name der Übung: Gruppenspiegel	**Quelle:** Workbook 4.1.4
Art der Übung: Verbale Einzelaktivität	**Dauer:** 10 Min.
Ziel: - Eröffnungsphase: Kennenlernen	**Gleiche Übung auch unter Stichwort:**

Inhalt:
Der Leiter bereitet ein Plakat vor, auf das die Tn ihren Namen und weitere Angaben zu ihrer Person eintragen. Die Überschriften können je nach Bedarf geändert werden, sollten aber mindestens eine private Angabe zulassen.

Besondere Bemerkungen:
- Das Plakat sollte während des gesamten Kurses gut sichtbar sein
- Moderationsausrüstung empfehlenswert

Name der Übung: Wer beeindruckt mich?	**Quelle:** Vopel 3;13
Art der Übung: Nonverbale Gruppenaktivität	**Dauer:** 10 Min.
Ziel: - Eröffnungsphase: Kennenlernen	**Gleiche Übung auch unter Stichwort:**

Inhalt:
Die Tn sollen, ohne zu sprechen, im Raum herumgehen und einander betrachten.

Besondere Bemerkungen:
- Leiter muß mit Widerstand aus der Gruppe rechnen

Name der Übung: Wie heißt Du?	**Quelle:** Vopel 2;10
Art der Übung: Verbale Gruppenaktivität	**Dauer:** 10 - 15 Min.
Ziel: - Eröffnungsphase: Kennenlernen	**Gleiche Übung auch unter Stichwort:**

Inhalt:

Alle Tn sitzen im Kreis. Der Leiter sagt seinen Namen, sein rechter Nebenmann sagt ebenfalls seinen Namen und wiederholt den Namen des Leiters, dann sagt der nächste seinen Namen und wiederholt die beiden vorangegangenen, bis am Schluß der Leiter alle Namen wiederholt.

Besondere Bemerkungen:

Name der Übung: Einander kennenlernen	**Quelle:** Pf&J 2;13
Art der Übung: Verbale Kleingruppenaktivität	**Dauer:** 30 Min.
Ziel: - Eröffnungsphase: Kennenlernen	**Gleiche Übung auch unter Stichwort:**

Inhalt:
Die Tn setzen sich in Dreiergruppen zusammen. Jeder erzählt 3 Min. lang etwas von sich selbst; anschließend wiederholen die beiden zuhörenden Mitglieder das, was sie den Sprecher haben sagen hören und ziehen Schlußfolgerungen daraus.

Besondere Bemerkungen:

Name der Übung: Namen, Namen	**Quelle:** Vopel 1;18
Art der Übung: Nonverbale Paaraktivität	**Dauer:** 30 Min.
Ziel: - Eröffnungsphase: Kennenlernen	**Gleiche Übung auch unter Stichwort:**

Inhalt:
Jedes Gruppenmitglied stellt sich dem anderen nur durch wiederholtes Aussprechen seines Namens vor; Botschaften können durch Variieren der nonverbalen Kommunikationsmittel übermittelt werden.

Besondere Bemerkungen:

Name der Übung: Namen lernen	**Quelle:** Gudjons 63
Art der Übung: Nonverbale Gruppenaktivität	**Dauer:** 30 Min.
Ziel: - Eröffnungsphase: Kennenlernen	**Gleiche Übung auch unter Stichwort:**

Inhalt:

Die Tn sitzen im Kreis; in der Mitte steht ein Tn mit einem Ball. Dieser wirft den Ball einem Tn zu und dieser muß ganz schnell den Namen seines rechten und linken Nachbarn sagen. Wenn er es kann, darf er den Ball dem in der Mitte Stehenden zurückwerfen. Kann er es nicht, muß er in die Mitte. Alle Tn müssen ihre Plätze wechseln, wenn der in der Mitte Stehende den Ball in die Höhe wirft; bei dieser Gelegenheit kann er versuchen, ebenfalls einen Platz im Kreis zu ergattern.

Besondere Bemerkungen:

Name der Übung: Heimatort	**Quelle:** Pf&J 3;17
Art der Übung: Verbale Gruppenaktivität	**Dauer:** 30 Min.
Ziel: - Eröffnungsphase: Kennenlernen	**Gleiche Übung auch unter Stichwort:**

Inhalt:
Jeder Tn trägt seinen Namen und seinen Heimatort auf einer (Deutsch)Landkarte (ohne Inschriften) ein und erzählt etwas von sich und seiner Heimat.

Besondere Bemerkungen:
- Hilfsmittel: 1 große (Deutsch)Landkarte ohne Beschriftung

Name der Übung: Einander kennenlernen	**Quelle:** Workbook 4.1.2
Art der Übung: Verbale Kleingruppenaktivität	**Dauer:** 30 - 45 Min.
Ziel: - Eröffnungsphase: Kennenlernen	**Gleiche Übung auch unter Stichwort:**

Inhalt:
In Dreiergruppen erzählt Mitglied A in 3 Min. soviel wie möglich über ein Thema seiner Wahl, ebenso B und C.
Anschließend kommentieren B und C die Äußerungen von A, dann A und C den Bericht von B usf.

Besondere Bemerkungen:

Name der Übung: Interview	**Quelle:** Workbook 4.1.3
Art der Übung: Verbale Paar- und Gruppenaktivität	**Dauer:** 30 - 45 Min.
Ziel: - Eröffnungsphase: Kennenlernen	**Gleiche Übung auch unter Stichwort:**

Inhalt:

Die Tn interviewen sich gegenseitig nach vorgegebenen oder freien Fragestellungen und stellen anschließend ihren Interviewpartner der ganzen Gruppe vor.

Besondere Bemerkungen:

- Leiter sollte selbst auch an der Übung teilnehmen

Name der Übung: Wichtige Information Wichtige Information	**Quelle:** Vopel 1;17 Vo/Ki 62
Art der Übung: Verbale Gruppenaktivität	**Dauer:** 30 - 45 Min.
Ziel: - Eröffnung: Kennenlernen	**Gleiche Übung auch unter Stichwort:**

Inhalt:

Jeder Tn sucht sich einen Partner, den er näher kennenlernen will.
Beide teilen einander wichtige Informationen über sich mit; anschließend stellt jeder seinen Partner in der Ich-Form der gesamten Gruppe vor.

Besondere Bemerkungen:

Name der Übung: Konzentrische Kreise	**Quelle:** Vopel 5;16
Art der Übung: Verbale Gruppenaktivität	**Dauer:** 30 - 45 Min.
Ziel: - Eröffnungsphase: Kennenlernen	**Gleiche Übung auch unter Stichwort:**

Inhalt:
Die Tn bilden zwei konzentrische Kreise, sodaß sich jeweils zwei Tn gegenüberstehen. Jeder fragt seinen Gegenüber nach dessen erstem Eindruck von ihm; nach 2 Min. wechseln die Partner und reden darüber, was sie von dieser Gruppe erwarten, nach weiteren 2 Min. wechseln die Partner wiederum und erhalten ein neues Thema usf. bis alle Mitglieder des Innenkreises alle Mitglieder des Außenkreises kennengelernt haben.

Besondere Bemerkungen:
- Weitere geeignete Themen siehe Quelle

Name der Übung: Per aspera ad astra	**Quelle:** Vopel 3;19
Art der Übung: Nonverbale Gruppenaktivität	**Dauer:** 30 - 45 Min.
Ziel: - Eröffnungsphase: Kennenlernen	**Gleiche Übung auch unter Stichwort:**

Inhalt:
Die Tn stellen sich nacheinander in die Mitte eines Kreises und sagen: "Mein Name ist ... und ich fühle ...", wobei sie das augenblickliche Gefühl in irgendeiner nonverbalen Weise ausdrücken.

Besondere Bemerkungen:

Name der Übung: Sprung ins kalte Wasser	**Quelle:** Vopel 3;15
Art der Übung: Verbale Paaraktivität	**Dauer:** 30 - 45 Min.
Ziel: - Eröffnungsphase: Kennenlernen	**Gleiche Übung auch unter Stichwort:**

Inhalt:
Jeder Tn läßt sich durch ein anderes Gruppenmitglied seiner Wahl der Gruppe präsentieren. Der Präsentator soll ihn beschreiben und Vermutungen über ihn anstellen, die der Präsentierte am Schluß der Vorstellung kommentieren kann.

Besondere Bemerkungen:

Name der Übung: Tiere	**Quelle:** Vopel 2;20
Art der Übung: Phantasiespiel	**Dauer:** 30 - 60 Min.
Ziel: - Eröffnungsphase: Kennenlernen	**Gleiche Übung auch unter Stichwort:**

Inhalt:
Die Tn sehen in ihrer Phantasie ein Tier, das sie selbst verkörpern. Es folgt ein Erfahrungsaustausch.

Besondere Bemerkungen:

Name der Übung: Ballon	**Quelle:** Pf&J 4;123
Art der Übung: Verbale Gruppenaktivität	**Dauer:** 30 - 60 Min.
Ziel: - Eröffnungsphase: Kennenlernen	**Gleiche Übung auch unter Stichwort:**

Inhalt:

Die Tn halten durch Schlagen mit der flachen Hand einen Luftballon so lange wie möglich in der Luft. Dabei müssen sie bestimmte Spielregeln einhalten. Wer dagegen verstößt, muß etwas über sich sagen.

Besondere Bemerkungen:
- Hilfsmittel: 1 - 2 Luftballons

Name der Übung: Mein bester Freund	**Quelle:** Pf&J <u>6</u>;19
Art der Übung: Verbale Gruppenaktivität	**Dauer:** 45 Min.
Ziel: - Eröffnungsphase: Kennenlernen	**Gleiche Übung auch unter Stichwort:**

Inhalt:

Anhand eines Schemas stellt jeder Tn sich der Gruppe so vor, wie es jemand machen würde, der ihn besser kennt als alle anderen.
Nachdem sich alle vorgestellt haben, können die Tn Fragen stellen und die Aussagen kommentieren.

Besondere Bemerkungen:
- Unterlagen: 1 Vorstellungsschema pro Tn

Name der Übung: Wappen	**Quelle:** Pf&J <u>1</u>;114
Art der Übung: (Non)verbale Einzelaktivität	**Dauer:** 45 Min.
Ziel: - Eröffnungsphase: Kennenlernen	**Gleiche Übung auch unter Stichwort:**

Inhalt:

Nach einer kurzen Einführung in die Heraldik werden die Tn gebeten, ein ihnen entsprechendes Wappen zu zeichnen.

Besondere Bemerkungen:

- Moderationsausrüstung empfehlenswert

Name der Übung: Annonce, welche die eigene Person betrifft	**Quelle:** Pf&J 1;114
Art der Übung: (Non)verbale Einzelaktivität	**Dauer:** 45 Min.
Ziel: - Eröffnungsphase: Kennenlernen	**Gleiche Übung auch unter Stichwort:**

Inhalt:
Die Tn werden gebeten, eine Annonce oder Broschüre auszuarbeiten, die ihre eigene Person beschreibt.

Besondere Bemerkungen:

Name der Übung: Cocktailparty	**Quelle:** Pf&J 1,23
Art der Übung: Verbale Gruppenaktivität	**Dauer:** 45 Min.
Ziel: - Eröffnungsphase: Kennenlernen	**Gleiche Übung auch unter Stichwort:**

Inhalt:
Der Leiter (oder die Tn) kann aus fünf angegebenen Möglichkeiten auswählen, wie die Tn sich auf einem Packpapierbogen darstellen wollen. Den Bogen hängen sie sich um den Hals, betrachten sich schweigend die Darstellungen der übrigen Gruppenmitglieder und suchen sich zum Schluß 2 - 3 Tn, mit denen sie sich unterhalten.

Besondere Bemerkungen:
- Hilfsmittel: 1 30 x 50 cm großer Papierbogen pro Tn, 1 Rolle Bindfaden und Scheren

Name der Übung: Wer bin ich?	**Quelle:** Pf&J 1;21
Art der Übung: Verbale Gruppenaktivität	**Dauer:** 45 Min.
Ziel: - Eröffnungsphase: Kennenlernen	**Gleiche Übung auch unter Stichwort:**

Inhalt:
Jeder Tn schreibt auf ein Stück Papier seine hervorstechenden Charaktermerkmale oder sonstige Kennzeichen und heftet es sich an die Brust. Nachdem die Tn schweigend 4 - 8 andere Mitglieder auf diese Weise kennengelernt haben, suchen sie sich 2 - 3 Tn für ein Gespräch

Besondere Bemerkungen:
- Hilfsmittel: 1 Sicherheitsnadel pro Tn

Name der Übung: Würstchentellertest (WTT)	**Quelle:** Gudjons 51
Art der Übung: Verbale Einzel- und Gruppenaktivität	**Dauer:** 45 Min.
Ziel: - Eröffnungsphase: Kennenlernen	**Gleiche Übung auch unter Stichwort:**

Inhalt:

Jeder Tn erhält einen Würstchenteller (oder Pappkarton oder Papier) und beantwortet 8 Fragen, z. B.:
- Wie will ich angeredet werden?
- Was liegt mir mehr: Sehen, Hören, Sprechen?
- In welches Land würde ich am liebsten reisen? etc.

Danach heften sich die Tn ihr Schild vor die Brust, gehen herum und besprechen die Antworten mit den anderen.

Besondere Bemerkungen:
- Hilfsmittel: Würstchenteller aus Pappe oder ähnliches, Filzschreiber, Sicherheitsnadeln

Name der Übung: Vorstellung	**Quelle:** Gudjons 49
Art der Übung: Verbale Einzel- und Gruppenaktivität	**Dauer:** 45 Min.
Ziel: - Eröffnungsphase: Kennenlernen	**Gleiche Übung auch unter Stichwort:**

Inhalt:

Die Tn beantworten auf einem DIN-A-4-Blatt folgende Fragen:

1. Wie möchte ich angeredet werden (Name, Du/Sie)?
2. Welche 3 - 5 Aussagen geben mein momentanes Befinden, meine Erwartungen und Befürchtungen wieder?

Auf der Rückseite des Blattes vermerken die Tn die Empfindungen, die sie den anderen <u>nicht</u> mitteilen möchten. Dann befestigen die Tn ihre Blätter an der Jacke, gehen herum, lesen die Antworten der anderen und können Fragen stellen und Erklärungen erbitten.

Besondere Bemerkungen:

Name der Übung: Lebensstil-Symbole	**Quelle:** Gudjons 54
Art der Übung: Verbale Paaraktivität	**Dauer:** 45 Min.
Ziel: - Eröffnungsphase: Kennenlernen - Normen und Werte: Analyse der eigenen Wertvorstellungen	**Gleiche Übung auch unter Stichwort:** -Normen und Werte S. 60

Inhalt:

Nachdem jeder Tn einen Partner gewählt hat, überlegt jeder für sich, welche 3 Dinge, die sich an ihm oder in seiner Nähe befinden, symbolisch für etwas stehen, was ihm sehr wichtig ist. Beispiele: Sandalen = Freiheit im Lebensstil; Ehering = die Liebe. Die Partner erläutern einander die Symbole und beantworten zum Schluß die Frage: Auf welches der drei Dinge könnte ich am wenigsten verzichten?

Besondere Bemerkungen:

Name der Übung: Steckbrief	**Quelle:** Workbook 4.1.1
Art der Übung: Verbale Einzelaktivität	**Dauer:** 45 Min.
Ziel: - Eröffnungsphase: Kennenlernen	**Gleiche Übung auch unter Stichwort:**

Inhalt:

Der Leiter überlegt sich einige Fragen, die auf die Interessen der Tn abgestimmt sind. Jeder Tn erhält dann ein Plakat, zeichnet die Antworten auf und stellt es dem Plenum vor.

Besondere Bemerkungen:

- Moderationsausrüstung empfehlenswert

Name der Übung: Demographie	**Quelle:** Pf&J 3;17
Art der Übung: Verbale Gruppenaktivität	**Dauer:** 45 - 60 Min.
Ziel: - Eröffnungsphase: Kennenlernen	**Gleiche Übung auch unter Stichwort:**

Inhalt:
Die Tn schreiben die Dinge an die Tafel, die sie gerne übereinander wissen wollen (Alter, Beruf usw.), und erzählen anhand der aufgeführten Punkte über sich.

Besondere Bemerkungen:

Name der Übung: Namen malen	**Quelle:** Vopel 6;10
Art der Übung: Phantasiespiel und verbale Gruppenaktivität	**Dauer:** 45 - 60 Min.
Ziel: - Eröffnungsphase: Kennenlernen	**Gleiche Übung auch unter Stichwort:**

Inhalt:
Die Tn stellen sich in ihrer Phantasie vor, wie ihr Name groß auf einer Kinoleinwand erscheint. Jeder malt unter dem Eindruck dieser Vorstellung ein Bild seines Namens und stellt sich damit der Gruppe vor.

Besondere Bemerkungen:
- Moderationsausrüstung empfehlenswert

Name der Übung: Partner vorstellen	**Quelle:** Gudjons 81
Art der Übung: Verbale Paar- und Gruppenaktivität	**Dauer:** 45 - 60 Min.
Ziel: - Eröffnungsphase: Kennenlernen - Verbales Kommunikationstraining: Zuhören und Paraphrasieren lernen	**Gleiche Übung auch unter Stichwort:** -Verbales Kommunikationstraining S. 392

Inhalt:

Je zwei Tn setzen sich zusammen und unterhalten sich über ein persönliches Thema (Beispiel: Was habe ich letzte Woche erlebt?). Einer erzählt, der andere wiederholt, was gesagt wurde. Nach einiger Zeit werden die Rollen gewechselt. Im Plenum stellt jeder seinen Partner in "Ich"-Form vor.

Besondere Bemerkungen:

Name der Übung: Selbstbeschreibung	**Quelle:** Vopel 5;18
Art der Übung: Verbale Gruppenaktivität	**Dauer:** 45 - 60 Min.
Ziel: - Eröffnungsphase: Kennenlernen	**Gleiche Übung auch unter Stichwort:**

Inhalt:
Jeder Tn schreibt die drei Eigenschaften, die ihn am besten charakterisieren, auf einen Zettel. Die Zettel werden in der Mitte des Gruppenkreises gesammelt und nacheinander gezogen, wobei sich der Betreffende nicht sofort zu erkennen gibt, sondern die anderen Tn raten läßt.

Besondere Bemerkungen:

Name der Übung: Vier Ecken	**Quelle:** Vopel 4;19
Art der Übung: Verbale Gruppenaktivität	**Dauer:** 45 - 60 Min.
Ziel: - Eröffnungsphase: Kennenlernen	**Gleiche Übung auch unter Stichwort:**

Inhalt:

Jede Ecke des Raumes repräsentiert einen Begriff (z.B. rot - blau - gelb - schwarz). Die Tn sollen sich überlegen, welcher der vier Begriffe am besten zu ihnen paßt, in die betreffende Ecke gehen und mit den anderen darüber reden, was dieser Begriff für sie bedeutet. Je nachdem, wie gut sich die Tn schon kennen, kann die Aktivität bis zu achtmal wiederholt werden.

Besondere Bemerkungen:
- Hilfsmittel: Begriffsquartette

Name der Übung: Wer bist Du?	**Quelle:** Vopel 2;18
Art der Übung: Verbale Gruppenaktivität	**Dauer:** 30 Min. plus 30 Min. Auswertung
Ziel: - Eröffnungsphase: Kennenlernen	**Gleiche Übung auch unter Stichwort:**

Inhalt:

Jeder Tn hat in Form von Mini-Interviews zu sechs anderen Gruppenmitgliedern Kontakt und soll versuchen, möglichst viel über die anderen herauszubekommen. Auf diese Aktivität kann ein kurzer Erfahrungsaustausch folgen.

Besondere Bemerkungen:

Name der Übung: Schlüsse ziehen	**Quelle:** Pf&J 3;17
Art der Übung: Verbale Gruppenaktivität	**Dauer:** 1 Std.
Ziel: - Eröffnungsphase: Kennenlernen	**Gleiche Übung auch unter Stichwort:**

Inhalt:

Jeder Tn schreibt seinen Namen auf eine Tafel. In der ersten Runde wählen die Tn ihren Lieblingsbuchstaben, in der zweiten Runde nennen sie ein Wort, das sie bevorzugen, in der dritten Runde ihre liebste Redewendung und in der vierten Runde den Satz, der ihnen am besten gefällt und erläutern jeweils ihre Wahl.

Besondere Bemerkungen:

- Moderationsausrüstung empfehlenswert

Name der Übung: Ersteindruck	**Quelle:** Pf&J 2;72
Art der Übung: Verbale Gruppenaktivität	**Dauer:** 1 Std.
Ziel: - Eröffnungsphase: Kennenlernen	**Gleiche Übung auch unter Stichwort:**

Inhalt:

Jeder Tn stellt sich kurz vor und gibt einige Auskünfte über sich. Anschließend versuchen die Tn, während sie sich gegenseitig den Rücken zuwenden, sich an die Namen zu erinnern und niederzuschreiben. Die Tn können dann diejenigen Mitglieder, deren Namen sie vergessen hatten, nochmals ansprechen und um weitere Auskünfte bitten. Nach einem kurzen Erfahrungsaustausch notiert jeder Tn den ersten Eindruck, den er vom anderen gewonnen hat.
Der Leiter sammelt die Angaben ein und liest sie vor, wobei die jeweilige Zielperson ihr Feedback kurz kommentieren kann.

Besondere Bemerkungen:

- Leiter muß mit Widerstand aus der Gruppe rechnen

Name der Übung: Lebenslauf	**Quelle:** Pf&J 1;113
Art der Übung: Nonverbale Einzel- und Gruppenaktivität	**Dauer:** 1 Std.
Ziel: - Eröffnungsphase: Kennenlernen - Persönliche Entwicklung: Verständnis für den Verlauf der persönlichen Entwicklung	**Gleiche Übung auch unter Stichwort:** - Persönliche Entwicklung S. 88

Inhalt:
Die Tn werden gebeten, einen Punkt auf einen Papierbogen zu setzen und daraufhin - ohne das Schreibgerät abzusetzen - einige wichtige oder entscheidende Ereignisse aus seinem Leben zu zeichnen. Jeder stellt sich im Plenum mit seiner Zeichnung vor.

Besondere Bemerkungen:
- Moderationsausrüstung empfehlenswert

Name der Übung: Selbstgesteuertes Interview	**Quelle:** Vopel 6;13
Art der Übung: Verbale Paar- und Kleingruppenaktivität	**Dauer:** 1 Std.
Ziel: - Eröffnungsphase: Kennenlernen	**Gleiche Übung auch unter Stichwort:**

Inhalt:
Die Tn beginnen sich paarweise zu interviewen, wobei jeder zuvor seinem Partner 10 Fragen aushändigt, die er sich gestellt haben will. Anschließend setzen sich die Paare zu Kleingruppen zusammen, und jeder stellt mit Hilfe des Interviews seinen Partner vor.

Besondere Bemerkungen:

Name der Übung: Freies Paarinterview	**Quelle:** Gudjons 57
Art der Übung: Verbale Paaraktivität	**Dauer:** 1 Std.
Ziel: - Eröffnungsphase: Kennenlernen	**Gleiche Übung auch unter Stichwort:**

Inhalt:
Jeder sucht sich einen Partner und versucht, innerhalb von 10 Minuten möglichst viel über ihn zu erfahren. Nach den beiden Interviews tauschen die Partner ihre Eindrücke darüber aus, indem sie überlegen
- was jedem über den anderen wissenswert schien
- welche Information die überraschendste war
- welche Fragen/Antworten schwerfielen
- welche Antworten eigentlich noch gewünscht werden usw.

Besondere Bemerkungen:

Name der Übung: Lernziel-Wandzeitung	**Quelle:** Gudjons 52
Art der Übung: Verbale Einzel- und Gruppenaktivität	**Dauer:** 1 Std.
Ziel: - Eröffnungsphase: Darstellung der Ziele und Schwerpunkte des Seminars - Prozeßanalyse: Erwartungen der Tn	**Gleiche Übung auch unter Stichwort:** -Prozeßanalyse S. 851

Inhalt:
Jedem Tn wird ein Feld (mind. 50 x 50 cm) auf einer großen Wandzeitung zugeteilt. Dort trägt er seinen Namen ein und vermerkt, was er in dieser Gruppe lernen, erreichen oder bei sich verändern möchte und auch das, was er von der Gruppe an Unterstützung und Feedback wünscht. Die Wandzeitung bleibt während der ganzen Sitzung/Seminar hängen und kann laufend ergänzt und diskutiert werden.

Besondere Bemerkungen:
- Hilfsmittel: 1 große Wandzeitung oder mehrere Plakate.

Name der Übung: Paar - Interview	**Quelle:** Vopel 2;13
Art der Übung: Verbale Paaraktivität	**Dauer:** 1 Std.
Ziel: - Eröffnungsphase: Kennenlernen	**Gleiche Übung auch unter Stichwort:**

Inhalt:

Die Partner interviewen einander anhand eines Leitfadens. Einen Durchschlag des Interviews erhält der Interviewte, das Original wird an die Wand des Sitzungsraumes geheftet, sodaß sich jeder Tn über die anderen informieren kann.

Besondere Bemerkungen:
- Unterlagen: 2 Formulare "Paar-Interview" und 1 Kohlepapier pro Tn

Name der Übung: Sprichworte	**Quelle:** Vopel 2;11
Art der Übung: Verbale Paar- und Gruppenaktivität	**Dauer:** 1 Std.
Ziel: - Eröffnungsphase: Kennenlernen	**Gleiche Übung auch unter Stichwort:**

Inhalt:
Die Tn bilden Paare und beide Partner überlegen sich ein Sprichwort. Sie versuchen nun, sich in vollem Maß des Sprichworts bewußt zu werden, teilen einander ihre Gefühle mit und besprechen die Unterschiede in ihren Auffassungen.
Nachdem sie dieselbe Aktivität mit dem zweiten Sprichwort wiederholt haben, begeben sie sich ins Plenum, wo sich die Partner anhand ihres Sprichworts gegenseitig vorstellen.

Besondere Bemerkungen:

Name der Übung: Umgedrehte Namen	**Quelle:** Vopel 1;10
Art der Übung: Phantasiespiel	**Dauer:** 1 Std.
Ziel: - Eröffnungsphase: Kennenlernen - Schlußphase: Beurteilung des Verlaufs der Sitzung/des Trainings	**Gleiche Übung auch unter Stichwort:** - Schlußphase S. 936

Inhalt:

Der Leiter schickt die Tn auf eine Phantasiereise, wobei sie sich vorstellen, ihr Name sei verkehrt geschrieben und sei ein Wort aus einer fremden Sprache. Dieses Wort stehe in einem Lexikon in der linken Spalte, in der rechten Spalte erscheine gleich eine Übersetzung oder eine Definition ...
Alle Tn berichten dann, was sie in der rechten Spalte gesehen haben.

Besondere Bemerkungen:
- Leiter muß mit Widerstand aus der Gruppe rechnen

Name der Übung: Design	**Quelle:** Pf&J 3;18
Art der Übung: Verbale (Klein)Gruppenaktivität	**Dauer:** 1 - 1,5 Std.
Ziel: - Eröffnungsphase: Kennenlernen	**Gleiche Übung auch unter Stichwort:**

Inhalt:
In Kleingruppen arbeiten die Tn ein Design für eine "Sich-Kennenlernen-Aktivität" aus. Repräsentanten aus jeder Kleingruppe einigen sich auf eine Übung, die nach einer kurzen Pause beginnt.

Besondere Bemerkungen:

Name der Übung: Wechselnde Kleingruppen	**Quelle:** Vopel 3;17
Art der Übung: Verbale Kleingruppenaktivität	**Dauer:** 1,5 Std.
Ziel: - Eröffnungsphase: Kennenlernen - Persönliche Entwicklung: Verständnis für den Verlauf der persönlichen Entwicklung	**Gleiche Übung auch unter Stichwort:** - Persönliche Entwicklung S.83

Inhalt:
Die Tn finden sich in wechselnden Kleingruppen zur Diskussion folgender Themen zusammen:
1. Welche Bedeutung hat mein Platz in der Geburtsreihenfolge für mich?
2. Welche Erfahrungen habe ich mit einem dominanten Familienmitglied gemacht?
3. Welche Rolle spielte für mich das Geld, über das meine Familie verfügte?

Besondere Bemerkungen:

Name der Übung: Szenen eines Lebens	**Quelle:** Gudjons 55
Art der Übung: Verbale Paar- und Gruppenaktivität	**Dauer:** 1,5 Std.
Ziel: - Eröffnungsphase: Kennenlernen	**Gleiche Übung auch unter Stichwort:**

Inhalt:

Jeder Tn wählt vier oder fünf wichtige Ereignisse in seinem Leben aus und zeichnet sie auf ein Plakat. In Paaren oder Kleingruppen erklären die Gruppenmitglieder einander die Szenen. Zum Schluß stellt jeder das Bild eines anderen Tn vor, wobei die Gruppe Vorschläge machen kann, welchen Schauspieler diese Person in einem Film darstellen könnte.

Besondere Bemerkungen:
- Hilfsmittel: Moderationsausrüstung empfehlenswert

Name der Übung: Lügendetektor	**Quelle:** Gudjons 60
Art der Übung: Verbale Einzel- und Gruppenaktivität	**Dauer:** 1,5 Std.
Ziel: - Eröffnungsphase: Kennenlernen - Verbale Feedbacktechnik: Allegorien	**Gleiche Übung auch unter Stichwort:** -Verbale Feedbacktechnik S. 495

Inhalt:
Jeder Tn soll von vier Fragen eine nicht wahrheitsgemäß beantworten. Die Fragen lauten:
a) Welches ist meine liebste Fernsehsendung?
b) Wer war mein größtes Idol, als ich 16 war?
c) Mit welcher Art von Haus würde ich mich am ehesten vergleichen?
d) Welches ist mein liebster Zeitvertreib?
Alle lesen ihre Antworten vor; die Gruppe stellt Vermutungen über die geschwindelte Antwort an (mit Begründung) und zum Schluß sagt jeder, welche Person er am liebsten kennengelernt hat, welche Antwort ihn am meisten überrascht hat, welche Person ihm am meisten ähnelt usw.

Besondere Bemerkungen:

Name der Übung: Familienbilder	**Quelle:** Vopel 1;13
Art der Übung: Verbale Gruppenaktivität	**Dauer:** 1,5 - 2 Std.
Ziel: - Eröffnungsphase: Kennenlernen - Persönliche Entwicklung: Verständnis für den Verlauf der persönlichen Entwicklung	**Gleiche Übung auch unter Stichwort:** - Persönliche Entwicklung S.86

Inhalt:
Alle Tn sollen ein Bild malen, das ihre Familie darstellt, als sie selber noch Kinder waren. Jeder soll kurz über sein Bild sprechen und es im Kreis herumgeben, damit die anderen ihre Kommentare dazuschreiben können. Dann diskutieren sie ihre Erfahrungen.

Besondere Bemerkungen:
- Leiter muß mit Widerstand aus der Gruppe rechnen

Name der Übung: Auswählen eines Gegenstandes	**Quelle:** Pf&J 6;23
Art der Übung: Verbale (Klein)Gruppenaktivität	**Dauer:** 2 Std.
Ziel: - Eröffnungsphase: Kennenlernen	**Gleiche Übung auch unter Stichwort:**

Inhalt:

Jeder Tn wählt aus einer Kiste einen Gegenstand, der seiner Meinung nach durch Form, Farbe, Gewicht, Größe, Oberflächenbeschaffenheit usw. ihm entspricht. Er beschreibt vor der Gruppe den Gegenstand so, daß er eigentlich sich selber meint. In Kleingruppen haben die Tn dann Gelegenheit, sich über Gemeinsamkeiten und Unterschiede auszusprechen.

Besondere Bemerkungen:
- Hilfsmittel: ca. doppelt soviele Gegenstände wie Tn mit unterschiedlicher Größe, Gewicht, Form, Farbe usw. in einer Kiste

Name der Übung: Beziehungsbild und Beziehungswirklichkeit	**Quelle:** Gudjons 128
Art der Übung: Verbale Gruppenaktivität	**Dauer:** 2 Std.
Ziel: - Eröffnungsphase: Kennenlernen - Soziale Wahrnehmung: Abbau von Vorurteilen	**Gleiche Übung auch unter Stichwort:** - Soziale Wahrnehmung S. 22

Inhalt:

Jeder Tn überlegt sich eine Frage, die er an einen anderen richten möchte und stellt sich in seiner Phantasie die Situation und die Antwort vor. Alles wird schriftlich festgehalten. Nacheinander stellt jeder dem gewählten Partner die Frage und der Leiter notiert, wer wen etwas gefragt hat. In der anschließenden Besprechung werden phantasierte und reale Fragesituationen und Antworten verglichen und analysiert, welche unbewußten Vorbehalte oder Wünsche in der Phantasie auf den Partner übertragen wurden und welche Auswirkungen dies auf die reale Beziehung hat.

Besondere Bemerkungen:

Name der Übung: Packen Sie Ihren Koffer	**Quelle:** Pf&J 4;18
Art der Übung: Verbale Einzel- und Gruppenaktivität	**Dauer:** 2 Std.
Ziel: - Eröffnungsphase: Kennenlernen - Gefühle: Entwicklung von Offenheit und Vertrauen	**Gleiche Übung auch unter Stichwort:** - Gefühle S. 271

Inhalt:
Jeder Tn bastelt einen Koffer, auf dessen Außenseite er in Form einer Montage oder Zeichnung darstellt, wie er seiner Ansicht nach von den anderen wahrgenommen wird. Im Innern der Schachtel fertigt er auf die gleiche Weise eine Montage an, in der er darstellt, wie er sich selber auffaßt. Mit ihren Koffern gehen die Tn bei den anderen hausieren und zeigen einander soviel von der Schachtel, wie sie möchten.

Besondere Bemerkungen:
- Hilfsmittel: Pappschachteln (z.B. Schuhkartons), Scheren, Klebstoff, alte Illustrierte, Laub, Blumen, Steinchen usw.

Name der Übung: Sitzung zu zweit Sitzung zu zweit (Fortsetzung)	**Quelle:** Pf&J 1;116 Pf&J 5;87
Art der Übung: Verbale Paaraktivität	**Dauer:** 3 Std. - 2 Tage
Ziel: - Eröffnungsphase: Kennenlernen - Gefühle: Entwicklung von Offenheit und und Vertrauen (Interviews)	**Gleiche Übung auch unter Stichwort:** - Gefühle S. 238

Inhalt:
Die Tn tun sich zu zweit zusammen und interviewen einander mithilfe eines umfangreichen Leitfadens, um sich kennenzulernen.

Besondere Bemerkungen:
- Der Leiter muß die Interviewfragen in Form eines "Anleitungsheftes" darbieten
- Leiter muß mit Widerstand aus der Gruppe rechnen

Name der Übung: Gruppen- und Trainerwahl	**Quelle:** Antons 31
Art der Übung: Verbale Kleingruppenaktivität	**Dauer:** 5 - 8 Std.
Ziel: - Eröffnungsphase: Kennenlernen	**Gleiche Übung auch unter Stichwort:**

Inhalt:
Die Aktivität besteht aus 12 aufeinander aufbauenden und zugeordneten Einzelschritten mit zunehmendem Strukturiertheitsgrad.
Ziel ist, Kriterien für die Zusammenarbeit und Kleingruppenbildung zu erarbeiten.

Besondere Bemerkungen:
- Nur für große Tn-Zahl geeignet (mindestens 16)
- Leiter muß bei Beendigung mit Widerstand aus der Gruppe rechnen
- Geeignet für Seminare, bei denen gut funktionierende Arbeitsgruppen für einen längeren Zeitraum zusammenbleiben müssen

Name der Übung: Spielplatz	**Quelle:** Pf&J 4;124
Art der Übung: Verbale Gruppenaktivität	**Dauer:** beliebig
Ziel: - Eröffnungsphase: Verbale Anwärmübung	**Gleiche Übung auch unter Stichwort:**

Inhalt:
Der Leiter erklärt den Gruppenraum zum Spielplatz und fordert die Tn auf, wie die Kinder zu spielen (Hüpfen, Klettern, Blindekuhspiele u.ä.).

Besondere Bemerkungen:
- Raum: sehr viel Platz erforderlich
- Leiter muß mit Widerstand aus der Gruppe rechnen

Name der Übung: Was ich noch sagen wollte	**Quelle:** Vopel 4;18
Art der Übung: Verbale Gruppenaktivität	**Dauer:** 5 - 15 Min.
Ziel: - Eröffnungsphase: verbale Anwärmübung	**Gleiche Übung auch unter Stichwort:**

Inhalt:
Die Tn sollen zu Beginn einer neuen Sitzung das sagen, was sie am Ende der letzten Sitzung noch auf dem Herzen hatten.

Besondere Bemerkungen:

Name der Übung: Mann in der Mitte	**Quelle:** Vopel 3;36
Art der Übung: (Non)verbale Gruppenaktivität	**Dauer:** 10 Min.
Ziel: - Eröffnungsphase: verbale Anwärmübung - Gefühle: Entwicklung des Zusammengehörigkeitsgefühls	**Gleiche Übung auch unter Stichwort:** - Gefühle S. 292

Inhalt:
Ein Freiwilliger stellt sich in die Mitte des Gruppenkreises. Alle anderen imitieren seine Bewegungen, Töne und Worte.
Nach 2 Min. wechselt der Mann in der Mitte; ggf. kann noch ein dritter Tn in die Mitte gehen.

Besondere Bemerkungen:

Name der Übung: Anfangsblitzlicht	**Quelle:** Schw/S 246
Art der Übung: Verbale Gruppenaktivität	**Dauer:** 10 Min.
Ziel: - Eröffnungsphase: verbale Anwärmübung	**Gleiche Übung auch unter Stichwort:**

Inhalt:
Alle Tn äußern ganz kurz ihre momentanen Gefühle.

Besondere Bemerkungen:

Name der Übung: Marktplatz	**Quelle:** Vo/Ki 60
Art der Übung: Verbale Gruppenaktivität	**Dauer:** 10 - 15 Min.
Ziel: - Eröffnungsphase: verbale Anwärmübung	**Gleiche Übung auch unter Stichwort:**

Inhalt:

Die Tn gehen erst ziellos durch den Raum und achten nur auf sich selbst. Dann nehmen sie Blickkontakt auf, ziehen sich gegenseitig an den Ohrläppchen und schütteln einander sanft.

Besondere Bemerkungen:

Name der Übung: Quäkertreffen	**Quelle:** Vopel 4;12
Art der Übung: Verbale Gruppenaktivität	**Dauer:** 10 - 20 Min.
Ziel: - Eröffnungsphase: verbale Anwärmübung	**Gleiche Übung auch unter Stichwort:**

Inhalt:
Die Tn äußern kurz und spontan, was ihnen zum Thema der Sitzung oder des Seminars einfällt. Dann soll jeder beantworten, wie optimistisch oder pessimistisch er die im Thema enthaltene Frage sieht.

Besondere Bemerkungen:

Name der Übung: Die Mümmels	**Quelle:** Gudjons 135
Art der Übung: Verbale Gruppenaktivität	**Dauer:** 15 Min.
Ziel: - Eröffnungsphase: Verbale Anwärmübung - Krisenintervention: Aktivierung bei Müdigkeit und Unlust	**Gleiche Übung auch unter Stichwort:** - Krisenintervention S. 897

Inhalt:
Der Leiter gibt jedem Tn einen Zettel, auf dem ein Familienname steht. Die Namen lauten: Mümmel, Mimmel, Mömmel, Nummel, Nimmel, Memmel etc. Die Tn bewegen sich durcheinander im Raum und auf ein Zeichen des Leiters beginnt jeder, seinen Familiennamen zu rufen und die übrigen Angehörigen zu finden. Die Familie, die zuerst vollständig auf dem Boden sitzt, hat gewonnen.

Besondere Bemerkungen:
- Hilfsmittel: Namenskärtchen oder - zettel.

Name der Übung: Verknotete Schlange	**Quelle:** Gudjons 136
Art der Übung: Nonverbale Gruppenaktivität	**Dauer:** 15 Min.
Ziel: - Eröffnungsphase: Nonverbale Anwärmübung - Krisenintervention: Aktivierung bei Müdigkeit und Unlust	**Gleiche Übung auch unter Stichwort:** -Krisenintervention S. 902

Inhalt:

Die Tn nehmen sich bei den Händen und bilden eine Schlange, an der Spitze der Leiter. Er schlängelt sich zwischen den anderen Tn hindurch, steigt über Hände, kriecht auf dem Boden, krabbelt zwischen Beinen durch, die Gruppe folgt ihm. Zum Schluß faßt er den Schwanz der Schlange, so daß ein Knäuel entsteht. Die Gruppe muß das Knäuel entwirren, ohne die Hände loszulassen.

Besondere Bemerkungen:

Name der Übung: Meinungslinie	**Quelle:** Gudjons 180
Art der Übung: (Non)verbale Gruppenaktivität	**Dauer:** 15 - 30 Min.
Ziel: - Eröffnungsphase: Verbale Anwärmübung - Prozeßanalyse: Analyse des Entwicklungsstandes der Gruppe	**Gleiche Übung auch unter Stichwort:** - Prozeßanalyse S. 820

Inhalt:
Der Leiter stellt eine Frage zu einem relevanten Thema, entweder aus der augenblicklichen Gruppensituation ("Wir sind alle offen") oder eine normative Bewertung fordert ("Waffenlieferungen in Krisengebiete"). Die Tn stellen sich eine Linie von Wand zu Wand vor, deren äußerste Enden unbedingtes "Ja" bzw. unbedingtes "Nein" symbolisieren und stellen sich je nach Extremität des Standpunktes auf.

Besondere Bemerkungen:

Name der Übung: Elefant und Giraffe	**Quelle:** Pf&J <u>4</u>;124
Art der Übung: (Non)verbale Gruppenaktivität	**Dauer:** 15 - 30 Min.
Ziel: - Eröffnungsphase: (non)verbale Anwärmübung	**Gleiche Übung auch unter Stichwort:**

Inhalt:

Die Tn stehen im Kreis. Einer meldet sich freiwillig als "derjenige, welcher".
Er zeigt auf einen anderen Tn und sagt entweder "Elefant" oder "Giraffe". Derjenige, auf den der Freiwillige gezeigt hat, und seine beiden Nebenleute müssen pantomimisch irgendeinen Teil des Tieres darstellen, bevor der Freiwillige bis drei gezählt hat.
Reagiert ein Tn nicht rechtzeitig, wird er "derjenige, welcher".

Besondere Bemerkungen:

Name der Übung: EDV-Anlage	**Quelle:** Pf&J <u>4</u>;123
Art der Übung: Verbale (Klein)Gruppenaktivität	**Dauer:** 15 - 30 Min.
Ziel: - Eröffnungsphase: verbale Anwärmübung	**Gleiche Übung auch unter Stichwort:**

Inhalt:

Die Kleingruppen werden zu EDV-Anlagen erklärt. Der Leiter speist die erste "Karte" ein, indem er die ersten Wörter eines Satzes sagt. Jedes Kleingruppenmitglied fügt ein weiteres Wort hinzu, bis einer "Punkt", "Ausrufezeichen" o.ä. sagt. Anschließend stellt jede EDV-Anlage einer anderen eine Frage, die diese auf die gleiche Weise beantwortet. Zuletzt werden alle Anlagen zusammengeschaltet, indem alle einen Satz formulieren, der ihr Erlebnis "EDV-Anlage" wiedergibt.

Besondere Bemerkungen:

Name der Übung: Neue Identität	**Quelle:** Vopel 4;96
Art der Übung: Verbale Gruppenaktivität	**Dauer:** 15 - 30 Min.
Ziel: - Eröffnung: verbale Anwärmübung - Konflikttraining: Steigerung der Rollenflexibilität	**Gleiche Übung auch unter Stichwort:** - Konflikttraining S. 349

Inhalt:

Jeder Tn wählt sich irgendeine Persönlichkeit aus, die er spielen möchte, eine historische Persönlichkeit, eine Phantasiefigur, eine dichterische Gestalt usw. Dann gehen die Tn im Raum umher und suchen möglichst viel Kontakt zu den anderen "Persönlichkeiten".

Besondere Bemerkungen:
- Leiter muß mit Widerstand aus der Gruppe rechnen

Name der Übung:	Quelle:
Graffitti Graffitti	Vopel 1,12 Workbook 4.2.2

Art der Übung:	Dauer:
Verbale Einzelaktivität	20 - 30 Min.

Ziel:	Gleiche Übung auch unter Stichwort:
- Eröffnungsphase: verbale Anwärmübung - Prozeßanalysen: Erwartungen der Tn	- Prozeßanalysen S.858

Inhalt:

Wenn die Tn so nach und nach eintreffen, finden sie 7 Plakate vor. Auf jedem Plakat steht ein unvollständiger Satz (z.B. "Ich hoffe, wir werden hier ..."), den die Tn vervollständigen sollen.

Besondere Bemerkungen:

- Moderationsausrüstung empfehlenswert
- Beispiele für Satzanfänge in den Quellen

Name der Übung: Phantasie-Raumgestaltung	**Quelle:** Pf&J 1;137
Art der Übung: Phantasiespiel und verbale Gruppenaktivität	**Dauer:** 30 Min.
Ziel: - Eröffnungsphase: (non)verbale Anwärmübung	**Gleiche Übung auch unter Stichwort:**

Inhalt:
Die Tn sollen in ihrer Phantasie einen Raum ausgestalten. Dann erzählen sie einander von ihrer Ausgestaltung und diskutieren die Möglichkeiten, die sie gewählt haben.

Besondere Bemerkungen:
- Leiter muß mit Widerstand aus der Gruppe rechnen

Name der Übung: Sich lächerlich machen	**Quelle:** Pf&J 1;139
Art der Übung: Verbale Gruppenaktivität	**Dauer:** 30 Min.
Ziel: - Eröffnungsphase: verbale Anwärmübung	**Gleiche Übung auch unter Stichwort:**

Inhalt:
Die Tn stellen sich in einem Kreis auf und sagen abwechselnd etwas Dummes oder Albernes.

Besondere Bemerkungen:
- Leiter muß mit Widerstand aus der Gruppe rechnen

Name der Übung: Superlative	**Quelle:** Pf&J 3;17
Art der Übung: Verbale Gruppenaktivität	**Dauer:** 30 Min.
Ziel: - Eröffnungsphase: verbale Anwärmübung	**Gleiche Übung auch unter Stichwort:**

Inhalt:
Die Tn sollen die Zusammensetzung der Gruppe studieren und für sich ein Eigenschaftswort im Superlativ finden, das sie in Bezug auf die übrigen Gruppenmitglieder am besten beschreibt (z.B. "am jüngsten", "am größten" o.ä.).
Anschließend erläutert jeder im Plenum sein Prädikat.

Besondere Bemerkungen:

Name der Übung: Du hast, was ich haben möchte	**Quelle:** Vopel 1;74
Art der Übung: Verbale Paaraktivität	**Dauer:** 30 - 45 Min.
Ziel: - Eröffnungsphase: verbale Anwärmübung - Verbales Kommunikationstraining: Verbesserung der Kommunikationsfähigkeit	**Gleiche Übung auch unter Stichwort:** - Verbale Kommunikation S. 407

Inhalt:
Zwei Partner sitzen sich gegenüber und sprechen so zueinander, als ob der eine irgendetwas hat, was der andere gerne haben möchte. Der Besitzer möchte diesen Gegenstand bzw. diese Idee aber unbedingt selber behalten.
Zwischen den Dialogen sind immer kurze Reflexionspausen eingeschaltet; am Ende erfolgt ein Erfahrungsaustausch im Plenum.

Besondere Bemerkungen:
- Leiter muß mit Widerstand aus der Gruppe rechnen

Name der Übung: Tieridentifikation	**Quelle:** Vo/Ki 161
Art der Übung: Verbale Einzel- und Gruppenaktivität	**Dauer:** 30 - 45 Min.
Ziel: - Eröffnungsphase: verbale Anwärmübung - Prozeßanalysen: Analyse der emotionalen Befindlichkeit der Tn	**Gleiche Übung auch unter Stichwort:** - Prozeßanalysen S. 883

Inhalt:

Jeder Tn identifiziert sich mit einem Tier, das seiner augenblicklichen Stimmungslage entspricht, malt dieses Tier auf einen Bogen Papier und heftet es an die Brust. Dann sucht er sich im Raum einen Partner, erklärt ihm, warum er gerade ihn gewählt hat und stellt sich ihm anhand seiner Zeichnung vor.

Besondere Bemerkungen:

- Hilfsmittel: 2 Sicherheitsnadeln pro Tn

Name der Übung: Idole	**Quelle:** Gudjons 64
Art der Übung: Verbale Einzel- und Kleingruppenaktivität	**Dauer:** 30 - 45 Min.
Ziel: - Eröffnungsphase: Verbale Anwärmübung	**Gleiche Übung auch unter Stichwort:**

Inhalt:
Jeder Tn überlegt sich, welches seine Idole und Werte in verschiedenen Altersstufen waren (7 - 13, 13 - 17, 17 - 21). Danach besprechen sie ihre Antworten in Vierergruppen.

Besondere Bemerkungen:

Name der Übung: Neuer Name	**Quelle:** Pf&J 1;138
Art der Übung: Verbale Gruppenaktivität	**Dauer:** 30 - 45 Min.
Ziel: - Eröffnungsphase: verbale Anwärmübung	**Gleiche Übung auch unter Stichwort:**

Inhalt:

Die Tn sollen eine neue Identität annehmen, indem sie einen neuen Namen suchen, den sie so lange benutzen, wie die Gruppe existiert.
Die Namen sollen im Lauf der ersten Sitzung aufgrund der ersten Eindrücke gewählt werden.

Besondere Bemerkungen:
- Leiter muß mit Widerstand aus der Gruppe rechnen

Name der Übung: Die ersten fünf Minuten	**Quelle:** Vopel 5;10
Art der Übung: Verbale Paaraktivität	**Dauer:** 30 - 60 Min.
Ziel: - Eröffnungsphase: verbale Anwärmübung	**Gleiche Übung auch unter Stichwort:**

Inhalt:
Die Tn interviewen sich gegenseitig, wie sie die ersten fünf Minuten des Tages verbracht haben. Im Plenum erzählt jeder, wie sein Partner den Tag begonnen hat, indem er sich hinter ihn stellt und ihm die Hände auf die Schultern legt.

Besondere Bemerkungen:

Name der Übung: Flasche drehen	**Quelle:** Vopel 6;12
Art der Übung: Verbale Gruppenaktivität	**Dauer:** 45 Min.
Ziel: - Eröffnungsphase: verbale Anwärmübung	**Gleiche Übung auch unter Stichwort:**

Inhalt:

Die Gruppe bildet einen Kreis; ein Freiwilliger tritt in die Mitte, dreht eine Flasche und sagt dabei: "Derjenige, auf den die Flasche zeigt, muß ..." irgendeine kleine Aufgabe erfüllen, z.B. auf allen Vieren durch den Raum gehen und bellen. Wenn der Betreffende die Aufgabe ausgeführt hat, dreht er die Flasche und vergibt die nächste Aktivität.

Besondere Bemerkungen:
- Leiter muß mit Widerstand aus der Gruppe rechnen
- Hilfsmittel: 1 Flasche

Name der Übung: Einrichten eines Raums	**Quelle:** Pf&J 3;18
Art der Übung: Verbale Einzel- und (Klein)Gruppenaktivität	**Dauer:** 45 - 60 Min.
Ziel: - Eröffnungsphase: verbale Anwärmübung	**Gleiche Übung auch unter Stichwort:**

Inhalt:
Die Tn zeichnen individuell die Einrichtung eines Klassenzimmers (Büros, Ladengeschäfts o.ä.), diskutieren ihre Entwürfe in Kleingruppen und präsentieren sie im Plenum.

Besondere Bemerkungen:

Name der Übung: Mini lab	**Quelle:** Antons 27
Art der Übung: (Non)verbale Kleingruppenaktivität	**Dauer:** 45 - 90 Min.
Ziel: - Eröffnungsphase: (non)verbale Anwärmübung	**Gleiche Übung auch unter Stichwort:**

Inhalt:
Die Tn sitzen in frei gewählter Formation im Raum und führen verschiedene verbale und nonverbale Aktivitäten aus:
Der Gruppe einen Namen geben, Erwartungen äußern, nonverbal Gefühle äußern, Erinnerungen an den ersten Schultag mitteilen, Hobbyraten usf.

Besondere Bemerkungen:

Name der Übung: Zeitungs-Collage	**Quelle:** Gudjons 50
Art der Übung: (Non)verbale Einzel- und Gruppenaktivität	**Dauer:** 1 Std.
Ziel: - Eröffnungsphase: Verbale Anwärmübung	**Gleiche Übung auch unter Stichwort:**

Inhalt:
Auf einem großen Pappkarton soll jeder Tn eine Collage aus alten Illustrierten anfertigen, die ihn in seiner gegenwärtigen Verfassung zeigt. Beispiele für Themen der Collage:
- Meine momentanen Sorgen und Probleme
- Was ich anstrebe
- Meine Hoffnungen und Träume

Anschließend hängen sich die Gruppenmitglieder ihre Collagen um und erläutern sie den anderen.

Besondere Bemerkungen:
- Hilfsmittel: Scheren, Klebstoff, Pappkartons, Sicherheitsnadeln, alte Illustrierte

Name der Übung: Transparentes Selbst	**Quelle:** Gudjons 53
Art der Übung: Verbale Einzel- und Kleingruppenaktivität	**Dauer:** 1 Std.
Ziel: - Eröffnungsphase: Verbale Anwärmübung	**Gleiche Übung auch unter Stichwort:**

Inhalt:
Jeder Tn beantwortet die Frage, welches sein liebster Monat, die liebste Tageszeit und der liebste Platz im Haus ist und warum. Wenn diese Informationen in Vierergruppen ausgetauscht worden sind, überlegt sich jedes Gruppenmitglied die folgenden Fragen:
- Was verstehst Du unter einem Freund?
- Welche Art von Menschen veranlaßt Dich zum Rückzug ins Schneckenhaus?
- Welche Art von Menschen hilft Dir, aus dem Schneckenhaus zu kommen?

Wiederum in Vierergruppen werden die Antworten vorgestellt.

Besondere Bemerkungen:
- Variante: der 2. Teil der Fragen kann je nach Ziel und Problemlage der Gruppe verändert werden

Name der Übung: Doppelkreis	**Quelle:** Gudjons 57
Art der Übung: (Non)verbale Gruppenaktivität	**Dauer:** 1 Std.
Ziel: - Eröffnungsphase: Verbale Anwärmübung	**Gleiche Übung auch unter Stichwort:**

Inhalt:
Jeder Tn sucht sich einen Partner. Dann bildet die Gruppe einen Doppelkreis, wobei sich die beiden Partner gegenüberstehen. Es folgen 7 verschiedene verbale und nonverbale Aufgaben, wobei nach jeder Aufgabe der Außenkreispartner wechselt.
Beispiele für die Aufgaben
a) "Ich nehme an Dir wahr..."
b) "Im Augenblick empfinde ich..."
c) "An Dir gefällt mir (nicht)..."

Besondere Bemerkungen:

- Leiter muß mit Widerstand aus der Gruppe rechnen

Name der Übung: Jägerspiel	**Quelle:** Gudjons 182
Art der Übung: Verbale Gruppenaktivität	**Dauer:** 1 Std.
Ziel: - Eröffnungsphase: Verbale Anwärmübung - Entscheidungsfindung in Gruppen: Konsensus- bildung	**Gleiche Übung auch unter Stichwort:** -Entscheidungsfindung in Gruppen S. 577

Inhalt:
Zwei Tn versuchen, durch Anticken aus der Menge der übrigen Tn einen zu fassen. Dieser hakt sich bei den beiden ein, und gemeinsam fangen sie einen vierten. Danach teilt sich die Vierergruppe wieder in 2 Paare und machen auf die oben beschriebene Art Jagd auf weitere Tn.

Besondere Bemerkungen:
- Raum: zu diesem Spiel braucht man viel Platz

Name der Übung: Zusammenwachsen Zusammenwachsen	**Quelle:** Vopel 6;72 Workbook 4.3.1
Art der Übung: Verbale (Klein)Gruppenaktivität	**Dauer:** 1 - 1,5 Std.
Ziel: - Eröffnungsphase: verbale Anwärmübung - Gefühle: Entwicklung von Offenheit und Vertrauen	**Gleiche Übung auch unter Stichwort:** - Gefühle S. 252

Inhalt:
Die Kleingruppen erhalten nacheinander unvollständige Sätze wie:
"Wenn ich in eine Gruppe komme, fühle ich mich ..." oder
"Am besten komme ich mit Leuten aus, die ..."
Die Teilnehmer diskutieren ihre persönlichen Ergänzungen zu diesen Sätzen in der Kleingruppe und erleben dabei das Zusammenwachsen zu einer Gruppe.
Die Auswertung im Plenum geschieht unter dem Aspekt:
"Wie wir ein Team bilden können".

Besondere Bemerkungen:
- Moderationsausrüstung empfehlenswert

Name der Übung: Gruppengespräch	**Quelle:** Pf&J 1;129
Art der Übung: Verbale Gruppenaktivität	**Dauer:** 1 - 2 Std.
Ziel: - Eröffnungsphase: verbale Anwärmübung	**Gleiche Übung auch unter Stichwort:**

Inhalt:
Der Leiter schlägt ein Thema oder einen der Punkte aus dem Schema "Vorschläge zur Einleitung eines Gruppengespräches" (z.B. "Alle würden hart arbeiten, falls ...") vor. Zu dem Thema erzählen die Tn persönliche Erlebnisse, die schon einige Zeit zurückliegen. Mit zunehmender Dauer des Gesprächs sollen die Erlebnisse oder Erfahrungen schrittweise aktueller werden.

Besondere Bemerkungen:

Name der Übung: Gruppenbildung	**Quelle:** Antons 29
Art der Übung: Verbale Gruppenaktivität	**Dauer:** Mindestens 3 Std.
Ziel: - Eröffnungsphase: verbale Anwärmübung - Bildung von Kleingruppen	**Gleiche Übung auch unter Stichwort:** - Bildung von Kleingruppen S.967

Inhalt:
Nach einem Einführungsvortrag des Leiters soll sich die Gruppe gemäß verschiedener Kriterien in Kleingruppen organisieren.
Die dabei ablaufenden Gruppenprozesse werden mit dem Leiter erörtert.

Besondere Bemerkungen:
- Hilfsmittel: Plakat mit Namen der Tn und Kriterien

Name der Übung: Planung der Anfangsphase einer Tagung	**Quelle:** Antons 35
Art der Übung: Verbale Gruppenaktivität	**Dauer:** ca. 1 Tag plus Vorbereitung durch Fragebogen
Ziel: - Eröffnungsphase: verbale Anwärmübung	**Gleiche Übung auch unter Stichwort:**

Inhalt:

Anhand einer Fragebogenerhebung über die Erwartungen der Tn werden die gemeinsamen Lernziele bestimmt und gewichtet und der erste Lernabschnitt methodisch und zeitlich geplant.

Besondere Bemerkungen:

- Unterlagen: vorher zu verschickender Fragebogen und Auswertung
- Hilfsmittel: Gerät zur Verfielfältigung, Schreibmaschine

Name der Übung: HAAH	**Quelle:** Pf&J 4,122
Art der Übung: Nonverbale Gruppenaktivität	**Dauer:** 5 Min.
Ziel: - Eröffnungsphase: nonverbale Anwärmübung	**Gleiche Übung auch unter Stichwort:**

Inhalt:
Die Tn strecken die Arme so hoch sie können und atmen im Gleichtakt.
Dann bücken sich alle ganz schnell, lassen ihre Arme herabfallen und pusten gleichzeitig die ganze Luft aus der Lungen.
Dieser Vorgang wird mehrere Male wiederholt.

Besondere Bemerkungen:

Name der Übung: Der Schrei	**Quelle:** Pf&J 4;122
Art der Übung: Nonverbale Gruppenaktivität	**Dauer:** 5 Min.
Ziel: - Eröffnungsphase: nonverbale Anwärmübung	**Gleiche Übung auch unter Stichwort:**

Inhalt:
Während die Tn ruhig und gleichmäßig atmen, versuchen sie, die Arme möglichst hoch zu strecken, hüpfen dann im Gleichtakt auf der Stelle und stoßen zum Schluß einen möglichst lauten Schrei aus.

Besondere Bemerkungen:
- Leiter muß mit Widerstand aus der Gruppe rechnen

Name der Übung: Ungewöhnliche Perspektiven	**Quelle:** Vopel 1;37
Art der Übung: Nonverbale Gruppenaktivität	**Dauer:** 5 - 10 Min.
Ziel: - Eröffnungsphase: nonverbale Anwärmübung	**Gleiche Übung auch unter Stichwort:**

Inhalt:

Die Tn betrachten einander aus einer ungewöhnlichen Stellung des Kopfes, dann schauen sie sich durch die Beine hindurch an und suchen weitere ungewöhnliche Perspektiven.

Besondere Bemerkungen:

Name der Übung: Kongo-Expreß	**Quelle:** Pf&J 4;124
Art der Übung: Nonverbale Gruppenaktivität	**Dauer:** 10 Min.
Ziel: - Eröffnungsphase: nonverbale Anwärmübung	**Gleiche Übung auch unter Stichwort:**

Inhalt:
Die Tn stellen sich hintereinander und legen ihre Hände an die Hüften des Vordermanns. Dann bewegt sich der Zug in verschiedenen Rhythmen, die der vorderste Mann angibt, durch den Raum.

Besondere Bemerkungen:
- Leiter muß mit Widerstand aus der Gruppe rechnen

Name der Übung: Maschine Maschine aus Menschen	**Quelle:** Pf&J <u>4</u>;122 Gudjons 214
Art der Übung: Nonverbale Gruppenaktivität	**Dauer:** 10 Min.
Ziel: - Eröffnungsphase: nonverbale Anwärmübung	**Gleiche Übung auch unter Stichwort:**

Inhalt:
Ein Tn imitiert die Bewegung und den Laut irgendeines Maschinenteils. Dann fügen die anderen Tn nach und nach andere Maschinenteile hinzu, bis alle aktiv sind.

Besondere Bemerkungen:
- Leiter muß mit Widerstand aus der Gruppe rechnen

Name der Übung: Kreative Begrüßung	**Quelle:** Vo/Ki 237
Art der Übung: Nonverbale Paaraktivität	**Dauer:** 10 Min.
Ziel: - Eröffnungsphase: nonverbale Anwärmübung - Kreativität: Förderung von kreativem Verhalten	**Gleiche Übung auch unter Stichwort:** - Kreativität S.675

Inhalt:
Jeder Tn stellt sich vor, daß sein Partner ein alter Bekannter sei, den er schon lange nicht mehr gesehen hat. Um seiner großen Freude Ausdruck zu verleihen, soll er eine völlig neue Begrüßungsform erfinden, ohne dabei zu sprechen.

Besondere Bemerkungen:

Name der Übung: Auftauen	**Quelle:** Vopel 2;16
Art der Übung: Nonverbale Gruppenaktivität	**Dauer:** 10 Min.
Ziel: - Eröffnungsphase: nonverbale Anwärmübung	**Gleiche Übung auch unter Stichwort:**

Inhalt:
Diese Aktivität ist ein sehr lustiges Lockerungsspiel. Die Tn beginnen, sich wie Hundertjährige zu bewegen, werden zunehmend jünger und schießen am Ende wie übermütige Teenager durch den Raum.

Besondere Bemerkungen:
- Raum: viel Platz erforderlich

Name der Übung: Tauziehen Tauziehen	**Quelle:** Pf&J 2;143 Vopel 2;33
Art der Übung: Nonverbale Paaraktivität	**Dauer:** 10 - 20 Min.
Ziel: - Eröffnungsphase: nonverbale Anwärmübung	**Gleiche Übung auch unter Stichwort:**

Inhalt:
Die Partner stellen sich vor, daß zwischen ihnen eine Markierung auf dem Fußboden gezogen ist und versuchen nun, sich gegenseitig mit Hilfe eines gedachten Taus über die Markierung zu ziehen.

Besondere Bemerkungen:
- Leiter muß mit Widerstand aus der Gruppe rechnen

Name der Übung:	**Quelle:**
Augenkontakt	Vopel 4;14

Art der Übung:	**Dauer:**
Nonverbale Gruppenaktivität	15 Min.

Ziel:	**Gleiche Übung auch unter Stichwort:**
- Eröffnungsphase: nonverbale Anwärmübung	

Inhalt:
Die Tn sollen bewußt Blickkontakt zueinander aufnehmen und dessen Wirkung erleben.

Besondere Bemerkungen:
- Leiter muß mit Widerstand aus der Gruppe rechnen.

Name der Übung: Geräusche machen Stimme lockern	**Quelle:** Workbook 4.8.2 Vopel <u>3</u>;23
Art der Übung: Nonverbale Gruppenaktivität	**Dauer:** 15 - 30 Min.
Ziel: - Eröffnungsphase: nonverbale Anwärmübung - Gefühle: Training der nonverbalen Ausdrucksfähigkeit von Gefühlen	**Gleiche Übung auch unter Stichwort:** - Gefühle S. 195

Inhalt:

Die Tn bilden einen Kreis und summen. Wenn alle ihren Summton gefunden haben, beginnt ein Tn irgendein Geräusch zu machen, das ihm gerade einfällt und mit dem Körper die dazugehörigen Bewegungen zu machen. Die anderen Tn ahmen ihn nach, bis der Initiator genug hat und ein anderer Tn ein neues Geräusch erfindet.

Besondere Bemerkungen:

- Leiter muß mit Widerstand aus der Gruppe rechnen

Name der Übung: Bazar	**Quelle:** Gudjons 117
Art der Übung: Nonverbale Gruppenaktivität	**Dauer:** 30 Min.
Ziel: - Eröffnungsphase: Nonverbale Anwärmübung	**Gleiche Übung auch unter Stichwort:**

Inhalt:
Die Gruppenmitglieder stellen sich vor, sie befänden sich im Bazar eines ihnen unbekannten Landes. Sie laufen durcheinander und beachten einander überhaupt nicht. Mit der Zeit aber suchen sie den Blickkontakt, begrüßen einander mit den Händen, mit den Ellbogen, mit den Füßen, mit den Schultern. Zuletzt bewegen sie sich blind durch den Raum und versuchen, mit den anderen eine "Unterhaltung ohne Worte" zu führen (Klopfen, Knuffen, Streicheln etc.)

Besondere Bemerkungen:

Name der Übung: Ballspielen ohne Ball	**Quelle:** Gudjons 187
Art der Übung: Nonverbale Gruppenaktivität	**Dauer:** 10 Min.
Ziel: - Eröffnungsphase: Nonverbale Anwärmübung	**Gleiche Übung auch unter Stichwort:**

Inhalt:

Der Leiter bringt nacheinander eine imaginäre Wurfscheibe, einen Handball und einen Medizinball ins "Spiel". Die Tn sollen mit den Phantasiegegenständen kreativ spielen.

Besondere Bemerkungen:

Name der Übung: Herumschnurren	**Quelle:** Pf&J 2;146
Art der Übung: Nonverbale Gruppenaktivität	**Dauer:** 30 Min.
Ziel: - Eröffnungsphase: nonverbale Anwärmübung	**Gleiche Übung auch unter Stichwort:**

Inhalt:

Jeder Tn wickelt sich in ein Laken ein, und alle Tn schnurren im Raum umher, ohne dabei zu sprechen. Später können sich Paare bilden, die sich ihre Erlebnisse verbal oder nonverbal mitteilen.

Besondere Bemerkungen:
- Leiter muß mit Widerstand aus der Gruppe rechnen.

Name der Übung: Doppelhund Gemeinsam zeichnen	**Quelle:** Workbook 4.3.2 und 4.8.1 Pf&J 1;115
Art der Übung: Nonverbale Paaraktivität	**Dauer:** 30 Min.
Ziel: - Eröffnungsphase: nonverbale Anwärmübung - Gefühle: Empathietraining, nonverbal	**Gleiche Übung auch unter Stichwort:** - Gefühle S. 228

Inhalt:
Jeweils zwei Tn umfassen zusammen einen dicken Filzschreiber. Dann versuchen sie, ohne zu sprechen, einen Hund zu malen.
Anschließend geben die Tn ihrem "Kunstwerk" einen Namen und eine Note, wiederum ohne dabei zu reden.

Besondere Bemerkungen:
- Moderationsausrüstung empfehlenswert

Name der Übung: Haus-Baum-Hund	**Quelle:** Antons 115
Art der Übung: Nonverbale Paaraktivität	**Dauer:** 30 Min.
Ziel: - Eröffnungsphase: nonverbale Anwärmübung - Gefühle: Empathietraining, nonverbal	**Gleiche Übung auch unter Stichwort:** - Gefühle S. 230

Inhalt:
Je zwei Tn nehmen gemeinsam einen Stift in die Hand und zeichnen, ohne zu sprechen, ein Haus, einen Baum und einen Hund. Nachdem sie das Bild mit einem Künstlernamen versehen und ihm eine Note gegeben haben, ermittelt die ganze Gruppe gemeinsam das beste Bild.

Besondere Bemerkungen:
- Moderationsausrüstung empfehlenswert

Name der Übung:	Quelle:
Oktopus	Vopel 5;79

Art der Übung:	Dauer:
Nonverbale Kleingruppenaktivität	30 Min.

Ziel:	Gleiche Übung auch unter Stichwort:
- Eröffnungsphase: nonverbale Anwärmübung - Kreativität: Förderung von kreativem Verhalten	- Kreativität S. 676

Inhalt:

Die Tn stellen in Fünfergruppen einen Oktopus dar unter Beachtung folgender Spielregeln:
Jeder Tn hält zu mindestens zwei anderen Kleingruppenmitgliedern physischen Kontakt, während sich die ganze Kleingruppe durch den Raum bewegt und irgendwelche Phantasiegeräusche von sich gibt.
Während der ganzen Übung darf nicht gesprochen werden. Im Anschluß daran können die Tn noch einen Elefanten und ein Tier ihrer Wahl oder Phantasie darstellen.

Besondere Bemerkungen:

Name der Übung: Telepathie	**Quelle:** Vopel 4;10
Art der Übung: Phantasiespiel	**Dauer:** 30 - 45 Min.
Ziel: - Eröffnungsphase: nonverbale Anwärmübung	**Gleiche Übung auch unter Stichwort:**

Inhalt:
Die Tn besitzen in ihrer Phantasie telepathische Kräfte und können Kontakt aufnehmen mit Menschen, die sehr weit entfernt sind. Jeder Tn versucht, mit einem Menschen in einem fernen Land zu sprechen und ihn nach seiner Lebensweise zu fragen.
Im Anschluß daran kann in Vierergruppen jeder den Fremden aus seiner Phantasie darstellen.

Besondere Bemerkungen:

Name der Übung: Gemalter Dialog	**Quelle:** Vopel 2;72
Art der Übung: Nonverbale Paaraktivität	**Dauer:** 30 - 45 Min.
Ziel: - Eröffnungsphase: nonverbale Anwärmübung	**Gleiche Übung auch unter Stichwort:**

Inhalt:
Die Tn bilden Paare, suchen sich eine ihnen entsprechende Farbe aus und malen schweigend ein gemeinsames Bild. Dabei sollen sie sich des gemeinsamen Malprozesses und ihrer Beziehungen zueinander bewußt werden.
Im anschließenden Plenum haben alle Gelegenheit, ihre Kommentare zu äußern.

Besondere Bemerkungen:
- Moderationsausrüstung empfehlenswert

Name der Übung: Handkontakt	**Quelle:** Vopel 5;11
Art der Übung: Nonverbale Gruppenaktivität	**Dauer:** 45 - 60 Min.
Ziel: - Eröffnungsphase: nonverbale Anwärmübung	**Gleiche Übung auch unter Stichwort:**

Inhalt:
Die Tn nehmen mit Hilfe ihrer Hände Kontakt zueinander auf und erforschen ihre Gefühle, wenn sie sich die Hand geben.

Besondere Bemerkungen:
- Leiter muß mit Widerstand aus der Gruppe rechnen

Name der Übung: Einfache Anleitung zur Meditation	**Quelle:** Gudjons 104
Art der Übung: Phantasiespiel	**Dauer:** 45 Min.
Ziel: - Eröffnungsphase: Einführung ins "Hier und Jetzt" - Train the trainer	**Gleiche Übung auch unter Stichwort:** -Train the trainer S. 974

Inhalt:
Dies ist ein Vorschlag, wie der Leiter die Tn zu meditativer Haltung, körperlicher Entspannung, innerer Ruhe und geistiger Konzentration hinführen kann.

Besondere Bemerkungen:

Name der Übung: Auf die Uhr sehen	**Quelle:** Workbook 4.5.1
Art der Übung: Phantasiespiel	**Dauer:** 5 Min.
Ziel: - Eröffnungsphase: Einführung ins "Hier und Jetzt"	**Gleiche Übung auch unter Stichwort:**

Inhalt:

Der Leiter bittet die Tn, sich bequem hinzusetzen, nicht mehr zu sprechen und locker zu atmen. Dann sollen sie auf ihre Uhr schauen, den Sekundenzeiger beobachten und die Gedanken frei laufenlassen.

Besondere Bemerkungen:

- Darauf achten, daß jeder Tn eine Uhr hat

Name der Übung: Meditation symbolischer Bilder	**Quelle:** Gudjons 106
Art der Übung: Phantasiespiel	**Dauer:** 45 Min.
Ziel: - Eröffnungsphase: Einführung ins "Hier und Jetzt" - Train the trainer	**Gleiche Übung auch unter Stichwort:** -Train the trainer S. 973

Inhalt:
Das ist ein Vorschlag, wie der Leiter die Tn zu Meditation und Phantasiespielen hinführen kann.

Besondere Bemerkungen:

Name der Übung: Ankomm-Übung	**Quelle:** Workbook 4.2.1
Art der Übung: Phantasiespiel	**Dauer:** 10 Min.
Ziel: - Eröffnungsphase: Einführung ins "Hier und Jetzt"	**Gleiche Übung auch unter Stichwort:**

Inhalt:
Der Leiter schickt die Tn auf eine Phantasiereise und versucht dabei, sie auf "Hier und Jetzt" einzustimmen.

Besondere Bemerkungen:
- Leiter muß mit Widerstand aus der Gruppe rechnen

Name der Übung: Ballast abwerfen	**Quelle:** Vopel 3;10
Art der Übung: Phantasiespiel	**Dauer:** 30 Min.
Ziel: - Eröffnungsphase: Einführung ins "Hier und Jetzt"	**Gleiche Übung auch unter Stichwort:**

Inhalt:

Die Tn legen sich auf den Boden und vertiefen sich in eine Phantasie, in der sie u.a. alles Störende in eine Truhe verpacken, fest abschließen, weit weg stellen und sich entspannt ins Hier und Jetzt begeben.

Besondere Bemerkungen:

- Leiter muß mit Widerstand aus der Gruppe rechnen

Name der Übung: Beschweren und Rühmen	**Quelle:** Vopel 4;44
Art der Übung: Verbale Gruppenaktivität	**Dauer:** 30 Min.
Ziel: - Eröffnungsphase: Einführung ins "Hier und Jetzt" - Kriseninterventionen: Aktivierung bei Müdigkeit und Unlust	**Gleiche Übung auch unter Stichwort:** - Kriseninterventionen S.894

Inhalt:
In einer ersten Phase beschreiben die Tn unangenehme Ereignisse, die sie im Augenblick belasten und äußern ihre Gefühle, die sie gerade empfinden.
In der zweiten Runde hat jeder Gelegenheit, sich zu rühmen, indem er etwas erzählt, was er heute als erfreulich erlebt hat.

Besondere Bemerkungen:
- Leiter muß mit Widerstand aus der Gruppe rechnen

Name der Übung: Vergessen	**Quelle:** Pf&J 3;158
Art der Übung: Phantasiespiel	**Dauer:** 30 Min.
Ziel: - Eröffnungsphase: Einführung ins "Hier und Jetzt"	**Gleiche Übung auch unter Stichwort:**

Inhalt:
Der Leiter bittet die Tn, sich zu entspannen und auf eine Phantasiereise vorzubereiten. In der Phantasie verschließen sie alle "Dort und Damals"-Erlebnisse in einer Kiste und öffnen sich fürs "Hier und Jetzt".

Besondere Bemerkungen:
- Leiter muß mit Widerstand aus der Gruppe rechnen

Name der Übung: T'ai chi chuan (Sich seiner Bewegungen bewußt werden)	**Quelle:** Pf&J 6;26
Art der Übung: Nonverbale Gruppenaktivität	**Dauer:** 1 Std.
Ziel: - Eröffnungsphase: Einführung ins "Hier und Jetzt" - Gefühle: Training der eigenen Wahrnehmungsfähigkeit durch Körpererfahrung und Bewegung	**Gleiche Übung auch unter Stichwort:** - Gefühle S. 165

Inhalt:
Nach einer kurzen Einleitung machen die Tn eine Reihe von Entspannungs-, Yoga- und Selbsterfahrungsübungen.

Besondere Bemerkungen:

- Leiter muß mit Widerstand aus der Gruppe rechnen.
- Raum: ca. 1 m^2 für jeden Tn in einem Raum mit glattem Fußboden oder im Freien
- Hilfsmittel: langsame, rhythmische und beruhigende Musik

Name der Übung: Familienaussprüche	**Quelle:** Vopel 4;16
Art der Übung: Verbale Gruppenaktivität	**Dauer:** 1 Std.
Ziel: - Eröffnungsphase: Einführung ins "Hier und Jetzt" - Persönliche Entwicklung: Verständnis für den Verlauf der persönlichen Entwicklung	**Gleiche Übung auch unter Stichwort:** - Persönliche Entwicklung S. 87

Inhalt:
Die Tn sollen die Standard-Familienaussprüche, die sie aus ihrer Kindheit kennen, aufschreiben und gemeinsam herausfinden, in welcher Weise diese Aussprüche ihr Verhalten in der Gruppe beeinflussen könnten.

Besondere Bemerkungen:

Name der Übung: Minilaboratorium	**Quelle:** Pf&J _2_;157
Art der Übung: (Non)verbale (Klein)Gruppenaktivität	**Dauer:** 1,5 - 3 Std.
Ziel: - Eröffnungsphase: Darstellung der Ziele und Schwerpunkte des Seminars	**Gleiche Übung auch unter Stichwort:**

Inhalt:

Diese Übung setzt sich zusammen aus vielen verschiedenen verbalen und nonverbalen Einzel-, Kleingruppen- und Gruppenübungen, die alle in Pf&J aufgeführt sind.
Die Aktivität soll den Tn helfen, Ablauf und Ziel eines Trainings zu verstehen.

Besondere Bemerkungen:
- Leiter muß mit Widerstand aus der Gruppe rechnen
- Raum: viel Platz erforderlich

Name der Übung: Prozeßbeobachtung - Eine Anleitung	**Quelle:** Pf&J <u>2</u>;42
Art der Übung: Verbale Gruppenaktivität, Beobachter erforderlich	**Dauer:** 15 Min. am Ende jeder Sitzung
Ziel: - Prozeßanalysen: allgemeine Analyse von Gruppenprozessen; Beobachter beobachtet Gruppen	**Gleiche Übung auch unter Stichwort:**

Inhalt:
Bei jeder Sitzung übernimmt ein neuer Tn die Rolle des Beobachters, solange, bis jeder einmal dran war. Der Beobachter nimmt an der Sitzung nicht aktiv teil, sondern notiert seine Eindrücke in einem Beobachtungsschema und erstattet am Ende der Sitzung seinen Bericht.

Besondere Bemerkungen:
- Unterlagen: 1 Beobachtungsschema pro Tn

Name der Übung: Process review	**Quelle:** Woodcock 165
Art der Übung: Verbale Gruppenaktivität, Beobachter erforderlich	**Dauer:** 30 - 45 Min.
Ziel: - Prozeßanalysen: allgemeine Analyse von Gruppenprozessen; Beobachter beobachtet Gruppe	**Gleiche Übung auch unter Stichwort:**

Inhalt:
Während die Gruppe irgendeine Aktivität ausführt, hat ein Beobachter die Aufgabe, die ablaufenden Gruppenprozesse zu beobachten und nach der Sitzung zu schildern. Dabei soll er nicht interpretieren, sondern beschreiben.

Besondere Bemerkungen:
- Unterlagen: 1 Beobachtungsschema pro Beobachter

Name der Übung: Neue Gruppen	**Quelle:** Antons 147
Art der Übung: Verbale Gruppenaktivität, Beobachter empfehlenswert	**Dauer:** Mindestens 3 Std.
Ziel: - Prozeßanalysen: allgemeine Analyse von Gruppenprozessen; Beobachter beobachtet Gruppe - Bildung von Kleingruppen	**Gleiche Übung auch unter Stichwort:** - Bildung von Kleingruppen S.961

Inhalt:
Die Gesamtgruppe überlegt sich, zu welchem Zweck neue Gruppen gebraucht werden; gemäß dieser Kriterien bilden die Tn Kleingruppen.
Wenn alle Tn mit der neuen Zusammensetzung zufrieden sind, werden die abgelaufenen Prozesse analysiert.

Besondere Bemerkungen:
- Auch als erste Entscheidungsübung geeignet

Name der Übung: Entwicklung der Zusammengehörigkeit in der Gruppe	**Quelle:** Pf&J 1;85
Art der Übung: Verbale (Klein)Gruppenaktivität, Beobachter empfehlenswert	**Dauer:** 1 Std.
Ziel: - Prozeßanalysen: allgemeine Analyse von Gruppenprozessen; Beobachter beobachtet Gruppe	**Gleiche Übung auch unter Stichwort:**

Inhalt:
Die Tn diskutieren ein Problem (z.B. Ziel einer Gruppe oder Eigenschaften einer Führungskraft o.ä.) und erstellen eine Rangliste relevanter Punkte. Anschließend besprechen sie die Aufgabe und die abgelaufenen Prozesse.

Besondere Bemerkungen:

Name der Übung: Gruppenaufgaben	**Quelle:** Pf&J 2;32
Art der Übung: Verbale (Klein)Gruppenaktivität, Beobachter erforderlich	**Dauer:** 1 Std. pro Spiel
Ziel: - Prozeßanalysen: allgemeine Analyse von Gruppenprozessen; Beobachter beobachtet Gruppe	**Gleiche Übung auch unter Stichwort:**

Inhalt:

Der Leiter wählt eine oder mehrere aus 5 angegebenen Aufgaben aus (z.B. ein Schachbrett herstellen, ein Ballspiel erfinden o.ä.).
Am Ende erstatten die Beobachter Bericht und die Gruppe diskutiert die abgelaufenen Prozesse.

Besondere Bemerkungen:
- Hilfsmittel und Unterlagen: siehe Quelle

Name der Übung: TG (Trainingsgruppe) beobachtet TG	**Quelle:** Antons 105
Art der Übung: Verbale Kleingruppenaktivität	**Dauer:** 2,5 Std.
Ziel: - Prozeßanalysen: allgemeine Analyse von Gruppenprozessen; Kleingruppe beobachtet Kleingruppe	**Gleiche Übung auch unter Stichwort:**

Inhalt:
Kleingruppen beobachten einander und geben sich Feedback über ihr Verhalten.

Besondere Bemerkungen:

Name der Übung: Zwiebelschale	**Quelle:** Antons 39
Art der Übung: Verbale Gruppenaktivität	**Dauer:** 1,5 - 2 Std.
Ziel: - Prozeßanalysen: allgemeine Analyse von Gruppenprozessen; Kleingruppe beobachtet Kleingruppe	**Gleiche Übung auch unter Stichwort:**

Inhalt:
Eine aktive Innenkreisgruppe, die in einer Runde entweder aufgabenzentriert oder themenfrei diskutiert, erhält von einer (strukturiert) beobachtenden Außengruppe Feedback über ihr Verhalten.

Besondere Bemerkungen:
- Unterlagen: nur bei strukturierter Beobachtung

Name der Übung: Was kann man in einer Gruppe beobachten?	**Quelle:** Pf&J 4;50
Art der Übung: Verbale Gruppenaktivität	**Dauer:** 3 Std.
Ziel: - Prozeßanalysen: allgemeine Analyse von Gruppenprozessen; Kleingruppe beobachtet Kleingruppe	**Gleiche Übung auch unter Stichwort:**

Inhalt:
Zu Beginn hält der Leiter einen 30-minütigen Vortrag zum Thema Gruppenprozesse und teilt die dazugehörige Arbeitsunterlage aus.
Dann werden zwei Untergruppen mit möglichst je 10 Mitgliedern gebildet. Während die eine Gruppe ihre Aufgaben löst, wird sie von der anderen Gruppe beobachtet und erhält Feedback; dann wechseln sie die Rollen.

Besondere Bemerkungen:
- Unterlagen: 1 Broschüre "Beobachtung des Gruppenprozesses" pro Tn

Name der Übung: Gruppe beobachtet Gruppe	**Quelle:** Pf&J 1;33
Art der Übung: Verbale Gruppenaktivität	**Dauer:** je nach Aufgabe
Ziel: - Prozeßanalysen: allgemeine Analyse von Gruppenprozessen; Kleingruppe beobachtet Kleingruppe	**Gleiche Übung auch unter Stichwort:**

Inhalt:
Eine diskutierende Kleingruppe sitzt in einem Innenkreis; jedes Innenkreismitglied hat einen persönlichen Beobachter im Außenkreis, der ihm gegenübersitzt.
Nach 20 Min. vermitteln die Beobachter ihren Partnern Feedback und wechseln anschließend Rolle und Partner.

Besondere Bemerkungen:

Name der Übung: Die freien Stühle	**Quelle:** Pf&J 2;35
Art der Übung: Verbale Gruppenaktivität	**Dauer:** Vom Prozeß abhängig
Ziel: - Prozeßanalysen: allgemeine Analyse von Gruppenprozessen; Kleingruppe beobachtet Kleingruppe	**Gleiche Übung auch unter Stichwort:**

Inhalt:
Sechs Tn setzen sich in einen Innenkreis und bearbeiten ein Problem. Einer oder zwei Stühle im Innenkreis bleiben frei für Mitglieder im Außenkreis, die in den Prozeß im Innenkreis eingreifen wollen.
Diese Tn dürfen jedoch auf keinen Fall längere Zeit im Innenkreis sitzen.

Besondere Bemerkungen:
- Unterlagen: ggf. Beobachtungsschemata für den Außenkreis

Name der Übung: Alter-Ego-Spiel	**Quelle:** Workbook 4.9.4
Art der Übung: Verbale Gruppenaktivität, Beobachter erforderlich	**Dauer:** 1 - 2 Std.
Ziel: - Prozeßanalysen: allgemeine Analyse von Gruppenprozessen; Kleingruppe beobachtet Kleingruppe	**Gleiche Übung auch unter Stichwort:**

Inhalt:
Die Tn, bis auf 2 - 3 Beobachter, bilden Paare. Der eine Partner hat jeweils die Aufgabe, sich realitätsnah zu verhalten, während der andere Partner sein "Alter Ego", die geheimen Gedanken und Empfindungen darzustellen versucht. Für die Übung werden zwei Kreise gebildet:
Im Innenkreis sitzen die "Normalen Ichs", im Außenkreis die "Alter Egos".
Beide Kreise agieren unabhängig voneinander. Das Gesprächsthema des Innenkreises sollte kontroverse Standpunkte ermöglichen.

Besondere Bemerkungen:
- Videoaufnahme empfehlenswert

Name der Übung: Anleitung zur Prozeßbeobachtung Kleine Gruppenprozeßanalyse	**Quelle:** Pf&J 1;42 Gudjons 167
Art der Übung: Verbale Gruppenaktivität	**Dauer:** je nach Aufgabe
Ziel: - Prozeßanalysen: allgemeine Analyse von Gruppenprozessen; Kleingruppe beobachtet Kleingruppe	**Gleiche Übung auch unter Stichwort:**

Inhalt:

Während ein Teil der Gruppe an einer konkreten Aufgabe arbeitet, beobachten die übrigen Tn die ablaufenden Gruppenprozesse. Es stehen drei Beobachtungsschemata zur Auswahl: Beobachtung von selbstbezogenem, von gruppenbezogenem und von arbeitsbezogenem Verhalten.

Besondere Bemerkungen:
- Unterlagen: Beobachtungsschemata

Name der Übung: Standardisierte Beobachtung	**Quelle:** Antons 61
Art der Übung: Verbale Gruppenaktivität	**Dauer:** 2 - 3 Std.
Ziel: - Prozeßanalysen: allgemeine Analyse von Gruppenprozessen; Kleingruppe beobachtet Kleingruppe	**Gleiche Übung auch unter Stichwort:**

Inhalt:

Beobachtergruppen mit verschiedenen Kategoriensystemen beobachten die Gruppenprozesse in einer Experimentalgruppe und vergleichen anschließend ihre Daten.
Folgende Beobachtungssysteme stehen zur Auswahl:
Quantitative Auszählung der Interaktionshäufigkeiten und -richtungen; Kategoriensystem von BALES; Rollenbeobachtung und Verhaltensbeobachtung.

Besondere Bemerkungen:
- Unterlagen: Instruktionen und Kategoriensysteme (Antons 62 ff.)

Name der Übung: Konsensus im Fishbowl	**Quelle:** Vo/Ki 229
Art der Übung: Verbale Gruppenaktivität	**Dauer:** 1 Std.
Ziel: - Prozeßanalysen: allgemeine Analyse von Gruppenprozessen; Kleingruppe beobachtet Kleingruppe - Entscheidungsfindung in Gruppen	**Gleiche Übung auch unter Stichwort:** - Entscheidungsfindung in Gruppen S. 575

Inhalt:

Eine Innenkreisgruppe hat die Aufgabe, innerhalb von 20 Min. einen Leiter zu wählen, während die Außenkreisgruppe die ablaufenden Gruppenprozesse beobachtet. Nach einer anschließenden zehnminütigen Besprechung werden die Rollen getauscht.

Besondere Bemerkungen:

Name der Übung: Plazierung von Führerverhaltensweisen/ Ausbildungszielen	**Quelle:** Pf&J 1;107
Art der Übung: Verbale Gruppenaktivität	**Dauer:** 1,5 Std.
Ziel: - Prozeßanalysen: allgemeine Analyse von Gruppenprozessen; Kleingruppe beobachtet Kleingruppe - Entscheidungsfindung in Gruppen: Konsensusbildung	**Gleiche Übung auch unter Stichwort:** - Entscheidungsfindung in Gruppen S. 570

Inhalt:
Eine Kleingruppe im Innenkreis hat die Aufgabe, Beispiele von Führerverhaltensweisen in eine Reihenfolge zu bringen. Dabei wird sie von den übrigen Tn, die im Außenkreis sitzen, beobachtet (siehe "Gruppe beobachtet Gruppe", S. 675). Die Innengruppe hat keinen formellen Diskussionsleiter und kann nach einem beliebigen Verfahren entscheiden. Nach 15 Min. wird die Übung abgebrochen und eine kurze Feedbackphase eingeschoben; dann wechseln Innen- und Außenkreis und die Aufgabe des Innenkreises heißt jetzt, Ausbildungsziele nach Prioritäten zu ordnen.

Besondere Bemerkungen:
- Unterlagen: 2 Rangordnungsschemata und ggf. 2 Beobachtungsschemata pro Tn

Name der Übung: Selbstbeobachtung der Gruppenarbeit	**Quelle:** Gudjons 167
Art der Übung: Verbale Gruppenaktivität	**Dauer:** 1 - 2 Std.
Ziel: - Prozeßanalyse: Allgemeine Analyse von Gruppenprozessen; Kleingruppe beobachtet Kleingruppe	**Gleiche Übung auch unter Stichwort:**

Inhalt:
Kategorienschema zur Beobachtung von Gruppenprozessen.

Besondere Bemerkungen:
- Unterlagen: 1 Kategorienschema pro Beobachter

Name der Übung: Gruppenbeobachtungstraining	**Quelle:** Gudjons 71
Art der Übung: Verbale Gruppenaktivität	**Dauer:** 2,5 Std.
Ziel: - Prozeßanalyse: Allgemeine Analyse von Gruppenprozessen; Kleingruppe beobachtet Kleingruppe - Verbale Feedbacktechnik: gemischtes Feedback	**Gleiche Übung auch unter Stichwort:** -Verbale Feedbacktechnik S. 468

Inhalt:
Nachdem die Gruppe sich auf ein Diskussionsthema geeinigt hat (sie kann wählen zwichen einem freien Thema oder einem Thema, das sie unmittelbar betrifft oder auch auf ein Thema verzichten), teilt sie sich in Diskutierende und Beobachter auf. Die Beobachter können ein vorgegebenes Beobachtungsschema benutzen (s. Gudjons 161ff) oder ein DIN-A-4-Blatt in 3 Spalten unterteilen mit den Überschriften: 1. Ich beobachte... 2. Ich verstehe dies als... 3. Ich empfinde dabei... Die Diskussion soll ca. 45 Minuten dauern und wird anhand des Beobachtungsschemas besprochen.

Besondere Bemerkungen:

Name der Übung: Gruppenentwicklung	**Quelle:** Pf&J <u>5</u>;126
Art der Übung: Verbale Gruppenaktivität	**Dauer:** 45 Min.
Ziel: - Prozeßanalysen: Analyse des Entwicklungsstands der Gruppe	**Gleiche Übung auch unter Stichwort:**

Inhalt:
Der Leiter hält einen kurzen Vortrag über die Entwicklungsstadien einer Gruppe. Danach schätzen die Tn auf einem Diagramm das Entwicklungsstadium der Gruppe ein.

Besondere Bemerkungen:
- Leiter muß Input vorbereiten
- Unterlagen: 1 Gruppenentwicklungsdiagramm pro Tn

Name der Übung: Abhängigkeit und Offenheit	**Quelle:** Pf&J 2;83
Art der Übung: Verbale Gruppenaktivität	**Dauer:** 1 - 1,5 Std.
Ziel: - Prozeßanalysen: Analyse des Entwicklungsstands der Gruppe	**Gleiche Übung auch unter Stichwort:**

Inhalt:

Die Tn bewerten auf zwei Rating-Skalen die Offenheit und die Abhängigkeit der anderen Mitglieder. Der Leiter gibt die Einschätzungen bekannt und jeder notiert sich seine Bewertung. Dann diskutiert die Gruppe diese Ergebnisse.

Besondere Bemerkungen:

- Unterlagen: 2 Rating-Skalen pro Tn

Name der Übung: Analyse des Entwicklungsstadiums der Gruppe	**Quelle:** Pf&J 2;75
Art der Übung: Verbale Gruppenaktivität	**Dauer:** 45 Min.
Ziel: - Prozeßanalysen: Analyse des Entwicklungsstands der Gruppe	**Gleiche Übung auch unter Stichwort:**

Inhalt:
Jeder Tn stellt seine Auffassung von der Gruppe graphisch in einem Schema dar, indem er die vier Dimensionen Vertrauen - Mißtrauen - Einigkeit - Uneinigkeit zueinander in Beziehung setzt.

Besondere Bemerkungen:
- Unterlagen: 1 Schema pro Tn

Name der Übung: Beurteilung der Entwicklung der Gruppe	**Quelle:** Pf&J 1;87
Art der Übung: Verbale Einzel- und Gruppenaktivität	**Dauer:** 1 - 1,5 Std.
Ziel: - Prozeßanalysen: Analyse des Entwicklungsstands der Gruppe	**Gleiche Übung auch unter Stichwort:**

Inhalt:
Die Tn füllen einen Fragebogen zum Entwicklungsstand der Gruppe mit den Kriterien Klima, Auskünfte, Ziel der Gruppe und Kontrolle aus.
Das Ergebnis wird auf eine Tafel übertragen und besprochen; ggf. werden Maßnahmen beschlossen, die die Weiterentwicklung der Gruppe begünstigen.

Besondere Bemerkungen:
- Unterlagen: 1 Fragebogen pro Tn

Name der Übung: Test: Vertrauensbarometer für Gruppen	**Quelle:** Ki/MSch 99
Art der Übung: Verbale Einzelaktivität	**Dauer:** 15 Min.
Ziel: - Prozeßanalysen: Analyse des Entwicklungsstand der Gruppe	**Gleiche Übung auch unter Stichwort:**

Inhalt:
Mit Hilfe von zweimal 12 Fragen können der Leiter oder die Tn feststellen, in welcher Phase sich die Gruppe und das einzelne Gruppenmitglied befinden.

Besondere Bemerkungen:
- Unterlagen: Fragebogen oder Kartensätze mit Fragen

Name der Übung: Verkehrszeichen	**Quelle:** Gudjons 172
Art der Übung: Verbale Gruppenaktivität	**Dauer:** 1 Std.
Ziel: - Prozeßanalyse: Analyse des Entwicklungsstandes der Gruppe - Verbale Feedbacktechnik: gemischtes Feedback	**Gleiche Übung auch unter Stichwort:** -Verbale Feedbacktechnik S. 471

Inhalt:
Der Leiter zeichnet einige Verkehrsschilder an die Tafel. Jeder Tn überlegt sich, welches davon er sinnbildlich vor der Gruppe aufstellen würde und schreibt auf, was diese Zeichen für die Gruppe bedeuten sollen. Beispiele: "Vorfahrtstraße" = ich habe den Eindruck, einige Tn setzen sich immer durch und die übrigen müssen warten; "Absolutes Halteverbot" = ich habe den Eindruck, daß sich keines der Gruppenmitglieder eine Pause gönnen will, alles geht nur auf Tempo, Tempo, Tempo.

Besondere Bemerkungen:

Name der Übung: Paarinterview	**Quelle:** Gudjons 158
Art der Übung: Verbale Paaraktivität	**Dauer:** 30 Min.
Ziel: - Prozeßanalyse: Analyse des Entwicklungsstandes der Gruppe - Verbale Feedbacktechnik: gemischtes Feedback	**Gleiche Übung auch unter Stichwort:** -Verbale Feedbacktechnik S. 479

Inhalt:
Die Tn bilden Paare. Partner A befragt B anhand des folgenden Leitfadens:
1. Frage den Partner, wie er sich in der vorausgegangenen Sitzung fühlte und warum.
2. Sage ihm, wie du ihn in der Sitzung erlebt hast.
3. Frage ihn, wie *er* sich seiner Meinung nach verhalten hat.
4. Sage ihm, wie du ihn darin beschreiben würdest.
5. Frage ihn, worin er z. Zt. die Hauptprobleme der Gruppe sieht und warum.
6. Frage den Partner, wie er sich jetzt fühlt und höre ihm gut zu.

Anschließend werden die Rollen gewechselt.

Besondere Bemerkungen:

Name der Übung: Meinungslinie	**Quelle:** Gudjons 180
Art der Übung: (Non)verbale Gruppenaktivität	**Dauer:** 15 - 30 Min.
Ziel: - Prozeßanalyse: Analyse des Entwicklungsstandes der Gruppe - Eröffnungsphase: Anwärmübung	**Gleiche Übung auch unter Stichwort:** -Eröffnungsphase S. 743

Inhalt:
Der Leiter stellt eine Frage zu einem relevanten Thema, entweder aus der augenblicklichen Gruppensituation ("Wir sind alle offen") oder eine normative Bewertung fordert ("Waffenlieferungen in Krisengebiete"). Die Tn stellen sich eine Linie von Wand zu Wand vor, deren äußerste Enden unbedingtes "Ja" bzw. unbedingtes "Nein" symbolisieren und stellen sich je nach Extremität des Standpunktes auf.

Besondere Bemerkungen:

Name der Übung: Our team and its stages of development	**Quelle:** Woodcock 56
Art der Übung: Verbale Einzelaktivität	**Dauer:** 45 Min.
Ziel: - Prozeßanalysen: Analyse des Entwicklungsstands der Gruppe	**Gleiche Übung auch unter Stichwort:**

Inhalt:
Nach einer Einführung des Leiters über die vier Stadien des Gruppenentwicklungsprozesses bestimmen die Tn unter Verwendung eines Fragebogens den Entwicklungsstand, in dem sich die Gruppe augenblicklich befindet.

Besondere Bemerkungen:
- Unterlagen: 1 Fragebogen pro Tn
- Leiter muß Input vorbereiten (siehe Woodcock 9 ff.)
- Die Aktivität kann in weiteren Sitzungen wiederholt werden

Name der Übung: Die Phasen der Gruppenentwicklung	**Quelle:** Fr&Y 173
Art der Übung: Verbale Einzel- und Gruppenaktivität	**Dauer:** 1 Std.
Ziel: - Prozeßanalysen: Analyse des Entwicklungsstands der Gruppe	**Gleiche Übung auch unter Stichwort:**

Inhalt:
Auf einem "Gruppenentwicklungsrad" trägt jeder Tn ein, in welchem Stadium sich die Gruppe befindet. Dann versuchen sie, sich auf ein Stadium zu einigen und überlegen, welche Schritte sie zur Weiterentwicklung unternehmen können.

Besondere Bemerkungen:
- Unterlagen: 1 "Gruppenentwicklungsrad" pro Tn

Name der Übung: Gruppenentwicklung	**Quelle:** Pf&J <u>6</u>;120
Art der Übung: Verbale Kleingruppenaktivität	**Dauer:** 2,5 Std.
Ziel: - Prozeßanalysen: Analyse des Entwicklungsstands der Gruppe	**Gleiche Übung auch unter Stichwort:**

Inhalt:
Jede Kleingruppe soll zu einem der Begriffe des TORI-Wachstumsmodells (trust, openness, realisation und interdependence) ein Szenario entwerfen.
Nachdem der Leiter ein kurzes Referat über das TORI-Modell gehalten hat, beginnen die Kleingruppen mit ihren Vorführungen.
Zum Schluß versucht jede Kleingruppe die Integration der vier Begriffe in 3 - 4 Sätzen.

Besondere Bemerkungen:
- Leiter muß Input vorbereiten

Name der Übung: Team rating	**Quelle:** Woodcock 60
Art der Übung: Verbale Einzel- oder Kleingruppenaktivität	**Dauer:** 45 Min.
Ziel: - Prozeßanalysen: Analyse des Entwicklungsstands der Gruppe	**Gleiche Übung auch unter Stichwort:**

Inhalt:
Einzelne bzw. mehrere Vertreter aus verschiedenen Kleingruppen können mit Hilfe eines Fragebogens die Kleingruppen hinsichtlich ihres Entwicklungsstandes miteinander vergleichen.

Besondere Bemerkungen:
- Unterlagen: 1 Fragebogen pro Vertreter einer Kleingruppe

Name der Übung: Herumwandern	**Quelle:** Vopel 4;63
Art der Übung: (Non)verbale Gruppenaktivität	**Dauer:** 15 Min.
Ziel: - Prozeßanalysen: Analyse der sozialen Beziehungen zwischen den Tn	**Gleiche Übung auch unter Stichwort:**

Inhalt:
Die Tn sollen schweigend im Raum umhergehen, um festzustellen, an welcher Stelle und in wessen Nähe sie sich am wohlsten fühlen.
Dann erzählt jeder von seinem Platz aus, was er erlebt hat.

Besondere Bemerkungen:
- Raum: viel Platz erforderlich
- Leiter muß mit Widerstand aus der Gruppe rechnen

Name der Übung: Geigerzähler	**Quelle:** Gudjons 123
Art der Übung: (Non)verbale Gruppenaktivität	**Dauer:** 1,5 Std.
Ziel: - Prozeßanalyse: Analyse der sozialen Beziehungen zwischen den Tn	**Gleiche Übung auch unter Stichwort:**

Inhalt:
Die Tn gehen schweigend im Raum umher und betrachten einander genau: Aussehen, Kleidung, Gebärden usw. Dabei achten sie genau auf ihre Gefühle: bei wem fühle ich mich überlegen/unterlegen, auf welchen Tn reagiere ich besonders intensiv usw.

Besondere Bemerkungen:

Name der Übung: Distanz und Nähe im Raum	**Quelle:** Gudjons 83
Art der Übung: Verbale Paaraktivität	**Dauer:** 1,5 Std.
Ziel: - Prozeßanalyse: Analyse der sozialen Beziehungen zwischen den Tn - Nonverbales Kommunikationstraining: Nähe und Distanz	**Gleiche Übung auch unter Stichwort:** -Nonverbales Kommunikationstraining S. 438

Inhalt:
Je 2 Tn sitzen sich im Abstand von 2 m gegenüber und unterhalten sich über ein vorher festgelegtes Thema. Während des Gespräches rücken sie einander immer näher, bis sie sich direkt gegenübersitzen. Danach werden die Erfahrungen im Plenum diskutiert. Dann probiert die Gruppe verschiedene Sitzordnungen aus (2 Reihen, Kreis, Hufeisenform usw.), die sie jeweils einige Minuten auf sich wirken läßt und nachzuempfinden versucht, welche Beziehungskonstellation darin zum Ausdruck kommt.

Besondere Bemerkungen:
- Variante: die Tn sehen anfangs aneinander vorbei und nehmen erst bei einem Abstand von 1 m Blickkontakt auf

Name der Übung: Macht und Einfluß	**Quelle:** Vo/Ki 212
Art der Übung: Nonverbale Gruppenaktivität	**Dauer:** 30 Min.
Ziel: - Prozeßanalysen: Analyse der sozialen Beziehungen zwischen den Tn - Konflikttraining: Umgang mit Macht und Einfluß	**Gleiche Übung auch unter Stichwort:** - Konflikttraining S. 320

Inhalt:

Die Tn sollen sich schweigend im Raum auf einer imaginären Achse zwischen den Polen "sehr großer Gruppeneinfluß" und "sehr kleiner Gruppeneinfluß" aufstellen, entsprechend dem Einfluß, den sie sich in der Gruppe wünschen.
In einem ersten Durchgang darf jeder Ort auf der Linie nur von einem Gruppenmitglied besetzt sein, im zweiten Durchgang ist es erlaubt, eine bestimmte Position mit einem anderen Gruppenmitglied zu teilen.

Besondere Bemerkungen:

Name der Übung: Rangreihe	**Quelle:** Gudjons 200
Art der Übung: Verbale Gruppenaktivität	**Dauer:** 1 - 1,5 Std.
Ziel: - Prozeßanalyse: Analyse der sozialen Beziehungen zwischen den Tn - Konflikttraining: Umgang mit Macht und Einfluß	**Gleiche Übung auch unter Stichwort:** - Konflikttraining S. 321

Inhalt:
Die Stühle der Tn werden in einer Linie aufgestellt. Der erste Stuhl bedeutet "größter Einfluß auf das Gruppengeschehen" usw. Die Tn sollen sich nun ihre entsprechenden Stühle suchen. Wenn zwei Tn denselben Stuhl beanspruchen, müssen sie das ausdiskutieren. Zum Schluß spricht jeder von seinem Platz aus zu seiner Wahl und zur Wahl der übrigen Tn.

Besondere Bemerkungen:

Name der Übung: Soziogramm	**Quelle:** Pf&J <u>1</u>;138
Art der Übung: Verbale Gruppenaktivität	**Dauer:** 1 - 1,5 Std.
Ziel: - Prozeßanalysen: Analyse der sozialen Beziehungen zwischen den Tn	**Gleiche Übung auch unter Stichwort:**

Inhalt:

Ein oder mehrere Tn klassifizieren die Gruppenmitglieder einschließlich sich selber nach Kriterien, die sie bestimmen, z.B.:
Wie nahe sind sich die Mitglieder?
Wie ähnlich sind sich die Mitglieder? o.ä.

Besondere Bemerkungen:

- Leiter muß mit Widerstand aus der Gruppe rechnen

Name der Übung: Familienwahl	**Quelle:** Vopel 1;59
Art der Übung: Verbale Gruppenaktivität	**Dauer:** 1 Std.
Ziel: - Prozeßanalysen: Analyse der sozialen Beziehungen zwischen den Tn	**Gleiche Übung auch unter Stichwort:**

Inhalt:
Jeder Tn sucht sich aus der Gruppe die Mitglieder heraus, die er sich als Vater, Mutter, Gatte, Bruder und Schwester wünscht und überlegt sich gleichzeitig, von welchen anderen Tn er selber wozu gewählt wird.
In einem Rundgang geben die Tn ihre Wahl bekannt und begründen sie auch; gewählte und nichtgewählte Mitglieder äußern ihre Kommentare dazu.

Besondere Bemerkungen:
- Unterlagen: 1 Formular "Familienwahl" pro Tn
- Da in dieser Übung nur positive Aspekte der Beziehungen unter den Tn herausgearbeitet werden, ist sie nicht so belastend wie soziometrische Wahlen

Name der Übung: Soziogramm Soziogramm Erweitertes Soziogramm Soziogramm Wen würdest Du wählen	**Quelle:** Workbook 3.5.2 Antons 205 Schw/S 263 Ki/MSch 217 Gudjons 148
Art der Übung: Verbale Gruppenaktivität	**Dauer:** 0,5 - 2 Std.
Ziel: - Prozeßanalysen: Analyse der sozialen Beziehungen zwischen den Tn	**Gleiche Übung auch unter Stichwort:**

Inhalt:

Jeder Tn soll bestimmen, mit welchem Gruppenmitglied er bestimmte Tätigkeiten am liebsten und am wenigsten gern ausführen würde (z.B. Urlaub verbringen, als Chef haben usf.). Die Wahlen werden in einem Netzdiagramm aufgezeichnet; bzw. jeder Tn notiert sich seine Positiv- und Negativwahl und äußert sich dazu.

Besondere Bemerkungen:

- Leiter muß mit Widerstand aus der Gruppe rechnen

Name der Übung: Sieben Fragen Sieben Fragen	**Quelle:** Vo/Ki 125 Vopel 2;49
Art der Übung: Verbale Kleingruppenaktivität	**Dauer:** 1,5 - 2 Std.
Ziel: - Prozeßanalysen: Analyse der sozialen Beziehungen zwischen den Tn	**Gleiche Übung auch unter Stichwort:**

Inhalt:

Die Tn bilden Siebenergruppen. In diesen Kleingruppen haben sie die Aufgabe, sechs Rollen an die anderen Mitglieder zu vergeben (mit Begründung) und auch selber Annahmen zu machen, welche Rolle die anderen der eigenen Person zuteilen (Beispiel: Mit wem würde ich auf eine einsame Insel ziehen?).
Die Kleingruppen werten das Feedback unter sich aus.

Besondere Bemerkungen:
- Unterlagen: Tabellen A und B für jeden Tn

Name der Übung: Gruppe im Bild	**Quelle:** Antons 107
Art der Übung: (Non)verbale (Klein)Gruppenaktivität	**Dauer:** 1,5 Std.
Ziel: - Prozeßanalysen: Analyse der sozialen Beziehungen zwischen den Tn	**Gleiche Übung auch unter Stichwort:**

Inhalt:
Jede Kleingruppe erhält Zeichenmaterial mit der Aufgabe, die ganze Gruppe charakteristisch in einem Bild festzuhalten. Anschließend werden die Bilder besprochen.

Besondere Bemerkungen:
- Unterlagen: 1 Instruktionsblatt pro Tn
- Hilfsmittel: Zeichenmaterial; Moderationsausrüstung empfehlenswert

Name der Übung: Mein Platz in der Gruppe	**Quelle:** Vo/Ki 187
Art der Übung: (Non)verbale Einzel- und Gruppenaktivität	**Dauer:** 1 Std.
Ziel: - Prozeßanalysen: Analyse der sozialen Beziehungen zwischen den Tn	**Gleiche Übung auch unter Stichwort:**

Inhalt:
Jeder Tn soll ein Bild zeichnen zum Thema:
"Wie sehe ich mich selbst, wie sehe ich die Andern in dieser Gruppe?".
Dabei sollen keine realen Personen gezeichnet werden, sondern Symbole, die mit Namen versehen werden. Anschließend können sich alle zu den Bildern äußern.

Besondere Bemerkungen:

Name der Übung: Soziogramm	**Quelle:** Pf&J 2;147
Art der Übung: Nonverbale Gruppenaktivität	**Dauer:** 1 Std.
Ziel: - Prozeßanalysen: Analyse der sozialen Beziehungen zwischen den Tn	**Gleiche Übung auch unter Stichwort:**

Inhalt:
Jeder Tn plaziert sich in dem Abstand von den Anderen, der seiner Ansicht nach passend und sinnvoll ist. Es ist erlaubt, die Plazierungen der anderen zu verändern. Am Schluß wird die Aufstellung aufgezeichnet und diskutiert.

Besondere Bemerkungen:
- Leiter muß mit Widerstand aus der Gruppe rechnen

Name der Übung: Sitzsoziogramm	**Quelle:** Schw/S 265
Art der Übung: Verbale Gruppenaktivität	**Dauer:** 20 Min.
Ziel: - Prozeßanalysen: Analyse der sozialen Beziehungen zwischen den Tn	**Gleiche Übung auch unter Stichwort:**

Inhalt:

Die Gruppenmitglieder verteilen sich im Raum und setzen sich so zu den anderen hin bzw. von den anderen weg, wie es ihren augenblicklichen Gefühlen entspricht. Anschließend tauschen sie ihre Erfahrungen aus.

Besondere Bemerkungen:
- Leiter muß mit Widerstand aus der Gruppe rechnen

Name der Übung: Lebendes Soziogramm Gruppenplastik	**Quelle:** Ki/MSch 186 Gudjons 163
Art der Übung: Nonverbale Gruppenaktivität	**Dauer:** 45 Min.
Ziel: - Prozeßanalysen: Analyse der sozialen Beziehungen zwischen den Tn	**Gleiche Übung auch unter Stichwort:**

Inhalt:

Ein Tn beginnt, ohne zu sprechen, die übrigen Gruppenmitglieder entsprechend ihrer Beziehung zueinander, im Raum zu postieren und sie charakteristische Haltungen einnehmen zu lassen. Die anderen Tn haben die Möglichkeit, das Bild zu verändern, wenn sie nicht einverstanden sind.

Besondere Bemerkungen:

Name der Übung: Schuhsoziogramm	**Quelle:** Gudjons 164
Art der Übung: Verbale Gruppenaktivität	**Dauer:** 1 Std.
Ziel: - Prozeßanalyse: Analyse der sozialen Beziehungen zwischen den Tn	**Gleiche Übung auch unter Stichwort:**

Inhalt:
Ein (bisher passiver) Tn bildet aus den linken Schuhen der Tn eine "Plastik". In der Anordnung der Schuhe sollen Rangunterschiede, Distanz, Außenseiter, Cliquen usw. zum Ausdruck kommen. Zum Schluß kommentiert die Gruppe das Soziogramm

Besondere Bemerkungen:

Name der Übung: Regisseur-Spiel Wachsfiguren-Kabinett	**Quelle:** Workbook 4.7.4 Vopel 6;57
Art der Übung: Nonverbale Gruppenaktivität	**Dauer:** 30 - 60 Min.
Ziel: - Prozeßanalysen: Analyse der sozialen Beziehungen zwischen den Tn	**Gleiche Übung auch unter Stichwort:**

Inhalt:

Ohne zu sprechen plaziert ein Tn die anderen Gruppenmitglieder so im Raum, daß ein "lebendes Bild" entsteht, das den Wahrnehmungen und Empfindungen des "Regisseurs" entspricht. Am Ende ordnet er sich selbst in das Bild ein.
Alle Tn lassen das Bild einige Zeit auf sich wirken und sagen anschließend, was sie erlebt haben.

Besondere Bemerkungen:

Name der Übung: Streichholzspiel	**Quelle:** Gudjons 126
Art der Übung: Verbale Gruppenaktivität	**Dauer:** 3 - 4 Std.
Ziel: - Prozeßanalyse: Analyse der sozialen Beziehungen zwischen den Tn - Verbale Feedbacktechnik: gemischtes Feedback	**Gleiche Übung auch unter Stichwort:** -Verbale Feedbacktechnik S. 477

Inhalt:
Jeder Tn erhält ein ganzes und ein halbes Streichholz pro Frage. Das lange Streichholz wird für den ersten Teil der Frage, das kurze für den zweiten Teil vergeben. Die Fragen lauten:
a) Mit wem konnte ich mich bisher am stärksten identifizieren? Mit wem am wenigsten?
b) Von wem wünsche ich mir am meisten Anerkennung? Von wem am wenigsten?
c) Zu wem habe ich die klarste Beziehung? Mit wem habe ich die meisten Spannungen?
d) Wer gibt mir am meisten das Gefühl der Sicherheit? Wer am wenigsten?
e) Zu wem möchte ich außerhalb der Gruppe unbedingt Kontakt pflegen? Zu wem am wenigsten?

Besondere Bemerkungen:
- Leiter muß mit Widerstand aus der Gruppe rechen
- Hilfsmittel: Streichhölzer

Name der Übung:	Quelle:
Verhalten der Gruppen Test: Fragen zum Rollenverhalten	Pf&J 1;69 Ki/MSch 218

Art der Übung:	Dauer:
Verbale Einzel- und Gruppenaktivität	1 Std.

Ziel:	Gleiche Übung auch unter Stichwort:
- Prozeßanalysen: Analyse der Rollenverteilung	

Inhalt:

Die Tn beantworten individuell einen Fragebogen, in dem es darum geht, zu 18 Eigenschaften und Verhaltensweisen diejenigen beiden Gruppenmitglieder zu finden, auf die die Beschreibung am besten paßt.

Die Tn lesen ihre Antworten vor und diskutieren darüber.

Besondere Bemerkungen:

- Unterlagen: 1 Fragebogen pro Tn (Pf&J 1;74)

Name der Übung: Gruppenfunktionen	**Quelle:** Pf&J 1;82
Art der Übung: Verbale Einzel- und Gruppenaktivität	**Dauer:** 1,5 Std.
Ziel: - Prozeßanalysen: Analyse der Rollenverteilung	**Gleiche Übung auch unter Stichwort:**

Inhalt:
Die Tn erhalten eine Tabelle, in der sie eintragen, welche Mitglieder welche Gruppenfunktionen (Rollen) übernommen haben. Die Ergebnisse werden gesammelt und dahingehend analysiert, warum bestimmte Funktionen "überbesetzt" und andere "unterbesetzt" sind.

Besondere Bemerkungen:
- Unterlagen: 1 Analysentabelle pro Tn

Name der Übung:	Quelle:
Verteilte Rolle	Fr&Y 182

Art der Übung:	Dauer:
Verbale Einzel- und Gruppenaktivität	1,5 - 2 Std.

Ziel:	Gleiche Übung auch unter Stichwort:
- Prozeßanalyse: Analyse der Rollenverteilung	

Inhalt:
Vor der Sitzung füllen die Tn einen Fragebogen aus, in dem sie beschreiben, welche Gruppenmitglieder Führungsaufgaben übernommen haben.
Jedes Item wird einzeln in der Sitzung besprochen und ggf. Maßnahmen zur Verbesserung der Kooperation beschlossen.

Besondere Bemerkungen:
- Leiter muß mit Widerstand aus der Gruppe rechnen
- Die Übung kann mehrmals wiederholt werden

Name der Übung: Rollenklärung	**Quelle:** Pf&J 5;114
Art der Übung: Verbale Gruppenaktivität	**Dauer:** 3 - 4 Std.
Ziel: - Prozeßanalysen: Analyse der Rollenverteilung	**Gleiche Übung auch unter Stichwort:**

Inhalt:
Nachdem der Leiter einen kurzen Vortrag über Rollenbetrachtungsweisen gehalten hat, äußert ein freiwilliger Tn seine Vorstellung über die Erwartungen der anderen Tn an seine Rolle.
Rollenerwartungen und Vorstellung werden verglichen und die Aktivität mit einem anderen Gruppenmitglied wiederholt.

Besondere Bemerkungen:
- Leiter muß Input vorbereiten

Name der Übung:	Quelle:
Rollenspielsituation	Gudjons 175

Art der Übung:	Dauer:
Rollenspiel	3 x 15 Min. Spielzeit

Ziel:	Gleiche Übung auch unter Stichwort:
- Prozeßanalyse: Analyse der Rollenverteilung	
- Konflikttraining: Steigerung der Rollenflexibilität	-Konflikttraining S. 348

Inhalt:
Die Gruppe simuliert im Rollenspiel eine Situation, z. B. daß sie auf Urlaubsfahrt in Spanien plötzlich auf einer Dorfstraße eine Panne hat.
a) In der ersten Szene wird jedem Tn eine Rolle zugewiesen, die seinem Verhalten in der Gruppe entspricht (z. B. ein dominanter Tn ist der Reiseleiter, ein eloquenter Tn ist Agent des Reiseunternehmens etc.)
b) In der zweiten Szene wählt jeder eine möglichst alternative Rolle
c) In der dritten Szene spielt jedes Gruppenmitglied die Rolle, die das Verhalten zeigt, wie es gerne sein möchte.

Besondere Bemerkungen:
- Varianten:
  a) Jeder spielt eine Rolle, die ihm schwerfällt, die er aber für wichtig hält
  b) Jeder spielt die Rolle eines anderen Gruppenmitglieds; hinterher wird geraten, wer gemeint war.
- Videoaufnahme empfehlenswert

Name der Übung: Interview-Paare	**Quelle:** Pf&J 1;124
Art der Übung: Verbale Paaraktivität	**Dauer:** 45 Min.
Ziel: - Prozeßanalysen: Analyse der individuellen und Gruppenziele - Gefühle: Entwicklung von Offenheit und Vertrauen (Interview)	**Gleiche Übung auch unter Stichwort:** - Gefühle S. 237

Inhalt:

Die Tn werden in Kleingruppen eingeteilt, in denen sie sich abwechselnd über ihre persönlichen Ziele in der Gruppe, ihr Interesse an der Gruppe und ihre Bereitschaft zur Offenheit unterhalten. Jeder Partner gibt dann in der Kleingruppe einen kurzen Bericht über das Ergebnis seines Interviews ab.

Besondere Bemerkungen:

- Unterlagen: 1 Anweisung für das Interview pro Tn

Name der Übung:	**Quelle:**
Beurteilung des Zieles	Pf&J 1,123

Art der Übung:	**Dauer:**
Verbale Paaraktivität	dreimal 30 Min.

Ziel:	**Gleiche Übung auch unter Stichwort:**
- Prozeßanalysen: Analyse der individuellen und Gruppenziele	

Inhalt:
Die Partner treffen sich im Laufe des Kurses dreimal, und zwar am Anfang zu einer grundsätzlichen Beurteilung des Ziels, zwischendurch zur zweiten Beurteilung und dann noch einmal am Ende des Kurses.

Besondere Bemerkungen:
- Unterlagen: 2 Beurteilungsschemata

Name der Übung: Ziele und Vorsätze	**Quelle:** Fr&Y 244
Art der Übung: Verbale Einzel- und Gruppenaktivität	**Dauer:** Beantwortung der Fragen plus Besprechung 1,5 Std.
Ziel: - Prozeßanalysen: Analyse der individuellen und Gruppenziele	**Gleiche Übung auch unter Stichwort:**

Inhalt:

Die Gruppe trifft sich erst zu einer kurzen Sitzung, in der der Leiter die Tn bittet, bis zur nächsten Sitzung zwei Fragen schriftlich zu beantworten:
1. Was sind Aufgaben und Ziele dieser Gruppe?
2. Was will ich in den nächsten ... (6 Monaten bis 2 Jahren) erreichen?

In der zweiten Sitzung versuchen die Tn, die Ziele der Gruppe mit den Zielen der Individuen in Einklang zu bringen.
In weiteren regelmäßigen Sitzungen werden die Ziele überprüft.

Besondere Bemerkungen:
- Unterlagen: 2 Fragenblätter pro Tn
- Moderationsausrüstung empfehlenswert

Name der Übung: Spaß-Erfolg-Koordinate	**Quelle:** Workbook 4.2.3
Art der Übung: Verbale Einzel- und Gruppenaktivität	**Dauer:** 5 - 10 Min.
Ziel: - Prozeßanalysen: Erwartungen der Tn - Schlußphase: Beurteilung des Verlaufs der Sitzung/des Trainings	**Gleiche Übung auch unter Stichwort:** - Schlußphase S. 930

Inhalt:
Der Leiter bereitet auf einer Tafel ein Koordinatensystem mit den Achsen "Spaß" und "Erfolg" vor. Jeder Tn soll nun einen Selbstklebepunkt an die Stelle im Koordinatensystem kleben, die seinen Erwartungen oder Erfahrungen entspricht.
Anschließend erfolgt eine kurze Besprechung der Punkte.

Besondere Bemerkungen:
- Moderationsausrüstung erforderlich

Name der Übung: Lernziel - Wandzeitung	**Quelle:** Gudjons 52
Art der Übung: Verbale Einzel- und Gruppenaktivität	**Dauer:** 1 Std.
Ziel: - Prozeßanalyse: Erwartungen der Tn - Eröffnungsphase: Darstellung der Ziele und Schwerpunkte des Seminars	**Gleiche Übung auch unter Stichwort:** -Eröffnungsphase S. 721

Inhalt:
Jedem Tn wird ein Feld (mind. 50 x 50 cm) auf einer großen Wandzeitung zugeteilt. Dort trägt er seinen Namen ein und vermerkt, was er in dieser Gruppe lernen, erreichen oder bei sich verändern möchte und auch das, was er von der Gruppe an Unterstützung und Feedback wünscht. Die Wandzeitung bleibt während der ganzen Sitzung/Seminar hängen und kann laufend ergänzt und diskutiert werden.

Besondere Bemerkungen:
- Hilfsmittel: 1 große Wandzeitung oder mehrere Plakate

Name der Übung: Erwartungsinventar	**Quelle:** Antons 41
Art der Übung: Verbale Einzel- und Kleingruppenaktivität	**Dauer:** 2 Std.
Ziel: - Prozeßanalysen: Erwartungen der Tn	**Gleiche Übung auch unter Stichwort:**

Inhalt:

Nachdem jeder Tn individuell seine Erwartungen an den Kurs formuliert hat, werden in Fünfergruppen einstimmig beschlossene Ranglisten der Erwartungen erstellt. Alle Ranglisten werden wiederum einstimmig von neu gebildeten Gruppen bewertet und die beste alte Fünfergruppe prämiiert.

Besondere Bemerkungen:
- Hilfsmittel: Schreibmaschinen und Kopiergeräte; oder Moderationsausrüstung

Name der Übung: Paarinterview: Erwartungen und Befürchtungen	**Quelle:** Schw/S 246
Art der Übung: Verbale Paaraktivität	**Dauer:** 30 - 45 Min.
Ziel: - Prozeßanalysen: Erwartungen der Tn	**Gleiche Übung auch unter Stichwort:**

Inhalt:
Jeder Tn sucht sich einen Partner, und sie erforschen gegenseitig, welche Erwartungen und Befürchtungen sie an das Gruppengeschehen haben.
Anschließend teilt jeder Partner im Namen des anderen dessen Erwartungen und Befürchtungen dem Plenum mit.

Besondere Bemerkungen:
- Variante: Die Paare können ihre Aussagen auf Tafeln schreiben und anschließend vorstellen (Hilfsmittel: Moderationsausrüstung)

Name der Übung: Erwartungsanalyse	**Quelle:** Ki/MSch 159
Art der Übung: Verbale Einzel-, Kleingruppen und Gruppenaktivität	**Dauer:** 1 Std.
Ziel: - Prozeßanalysen: Erwartungen der Tn - Normen und Werte: Analyse der Normen in der Gruppe	**Gleiche Übung auch unter Stichwort:** - Normen und Werte S. 54

Inhalt:
Jeder Tn beantwortet für sich die Fragen:
"Was will ich hier?" und "Was darf ich hier?"
In Kleingruppen werden die Antworten aufbereitet und im Plenum präsentiert.

Besondere Bemerkungen:

Name der Übung:	Quelle:
Symbolon	Vopel 2;70

Art der Übung:	Dauer:
Verbale Kleingruppenaktivität	1,5 Std.

Ziel:	Gleiche Übung auch unter Stichwort:
- Prozeßanalysen: Erwartungen der Tn - Prozeßanalysen: Beurteilung des Verlaufs einer Sitzung	- Prozeßanalysen S.870

Inhalt:

Die Tn bilden Kleingruppen. Aus vorgegebenem Material (siehe unten) sollen sie ein Symbol herstellen, das ihre Erwartungen (bzw. die gegenwärtige Gruppensituation oder die Bedeutung des Seminars) ausdrückt. Danach sollen die Tn mit Hilfe einer Kooperations-Checkliste die abgelaufenen Prozesse diskutieren.

Besondere Bemerkungen:

- Hilfsmittel: 6 Bögen Karton, Scheren, Klebstoff und Lineale pro Kleingruppe
- Unterlagen: 1 Kooperations-Checkliste pro Tn

Name der Übung: Individuelle Erwartungen und Erwartungsanalyse	**Quelle:** Vo/Ki 162
Art der Übung: Verbale Einzel- und Kleingruppenaktivität	**Dauer:** 45 Min.
Ziel: - Prozeßanalysen: Erwartungen der Tn	**Gleiche Übung auch unter Stichwort:**

Inhalt:
Jeder Tn soll eine "öffentliche" und eine "geheime" Erwartungsliste anfertigen. In Kleingruppen stellen die Tn dann ein gemeinsames Erwartungsinventar zusammen, und jeder bezeichnet den Punkt, der ihm am wichtigsten ist.

Besondere Bemerkungen:

Name der Übung: Erwartungen und Befürchtungen	**Quelle:** Gudjons 51
Art der Übung: Verbale Einzel- und Kleingruppenaktivität	**Dauer:** 1 Std.
Ziel: - Prozeßanalyse: Erwartungen der Tn	**Gleiche Übung auch unter Stichwort:**

Inhalt:
Jeder Tn schreibt auf die Vorderseite eines DIN-A-4-Blattes "Ich möchte mitteilen..." und auf die Rückseite "Ich möchte nicht mitteilen..." und teilt beide Seiten in 2 Spalten. Links beschreiben sie so konkret wie möglich ihre Erwartungen, rechts die Befürchtungen und entscheiden jeweils, ob sie es auf der Vorder- oder Rückseite eintragen. Nachdem alle ihre Punkte in eine Rangreihe gebracht haben, werden in Vierergruppen gemeinsame Prioritätenlisten erarbeitet, die anschließend auf Wandzeitungen veröffentlicht werden.

Besondere Bemerkungen:

Name der Übung:	Quelle:
Graffitti Graffitti	Vopel 1;12 Workbook 4.2.2

Art der Übung:	Dauer:
Verbale Einzelaktivität	20 - 30 Min.

Ziel:	Gleiche Übung auch unter Stichwort:
- Prozeßanalysen: Erwartungen der Tn - Eröffnungsphase: verbale Anwärmübung	- Eröffnungsphase S.747

Inhalt:

Wenn die Tn so nach und nach eintreffen, finden sie 7 Plakate vor. Auf jedem Plakat steht ein unvollständiger Satz (z.B. "Ich hoffe, wir werden hier ..."), den die Tn vervollständigen sollen.

Besondere Bemerkungen:

- Moderationsausrüstung empfehlenswert
- Beispiele für Satzanfänge in den Quellen

Name der Übung: Erwartungen seitens der Teilnehmer und der Anleiter/Helfer	**Quelle:** Pf&J 4;38
Art der Übung: Verbale Gruppenaktivität	**Dauer:** 1 Std.
Ziel: - Prozeßanalysen: Erwartungen der Tn (und Anleiter/Helfer)	**Gleiche Übung auch unter Stichwort:**

Inhalt:
Die Gruppe der Tn fertigt zwei Zeichnungen an, in denen sie zum Ausdruck bringt, wie sie sich selbst als Tn auffassen und wie sie die Rolle des Leiters und der Helfer sehen. Komplementär dazu stellen Leiter und Helfer ihre Ansichten dar. Ein Repräsentant jeder Gruppe erklärt der anderen Gruppe ihre Zeichnungen; anschließend werden diese an den Wänden des Sitzungsraums aufgehängt.

Besondere Bemerkungen:
- Moderationsausrüstung empfehlenswert

Name der Übung: Team self review	**Quelle:** Woodcock 170
Art der Übung: Verbale Einzel- und Gruppenaktivität	**Dauer:** 30 Min.
Ziel: - Prozeßanalysen: Beurteilung des Verlaufs einer Sitzung	**Gleiche Übung auch unter Stichwort:**

Inhalt:

In einem ersten Durchgang überlegt jeder Tn für sich anhand einer 9-Punkte-Checkliste, wie gut das Team funktioniert.
Anschließend versucht die Gruppe gemeinsam, die gleiche Checkliste auszufüllen.

Besondere Bemerkungen:

- Unterlagen: 2 Checklisten pro Tn

Name der Übung: Kleiner Gruppenspiegel	**Quelle:** Gudjons 169
Art der Übung: Verbale Einzel- und Gruppenaktivität	**Dauer:** 45 - 60 Min.
Ziel: - Prozeßanalyse: Beurteilung des Verlaufs einer Sitzung	**Gleiche Übung auch unter Stichwort:**

Inhalt:
Jeder Tn beantwortet auf einer Rating-Skala die folgenden fünf Fragen
1. Ich fühle mich in dieser Gruppe sehr wohl.
2. Ich kann mich so aktiv beteiligen, wie ich es möchte.
3. Ich fühle mich in dieser Gruppe frei und ungehemmt.
4. Das Thema, über das wir uns eben unterhalten haben, interessiert mich.
5. Wenn ich etwas sage, fühle ich mich von den anderen Gruppenmitgliedern sehr verstanden.

Anschließend werden die Durchschnittswerte für jede Frage berechnet, von der Gruppe besprochen und ggf. Konsequenzen überlegt.

Besondere Bemerkungen:

Name der Übung: Mein Gefühl zu...	**Quelle:** Gudjons 170
Art der Übung: (Non)verbale Gruppenaktivität	**Dauer:** 30 Min.
Ziel: - Prozeßanalyse: Beurteilung des Verlaufs einer Sitzung	**Gleiche Übung auch unter Stichwort:**

Inhalt:
Die Tn drücken ihre Beziehung zum aktuellen Thema dadurch aus, daß sie einen Pappteller oder einen anderen verformbaren Gegenstand entsprechend verändern/ behandeln, z. B. zerreißen, küssen, biegen...

Besondere Bemerkungen:

Name der Übung: Fragen zum Lernklima	**Quelle:** Ki/MSch 220
Art der Übung: Verbale Einzel- und Gruppenaktivität	**Dauer:** 1 Std.
Ziel: - Prozeßanalysen: Beurteilung des Verlaufs einer Sitzung	**Gleiche Übung auch unter Stichwort:**

Inhalt:
Die Tn beantworten individuell Fragen zum Lernklima (Atmosphäre, Information, Entscheidungen, Führung, Kritik) und werten die Antworten gemeinsam aus.

Besondere Bemerkungen:

Name der Übung: Basic meeting arrangements	**Quelle:** Woodcock 177
Art der Übung: Verbale Einzel- und Gruppenaktivität	**Dauer:** 30 - 45 Min.
Ziel: - Prozeßanalysen: Beurteilung des Verlaufs einer Sitzung	**Gleiche Übung auch unter Stichwort:**

Inhalt:
Jeder Tn erhält einen Fragebogen, in dem er beurteilen kann, wie zufrieden er mit Organisation und Durchführung der Sitzungen ist.
Anschließend überlegt die Gruppe gemeinsam, was verbessert werden könnte.

Besondere Bemerkungen:
- Unterlagen: 1 Fragebogen pro Tn

Name der Übung: Beurteilung des Verlaufs der Sitzung	**Quelle:** Pf&J 1;87
Art der Übung: Verbale Einzel- und Gruppenaktivität	**Dauer:** 1 - 1,5 Std.
Ziel: - Prozeßanalysen: Beurteilung des Verlaufs einer Sitzung - Schlußphase: Beurteilung des Verlaufs der Sitzung/des Trainings	**Gleiche Übung auch unter Stichwort:** - Schlußphase S.932

Inhalt:
Die Tn erstellen eine Rangordnung von Aussagen über die Sitzung allgemein und über ihr eigenes Verhalten speziell. Das Ergebnis wird auf eine Tafel übertragen und besprochen; ggf. werden Maßnahmen zur Verbesserung der Effektivität der Sitzungen beschlossen.

Besondere Bemerkungen:
- Unterlagen: 1 Fragebogen pro Tn

Name der Übung: Seminar-Kritik	**Quelle:** Vopel 3;55
Art der Übung: Verbale Gruppenaktivität	**Dauer:** 1,5 - 2 Std.
Ziel: - Prozeßanalysen: Beurteilung des Verlaufs einer Sitzung - Kriseninterventionen: Aktivierung bei Müdigkeit und Unlust	**Gleiche Übung auch unter Stichwort:** - Kriseninterventionen S.900

Inhalt:
Die Gruppe wird in zwei Kleingruppen, A und B, aufgeteilt. Gruppe A diskutiert darüber, was der Kurs bisher gebracht hat, bzw. nicht gebracht hat, während Gruppe B anhand eines Schemas die Aktivität der Gruppe A beobachtet.
Im Anschluß daran berichtet die Gruppe B, was sie beobachtet hat; dann wechseln die Kleingruppen ihre Rollen.

Besondere Bemerkungen:
- Unterlagen: 1 Beobachtungsbogen pro Tn

Name der Übung: Einfühlungsvermögen	**Quelle:** Vopel 1;62
Art der Übung: Verbale Gruppenaktivität	**Dauer:** 1 Std.
Ziel: - Prozeßanalysen: Beurteilung des Verlaufs einer Sitzung - Gefühle: Empathietraining, verbal	**Gleiche Übung auch unter Stichwort:** - Gefühle S.206

Inhalt:

Nach ca. 20 Min. einer normalen Diskussion werden die Tn gebeten, sich mittels eines Fragebogens zum bisherigen Verlauf der Sitzung zu äußern und abzuschätzen, wieviele andere Tn dieselbe Antwort geben. Der Grad der Übereinstimmung stellt ein Maß für das soziale Einfühlungsvermögen der Tn dar.

Besondere Bemerkungen:
- Unterlagen: 1 Formular "Einfühlungsvermögen" pro Tn

Name der Übung: Tagesordnung	**Quelle:** Pf&J 5;96
Art der Übung: Verbale Paaraktivität	**Dauer:** 1 Std.
Ziel: - Prozeßanalysen: Beurteilung des Verlaufs einer Sitzung	**Gleiche Übung auch unter Stichwort:**

Inhalt:

Die Tn bilden Paare und interviewen sich gegenseitig darüber, welche Probleme ihrer Ansicht nach bei der nächsten Gruppensitzung behandelt werden sollen. Die Paare erstatten nacheinander der Gruppe Bericht, welche Themen sie gewählt haben.
Der Leiter schreibt alle Problemstellungen an die Tafel und läßt von der Gruppe bewerten, welche Punkte in die Tagesordnung der nächsten Sitzung aufgenommen werden sollen.

Besondere Bemerkungen:
- Moderationsausrüstung empfehlenswert
- Unterlagen: 1 Anweisung für das gegenseitige Interview pro Tn

Name der Übung: Beurteilung des Feedbacks in der Gruppe	**Quelle:** Pf&J 1;87
Art der Übung: Verbale Einzel- und Gruppenaktivität	**Dauer:** 1 - 1,5 Std.
Ziel: - Prozeßanalysen: Beurteilung des Verlaufs einer Sitzung - Verbales Kommunikationstraining	**Gleiche Übung auch unter Stichwort:** - Verbales Kommunikationstraining S. 409

Inhalt:
Die Tn füllen einen Fragebogen bezüglich der Qualität des Feedbacks in der Gruppe aus. Das Ergebnis wird auf eine Tafel übertragen und besprochen; ggf. können Maßnahmen zur Verbesserung des Feedbacks beschlossen werden.

Besondere Bemerkungen:
- Unterlagen: 1 Fragebogen pro Tn

Name der Übung: Symbolon	**Quelle:** Vopel 2;70
Art der Übung: Verbale Kleingruppenaktivität	**Dauer:** 1,5 Std.
Ziel: - Prozeßanalysen: Beurteilung des Verlaufs einer Sitzung - Prozeßanalysen: Erwartungen der Tn	**Gleiche Übung auch unter Stichwort:** - Prozeßanalysen S. 855

Inhalt:
Die Tn bilden Kleingruppen. Aus vorgegebenem Material (siehe unten) sollen sie ein Symbol herstellen, das ihre Erwartungen (bzw. die gegenwärtige Gruppensituation oder die Bedeutung des Seminars) ausdrückt. Danach sollen die Tn mit Hilfe einer Kooperations-Checkliste die abgelaufenen Prozesse diskutieren.

Besondere Bemerkungen:
- Hilfsmittel: 6 Bögen Karton, Scheren, Klebstoff und Lineale pro Kleingruppe
- Unterlagen: 1 Kooperations-Checkliste pro Tn

Name der Übung: Prozeßanalyse	**Quelle:** Antons 201
Art der Übung: Verbale Gruppenaktivität	**Dauer:** 10 - 15 Min. nach jeder Sitzung
Ziel: - Prozeßanalysen: Beurteilung des Verlaufs einer Sitzung	**Gleiche Übung auch unter Stichwort:**

Inhalt:
Am Ende jeder Sitzung füllen die Tn einen Fragebogen zur Prozeßanalyse aus; die Antworten werden ausgewertet und gemeinsam besprochen.

Besondere Bemerkungen:
- Leiter muß mit Widerstand aus der Gruppe rechnen
- Unterlagen: 1 Fragebogen pro Tn

Name der Übung: Gruppensitzungsportraits	**Quelle:** Pf&J 1;114
Art der Übung: (Non)verbale Einzelaktivität	**Dauer:** 15 Min. am Ende jeder Sitzung
Ziel: - Prozeßanalysen: Beurteilung des Verlaufs einer Sitzung	**Gleiche Übung auch unter Stichwort:**

Inhalt:
Jeder Tn gliedert seinen Papierbogen in soviele Abschnitte, wie Sitzungen gehalten werden. Nach jeder Sitzung bringen die Tn auf einem Abschnitt ihres Bogens ihre persönliche Meinung über die Sitzung zeichnerisch zum Ausdruck.

Besondere Bemerkungen:
- Moderationsausrüstung empfehlenswert

Name der Übung: Persönliches Kurstagebuch	**Quelle:** Pf&J <u>2</u>;88
Art der Übung: Verbale Einzelaktivität	**Dauer:** 15 Min. pro Eintragung
Ziel: - Prozeßanalysen: Beurteilung des Verlaufs einer Sitzung	**Gleiche Übung auch unter Stichwort:**

Inhalt:
Die Tn können freiwillig ein persönliches Kurstagebuch führen. Die Seiten des Tagebuchs sind in 2 Spalten unterteilt:
Auf der linken Spalte soll ein objektives Referat der Ereignisse stehen, auf der rechten Seite die persönlichen Reaktionen und Gefühle auf die Ereignisse. Der Leiter plant im Ablauf jeweils kurze Pausen zum Schreiben ein.

Besondere Bemerkungen:
- Hilfsmittel: 1 Notizbuch pro Tn

Name der Übung: Journal	**Quelle:** Vopel 2;79
Art der Übung: Verbale Einzelaktivität	**Dauer:** 15 Min. pro Checkliste und 10 Min. Kommentierung
Ziel: - Prozeßanalysen: Beurteilung des Verlaufs einer Sitzung	**Gleiche Übung auch unter Stichwort:**

Inhalt:
Die Tn sollen ein Tagebuch führen, indem sie am Ende jeder Sitzung eine Checkliste ausfüllen. Der Leiter sammelt jeweils die Checklisten ein, kommentiert bis zur nächsten Sitzung die Äußerungen der Tn und händigt zu Beginn der neuen Sitzung jedem Tn eine Fotokopie seiner Checkliste aus.

Besondere Bemerkungen:
- Hilfsmittel: Ringordner, Fotokopiergerät
- Unterlagen: 1 Checkliste pro Sitzung und Tn
- Leiter muß mit Widerstand aus der Gruppe rechnen

Name der Übung: Blitzlicht Blitzlicht Blitzlicht	**Quelle:** Vopel 2;30 Workbook 4.7.2 Gudjons 160
Art der Übung: Verbale Gruppenaktivität	**Dauer:** 5 - 15 Min.
Ziel: - Prozeßanalysen: Analyse der emotionalen Befindlichkeit der Tn	**Gleiche Übung auch unter Stichwort:**

Inhalt:
Alle Gruppenmitglieder sagen, möglichst nur mit einem Satz, was sie gerade fühlen, denken, wollen usf.
Anschließend wird über die Statements gesprochen.

Besondere Bemerkungen:

Name der Übung: Selbstentfaltungsreihe	**Quelle:** Vopel 5;34
Art der Übung: (Non)verbale Gruppenaktivität	**Dauer:** 15 - 30 Min.
Ziel: - Prozeßanalysen: Analyse der emotionalen Befindlichkeit der Tn	**Gleiche Übung auch unter Stichwort:**

Inhalt:
Die Tn sollen sich nach dem Kriterium: "Wie gut konnte ich mich bisher entfalten?" im Raum plazieren. Jeder teilt dann von seinem Platz aus mit, was er empfindet.

Besondere Bemerkungen:

Name der Übung:	Quelle:
Selbstsicherheit prüfen	Gudjons 134

Art der Übung:	Dauer:
verbale Gruppenaktivität	40 Minuten

Ziel:	Gleiche Übung auch unter Stichwort:
- Prozeßanalysen: Analyse der emotionalen Befindlichkeit der Tn	

Inhalt:
Die Tn stellen ihre Stühle in eine Reihe, die Plätze werden durchnumeriert, wobei die Nummer 1 die größte Selbstsicherheit im alltäglichen Auftreten bedeutet, der letzte Platz die allergrößte Selbstunsicherheit. Jeder Tn soll sich nun bei ehrlicher Einschätzung einen Platz suchen.
Bei der 2. Runde lautet die Frage: Wie selbstsicher bewege ich mich hier in dieser Gruppe? Gleiche Platzbeanspruchung mehrerer Tn soll akzeptiert und anschließend diskutiert werden.

Besondere Bemerkungen:
Benötigt werden ausreichend Stühle und Nummernschilder.
Die Übung eignet sich auch als Feedback-Übung.

Name der Übung: Gefühlsbarometer	**Quelle:** Gudjons 159
Art der Übung: Verbale Einzel- und Gruppenaktivität	**Dauer:** 5 - 30 Min.
Ziel: - Prozeßanalyse: Analyse der emotionalen Befindlichkeit der Tn	**Gleiche Übung auch unter Stichwort:**

Inhalt:
Jeder Tn trägt auf einen 50 cm langen und 15 cm breiten Pappstreifen eine Skala von 1 bis 5 auf, wobei 1 bedeutet: "Ich fühle mich sehr wohl und bin ganz dabei" und 5 "Ich fühle mich jetzt äußerst unwohl und kann nicht mehr folgen". Aus rotem Karton wird ein "Zeiger" hergestellt, der auf der Skala hin- und hergeschoben werden kann. Während der normalen Gruppenarbeit zeigt jeder Tn an, wo er sich gefühlsmäßig befindet, wenn jemand ins negative Extrem rutscht, wird er aufgefordert, zu berichten, was ihn stört.

Besondere Bemerkungen:

Name der Übung: Abstand nehmen Motorinspektion Motorinspektion Gruppenengagement	**Quelle:** Workbook 4.7.3 und 4.8.5 Vopel 1;36 Gudjons 161 Vo/Ki 71
Art der Übung: (Non)verbale Gruppenaktivität	**Dauer:** 10 Min.
Ziel: - Prozeßanalysen: Analyse der emotionalen Befindlichkeit der Tn	**Gleiche Übung auch unter Stichwort:**

Inhalt:
Der Leiter erklärt einen Gegenstand in der Mitte des Seminarraums zum Symbol des gerade behandelten Themas. Jeder Tn nimmt nun soviel körperliche Distanz zum Symbol/Thema ein, wie er im Moment empfindet und begründet seinen Abstand.

Besondere Bemerkungen:
- Hilfsmittel: beliebiger Gegenstand (Tisch, Stuhl)

Name der Übung: Gruppenszene	**Quelle:** Vopel 3;37
Art der Übung: (Non)verbale Gruppenaktivität	**Dauer:** 30 Min.
Ziel: - Prozeßanalysen: Analyse der emotionalen Befindlichkeit der Tn	**Gleiche Übung auch unter Stichwort:**

Inhalt:
Die Tn sollen schweigend die Körperposition einnehmen, die ausdrückt, wie sie sich jetzt in der Gruppe fühlen.
Anschließend soll sich jeder aus seiner Haltung dazu äußern.

Besondere Bemerkungen:

Name der Übung: Wandern und Begegnen	**Quelle:** Gudjons 124
Art der Übung: Nonverbale Gruppenaktivität	**Dauer:** 45 Min.
Ziel: - Prozeßanalyse: Analyse der emotionalen Befindlichkeit der Tn - Gefühle: Entwicklung von Offenheit und Vertrauen	**Gleiche Übung auch unter Stichwort:** -Gefühle S. 257

Inhalt:
Jeder sucht sich einen Platz im Raum, an dem er sich wohlfühlt. Wenn er will, kann er auf einen anderen Tn zugehen und irgendetwas mit ihm tun, was seiner momentanen Empfindung entspricht: ihm etwas schenken, etwas wegnehmen, Zuneigung ausdrücken, mit ihm kämpfen usw. Zum Schluß setzt sich jeder wieder an seinen Platz und reflektiert das Geschehene.

Besondere Bemerkungen:

Name der Übung: Apfelkiste	**Quelle:** Vopel 1;64
Art der Übung: Phantasiespiel	**Dauer:** 10 - 30 Min.
Ziel: - Prozeßanalysen: Analyse der emotionalen Befindlichkeit der Tn	**Gleiche Übung auch unter Stichwort:**

Inhalt:

Der Leiter erklärt der Gruppe, daß sie in Äpfel verwandelt seien und in einer Kiste liegen würden. Jeder Tn soll sich nun vorstellen, wo er in der Kiste liegt, wie seine Umgebung aussieht usf. Danach berichten die Tn von ihren Phantasien.

Besondere Bemerkungen:

Name der Übung: Tieridentifikation	**Quelle:** Vo/Ki 161
Art der Übung: Verbale Einzel- und Gruppenaktivität	**Dauer:** 30 - 45 Min.
Ziel: - Prozeßanalysen: Analyse der emotionalen Befindlichkeit der Tn - Eröffnungsphase: verbale Anwärmübung	**Gleiche Übung auch unter Stichwort:** - Eröffnungsphase S. 752

Inhalt:
Jeder Tn identifiziert sich mit einem Tier, das seiner augenblicklichen Stimmungslage entspricht, malt dieses Tier auf einen Bogen Papier und heftet es an die Brust. Dann sucht er sich im Raum einen Partner, erklärt ihm, warum er gerade ihn gewählt hat und stellt sich ihm anhand seiner Zeichnung vor.

Besondere Bemerkungen:
- Hilfsmittel: 2 Sicherheitsnadeln pro Tn

Name der Übung: Masken verteilen	**Quelle:** Ki/MSch 133
Art der Übung: Verbale Einzelaktivität	**Dauer:** 1 Std.
Ziel: - Prozeßanalysen: Analyse der emotionalen Befindlichkeit der Tn	**Gleiche Übung auch unter Stichwort:**

Inhalt:

Jeder Tn zeichnet zuerst seine eigene Maske, die ausdrücken soll, wie er sich "hier und jetzt" fühlt. Anschließend sucht er zwei oder drei andere Tn aus, deren Masken er ebenfalls zeichnet. Dann stellt jeder der Gruppe seine Masken vor und erklärt ihre Bedeutung.

Besondere Bemerkungen:

Name der Übung: Gruppenbild malen	**Quelle:** Workbook 4.7.1
Art der Übung: (Non)verbale Einzel- und Gruppenaktivität	**Dauer:** 30 - 45 Min.
Ziel: - Prozeßanalysen: Analyse der emotionalen Befindlichkeit der Tn	**Gleiche Übung auch unter Stichwort:**

Inhalt:

Alle Tn beginnen gleichzeitig, auf einem Packpapier ein Bild ihrer Wahl zu malen, ohne miteinander zu sprechen. Danach wird das Bild aufgehängt und jedem Tn die Möglichkeit gegeben, über sein bzw. das ganze Bild zu sprechen.

Besondere Bemerkungen:

- Moderationsausrüstung empfehlenswert

Name der Übung: Beziehungen im Bild	**Quelle:** Gudjons 127
Art der Übung: (Non)verbale Kleingruppenaktivität	**Dauer:** 1 Std.
Ziel: - Prozeßanalyse: Analyse der emotionalen Befindlichkeit der Tn	**Gleiche Übung auch unter Stichwort:**

Inhalt:
Jede Vierergruppe erhält ein großes Plakat, und jeder beginnt in einer Ecke ein Bild zu zeichnen, das seiner augenblicklichen Gefühlslage entspricht. Allmählich gehen die Zeichnungen ineinander über, und die Tn können sich auch gegenseitig ihre Bilder ergänzen. Wenn die Vierergruppe über ihr Bild diskutiert hat, legt sie es einer anderen Vierergruppe vor, die ihre Eindrücke dazu äußert. Die Kleingruppe, die das Bild gemalt hat, kommentiert diese Äußerungen. Auf die gleiche Weise wird mit dem Bild der anderen Vierergruppe verfahren.

Besondere Bemerkungen:
- Hilfsmittel: große Papierbogen und Filzschreiber

Name der Übung: Analyse der individuellen Fähigkeiten und Verhaltensweisen in Gruppen	**Quelle:** Antons 209
Art der Übung: Verbale Einzelaktivität	**Dauer:** 10 - 15 Min.
Ziel: - Prozeßanalysen: Analyse der emotionalen Befindlichkeit der Tn	**Gleiche Übung auch unter Stichwort:**

Inhalt:
Aus einem Fragenkatalog wählt der Leiter einige den Zielen der Sitzung angepaßte Fragen aus und läßt sie von der Gruppe individuell beantworten.

Besondere Bemerkungen:
- Unterlagen: 1 Fragebogen pro Tn

Name der Übung: Heißer Stuhl für den Leiter	**Quelle:** Vo/Ki 210
Art der Übung: Verbale Gruppenaktivität	**Dauer:** 30 Min.
Ziel: - Prozeßanalysen: Feedback an den Leiter über seine Beziehungen zu den Tn	**Gleiche Übung auch unter Stichwort:**

Inhalt:
Der Leiter bittet die Tn, sich nacheinander vor ihn hinzustellen und ihm zu sagen, welche seiner Verhaltensweisen positive und welche negative emotionale Reaktionen bei ihnen ausgelöst haben.

Besondere Bemerkungen:

Name der Übung: Big Boss	**Quelle:** Vopel 3;71
Art der Übung: Verbale Gruppenaktivität	**Dauer:** 1 Std.
Ziel: - Prozeßanalysen: Feedback an den Leiter über seine Beziehungen zu den Tn - Konflikttraining: Umgang mit Autorität	**Gleiche Übung auch unter Stichwort:** - Konflikttraining S. 310

Inhalt:
Der Leiter erstellt einen Katalog seiner fachlichen und menschlichen Stärken und Schwächen. Parallel dazu schreiben die Tn die von ihnen wahrgenommenen Stärken und Schwächen des Leiters auf.
Gruppe und Leiter besprechen gemeinsam ihre Aussagen.

Besondere Bemerkungen:

Name der Übung: Frag' den Leiter was! Leiterinterview Leiter befragen	**Quelle:** Vopel 2;65 Vo/Ki 209 Gudjons 205
Art der Übung: Verbale Gruppenaktivität	**Dauer:** 30 - 45 Min.
Ziel: - Prozeßanalysen: Feedback an den Leiter über seine Beziehungen zu den Tn	**Gleiche Übung auch unter Stichwort:**

Inhalt:
Jeder Tn schreibt eine Frage an den Leiter auf. Erst versucht er, diese Frage in seiner Phantasie zu beantworten; anschließend kann jeder seine Frage laut stellen, und der Leiter beantwortet sie so gut er kann.

Besondere Bemerkungen:

Name der Übung: Lehrer verzaubern	**Quelle:** Gudjons 206
Art der Übung: Verbale Einzel- und Gruppenaktivität	**Dauer:** 1 - 1,5 Std.
Ziel: - Prozeßanalyse: Feedback an den Leiter über seine Beziehungen zu den Tn	**Gleiche Übung auch unter Stichwort:**

Inhalt:
Die Tn sollen auf ein großes Blatt Papier das Tier malen, in das sie den Leiter am liebsten verzaubern wollen.

Besondere Bemerkungen:

Name der Übung: Raten des Gruppenleiterverhaltens Raten des Gruppenleiterverhaltens	**Quelle:** Vopel 3;70 Workbook 4.9.1
Art der Übung: Verbale Gruppenaktivität	**Dauer:** 1 Std.
Ziel: - Prozeßanalysen: Feedback an den Leiter über seine Beziehungen zu den Tn - Konflikttraining: Umgang mit Autorität	**Gleiche Übung auch unter Stichwort:** - Konflikttraining S. 309

Inhalt:
Der Leiter schildert drei Situationen aus seinem Leben. Nach jeder Situationsschilderung läßt er die Tn Vermutungen darüber niederschreiben, wie er sich wohl verhalten habe. Anschließend werden Verhalten des Leiters und Annahmen der Tn verglichen.

Besondere Bemerkungen:

Name der Übung: Mitteilung von Störungen	**Quelle:** Vopel 1;23
Art der Übung: Verbale Gruppenaktivität	**Dauer:** 45 - 60 Min.

Ziel:
- Kriseninterventionen:
  Aktivierung bei Müdigkeit und Unlust
 	
- Verbales Kommunikationstraining:
  Aufstellen von Kommunikationsregeln
	Gleiche Übung auch unter Stichwort:
	
	- Verbale Kommunikation S.385

Inhalt:
Die Tn sollen, wenn sie abgelenkt, gelangweilt oder ärgerlich sind, das Gruppengespräch unterbrechen und diese Störungen der Gruppe mitteilen. Vor Beginn der Aktivität erklärt der Leiter die Bedeutung des Satzes: "Störungen haben Vorrang"; dann bereitet er die Aktivität durch eine kleine Phantasiereise vor.

Besondere Bemerkungen:

Name der Übung: Beschweren und Rühmen	**Quelle:** Vopel 4;44
Art der Übung: Verbale Gruppenaktivität	**Dauer:** 30 Min.
Ziel: - Kriseninterventionen: Aktivierung bei Müdigkeit und Unlust - Eröffnungsphase: Einführung ins "Hier und Jetzt"	**Gleiche Übung auch unter Stichwort:** - Eröffnungsphase S. 791

Inhalt:
In einer ersten Phase beschreiben die Tn unangenehme Ereignisse, die sie im Augenblick belasten und äußern ihre Gefühle, die sie gerade empfinden. In der zweiten Runde hat jeder Gelegenheit, sich zu rühmen, indem er etwas erzählt, was er heute als erfreulich erlebt hat.

Besondere Bemerkungen:
- Leiter muß mit Widerstand aus der Gruppe rechnen

Name der Übung: Redner und Schweiger Redner und Schweiger	**Quelle:** Vopel 1;38 Vo/Ki 176
Art der Übung: Verbale Gruppenaktivität	**Dauer:** 30 Min.
Ziel: - Kriseninterventionen: Aktivierung bei Müdigkeit und Unlust	**Gleiche Übung auch unter Stichwort:**

Inhalt:
Die Tn geben einander Feedback darüber, von welchen Gruppenmitgliedern sie möchten, daß sie mehr bzw. weniger reden und was dies für sie bedeutet.

Besondere Bemerkungen:

Name der Übung: Wünsche anmelden	**Quelle:** Vopel 4;56
Art der Übung: Verbale Gruppenaktivität	**Dauer:** 1 - 2 Std.
Ziel: - Krisenintervention: Aktivierung bei Müdigkeit und Unlust - Gefühle: Training der verbalen Ausdrucksfähigkeit von Gefühlen	**Gleiche Übung auch unter Stichwort:** - Gefühle S.181

Inhalt:

Jeder Tn hat zwei Wünsche offen, die konkret und von der Gruppe erfüllbar sein müssen; nicht wünschbar sind Gefühle anderer Tn. Nachdem jeder seine Wünsche geäußert und die Gruppe sie erfüllt hat, findet eine Zwischenbesprechung statt; im Anschluß daran können die Tn auch "zensierte" Wünsche aussprechen.

Besondere Bemerkungen:

- Leiter muß mit Widerstand aus der Gruppe rechnen

Name der Übung: Die Mümmels	**Quelle:** Gudjons 135
Art der Übung: Verbale Gruppenaktivität	**Dauer:** 15 Min.
Ziel: - Krisenintervention: Aktivierung bei Müdigkeit und Unlust - Eröffnungsphase: Verbale Anwärmübung	**Gleiche Übung auch unter Stichwort:** -Eröffnungsphase S.741

Inhalt:
Der Leiter gibt jedem Tn einen Zettel, auf dem ein Familienname steht. Die Namen lauten: Mümmel, Mimmel, Mömmel, Nümmel, Nimmel, Memmel etc. Die Tn bewegen sich durcheinander im Raum und auf ein Zeichen des Leiters beginnt jeder, seinen Familiennamen zu rufen und die übrigen Angehörigen zu finden. Die Familie, die zuerst vollständig auf dem Boden sitzt, hat gewonnen.

Besondere Bemerkungen:
- Hilfsmittel: Namenskärtchen oder - zettel

Name der Übung: Viva la depresiôn	**Quelle:** Vopel 4;48
Art der Übung: Verbale Gruppenaktivität	**Dauer:** 2 Std.
Ziel: - Kriseninterventionen: Aktivierung bei Müdigkeit und Unlust	**Gleiche Übung auch unter Stichwort:**

Inhalt:
Die Gruppe teilt sich in Optimisten und Pessimisten. Jede Kleingruppe soll ihre Einstellung auf irgendeine dichterische Weise verarbeiten, wobei die Gruppen ihre augenblicklichen Gefühle ruhig etwas übertreiben können.

Besondere Bemerkungen:
- Raum: zwei Räume erforderlich

Name der Übung: Phantasie-Duell	**Quelle:** Gudjons 207
Art der Übung: Phantasiespiel	**Dauer:** 30 Min.
Ziel: - Krisenintervention: Aktivierung bei Müdigkeit und Unlust	**Gleiche Übung auch unter Stichwort:**

Inhalt:
Der Leiter kündigt an, daß sich nach 2 Minuten ein Freiwilliger melden soll. Dann sollen die Tn die Augen schließen und sich vorstellen, daß in ihrem Kopf zwei Gestalten seien, die sich darum streiten, ob der Tn sich freiwillig melden soll oder nicht.

Besondere Bemerkungen:

Name der Übung: Seminar-Kritik	**Quelle:** Vopel 3;55
Art der Übung: Verbale Gruppenaktivität	**Dauer:** 1,5 - 2 Std.
Ziel: - Kriseninterventionen: Aktivierung bei Müdigkeit und Unlust - Prozeßanalysen: Beurteilung des Verlaufs der Sitzung	**Gleiche Übung auch unter Stichwort:** - Prozeßanalysen S. 866

Inhalt:
Die Gruppe wird in zwei Kleingruppen, A und B, aufgeteilt. Gruppe A diskutiert darüber, was der Kurs bisher gebracht hat, bzw. nicht gebracht hat, während Gruppe B anhand eines Schemas die Aktivität der Gruppe A beobachtet.
Im Anschluß daran berichtet die Gruppe B, was sie beobachtet hat; dann wechsen die Kleingruppen ihre Rollen.

Besondere Bemerkungen:
- Unterlagen: 1 Beobachtungsbogen pro Tn

Name der Übung: Was mich blockiert	**Quelle:** Vopel 6;30
Art der Übung: Verbale Paaraktivität	**Dauer:** 15 - 30 Min.
Ziel: - Kriseninterventionen: Aktivierung bei Müdigkeit und Unlust	**Gleiche Übung auch unter Stichwort:**

Inhalt:
Jeder Tn wählt sich einen Partner, den er immer wieder fragt:
"Wie blockierst Du Dich in dieser Gruppe?"
und der darauf mit einem einzigen Satz antwortet.
Nach 3 Min. werden die Rollen gewechselt und anschließend Gefühle und Aussagen besprochen.

Besondere Bemerkungen:

Name der Übung: Verknotete Schlange	**Quelle:** Gudjons 136
Art der Übung: Nonverbale Gruppenaktivität	**Dauer:** 15 Min.
Ziel: - Krisenintervention: Aktivierung bei Müdigkeit und Unlust - Eröffnungsphase: Nonverbale Anwärmübung	**Gleiche Übung auch unter Stichwort:** -Eröffnungsphase S. 742

Inhalt:

Die Tn nehmen sich bei den Händen und bilden eine Schlange, an der Spitze der Leiter. Er schlängelt sich zwischen den anderen Tn hindurch, steigt über Hände, kriecht auf dem Boden, krabbelt zwischen Beinen durch, die Gruppe folgt ihm. Zum Schluß faßt er den Schwanz der Schlange, so daß ein Knäuel entsteht. Die Gruppe muß das Knäuel entwirren, ohne die Hände loszulassen.

Besondere Bemerkungen:

Name der Übung: Künstlernamen	**Quelle:** Gudjons 62
Art der Übung: (Non)verbale Gruppenaktivität	**Dauer:** 45 - 60 Min.
Ziel: - Krisenintervention: Aktivierung bei Müdigkeit und Unlust - Gefühle: (Non)verbale Empathietraining	**Gleiche Übung auch unter Stichwort:** - Gefühle S. 234

Inhalt:
Der Leiter heftet jedem Tn einen Streifen auf den Rücken, auf dem der Name einer bekannten oder fiktiven Persönlichkeit steht (Prinzessin Diana, Onkel Dagobert usw.). Der erste Freiwillige tritt vor und versucht, aus dem nonverbalen Verhalten der anderen seinen "Künstlernamen" herauszufinden.

Besondere Bemerkungen:
- Variante: die Übung kann auch verbal gespielt werden

Name der Übung: Mit dem Rücken hochheben	**Quelle:** Pf&J 2;144
Art der Übung: Nonverbale Paaraktivität	**Dauer:** 10 Min.
Ziel: - Kriseninterventionen: Aktivierung bei Müdigkeit und Unlust	**Gleiche Übung auch unter Stichwort:**

Inhalt:
Die Partner setzen sich Rücken an Rücken, haken ihre Arme ineinander und versuchen, sich gegenseitig hochzustemmen.

Besondere Bemerkungen:

Name der Übung: Jahreszeiten	**Quelle:** Vopel 5;41
Art der Übung: Phantasiespiel	**Dauer:** 30 Min.
Ziel: - Kriseninterventionen: Aktivierung bei Müdigkeit und Unlust	**Gleiche Übung auch unter Stichwort:**

Inhalt:
Die Tn erleben sich in einer Phantasie als Bäume, die einmal in einem normalen und einmal in einem verkehrten Lebenszyklus durch die Jahreszeiten gehen.

Besondere Bemerkungen:
- Leiter muß mit Widerstand aus der Gruppe rechnen

Name der Übung: Du bist Du	**Quelle:** Vopel 2;31
Art der Übung: Verbale Gruppenaktivität	**Dauer:** 10 - 20 Min.
Ziel: - Kriseninterventionen: Aktivierung bei Müdigkeit und Unlust	**Gleiche Übung auch unter Stichwort:**

Inhalt:
Die Tn sagen einander stereotyp den Satz:
"Du bist ... (Name) und nicht ... (Name eines anderen Tn)".
Mit der Zeit können sie versuchen, sich von der Formel zu lösen und ihre Gedanken "freihändig" zu äußern.

Besondere Bemerkungen:
- Leiter muß mit Widerstand aus der Gruppe rechnen

Name der Übung: Härte zehn	**Quelle:** Vopel 5;66
Art der Übung: Phantasiereise	**Dauer:** 15 - 30 Min.
Ziel: - Krisenintervention: Aktivierung bei Müdigkeit und Unlust	**Gleiche Übung auch unter Stichwort:**

Inhalt:
Die Tn begeben sich auf eine Phantasiereise und erleben, daß sie aufgrund ihrer diamantenen Härte alles durchdringen können.

Besondere Bemerkungen:
- Leiter muß mit Widerstand aus der Gruppe rechnen

Name der Übung: Autorennen	**Quelle:** Vopel 2;60
Art der Übung: Phantasiespiel	**Dauer:** 1 Std.
Ziel: - Kriseninterventionen: Aktivierung bei Müdigkeit und Unlust	**Gleiche Übung auch unter Stichwort:**

Inhalt:

Die Tn erleben in ihrer Phantasie ein Autorennen, das die Gruppenmitglieder untereinander austragen. Sie sollen besonders darauf achten, wen sie überholen und von wem sie überholt werden.

Besondere Bemerkungen:
- Leiter muß mit Widerstand aus der Gruppe rechnen

Name der Übung: Indianisches Armringen	**Quelle:** Vopel 6;63
Art der Übung: Keine allgemeine Übung; nur anzuwenden, wenn zwei Tn wütend aufeinander sind.	**Dauer:** 15 Min.
Ziel: - Krisenintervention: Konflikte unter den Tn	**Gleiche Übung auch unter Stichwort:**

Inhalt:
Wenn der Leiter den Eindruck hat, daß ein Gruppenmitglied wütend auf ein anderes ist, fordert er die beiden auf, sich auf den Boden zu legen und ihre Ellbogen aufzustellen, sodaß sie gegenseitig ihre Hände ineinander verhaken können. Auf ein Signal hin versuchen beide, den Arm des Gegners nach unten zu drücken.

Besondere Bemerkungen:
- Raum: Teppichboden oder Matte
- Leiter muß mit Widerstand aus der Gruppe rechnen

Name der Übung: Schieben	**Quelle:** Vopel 2;62
Art der Übung: Nonverbale Paaraktivität	**Dauer:** 10 Min.
Ziel: - Kriseninterventionen: Konflikte unter den Tn	**Gleiche Übung auch unter Stichwort:**

Inhalt:
Jeder Tn wählt als Partner das Gruppenmitglied, das ihn in der letzten Stunde am meisten "genervt" hat. Dann verhaken die Partner in Brusthöhe ihre Hände ineinander und versuchen, sich gegenseitig wegzuschieben.

Besondere Bemerkungen:

Name der Übung: Grenzkonflikt	**Quelle:** Workbook 4.9.3
Art der Übung: (Non)verbale Gruppenaktivität	**Dauer:** 15 - 30 Min. pro Paar
Ziel: - Kriseninterventionen: Konflikte unter den Tn	**Gleiche Übung auch unter Stichwort:**

Inhalt:
Ein Papierbogen wird in der Mitte durch einen Strich unterteilt. Zwei Tn, die Schwierigkeiten miteinander haben, erhalten die Aufgabe, auf dem Papierbogen ein Bild zu malen, ohne dabei zu sprechen. Während der Übung verständigen sich die beiden nonverbal darüber, ob sie den Mittelstrich als Grenze respektieren oder ignorieren wollen. Anschließend besprechen sie ihre Erfahrungen.

Besondere Bemerkungen:
- Leiter muß mit Widerstand aus der Gruppe rechnen

Name der Übung: Unbeliebte Person	**Quelle:** Vopel 6;38
Art der Übung: Verbale Gruppenaktivität	**Dauer:** 15 - 30 Min.
Ziel: - Kriseninterventionen: Konflikte unter den Tn	**Gleiche Übung auch unter Stichwort:**

Inhalt:
Nach einer vorbereitenden Entspannungsübung veranstalten alle Tn zusammen eine "Party der Schwierigen", indem jeder das Verhalten eines Mitglieds, das ihm auf die Nerven geht, kopiert oder übertreibt.

Besondere Bemerkungen:
- Leiter muß mit Widerstand aus der Gruppe rechnen

Name der Übung: JA - NEIN JA - NEIN	**Quelle:** Vopel 1;41 Vo/Ki 82
Art der Übung: Nonverbale Paaraktivität	**Dauer:** 20 Min.
Ziel: - Kriseninterventionen: Konflikte unter den Tn	**Gleiche Übung auch unter Stichwort:**

Inhalt:
Jeder Tn sucht sich dasjenige Gruppenmitglied als Partner aus, mit dem er im Augenblick am meisten Differenzen hat. Einer der Partner sagt nun immer wieder "Ja", während der andere immer nur "Nein" darauf antwortet. Die Paare beginnen in normalem Ton, steigern sich bis zum Anschreien und wechseln dann die Rollen.

Besondere Bemerkungen:
- Leiter muß mit Widerstand aus der Gruppe rechnen

Name der Übung: Improving one-to-one relationships	**Quelle:** Woodcock 161
Art der Übung: Verbale Paaraktivität	**Dauer:** 1,5 Std.
Ziel: - Kriseninterventionen: Konflikte unter den Tn	**Gleiche Übung auch unter Stichwort:**

Inhalt:

Je zwei Tn, die sich nicht besonders gut verstehen, werden gebeten, Punkte zu sammeln, die in ihrer Zusammenarbeit gut bzw. schlecht gelaufen sind und darüberhinaus eine Liste mit den Punkten zu erstellen, die der andere vermutlich ansprechen wird. Dann tauschen die beiden ihre Listen aus und überlegen sich, wie sie ihre Beziehungen verbessern können.

Besondere Bemerkungen:

Name der Übung: Paar-Interview	**Quelle:** Ki/MSch 130
Art der Übung: Verbale Paaraktivität	**Dauer:** 15 - 30 Min.
Ziel: - Kriseninterventionen: Konflikte unter den Tn	**Gleiche Übung auch unter Stichwort:**

Inhalt:

Jeder Tn sucht sich einen Partner, mit dem er Meinungsverschiedenheiten hat und fragt ihn nach seinen Gefühlen gegenüber ihm und anderen Gruppenmitgliedern und gibt ihm Feedback über sein Verhalten.

Besondere Bemerkungen:

Name der Übung: Milde Konfrontation	**Quelle:** Pf&J 4;40
Art der Übung: Verbale Paaraktivität	**Dauer:** 1,5 Std.

Ziel:
- Kriseninterventionen:
  Konflikte unter den Tn
 	
- Verbale Feedbacktechnik:
  negatives Feedback
	Gleiche Übung auch unter Stichwort:
	
	- Feedback S. 485

Inhalt:
Jedes Gruppenmitglied sucht sich die Person heraus, über die es sich am meisten wundert und gibt ihm Feedback in der Form:
"Das Gruppenmitglied, über das ich mich am meisten wundere, ist ...
Das Verhalten, worüber ich mich wundere, ist ..."
Der angesprochene Tn kann darauf reagieren, indem er sein Verhalten zu erklären versucht, oder er kann schweigen. Zu jedem Feedback können die übrigen Mitglieder Stellung nehmen.

Besondere Bemerkungen:
- Leiter muß mit Widerstand aus der Gruppe rechnen

Name der Übung: Schönes langes Leben Ritual für Feedback	**Quelle:** Vopel 3;59 Gudjons 154
Art der Übung: Verbale Gruppenaktivität	**Dauer:** 30 Min.

Ziel:
- Krisenintervention:
  Konflikte unter den Tn
 	
- Verbale Feedbacktechnik:
  negatives Feedback
	Gleiche Übung auch unter Stichwort:
	
	- Verbales Feedback S. 483

Inhalt:
Die Tn geben sich in folgender Form Feedback:
A sagt: "Ich wünsche Dir ein schönes langes Leben, aber ich ärgere mich über die Art, wie Du ..."
Darauf B: "Vielen Dank, daß Du mir das sagst, ich will darüber nachdenken. Und ich bin nicht auf der Welt, um so zu sein, wie Du mich haben willst".
Dann sucht sich B einen Partner aus dem Tn-Kreis und wiederholt mit diesem die Aktivität.

Besondere Bemerkungen:

Name der Übung: Tauziehen ohne Tau	**Quelle:** Gudjons 200
Art der Übung: Phantasiespiel	**Dauer:** 30 Min.
Ziel: - Krisenintervention bei Konflikten unter den Tn - Konflikttraining: Umgang mit Rivalität	**Gleiche Übung auch unter Stichwort:** -Konflikttraining S. 328

Inhalt:
Die Tn schließen die Augen und stellen sich vor, daß die Kontrahenten sich mit einem dicken Tau gegenüberstehen und nach Leibeskräften ziehen. Es geht hin und her, andere werden zu Hilfe gerufen, wieder andere steigen aus usw.

Besondere Bemerkungen:

Name der Übung: Pro- und Contra-Spiel	**Quelle:** Workbook 3.2.12 und 4.9.2
Art der Übung: Verbale Gruppenaktivität	**Dauer:** 30 - 45 Min.

Ziel:
- Kriseninterventionen:
  Konflikte unter den Tn
 	
- Förderung der Kooperationsfähigkeit zwischen
  Individuen innerhalb einer Arbeitsgruppe
	Gleiche Übung auch unter Stichwort:
	
	- Förderung der Kooperations-
	  fähigkeit S.646

Inhalt:
Wenn in einer Gruppe zwei Meinungen scharf gegenüberstehen, melden sich zu jeder Meinungsseite 3 Tn, die in schneller Folge Argumente austauschen.
Nach 5 Min. tauschen die Parteien ihre Plätze und bringen die Argumente der Gegenpartei vor. Alle Tn bewerten am Ende die besten Argumente.

Besondere Bemerkungen:
- Die Argumente müssen aufgezeichnet werden
- Nur reale Konflikte verwenden
- Moderationsausrüstung empfehlenswert

Name der Übung: Gruppenritual	**Quelle:** Vopel 5;35
Art der Übung: Phantasiespiel und verbale Gruppenaktivität	**Dauer:** 10 - 30 Min.
Ziel: - Kriseninterventionen: Konflikte unter den Tn	**Gleiche Übung auch unter Stichwort:**

Inhalt:
Die Tn stellen sich in ihrer Phantasie vor, welche Rituale zur Verdeckung von Konflikten in der Gruppe zelebriert werden.
Anschließend einigen sich alle Tn auf ein Ritual, das sie im Plenum spielen.

Besondere Bemerkungen:
- Leiter muß mit Widerstand aus der Gruppe rechnen

Name der Übung: Gruppenzentriertes Psychodrama	**Quelle:** Gudjons 108
Art der Übung: Verbale Gruppenaktivität	**Dauer:** 2 Std.
Ziel: - Krisenintervention: Konflikte unter den Teilnehmern - Konflikttraining: Steigerung der Rollenflexibilität	**Gleiche Übung auch unter Stichwort:** -Konflikttraining S. 353

Inhalt:
Nachdem das Problem (entweder ein individuelles oder ein gemeinsames) definiert ist, beginnt ein psychodramatisches Rollenspiel in 4 Phasen:
1. Diagnostische Phase: der Raum wird zur "Szene" umgebaut und der Hauptakteur schildert das Problem, z. B. aus der Sicht eines im Raum befindlichen Gegenstands. Dann werden die anderen Tn über ihre Rollen instruiert.
2. Psychokathartische Phase: die Konfliktsituation wird gespielt.
3. Gesprächs- und Diskussionsphase: Zuschauer oder Spieler geben dem Hauptakteur ihr Feedback.
4. Verhaltensmodifizierende Phase: unter Zuhilfenahme des Feedbacks wird die ganze Szene oder ein Teil davon nochmals gespielt und wiederum besprochen.

Besondere Bemerkungen:

Name der Übung: Hier und Dort	**Quelle:** Gudjons 162
Art der Übung: Phantasiespiel	**Dauer:** 1 Std.
Ziel: - Krisenintervention in nicht spezifizierten Situationen	**Gleiche Übung auch unter Stichwort:**

Inhalt:

Die Tn schließen die Augen und begeben sich in ihrer Phantasie an einen Ort oder in eine Situation, wo sie sich wohlfühlen. Nachdem sie einige Minuten dort verweilt sind, versuchen sie, zwischen "Dort" und "Hier" hin- und herzupendeln und sich dabei zu überlegen, was "Dort" anders ist als "Hier". In der anschließenden Auswertung äußern sich die Tn insbesondere darüber, wie sie sich eine Veränderung der Gruppensituation vorstellen.

Besondere Bemerkungen:

Name der Übung: Neigungen und Abneigungen	**Quelle:** Fr&Y 256
Art der Übung: Verbale Einzel- und Gruppenaktivität	**Dauer:** 1 Std.
Ziel: - Kriseninterventionen in nicht spezifizierten Situationen - Förderung der Kooperationsfähigkeit zwischen Individuen innerhalb einer Arbeitsgruppe	**Gleiche Übung auch unter Stichwort:** - Förderung der Kooperationsfähigkeit S. 642

Inhalt:
Jeder Tn beantwortet schriftlich, was ihm an der Gruppe gefällt und was ihm nicht gefällt. Der Leiter läßt die Tn wählen, ob sie offen ihre Aussagen und die dahinterliegenden Motive besprechen wollen, oder ob sie die anonymen Blätter als Grundlage für eine allgemeine Diskussion verwenden wollen.

Besondere Bemerkungen:
- Unterlagen: 1 Blatt "Was mir an dieser Gruppe gefällt/nicht gefällt" pro Tn

Name der Übung: Kooperationsseminar	**Quelle:** Antons 159
Art der Übung: Verbale Einzel- und Kleingruppenaktivität	**Dauer:** 2 - 3 Std.
Ziel: - Kriseninterventionen in nicht spezifizierten Situationen	**Gleiche Übung auch unter Stichwort:**

Inhalt:
Die Tn stellen sich vor, daß sie einem Seminarorganisationsteam angehören und vor dem Problem stehen, ein Seminar vor der Katastrophe zu bewahren. Sie haben einen Maßnahmenkatalog entwickelt und sollen nun diese Maßnahmen individuell und in der Kleingruppe in eine Rangfolge bringen. Die Kleingruppenentscheidung muß einstimmig sein.

Besondere Bemerkungen:
- Unterlagen: Einzel- und Gruppeninstruktionen pro Tn

Name der Übung: Vorbereitung einer informellen Sitzung	**Quelle:** Fr&Y 160
Art der Übung: Verbale Einzel-, Paar- und Gruppenaktivität	**Dauer:** 4 Std.
Ziel: - Krisenintervention in nicht spezifizierten Situationen - Förderung der Kooperationsfähigkeit zwischen Individuen innerhalb einer Arbeitsgruppe	**Gleiche Übung auch unter Stichwort:** - Förderung der Kooperationsfähigkeit S.648

Inhalt:

Jeder Tn beschreibt zwei oder drei akute Probleme in der Gruppe, der Leiter listet sie an einer Tafel auf und die Gruppe sucht gemeinsam die wichtigsten heraus. Dann taxieren die Tn die Probleme nach Komplexität und Zeitaufwand, arbeiten in Paaren Lösungsmöglichkeiten aus und erstellen zum Schluß ein gemeinsames Problemlösungsdesign.

Besondere Bemerkungen:
- Raum: separate Räume erforderlich
- Moderationsausrüstung empfehlenswert

Name der Übung: Lösung von Gruppenproblemen	**Quelle:** Pf&J 3;65
Art der Übung: Verbale Gruppenaktivität	**Dauer:** 2 Std.
Ziel: - Krisenintervention in nicht spezifizierten Situationen	**Gleiche Übung auch unter Stichwort:**

Inhalt:
Der Leiter wählt im voraus einen geeigneten Tn aus und instruiert ihn, daß er in einer laufenden Diskussion (Fishbowl-Situation) ein konkretes Gruppenproblem zur Sprache bringt (z.B. schweigende Mitglieder, dominierende Mitglieder, zu straffe Führung o.ä.). Wenn die Besprechung des Gruppenproblems beendet ist, erklärt der Leiter den Zweck der Intervention und die verabredete Strategie.

Besondere Bemerkungen:
- Leiter muß mit Widerstand aus der Gruppe rechnen
- 1 Beobachtungsschema pro Außenkreismitglied

Name der Übung: Stärken-Bombardement	**Quelle:** Gudjons 151
Art der Übung: Verbale Gruppenaktivität	**Dauer:** 30 Min.
Ziel: - Krisenintervention in nicht spezifizierten Situationen - Verbale Feedbacktechnik: positives Feedback	**Gleiche Übung auch unter Stichwort:** -Verbale Feedbacktechnik S. 452

Inhalt:
Die Gruppe gibt einem Tn viele Rückmeldungen darüber, was sie an ihm als Stärken und verborgene Potentiale sehen.

Besondere Bemerkungen:

Name der Übung: Enlivening meetings	**Quelle:** Woodcock 90
Art der Übung: Verbale Gruppenaktivität	**Dauer:** 1 - 2 Std.
Ziel: - Kriseninterventionen in nicht spezifizierten Situationen	**Gleiche Übung auch unter Stichwort:**

Inhalt:
Unter Vernachlässigung der sonstigen Formalitäten einer Sitzung fragt der Leiter die Tn, worüber sie heute reden wollen und in welcher Form die Diskussion ablaufen soll. Zum Schluß vergleichen die Tn ihre Erfahrungen aus früheren Sitzungen mit ihren aktuellen Erfahrungen.

Besondere Bemerkungen:

Name der Übung: Diagnostizierungs- und Problemlösungssitzung	**Quelle:** Pf&J 2;97
Art der Übung: Verbale Gruppenaktivität	**Dauer:** Mindestens 3 Tage
Ziel: - Kriseninterventionen in nicht spezifizierten Situationen - Förderung der Kooperationsfähigkeit zwischen Individuen innerhalb einer Arbeitsgruppe	**Gleiche Übung auch unter Stichwort:** - Förderung der Kooperationsfähigkeit S. 637

Inhalt:
Vor Beginn des Seminars interviewt der Leiter jedes Mitglied privat. Er analysiert die Ergebnisse hinsichtlich der Bedeutung für das zu bearbeitende Problem. Dann beginnt die Gruppe mit der Lösung, wobei der Leiter besonderen Wert auf Prozeßbeobachtung und Feedback legt.

Besondere Bemerkungen:
- Diese Übung stellt sehr hohe Anforderungen an das Wissen, Können und die Erfahrung des Leiters
- Unterlagen: Interview-Schemata für das vorbereitende Interview

Name der Übung: Spaß-Erfolg-Koordinate	**Quelle:** Workbook 4.2.3
Art der Übung: Verbale Einzel- und Gruppenaktivität	**Dauer:** 5 - 10 Min.
Ziel: - Schlußphase: Beurteilung des Verlaufs der Sitzung/des Trainings - Prozeßanalysen: Erwartungen der Tn	**Gleiche Übung auch unter Stichwort:** - Prozeßanalysen S. 850

Inhalt:

Der Leiter bereitet auf einer Tafel ein Koordinatensystem mit den Achsen "Spaß" und "Erfolg" vor. Jeder Tn soll nun einen Selbstklebepunkt an die Stelle im Koordinatensystem kleben, die seinen Erwartungen oder Erfahrungen entspricht.
Anschließend erfolgt eine kurze Besprechung der Punkte.

Besondere Bemerkungen:
- Moderationsausrüstung erforderlich

Name der Übung: Auswertungsbogen	**Quelle:** Antons 251
Art der Übung: Verbale Einzelaktivität	**Dauer:** 1 Std.
Ziel: - Schlußphase: Beurteilung des Verlaufs der Sitzung/des Trainings	**Gleiche Übung auch unter Stichwort:**

Inhalt:
Die Tn beantworten einen Fragebogen zu den einzelnen Bestandteilen des Kurses. Das Ergebnis wird den Tn nach dem Seminar zugeschickt.

Besondere Bemerkungen:
- Unterlagen: 1 Fragebogen pro Tn

Name der Übung: Beurteilung des Verlaufs der Sitzung	**Quelle:** Pf&J 1;87
Art der Übung: Verbale Einzel- und Gruppenaktivität	**Dauer:** 1 - 1,5 Std.
Ziel: - Schlußphase: Beurteilung des Verlaufs der Sitzung/des Trainings - Prozeßanalysen: Beurteilung des Verlaufs einer Sitzung	**Gleiche Übung auch unter Stichwort:** - Prozeßanalysen S. 865

Inhalt:
Die Tn erstellen eine Rangordnung von Aussagen über die Sitzung allgemein und über ihr eigenes Verhalten speziell. Das Ergebnis wird auf eine Tafel übertragen und besprochen; ggf. werden Maßnahmen zur Verbesserung der Effektivität der Sitzungen beschlossen.

Besondere Bemerkungen:
- Unterlagen: 1 Fragebogen pro Tn

Name der Übung: Manöverkritik	**Quelle:** Antons 249
Art der Übung: Verbale Einzel- und Gruppenaktivität	**Dauer:** 1,5 Std.
Ziel: - Schlußphase: Beurteilung des Verlaufs der Sitzung/des Trainings	**Gleiche Übung auch unter Stichwort:**

Inhalt:
Die Tn beantworten einen Fragebogen zu den einzelnen Bestandteilen des Seminars. Die Ergebnisse werden graphisch dargestellt und diskutiert.

Besondere Bemerkungen:
- Unterlagen: 1 Manöverkritik-Fragebogen pro Tn
- Hilfsmittel: Tafel zur graphischen Darstellung der Ergebnisse

Name der Übung: Wie haben wir (zusammen)gearbeitet?	**Quelle:** Gudjons 166
Art der Übung: Verbale Einzel- und Gruppenaktivität	**Dauer:** 1,5 Std.
Ziel: - Schlußphase: Beurteilung des Verlaufs der Sitzung/des Trainings	**Gleiche Übung auch unter Stichwort:**

Inhalt:
Jeder Tn erhält ein Fragenblatt und ordnet den Fragen einen oder mehrere Namen zu. Die Fragen:
a) Wer hat überwiegend nur an sich selbst gedacht?
 - indem er andere unterbrochen hat
 - indem er lange Reden gehalten hat usw.
b) Wer ist auf die anderen Tn eingegangen?
 - indem er andere aufgefordert und angeregt hat usw.
c) Wer hat sich um die Aufgabe bemüht?
 - indem er Arbeits- und Lösungsvorschläge gemacht hat usw.

Besondere Bemerkungen:
- Leiter muß mit Widerstand aus der Gruppe rechnen

Name der Übung: Tagesschau	**Quelle:** Gudjons 163
Art der Übung: Verbale Gruppenaktivität	**Dauer:** 1 Std.
Ziel: - Schlußphase: Beurteilung des Verlaufs der Sitzung/des Trainings	**Gleiche Übung auch unter Stichwort:**

Inhalt:
Ein oder mehrere Tn bereiten zum Ende einer Sitzung oder eines Seminars eine kurze Übersicht der relevanten Vorgänge und Ergebnisse vor. Diese werden von einem "Sprecher" vorgetragen; daneben können mehrere "Korrespondenten" über einzelne Themen berichten. Sollte eine Videoanlage verfügbar sein, kann die Tagesschau "gesendet" werden und durch Interviews und Kommentare aufgelockert werden.

Besondere Bemerkungen:
- Hilfsmittel: falls gewünscht Videoausrüstung

Name der Übung: Umgedrehte Namen	**Quelle:** Vopel 1;10
Art der Übung: Phantasiespiel	**Dauer:** 1 Std.
Ziel: - Schlußphase: Beurteilung des Verlaufs der Sitzung/des Trainings - Eröffnungsphase: Kennenlernen	**Gleiche Übung auch unter Stichwort:** - Eröffnungsphase S. 724

Inhalt:
Der Leiter schickt die Tn auf eine Phantasiereise, wobei sie sich vorstellen, ihr Name sei verkehrt geschrieben und sei ein Wort aus einer fremden Sprache. Dieses Wort stehe in einem Lexikon in der linken Spalte, in der rechten Spalte erscheine gleich eine Übersetzung oder eine Definition ...
Alle Tn berichten dann, was sie in der rechten Spalte gesehen haben.

Besondere Bemerkungen:
- Leiter muß mit Widerstand aus der Gruppe rechnen

Name der Übung: Was habe ich gelernt?	**Quelle:** Vo/Ki 156
Art der Übung: Verbale Einzel- und Gruppenaktivität	**Dauer:** 1 Std.
Ziel: - Schlußphase: Beurteilung des Lernerfolgs	**Gleiche Übung auch unter Stichwort:**

Inhalt:
Alle Tn beantworten schriftlich die Frage:
"Wie schätze ich meinen Lernerfolg ein - privat und beruflich?"
Die Papiere werden eingesammelt und anonym vorgelesen, wobei die Tn vermuten können, von wem die Aussage stammt.

Besondere Bemerkungen:

Name der Übung: Ich habe gelernt ...	**Quelle:** Vopel 3;87
Art der Übung: Verbale Gruppenaktivität	**Dauer:** 30 - 60 Min.
Ziel: - Schlußphase: Beurteilung des Lernerfolgs	**Gleiche Übung auch unter Stichwort:**

Inhalt:

Jeweils ein Tn setzt sich in die Mitte des Kreises und stellt dort 1 Min. lang dar, was er in dieser Sitzung gelernt hat.
Daran anschließend sagen die anderen Tn, welche Lernerfolge sie an ihm festgestellt haben.

Besondere Bemerkungen:

Name der Übung: Masken	**Quelle:** Vo/Ki 264
Art der Übung: Verbale Paaraktivität	**Dauer:** 15 Min.
Ziel: - Schlußphase: Beurteilung des Lernerfolgs	**Gleiche Übung auch unter Stichwort:**

Inhalt:
Die Tn geben einander in Paaren Feedback darüber, welche Verhaltensänderungen sie im Laufe der Sitzungen aneinander festgestellt haben.

Besondere Bemerkungen:

Name der Übung: Zukunftsvorsätze	**Quelle:** Pf&J <u>3</u>;79
Art der Übung: Verbale Einzel- und Kleingruppenaktivität	**Dauer:** 45 Min.
Ziel: - Schlußphase: Transferübung	**Gleiche Übung auch unter Stichwort:**

Inhalt:
Der Leiter bittet die Tn, auf einem großen Blatt Papier folgenden Satz auf möglichst viele Arten zu vollenden:
"Ich werde eine Person sein, die ..."
In Kleingruppen unterhalten sich die Tn über ihre Notizen.

Besondere Bemerkungen:
- Moderationsausrüstung empfehlenswert

Name der Übung: Rückblick	**Quelle:** Pf&J 3;80
Art der Übung: Verbale Einzel- und Gruppenaktivität	**Dauer:** 1 - 1,5 Std.
Ziel: - Schlußphase: Transferübung	**Gleiche Übung auch unter Stichwort:**

Inhalt:
Jeder Tn zeichnet eine Karte mit wichtigen Ereignissen in seinem Leben und dazu eine kleine Karte, die die Geschehnisse der vergangenen Woche bis zum Augenblick des Zeichnens widergibt. Im Plenum erläutert jeder seine Karten.

Besondere Bemerkungen:
- Moderationsausrüstung empfehlenswert

Name der Übung: Hoher Gerichtshof	**Quelle:** Gudjons 216
Art der Übung: Verbale Gruppenaktivität	**Dauer:** 1 Std.
Ziel: - Schlußphase: Transferübungen	**Gleiche Übung auch unter Stichwort:**

Inhalt:
Ein Tn wählt sich aus der Gruppe drei Richter. Diesen trägt er seine Verhaltensänderungswünsche vor und sie machen wiederum in einer öffentlichen Beratung Vorschläge, auf welche Weise der Tn sein Verhalten außerhalb der Gruppe ändern könnte.

Besondere Bemerkungen:
- Leiter muß mit Widerstand aus der Gruppe rechnen.

Name der Übung: Selbst-Sabotage	**Quelle:** Vopel 2;77
Art der Übung: Verbale Gruppenaktivität	**Dauer:** 1 Std.
Ziel: - Schlußphase: Transferübung	**Gleiche Übung auch unter Stichwort:**

Inhalt:
Ein Freiwilliger stellt sich in die Mitte des Gruppenkreises und sagt die gefährlichsten Dinge, mit denen er sich selbst sabotieren kann. Nachdem die anderen Mitglieder die Äußerungen kommentiert haben, tritt der nächste Tn in den Kreis.

Besondere Bemerkungen:
- Leiter muß mit Widerstand aus der Gruppe rechnen

Name der Übung: Verträge	**Quelle:** Pf&J 3;79
Art der Übung: Verbale Paar- oder Kleingruppenaktivität	**Dauer:** 45 Min.
Ziel: - Schlußphase: Transferübung	**Gleiche Übung auch unter Stichwort:**

Inhalt:
Jeder Tn schließt mit einer oder mehreren Personen einen Vertrag ab, der beide Parteien verpflichtet, zu bestimmten Zeitpunkten bestimmte, konkret formulierte Tätigkeiten auszuführen.

Besondere Bemerkungen:

Name der Übung: Tätigkeitskatalog	**Quelle:** Workbook 3.7.5
Art der Übung: Verbale Gruppenaktivität	**Dauer:** 30 - 45 Min.
Ziel: - Schlußphase: Transferübung	**Gleiche Übung auch unter Stichwort:**

Inhalt:

Zusammen mit den Tn wird am Ende eines Problemlösungsprozesses oder eines Seminars ein Tätigkeitskatalog erstellt mit den Fragen:

Was muß wer mit wem bis wann tun, damit die diskutierten Ansätze weiter verfolgt werden?

Besondere Bemerkungen:

Name der Übung: Back home	**Quelle:** Vo/Ki 265
Art der Übung: Rollenspiel, 3 Personen simultan oder in der Einzelgruppe	**Dauer:** 45 - 60 Min.
Ziel: - Schlußphase: Transferübung	**Gleiche Übung auch unter Stichwort:**

Inhalt:

Ein Gruppenmitglied spielt einen Tn, der gerade vom Seminar nach Hause kommt und zwei Freunden von seinen Erlebnissen im Seminar berichtet. Die beiden Freunde sind ein interessierter Bekannter, der ursprünglich ebenfalls mitmachen wollte und ein Skeptiker, der Seminaren sehr mißtrauisch gegenübersteht.

Besondere Bemerkungen:

Name der Übung: Back-home-Rollenspiel (Typ I)	**Quelle:** Antons 245
Art der Übung: Rollenspiel, 6 Personen in der Einzelgruppe	**Dauer:** 1 Std. Vorbereitung, 15 Min. Spiel plus Besprechung
Ziel: - Schlußphase: Transferübung	**Gleiche Übung auch unter Stichwort:**

Inhalt:
Sechs Tn führen ein Rollenspiel auf mit folgender Instruktion:
Ein Diplom-Psychologe in einem Erziehungsberatungsteam kommt vom Training in die erste Teambesprechung. Die Kollegen fürchten um ihre Rollen und Positionen.

Besondere Bemerkungen:
- Unterlagen: evtl. Instruktion schriftlich
- Videoaufnahme empfehlenswert

Name der Übung: Back-home-Rollenspiel (Typ II)	**Quelle:** Antons 247
Art der Übung: Rollenspiel mit der Gesamtgruppe	**Dauer:** 4 Std.
Ziel: - Schlußphase: Transferübung	**Gleiche Übung auch unter Stichwort:**

Inhalt:
Alle Tn werden in drei verschiedene Berufsgruppen (z.B. Kleriker, Psychologen und Lehrer) unterteilt und bilden dort je zwei Fraktionen, von denen die eine Argumente für, die andere Argumente gegen die Durchführung eines Seminars sammelt.
In einer anschließenden Podiumsdiskussion vor einem "Expertengremium" haben die Fraktionen die Möglichkeit, ihre Standpunkte zu vertreten.

Besondere Bemerkungen:

Name der Übung: Schlußblitzlicht	**Quelle:** Schw/S 248
Art der Übung: Verbale Gruppenaktivität	**Dauer:** 10 Min.
Ziel: - Schlußphase: Abschlußübung	**Gleiche Übung auch unter Stichwort:**

Inhalt:
Jedes Gruppenmitglied nimmt Stellung zu der Frage:
Was war für mich in dieser Sitzung besonders wichtig und wie fühle ich mich im Augenblick?

Besondere Bemerkungen:

Name der Übung: Fühlen - Denken	**Quelle:** Pf&J 3;80
Art der Übung: Verbale Einzel- und Gruppenaktivität	**Dauer:** 30 Min.
Ziel: - Schlußphase: Abschlußübung	**Gleiche Übung auch unter Stichwort:**

Inhalt:
Jeder Tn schreibt einen Satz, der mit "In diesem Augenblick denke ich ..." und "In diesem Augenblick fühle ich mich ..." beginnt.
Danach äußern sich die Tn zu ihren Gedanken und Gefühlen.

Besondere Bemerkungen:
- Leiter muß mit Widerstand aus der Gruppe rechnen

Name der Übung: Bereuen	**Quelle:** Pf&J 3;80
Art der Übung: Verbale Gruppenaktivität	**Dauer:** 30 - 45 Min.
Ziel: - Schlußphase: Abschlußübung	**Gleiche Übung auch unter Stichwort:**

Inhalt:
Die Tn stellen sich vor, sie befänden sich auf dem Heimweg und denken darüber nach, was sie vor der Abfahrt noch sagen wollten.
Diese Gedanken können sie in der abschließenden Diskussion äußern.

Besondere Bemerkungen:

Name der Übung: Briefkästen	**Quelle:** Pf&J 3;79
Art der Übung: Verbale Gruppenaktivität	**Dauer:** 30 Min.
Ziel: - Schlußphase: Abschlußübung	**Gleiche Übung auch unter Stichwort:**

Inhalt:
Jeder Tn schickt an die anderen ein abschließendes Statement und steckt sie in als Briefkästen deklarierte leere Schuhe. Jeder liest seine Mitteilungen und verläßt dann den Kurs.

Besondere Bemerkungen:
- Hilfsmittel: Karten im DIN-A-6 Format

Name der Übung: Abschiedsgeschenke	**Quelle:** Gudjons 216
Art der Übung: Nonverbale Einzel- und Kleingruppenaktivität	**Dauer:** 45 - 60 Minuten
Ziel: - Schlußphase: Abschlußübung	**Gleiche Übung auch unter Stichwort:**

Inhalt:
In Kleingruppen fertigt jeder Tn für die anderen aus Ton oder Plastilin ein Abschiedsgeschenk, das seine Wertschätzung symbolisiert (z.B. "tragende Säule"). Danach werden die Geschenke überreicht.

Besondere Bemerkungen:
- Hilfsmittel: Ton oder Plastilin

Name der Übung: Abschiedsgeschenke	**Quelle:** Pf&J <u>3</u>;80
Art der Übung: Verbale Gruppenaktivität	**Dauer:** 15 Min.
Ziel: - Schlußphase: Abschlußübung	**Gleiche Übung auch unter Stichwort:**

Inhalt:
Die Gruppenmitglieder machen einander Phantasiegeschenke zum Abschied (Gegenstände, Personen, Ideen o.ä.). Der Leiter kann die Tn bitten, einander die "Geschenke" feierlich zu überreichen.

Besondere Bemerkungen:

Name der Übung: Symbolischer Abschluß	**Quelle:** Pf&J <u>4</u>;46
Art der Übung: Nonverbale Gruppenaktivität	**Dauer:** 15 Min.
Ziel: - Schlußphase: Abschlußübung	**Gleiche Übung auch unter Stichwort:**

Inhalt:
Die Tn erleben durch stummes Auseinandergehen und Zusammenkommen das Gefühl von Trennung und Zusammengehörigkeit.

Besondere Bemerkungen:
- Leiter muß mit Widerstand aus der Gruppe rechnen
- Raum: die Aktivität findet am besten auf einer großen freien Rasenfläche statt

Name der Übung: Abschiedsring	**Quelle:** Pf&J 3;79
Art der Übung: Nonverbale Gruppenaktivität	**Dauer:** 15 Min.
Ziel: - Schlußphase: Abschlußübung	**Gleiche Übung auch unter Stichwort:**

Inhalt:
Die Tn stellen sich im Kreis auf und legen einander die Arme um die Schultern. Sie schaukeln ruhig hin und her und nehmen mit den Augen Kontakt miteinander auf.

Besondere Bemerkungen:
- Leiter muß mit Widerstand aus der Gruppe rechnen

Name der Übung: Brote backen	**Quelle:** Pf&J 6;38
Art der Übung: Nonverbale Kleingruppenaktivität	**Dauer:** 1 Std., später nochmals 20 Min.
Ziel: - Schlußphase: Abschlußübung	**Gleiche Übung auch unter Stichwort:**

Inhalt:
In Dreiergruppen haben die Tn den Auftrag, Brote zu backen. Die Arbeit muß schweigend verrichtet werden. Wenn die Brote fertig sind, teilt jede Dreiergruppe ihr Brot mit den Mitgliedern anderer Gruppen.

Besondere Bemerkungen:
- Unterlagen: 1 Backrezept für jede Kleingruppe
- Hilfsmittel: Backzutaten, Haushaltsgeräte und ein Backofen

Name der Übung: "Angeschmiert, mein Lieber!"	**Quelle:** Ki/MSch 234
Art der Übung: Verbale Kleingruppenaktivität	**Dauer:** 2 - 4 Std.
Ziel: - Schlußphase: Abschlußübung	**Gleiche Übung auch unter Stichwort:**

Inhalt:
Dieses Gesellschaftsspiel, eine Art "Fang-den-Hut-Spiel", wird mit 4 - 5 Personen gespielt und erfordert hohes Verhandlungsgeschick und Überredungskunst.
Um das Spiel zu gewinnen, muß man mit den Mitspielern eine Reihe von Verhandlungen treffen, wobei es manchmal auch vorteilhaft sein kann, sich nicht an die Vereinbarungen zu halten.

Besondere Bemerkungen:
- Hilfsmittel: 7 Chips pro Tn (verschiedene Farben)

Name der Übung: Kleingruppenbildung	**Quelle:** Vo/Ki 124
Art der Übung: Verbale Gruppenaktivität	**Dauer:** 5 Min.
Ziel: - Bildung von Kleingruppen	**Gleiche Übung auch unter Stichwort:**

Inhalt:

Zwei oder mehr Freiwillige bilden die Kristallisationspunkte von neuen Gruppen. Jeder der Freiwilligen wählt sich ein neues Mitglied hinzu; dann bestimmt das neu gewählte Mitglied den nächsten usf.

Besondere Bemerkungen:

Name der Übung: Kleingruppenbildung	**Quelle:** Workbook 3.2.9
Art der Übung: Verbale Gruppenaktivität	**Dauer:** 5 - 10 Min.
Ziel: - Bildung von Kleingruppen	**Gleiche Übung auch unter Stichwort:**

Inhalt:
Es sind mehrere Verfahren angegeben, wie Kleingruppen gebildet werden können (Zufall, Interesse, Sympathie).

Besondere Bemerkungen:

Name der Übung: Neue Gruppen	**Quelle:** Antons 147
Art der Übung: Verbale Gruppenaktivität, Beobachter empfehlenswert	**Dauer:** Mindestens 3 Std.
Ziel: - Bildung von Kleingruppen - Prozeßanalysen: allgemeine Analyse von Gruppenprozessen; Beobachter beobachtet Gruppe	**Gleiche Übung auch unter Stichwort:** - Prozeßanalysen S. 798

Inhalt:
Die Gesamtgruppe überlegt sich, zu welchem Zweck neue Gruppen gebraucht werden; gemäß dieser Kriterien bilden die Tn Kleingruppen. Wenn alle Tn mit der neuen Zusammensetzung zufrieden sind, werden die abgelaufenen Prozesse analysiert.

Besondere Bemerkungen:
- Auch als erste Entscheidungsübung geeignet

Name der Übung: Bildung neuer Gruppen Team bilden	**Quelle:** Pf&J 1;17 Vopel 3;76
Art der Übung: Verbale Gruppenaktivität	**Dauer:** 20 Min.
Ziel: - Bildung von Kleingruppen	**Gleiche Übung auch unter Stichwort:**

Inhalt:

Nachdem die Tn Eins-Zwei durchgezählt haben, wählt jeder "Einser" einen "Zweier" als Partner. Die Paare werden in zwei Abteilungen getrennt und jedes Paar aus der einen Abteilung lädt ein Paar aus der anderen Abteilung ein und bildet eine Vierergruppe. Dann entscheiden die Vierergruppen, mit welcher anderen Vierergruppe sie sich zu einer Achtergruppe zusammenschließen wollen.

Besondere Bemerkungen:
- Die Wahlvorgänge müssen ständig allen Tn transparent sein

Name der Übung: Arbeitsgruppen bilden	**Quelle:** Vopel 1;84
Art der Übung: Verbale Gruppenaktivität	**Dauer:** 20 - 90 Min.
Ziel: - Bildung von Kleingruppen	**Gleiche Übung auch unter Stichwort:**

Inhalt:
Für jede geplante Kleingruppe muß sich ein Freiwilliger melden. Der Freiwillige wählt ein Mitglied und gibt auch das Kriterium seiner Wahl an. Der Gewählte kann ablehnen, dann wird die Wahl wiederholt; tritt er jedoch bei, entscheiden die beiden per Konsens über ein weiteres Mitglied usf.

Besondere Bemerkungen:
- Variante, um die Situation für die Letzten zu erleichtern, siehe Quelle
- Der Ablauf und die Wahlvorgänge müssen allen Tn ständig transparent sein

Name der Übung: Zwei - Vier - Acht	**Quelle:** Gudjons 64
Art der Übung: Verbale Paar- und Gruppenaktivität	**Dauer:** 30 Min.
Ziel: - Bildung von Kleingruppen	**Gleiche Übung auch unter Stichwort:**

Inhalt:

Die Tn gehen im Raum umher; jeder sucht sich einen Partner und bespricht mit ihm seine Aktivitäten und Gefühle, die ihn beim Suchen und Finden des Partners begleitet haben. Danach sucht sich jedes Paar auf dieselbe Weise ein anderes Paar und jede Vierergruppe eine andere Vierergruppe.

Besondere Bemerkungen:

Name der Übung: Sängerwettstreit	**Quelle:** Pf&J 6;60
Art der Übung: Verbale Gruppenaktivität	**Dauer:** 30 Min.
Ziel: - Bildung von Kleingruppen	**Gleiche Übung auch unter Stichwort:**

Inhalt:
Jeder Tn erhält einen Zettel, auf dem der Titel eines Liedes steht. Jede zu bildende Kleingruppe hat ihre Kennmelodie, die alle auf ein Zeichen des Leiters hin anstimmen. Summend gehen die Tn durch den Raum, bis sich alle Kleingruppen gefunden haben.

Besondere Bemerkungen:
- Hilfsmittel: 1 bekannter Schlager für jede Kleingruppe

Name der Übung: Puzzlespiel: Die Bildung von Gruppen	**Quelle:** Pf&J 1;19
Art der Übung: Nonverbale Gruppenaktivität	**Dauer:** 30 Min.
Ziel: - Bildung von Kleingruppen	**Gleiche Übung auch unter Stichwort:**

Inhalt:
Die Tn setzen Puzzlespiele zusammen und bilden auf diese Weise Kleingruppen. Dabei ist zu beachten, daß niemand spricht und niemand seine Puzzleteile hergibt.

Besondere Bemerkungen:
- Hilfsmittel: Puzzlespiele je nach Tn-Zahl und Anzahl der zu bildenden Kleingruppen

Name der Übung: Gruppenbildung	**Quelle:** Antons 29
Art der Übung: Verbale Gruppenaktivität	**Dauer:** Mindestens 3 Std.
Ziel: - Bildung von Kleingruppen - Eröffnungsphase: verbale Anwärmübung	**Gleiche Übung auch unter Stichwort:** - Eröffnungsphase S.765

Inhalt:
Nach einem Einführungsvortrag des Leiters soll sich die Gruppe gemäß verschiedener Kriterien in Kleingruppen organisieren.
Die dabei ablaufenden Gruppenprozesse werden mit dem Leiter erörtert.

Besondere Bemerkungen:
- Hilfsmittel: Plakat mit Namen der Tn und Kriterien

Name der Übung: Ansichten über Labortraining	**Quelle:** Pf&J 2;150
Art der Übung: Verbale Aktivität für Gruppenleiter und Assistenten	**Dauer:** 1 - 1,5 Std.
Ziel: - Train the trainer	**Gleiche Übung auch unter Stichwort:**

Inhalt:
Der Leiter und seine Assistenten beantworten einen Fragebogen "Ansichten über Labortraining". Nach der Auswertung besprechen sie die Punkte, bei denen maximale Übereinstimmung und maximale Unterschiede herrschen.

Besondere Bemerkungen:
- Unterlagen: 1 Fragebogen pro Tn

Name der Übung: Lehr- und Lernprozesse	**Quelle:** Pf&J 4;25
Art der Übung: Verbale Kleingruppenaktivität, Beobachter erforderlich	**Dauer:** 1 Std.
Ziel: - Train the trainer	**Gleiche Übung auch unter Stichwort:**

Inhalt:
Jede Kleingruppe wählt aus ihrer Mitte zwei "Lehrer" und einen Beobachter. Die Lehrer haben die Aufgabe, den Schülern 10 Wörter beizubringen. Wie sie das machen, bleibt ihnen selbst überlassen.
Nach 20 Min. unterbricht der Leiter die Stunde und diskutiert mit Lehrern und Schülern anhand strukturierender Fragen die Aktivität.

Besondere Bemerkungen:
- Unterlagen: 2 Anweisungskarten und 1 Satz Wortkarten für jedes Lehrerpaar

Name der Übung: Prozeßinterventionen	**Quelle:** Pf&J 2;123
Art der Übung: Verbale Gruppenaktivität	**Dauer:** 1 - 1,5 Std.
Ziel: - Train the trainer - Beratungstechnik und Hilfeleistung: Beratung bei Gruppenproblemen	**Gleiche Übung auch unter Stichwort:** - Beratungstechnik und Hilfeleistung S. 449

Inhalt:
Während einer Gruppensitzung nimmt ein zuvor gewählter Beobachter zwei Prozeßinterventionen vor. Wenn er eine dritte für erforderlich hält, hebt er einen Gegenstand in die Höhe und beendet die Sitzung. Jeder Tn notiert nun, worin seiner Meinung nach die beste Intervention bestünde. Der Tn mit der "besten" Intervention wird in der nächsten Runde Beobachter.

Besondere Bemerkungen:
- Hilfsmittel: 1 beliebiger Gegenstand (Buch, Aschenbecher o.ä.) zum Hochheben

Name der Übung: Kontrolle der Gegenübertragung	**Quelle:** Gudjons 225
Art der Übung: Verbale Einzel- oder Paaraktivität	**Dauer:** 2 Std.
Ziel: - Train the trainer	**Gleiche Übung auch unter Stichwort:**

Inhalt:
Allein oder zusammen mit einem Kollegen trägt der Leiter auf einer Kreislinie die Namen der Gruppenmitglieder ein und versieht sie mit einem Plus- oder Minuszeichen, dem spontanen Gefühl entsprechend, das er bei diesem Namen empfindet. Ausgewertet werden folgende Punkte:
a) Welche drei Personen fielen ihm zuerst/zuletzt ein?
b) Welche Personen fielen ihm überhaupt nicht ein?
c) Was sind Motive für ein Plus- oder Minuszeichen?
d) Wie sind die Namen auf der Kreislinie angeordnet (Beziehungen)?

Besondere Bemerkungen:

Name der Übung: Leiter - Teilnehmer	**Quelle:** Gudjons 224
Art der Übung: Verbale Paar- oder Gruppenaktivität	**Dauer:** 1 - 2 Std.
Ziel: - Train the trainer	**Gleiche Übung auch unter Stichwort:**

Inhalt:
In einer Supervisionsgruppe oder mit einem Kollegen versucht der Leiter, sich in die Person eines Tn zu versetzen. Partner oder Gruppe helfen ihm und geben ihm Rückmeldung.

Besondere Bemerkungen:

Name der Übung: Meditation symbolischer Bilder	**Quelle:** Gudjons 106
Art der Übung: Phantasiespiel	**Dauer:** 45 Min.
Ziel: - Train the trainer - Eröffnungsphase: Einführung ins "Hier" und "Jetzt"	**Gleiche Übung auch unter Stichwort:** ← Eröffnungsphase S. 788

Inhalt:
Das ist ein Vorschlag, wie der Leiter die Tn zu Meditation und Phantasiespielen hinführen kann.

Besondere Bemerkungen:

Name der Übung: Einfache Anleitung zur Meditation	**Quelle:** Gudjons 104
Art der Übung: Phantasiespiel	**Dauer:** 45 Min.
Ziel: - Train the trainer - Eröffnungsphase: Einführung ins "Hier" und "Jetzt"	**Gleiche Übung auch unter Stichwort:** - Eröffnungsphase S. 786

Inhalt:
Dies ist ein Vorschlag, wie der Leiter die Tn zu meditativer Haltung, körperlicher Entspannung, innerer Ruhe und geistiger Konzentration hinführen kann.

Besondere Bemerkungen:

Name der Übung: Führungsmethoden	**Quelle:** Pf&J 4;69
Art der Übung: Verbale Einzel- und (Klein)Gruppenaktivität	**Dauer:** 4 - 5 Std.
Ziel: - Train the trainer - Führungskräfte-Training: Erweiterung von Führungsqualitäten	**Gleiche Übung auch unter Stichwort:** - Führungskräfte-Training S.625

Inhalt:
Jeder Tn erhält einen Fragebogen, der 21 verschiedene Situationen schildert, wie sie ab und zu in Gruppen entstehen. Zu jeder Situation sind 19 mögliche Reaktionsweisen angegeben. Die Tn sollen nun versuchen, zu beurteilen, wie sie als Gruppenleiter in der jeweiligen Situation reagieren würden.
Nach der gemeinsamen Auswertung diskutieren die Tn in Kleingruppen ihre Ergebnisse.

Besondere Bemerkungen:
- Unterlagen: 1 Broschüre mit Anweisungen und dem Fragebogen pro Tn
- Es ist möglich, einzelne Situationsbeschreibungen bei aktuellen Anlässen einzusetzen

Quellenverzeichnis

Antons, Klaus:
Praxis der Gruppendynamik;
Göttingen, Toronto, Zürich 1976 (Hogrefe-Verlag)
Inhalt: 51 Übungen und Rollenspiele aller Art

Dierichs, Helmes, Schrader und Straub:
Workbook;
Hamburg 1985 (Windmühle GmbH, Verlag und Vertrieb von Medien)
Inhalt: Dieses Buch ist ein "Werkzeugkasten" der Seminar-Didaktik. Aus der großen Anzahl der vorgestellten Gestaltungsmöglichkeiten sind 44 Übungen ausgewählt, die unabhängig von Moderationsausrüstung eingesetzt werden können

Francis, D., Young, D.:
Mehr Erfolg im Team
Hamburg 1985 (Windmühle GmbH, Verlag und Vertrieb von Medien)
Inhalt: 46 Übungen zur Verbesserung der Zusammenarbeit im Team

Gudjons, Herbert:
Spielbuch Interaktions-Erziehung
Bad Heilbronn 1983 (Klinkhardt)

Kirsten, R. und Müller-Schwarz, J.:
Gruppentraining;
Reinbek 1976 (rororo-Sachbuch 6943)
Inhalt: 59 Übungen aller Art

Kramer, Michael:
Das praktische Rollenspielbuch;
Wuppertal 1979 (Jugenddienst-Verlag)
Inhalt: 1 Planspiel (Das Sanierungsspiel)

Pfeiffer, J.W. und Jones, J.E.:
Arbeitsmaterial zur Gruppendynamik; 6 Bände;
Gelnhausen, Berlin usw. 1974 (Burckhardthaus/Laetare-Verlag)
Inhalt: 278 Übungen aller Art

Schwäbisch, L. und Siems, M.:
Anleitung zum Sozialen Lernen für Paare, Gruppen und Erzieher;
Reinbek 1979 (rororo-Sachbuch 6846)
Inhalt: 1 Programm zur Verbesserung der Kommunikation in Paarbeziehungen und 1 Gruppenprogramm zur Selbsterfahrung; insgesamt 33 Übungen aller Art

Vopel, Klaus W.:
Interaktionsspiele; 6 Bände;
Hamburg 1978 (ISKO-Press)
Inhalt: 190 "Interaktionsspiele", darunter sehr viele Selbsterfahrungsübungen

Vopel, K. und Kirsten, R.:
Kommunikation und Kooperation;
München 1980 (Pfeiffer-Verlag)
Inhalt: 1 Kommunikationskurs und 1 Kooperationskurs mit je 10 Übungseinheiten; zusammen 44 Übungen aller Art

Woodcock, Mike:
Team Development Manual;
Westmead, Farnborough, Hants., England 1979 (Gower-Press)
Inhalt: 45 Übungen zur Verbesserung der Zusammenarbeit im Team

Alle Bücher sind auch über Windmühle GmbH, Verlag und Vertrieb von Medien, Postfach 55 10 80, Goßlerstr. 22, 2000 Hamburg 55, erhältlich.

Register

Abenteuerspielplatz	539
Abhängigkeit und Offenheit	814
Abfall-Menschen	666
Abklopfen	166, 222
Abschiedsgeschenke (Gudjons)	953
Abschiedsgeschenke (Pf&J)	954
Abschiedsring	956
Absichten und Wahl	267
Abstand nehmen	879
Abtreibung	65
Abwehrmechanismen	134
Adieu, Boss!	306
Advokatenspiel	212, 482
Ähnlichkeiten und Unterschiede	47, 478
Ähnlichkeiten zwischen je zweien	48
Aktives Zuhören	391
Alter Ego	463
Alter-Ego-Spiel	806
Alte Frau - Junge Frau	370
AM - Beurteilung des eigenen Führungsstils	618
Analogien bilden	491
Analyse der individuellen Fähigkeiten und Verhaltensweisen in Gruppen	887
Analyse des Entwicklungsstadiums der Gruppe	815
Anders sein	35, 340
Anerkennungsschreiben	454
Anfangsblitzlicht	738
"Angeschmiert, mein Lieber!"	958
Angst und Anziehung	109
Ankomm-Übung	789
Anleitung zur Prozeßbeobachtung	807
Annahme - Ablehnung	448
Annahmen	606

Annonce, welche die eigene Person betrifft	703
Ansichten über Labortraining	968
Apfelkiste	882
Arbeitsgruppen bilden	963
Asch-Experiment	3, 59
Auf der Bühne	182, 399
Auf der Wippe	303
Auf die Uhr sehen	787
Aufeinander hören	390
Die Auffassung anderer	28
Auf Herz und Nieren	655
Auftauen	773
Aufteilung der Kasse	623
Aufwärmübung	121
Augenkontakt	775
Augenkontaktkette	424
Ausbrechen	295
Auspacken	279
Aussagen statt Fragen	384
Austausch der Köpfe	209
Austausch persönlicher Eindrücke	14
Auswahl der Gefährtin	585
Auswählen eines Gegenstandes	730
Auswählen von Führungskräften	569, 624
Auswertungsbogen	931
Auswirkungen von direktem und von indirektem Ausdruck	177, 405
Autorennen	908
Autoren von Geschichten raten	498
Babel	414
Back home (Ki/Vo)	946
Back-home-Rollenspiel Typ I (Antons)	947
Back-home-Rollenspiel Typ II (Antons)	948
Ballast abwerfen	790
Balkongespräch	307
Ballon	700
Ballon-Hochwurf	226
Ballspielen ohne Ball	778
Basic meeting arrangements	864
Bauklötze	127

Bazar	777
Die Becher	316
Befreiung	319
Befürchtungen	256
Begegnung	283
Being a better coach	630
Das Beratungsgespräch	628
Beratungsstelle	444
Beratungstechnik	443
Bereuen	951
Berufliche Schicksalslinie	94
Berufswahl	494
Beschreibung nonverbalen Verhaltens	411
Beschwerdebrief	484
Beschweren und Rühmen	791, 894
Der beste Chef, den ich kenne	626
Beurteilung der Entwicklung der Gruppe	816
Beurteilung des Feedbacks in der Gruppe	409, 869
Beurteilung des Klimas in der Gruppe	269
Beurteilung des Risikos	264
Beurteilung des Verlaufs der Sitzung	865, 932
Beurteilung des Zieles	848
Bewegungsdialog	342
Beziehungen im Bild	886
Beziehungsbild und Beziehungswirklichkeit	22, 731
Big Boss	310, 889
Bilderserie	89
Bild-Gedicht	474
Bildhauerspiel	217, 507
Bildung neuer Gruppen	962
Blickkontakt	423
Blind im Kreis	281
Blinde Begegnungen	138
Blinde Beschreibung	153
Blinde Kuh	140, 439
Blinder Spaziergang	143, 259
Blindlauf	145, 260
Blitzlicht	875
Brainstorming (Ki/Vo)	665
Brainstorming (Workbook, Pf&J, Woodcock, Gudjons, Fr&Y)	590, 670

Brainstorming und Ideenanalyse	590, 670
Briefkästen	952
Brote backen	957
Brückenbau	518
Capito	410
Cartoon-time	543
Cave rescue	76, 563
Das Chamäleonspiel	49, 110
Characteristics of personal effectiveness	125
Charakteristika eines guten Lehrers	66, 559
Checkliste für Führungskräfte	627
Checkliste: Beratung und Beurteilung	441, 632
Chinesischer Fächer	489
Clover leaf	529
Cocktailparty	704
Cognac-Mädchen	5, 369
Collagen	293
Counselling to increase learning	115
Dart-Spiel	531
Daumenringen	325
Decision-taking	611
Defizite	99
Demographie	710
Design	725
Diadochen-Sessel	330
Diagnostizierungs- und Problemlösungssitzung	637, 929
Dialog - Einen Arbeitskollegen kennenlernen	18, 204
Dialog mit dem Spiegelbild	50
Dienstwagen	602
Das Dilemma der Gefangenen	535
Direkter und indirekter Ausdruck von Gefühlen	175, 404
Discussing values	64
Disputation mit vertauschten Rollen	647
Distanz und Nähe im Raum	438, 827
Die D-Klasse	551
Domino	373
Doppelhund	228, 780
Doppelkreis	761

Double (Ki/MSch)	208, 421
Double (Gudjons)	211
Drei Wünsche	251
Dreißig-Sekunden-Regel	381
Drinnen und Draußen (Pf&J)	214
Drinnen - draußen (Gudjons)	291
Du bist Du	906
Du hast, was ich haben möchte	407, 751
Du und Ich	396
EDV-Anlage	745
Eigene kommunikative Reaktionsweisen	400
Eigenschaftswörter	19, 61
Einander helfen	426, 442
Einander kennenlernen (Pf&J)	689
Einander kennenlernen (Workbook)	693
Einbrechen	359
Eindrucksbombardierung	460
Einen Blinden führen	143, 259
Einen Gegenstand wandern lassen	668
Einfache Anleitung zur Meditation	786, 974
Einflußsphären	600
Einfluß und Vertrauen	467
Einfühlungsvermögen	206, 867
Einführung in das Feedback	466
Eingebildeter Gegenstand	156
Einigung der Hände	220
Einrichtung eines Raums	757
Einschätzung von Wertvorstellungen	34, 80
Einweg-Zweiweg-Kommunikation	372
Elefant und Giraffe	644
Empathie	213
Empfehlung im Namen	248
Enlivening meetings	928
Entscheidungskontinuum	73, 573
Entscheidungstypen	608
Entwicklung der Zusammengehörigkeit in der Gruppe	799
Die Erfolgskurve	651
Erforschung der Gruppe	184
Erprobung neuer Verhaltensweisen	116

Erste Eindrücke	395
Erster Eindruck	12
Ersteindruck	717
Erstellen von Kommunikationsregeln	388
Die ersten fünf Minuten	755
Er und Sie	36, 339
Erwartungen seitens der Teilnehmer und der Anleiter/Helfer	859
Erwartungen und Befürchtungen	857
Erwartungsanalyse	54, 854
Erwartungsinventar	852
Erweitertes Soziogramm	832
Etikette	347
Exklusion	40, 354
Exkursion	155
Expansionskreis	287
Fallübung	273
Der Fall Ulrich Bohn	397
Fallenlassen	274, 361
Familiensprüche	87, 794
Familienbaum	93
Familienbilder	86, 729
Familienmitglieder wählen	302, 331
Familienszenen	350
Familienwahl	831
Farben und Empfinden	158
Faust öffnen	278
Feedback auf andere Weise	456
Feedback-Kommuniqué	389
Feedback-Portrait	461
Firma gründen	513
Flasche drehen	756
Flugzeugentführung - ein Rätselspiel	554
Four-letter words	126, 530
Force field analysis	594
Förderband	277
Formulierungshilfen beim Spiegeln von Gefühlszuständen	174
Frag den Leiter was!	890
Fragebogen zum Gruppenklima	268
Fragen zum Lernklima	863

Fragen zum Rollenverhalten	842
Frag mich was!	682
Die freien Stühle	805
Freies Paarinterview	720
Fremdarbeiter	42, 357
Frühes Feedback	458
Fühlen - Denken	950
Führung annehmen - Führung abgeben	311
Führungsmethoden	625, 975
Führungsprofil	617
Führungsstil, X-Y-Theorie	614
Gabellabyrinth	634
Geben und Nehmen	315
Gedanken und Gefühle	210
Gefangenen-Spiel	535
Gefühle und Abwehr	135
Gefühlsbarometer	878
Gefühlsfragebogen	186
Gegenstände tasten	149
Einen Gegenstand wandern lassen	668
Geheime Bootschaft	248
Geheime Impulse	250
Geheimnisse entlocken	247
Geigerzähler	826
Geldstücke geben und erhalten	314
Geleitete individuelle Phantasien	160, 173, 185
Gemalter Dialog	784
Gemeinsam zeichnen	228, 780
Gemeinsamer Ausflug	233
Genie und Idiot	129
Geräusche machen	195, 776
Das Gerücht	368
Gesicht befühlen	146
Gesicht malen	146
Gespräch im Trio	390
Gewinnt so viel Ihr könnt!	536
Gewinnt so hoch Ihr könnt!	536
Glauben und Wissen	63, 481
Glaubwürdigkeit	67, 584

Graffitti	747, 858
Grenzkonflikt	911
Große Koalition bilden	576, 604
Gruppe als Zielscheibe	501
Gruppe beobachtet Gruppe	804
Gruppe im Bild	834
Gruppenaufgaben	800
Gruppenbeobachtungstraining	468, 812
Gruppenbild malen (Workbook)	885
Gruppenbild malen (Gudjons)	229, 511
Gruppenbildung	765, 967
Gruppencollage	293
Gruppendynamische Prozeßbeobachtungsübungen	70, 571
Gruppenengagement	879
Gruppenentwicklung (Pf&J)	813
Gruppenentwicklung (Pf&J)	823
Gruppenfunktionen	843
Gruppengeschichte erzählen	664
Gruppengespräch	764
Gruppenmaschine	503
Gruppennormen	56
Gruppenplastik	838
Gruppenpotential	636, 677
Gruppenritual	920
Gruppensitzungsportraits	872
Gruppenspiegel	686
Gruppenszene	880
Gruppen- und Trainerwahl	734
Gruppenzentriertes Psychodrama	353, 921
Gruppenzwischenbilanz mit Alter-Ego	463
Gürtellinien	62, 332
Gutachten	9
HAAH	767
HA-HA	171
Halbiere den Apfel	598
Halbzeit	97, 635
Handkontakt	785
Handlesen	147
Happening	548, 678

Härte 10	907
Haufen	285
Haus-Baum-Hund	230, 781
Heimatort	692
Heiratsanzeigen	469
Heißer Sitz	459
Heißer Stuhl	459
Heißer Stuhl für den Leiter	888
HELPCO	451, 526
Herausfinden von Fehlern	17
Herr und Sklave	313
Herumschnurren	779
Herumwandern	825
Hier und dort	922
Hier und Jetzt	179
High society	305
Highway-code	582
Hilfe reichen und annehmen	394
Hilfe suchen - Hilfe geben	443
Hindernislauf	144, 261
Hoher Gerichtshof	942
Holz und Stein	154, 496
Holzfäller	227
Holzstäbchen und Trinkhalme	620
How good a coach are you?	630
How we make decisions	610
Hüte machen Leute	492
Human structure	289
Ich-Aussagen	383
Ich darf - ich darf nicht	55, 120
Ich habe gelernt...	938
Ich nehme wahr	13, 139
Ich nehme wahr - ich stelle mir vor	16
Ich soll - soll ich?	52, 111
Ich trau Dir - ich trau Dir nicht	254
Ich will rein!	359
Identifikation	432
Idole	753
Imaginäres Ballspiel	164

Improving one-to-one relationships	914
Indianisches Armringen	909
Indirektes Nein	406
Individuelle Erwartungen und Erwartungsanalyse	856
Individuelle Phantasien	160, 173, 185
Initial review	639
Integration	226
Interaktionsanalyse	367
Interview	694
Interview-Paare	237, 847
Interview-Spiel (Ki/MSch)	24
Interviewspiel (Schw/S)	205
Intimacy exercise	240
Intim-Frage	92, 249
Intuitives Umhergehen	475
Is the team listening?	398
Jägerspiel	577, 762
Jahreszeiten	905
JA-NEIN	913
Das Johari-Fenster	270
Journal	874
Jünger werden	96
Karussell	275, 362
Karussell der Emotionen	180
Die Katze aus dem Sack lassen	476
Kerzenmeditation	157
Kindertheater	487
Kindsmörderin	4
Kleckse deuten	567
Kleine Gruppenprozeßanalyse	807
Kleiner Gruppenspiegel	861
Kleingruppenbildung (Ki/Vo)	959
Kleingruppenbildung (Workbook)	960
Klopfen	166, 222
Können Sie diskutieren?	390
Körperbehindert	41, 356
Körperbewußtsein (Vopel, Bd. 4)	199, 428
Körperbewußtsein (Vopel, Bd. 5)	163

Körpersprache	189, 415
Kohlengesellschaft	555
Kommune Hochburg	556
Kommunikation im Team	375
Kommunikationsfallen und Selbstverteidigung beim Konfliktgespräch	374
Kommunikationsmuster in Gruppen: Kette-Stern-Kreis-Gabel	379
Konfrontation (Pf&J)	30, 78, 659
Konfrontation (Vopel)	506
Kongo-Expreß	770
Konklave	363, 462
Konkurrenten	329
Konsensus im Fischbowl	575, 809
Konsensusspiel	599
Kontakt und Kommunikation	425
Kontakt und Rückzug	299
Kontrolle der Gegenübertragung	971
Kontrollierter Dialog	390
Konversation der Hände	148, 194
Konzentrische Kreise	696
Kooperationsseminar	924
Kosmetikfirma	557
Eine Kraft-Feld-Analyse übertragen anwenden	594
Krankenschwester und Vamp	336
Die Krankmeldung	603
Kreative Begrüßung	675, 772
Kreatives Feedback	497
Kreativer Wandel	592, 674
Der Kreis	215
Kreis	284
Kreis-Kette Stern	379
Kreuze und Punkte	538
Krisen im Leben	586
Künstlernamen	234, 903
Laufbahnplanung	114, 445
Lebendes Soziogramm	838
Lebendige Skulptur	198
Lebensalter und Erfolg	91
Lebenslauf	88, 718
Lebenslinie	85, 263

Lebensplanung	114, 445
Lebensraum	323, 324
Lebensstil-Symbole	60, 708
Lego-Brücke	523
Lehrer verzaubern	891
Lehrerkonferenz	621
Lehrer - Schüler	345
Lehr- und Lernprozesse	969
Leistungsbilanz	650
Leistung und Kontrolle	645
Leiter befragen	890
Leiter-Teilnehmer	972
Leiterinterview	890
Leitungsstile	619
Lernklima	27
Lerntechniken	681
Lernziel-Wandzeitung	721, 851
Lexikonspiel	490
Lockerlassen	162
Lös die Fesseln!	57, 119
Lösung von Gruppenproblemen	926
Lügendetektor	495, 728
Macht und Abhängigkeit	317
Macht und Einfluß	320, 828
Machtspiel	312
Märchen erzählen	500
Maklerspiel	74, 565
Malbuch	524
Management style	615
Mann in der Mitte	292, 737
Manöverkritik	933
Marionette	168, 430
Marktplatz	739
Maschine	771
Maschine aus Menschen	771
Masken	939
Maskenball	201, 431
Masken verteilen	884
Massagekreis	223

Maximale Übereinstimmung	393
Meditation symbolischer Bilder	788, 973
Mein bester Freund	701
Mein Gefühl zu...	862
Mein Platz in der Gruppe	835
Meine Normen - Deine Normen	45
Meinungslinie	743, 820
Methode 6-3-5	590, 670
Milde Konfrontation	485, 916
Mini Lab	758
Minilaboratorium	795
Miniversität	683
Minorität	43, 358
Mipps and Wors	552
Mit dem Rücken hochheben	904
Mitteilung von Gefühlen	175, 404
Mitteilung von Störungen	385, 893
Mit Zeitungen schlagen	296
Modellbau	521
Morphologischer Kasten	591, 672
Motorinspektion	879
Die Mummels	741, 897
Muschel öffnen	280
Musikmeditation	193, 667
Muß-Soll-Spiel	44, 386
Mutters Kaffekränzchen	304
My meetings with others	652
Namen lernen	691
Namen malen	711
Namen, Namen	690
Namen rufen	203, 434
NASA-Spiel	579
NASA-Übung	579
Neigungen und Abneigungen	642, 923
Nein sagen	51
Neue Gruppen	798, 961
Neue Identität	349, 746
Neue Karrieren	493
Das neue Mitglied	654

Neuer Name	754
Neun-Punkte-Problem	662
Nicht um die Ecke sprechen	387
Nicht zuhören	376
Nonsens	196, 433
Nonsense-Spiel	663
Nonverbales Feedback (Schw/S)	224
Nonverbales Feedback (Pf&J)	504
Nonverbale Gefühlsäußerungen	505
Nonverbale Signale	412
Normen brechen	55, 120
Normenfeedback	46
Objektweitergabe	668
Obstkorb	151
Offene Szene	232
Offenheitstest	243
Ohne Punkt und Komma	377
Oktopus	676, 782
Operation Vorstadt	540
Optische Täuschungen	2
Organisationsstrukturen	379
Orgavigation	657
Our team and its stages of development	821
Paar-Interview (Antons)	457
Paarinterview (Gudjons)	479, 819
Paar-Interview (Vopel)	722
Paar-Interview (Ki/MSch)	915
Paar-Interview: Erwartungen und Befürchtungen	853
Packen Sie Ihren Koffer!	271, 732
Pantomime der Gefühle	231
Papiertüten-Ich	101
Partner dirigieren	142, 437
Partnerentspannung	167
Partner vorstellen	392, 712
Das partnerzentrierte Gespräch	443
Partnerzentriertes Gespräch	401
Pelle Grashüpfer	549
Per aspera ad astra	697

Persönliches Kurstagebuch	873
Persönlichkeitsräder	106
Peter und Hans	11
Pfeifenreiniger-Spiel	436
Phalanx 76	297
Phantasie-Duell	300
Phantasie-Duell	899
Phantasie-Gemälde	499
Phantasie-Raumgestaltung	748
Die Phasen der Gruppenentwicklung	822
Planspiel	542
Planung der Anfangsphase einer Tagung	766
Planung eines Team-Trainings	644
Planungsaufgabe	545, 601
Plazierung von Führerverhaltensweisen/Ausbildungszielen	570, 810
Poesiealbum	470
Polarisierung	37, 75
Politiker	68, 561
Positive und negative Feedback	472
Positives Feedback als Geschenk	455
Prisoners' dilemma	535
Problemgespräche und Übungen	447
Problemlösungsaufgabe	552
Problemlösungsinventar	609
Process review	797
Pro- und Contra-Spiel	646, 919
Promenade	464
Prozeßanalyse	871
Prozeßbeobachtung - eine Anleitung	796
Prozeßinterventionen	449, 970
Prüfung	534
Puzzle	512, 578
Puzzlespiel: Die Bildung von Gruppen	966
Pyramidenbau	288
Die Quadrate	520
Quadrat-Übung	520
Quäkersitzung	593, 671
Quäkertreffen	740

Rangordnung nach Einfluß	322
Rangreihe	321, 829
Raten des Gruppenleiterverhaltens	309, 892
Ratschläge	108
Rätsel raten	533
Raumfühlen	141, 440
Redner und Schweiger	895
Regel Du mir, so regel ich Dir	547, 613
Regisseur-Spiel	840
Registrierkasse	587
Rettungsboot	72, 564
Risiko eingehen	266
Ritual für Feedback	483, 917
Robinson Spiel	352
Roboter und Dorftrottel	344
Rollen erzeugen Gefühle	343
Rollenerklärung	845
Rollenklischees	38, 341
Rollenspielsituation	348, 846
Rollentausch (Antons)	20, 337
Rollentausch (Vopel)	207
Rollentausch (Pf&J)	335
Rollenumkehr und Rollenübertreibung	338
Rollenzirkus	351
Rosenbusch	152
Rostopschin	510
Rote Karte	605
Rückblick	941
Sängerwettstreit	965
Das Sanierungsspiel	541
Satzergänzungen	255
Schärfung der Sinne	136
Schieben	910
Schieben und Stoßen	326
Schlußblitzlicht	949
Schlüsse ziehen	716
Schnappschüsse	95
Schönes langes Leben	483, 917
Schreckliche Geheimnisse	245

Der Schrei	768
Schriftliches Feedback	465
Schritte	161
Schrumpfendes Bild	6
Schuhgeschäft	528, 568
Schuhsoziogramm	839
Schutzschild	183
Schwäche und Stärke	318
Schweigender Schrei	202
Seenot	580
Selbstbeobachtung der Gruppenarbeit	811
Selbstbeschreibung	713
Selbstbeurteilung	58
Selbstbild - Fremdbild	21, 480
Selbstdarstellungstriaden	105
Selbstentfaltungsreihe	876
Selbstgesteuertes Interview	719
Selbst-Sabotage	943
Selbstsicherheit prüfen	877
Seminar-Kritik	866, 910
Sensis	23
Sicherheitsabstand	142, 437
Sich in Positur stellen	218, 427
Sich lächerlich machen	749
Sieben Fragen	833
Signale	100
Silent shapes	520
Silhouetten	508
Der Sin-Obelisk	553
Sitzsoziogramm	837
Sitzung zu zweit	238, 733
Skulpturen der Gefühle	169
Sollen und Wollen	53, 98
Soziogramm	832
Soziogramm (Pf&J)	830
Soziogramm (Pf&J)	836
Spaß-Erfolg-Koordinate	850, 930
Das Spaßmachometer	643
Speichen	216
Spiegel	220

Spiegelbild	29, 79, 660
Spiegeln (Schw/S)	225, 420
Spiegeln (Vopel)	208, 421
Spiel der Stummen	520
Spielplatz	735
Spießrutenlaufen	200, 418
Sprich per Ich	382
Sprichworte	723
Sprung ins kalte Wasser	698
Staatsgeheimnis	525, 622
Stärken-Bombardement	452, 927
Standardisierte Beobachtung	808
Standortbestimmung	649, 658
Startschuß	514
Statuen	217, 507
Status im Krankenhaus	581
Steckbrief	709
Stimme lockern	195, 776
Stolzes Geheimnis	246
Straßenkarte deines Lebens	113
Streichhölzer	450
Streichholzschachtel	298
Streichholzspiel	477, 841
Stummer Kontakt	417
Stummes Bauen	422, 519
Stummes Sprechen	435
Superlative	750
Symbolischer Abschluß	955
Symbolon	855, 870
Symptom-Verschreibung	118
Synergie	566
Szenen eines Lebens	727
Tabletten	355, 574
Tagesordnung	868
Tagesschau	935
Ein Tag in Paris	558
T'ai chi chuan	165, 793
Talent-Bilanz	641
Tanz der Sehenden mit den Blinden	282

Tanzen	191
Tätigkeitskatalog	945
Tausendfüßler	172
Tauziehen	774
Tauziehen ohne Tau	328, 918
Team bilden	962
Team effectiveness action plan	595
Team-Entwicklung	236
Team leader effectiveness	629
Team leadership style	616
Team member development needs	103
Team mirroring	32, 82,
Team openness exercise	239
Team rating	824
Team self review	860
Team tasks	516
Team zu verkaufen	669
Teenager	69, 560
Telegramme	413
Telepathie	783
Testprofile	26
TG beobachtet TG	801
The teams in my working life	653
The working clock	680
The Zin-obelisk	553
Tiefergehen	178, 403
Tierassoziation	486
Tiere	699
Tiere imaginieren	170, 502
Tieridentifikation	752, 883
Tiermetaphern	486
To see ourselves as others see us	31, 81
Toter Mann	274, 361
Transparentes Selbst	760
Trommeltanz	192
Der Turm	517
Turmbau	517
Turmbau-Übung	517

Überlegen - Unterlegen	327
Übertreibung	197
Umgedrehte Namen	724, 936
Umgekehrtes Verhalten	378
Unbeliebte Person	912
Ungeahnte Möglichkeiten	334
Ungewöhnliche Perspektiven	769
Ungleiche Ressourcen	532
Unregelmäßige Konjugation	7, 380
Unsinniger Vortrag	123, 333
Unter den Brücken	290
Unterhaltung mit Händen	219
Unterredung	187, 416
Untersuchung des Taschenbuches	272
Unterwürfigkeit, Aggression, Selbstsicherheit	190, 429
Use of time	679
Utopie-Spiel	589, 673
Vater und Mutter	301
Verbalisierung emotionaler Erlebnisinhalte	176
Vergangenheit - Gegenwart - Zukunft	90
Vergessen	792
Verhalten der Gruppen	842
Verkaufskonferenz	550
Verkehrszeichen	471, 818
Verknotete Schlange	742, 902
Vermutungen äußern	15
Verschüttet	76, 563
Versteigerung	537
Verteilte Rollen	844
Verträge	944
Vertrauen	133
Vertrauensbarometer für Gruppen	817
Vertrauensfall	273
Vertrauenskreis	274, 361
Vertrauensrunde	221
Vertrauensspaziergang	143, 259
Vertrauliche Auskünfte	241
Vertrauliche Gespräche	242
Verworrene Aussagen	378

Verwundeter Soldat	258
Vier Ecken	714
Viva la depresión	898
Vollständiges Rollenspiel	124, 446
Voraussage des Gruppeneindrucks	25
Vorbereitung einer informellen Sitzung	648, 925
Vorfall inszenieren	8
Vorgesetzter und Untergebener	308
Vorstellung	707
Wachsfiguren-Kabinett	840
Wähle eine Farbe	544, 612
Wahrheit und Wahrscheinlichkeit	607
Wandern und Begegnen	257, 881
Wappen	702
Was habe ich gelernt?	937
Was ich noch sagen wollte	736
Was ist direkt - was ist indirekt?	175, 404
Was ist wesentlich?	597
Was kann man in einer Gruppe beobachten?	803
Was mich blockiert	901
Was nach Ansicht junger Menschen wertvoll ist	583
Wechselnde Distanz	408
Wechselnde Kleingruppen	83, 726
Weg-Ziel-Analyse	596
Weißer Fleck	294
Welches Risiko nehme ich auf mich?	117, 265
Wen würdest du wählen?	832
Wer beeindruckt mich?	687
Werbefunk	515
Wer bekommt die Stellung?	39
Wer bin ich? (Gudjons)	102
Wer bin ich? (Pf&J)	705
Wer bist Du?	715
Wer hat den Ball?	366
Wer kann es lauter?	122
Wer soll zurückgelassen werden?	71, 562
Wer spricht zu wem?	367
Wertschätzung	453
Wertvorstellungen	33, 77

What makes teams effective?	638
Who is who?	490
Wichtige Information	695
Widerspiegelung einer Organisation	656
Widersprüchliche Kommunikation	378
Wie drücken Sie Ihre Gefühle aus?	188, 419
Wie gut sind Ihre Sitzungen?	640
Wie haben wir (zusammen) gearbeitet?	934
Wie heißt Du?	688
Wiege	276, 360
Wie ich gesehen werde	84
Die Wiese	159
Wie vermeidest Du mich?	253
Willst Du mein Geheimnis wissen?	244
Wörter und Buchstaben	546
Wolkenkuckucksheim	527
Wünsche anmelden	181, 896
Würstchentellertest (WTT)	706
Wüste, Sand und Sterne	572
Wunschzettel	346, 631
Zauberstab	107
Zeugen beschreiben	10
Zeitschriften sortieren	522
Zeitungs-Collage	759
Zeitungsschlacht	296
Ziele setzen (Pf&J)	128, 633
Ziele setzen: Lebensplanung (Gudjons)	104
Ziele und Vorsätze	849
Ziellos umhergehen	137
Zitronen	150
Zoo	488
Zorn	132
Zueinander oder miteinander sprechen	371
Zuhören	390
Zukunftsmusik	473
Zukunftsvorsätze	940
Zusammenwachsen	252, 763
Zwei-Vier-Acht	964

Zwei Übungen zur Unterscheidung von fördernden und hemmenden Reaktionen	402
Zwei Welten	262
Zwiebelschale	802
Zwiegespräch	235
Zwischen den Zeilen lesen	112
Die zwölf Geschworenen	588

FACHBÜCHER VOM SPEZIALVERLAG FÜR WEITERBILDUNG IN ORGANISATIONEN

Karin Klebert, Einhard Schrader, Walter G. Straub
KurzModeration
Anwendung der ModerationsMethode in Betrieb, Schule, Hochschule, Kirche, Politik, Sozialbereich und Familie, bei Besprechungen und Präsentationen.
Mit 20 Beispielabläufen, 200 Seiten, 29,80 DM.
ISBN 3-922789-17-X

Die KurzModeration wendet sich an alle diejenigen, die Besprechungen, Lernveranstaltungen, Präsentationen organisieren oder selbst durchführen wollen.

Hier geht es darum, die ModerationsMethode für Kurzveranstaltungen anzuwenden (bis zu 1/2 Tag), oder sie in einzelne Phasen einer größeren Veranstaltung zu integrieren, die sonst methodisch anders gestaltet ist.

Das Buch orientiert sich stark an der Praxis, d. h. begonnen wird mit einem Vergleich einer moderierten und nicht moderierten Besprechung. Das dient einerseits als Entscheidungshilfe und erklärt andererseits denjenigen, die ModerationsMethode nicht kennen, was „Moderation" eigentlich ist.

Der 2. Teil besteht aus 20 Beispielabläufen aus verschiedenen Bereichen zu verschiedenen Themen und mit unterschiedlichen Absichten (betrieblicher Bereich, Gremien- und Ausschußarbeit, Schule/Hochschule, Erfahrungsaustausch, selbstorganisierte Gruppenarbeit).

Im 3. und 4. Teil des Buches wird die Methode erklärt, sodaß sie auch für den Laien verständlich und umsetzbar wird, und das „Moderationskauderwelsch" erläutert. Literaturhinweise helfen, Ihr Hintergrundwissen zur Methode zu vertiefen.

Dave Francis, Don Young
Mehr Erfolg im Team
Ein Trainingsprogramm mit 46 Übungen zur Verbesserung der Leistungsfähigkeit in Arbeitsgruppen

293 S., zahlr. Abb., Checklisten und Tabellen, 59,– DM
ISBN 3-922789-04-8

Jeder Trainer macht Seminare zum Thema Teamarbeit und hat „sein" Konzept. Trotzdem möchten wir dieses Buch empfehlen. Es enthält mehr als ein komplettes logisch strukturiertes Seminar. Ein ausgefeilter und erprobter Diagnosebogen analysiert mit einem minimalen Zeitaufwand (ca. 30 Min.) präzise die Stärken und Schwächen eines Teams. Sie können also haargenau bedarfsbezogen Ihr Seminar ausrichten. Die anschließende 46 Übungen bieten Ihnen die Möglichkeit, typische Defizite im Team aufzuarbeiten und diskussionsfähig zu machen. Die Übungen stammen dabei nicht aus der gruppendynamischen Tradition, sondern es handelt sich eher um strukturierte Erfahrungen, die eng an Problemsituationen der täglichen Praxis angelehnt sind.

Mehr Erfolg im Team ist eines der wenigen guten Konzeptionsbücher, das viel Know-how der Autoren verrät. Es wurde aus dem Amerikanischen übersetzt von Hermann Weber.

Jens Uwe Martens
Pädagogisch farbenblind?
Vermittlung affektiver Lernziele

1984, 357 S., zahlr. Abb. und Testaufgaben, mit programmierter Unterweisung, 59,– DM
ISBN 3-922789-10-2

Der Autor Jens Uwe Martens führt seit über 15 Jahren das Institut für wissenschaftliche Lehrmethoden sehr erfolgreich und hat anerkannte Expertenschaft auf dem Gebiet der Erwachsenendidaktik bewiesen.

In dem Buch **Pädagogisch farbenblind** sind seine Erfahrungen zum Thema „Lernen" aus zahlreichen Train-the-Trainer-Seminaren zusammengetragen, verdichtet und gut verständlich dargestellt worden. Der Autor macht deutlich, daß in eigentlich fast allen Lernzielen affektive Komponenten enthalten sind – selbst wenn es anscheinend um eine reine Wissensvermittlung geht. Sie als Anwender (Ausbilder, Trainer, Pädagoge) erfahren hier, wie man affektive Lernziele vermitteln kann. Lernkontrollen zum Abschluß eines jeden Kapitels sichern den Transfer. Die programmierte Unterweisung ermöglicht nochmals die intensive Auseinandersetzung mit dem Problem durch kleine Einzel-Lernschritte.

Windmühle GmbH
Verlag und Vertrieb von Medien · Hamburg
Postfach 55 10 33 · 2000 Hamburg 55 · Telefon (0 40) 86 83 07

Joachim Dierichs, Berthold Helmes, Einhard Schrader, Walter G. Straub

Workbook

Das große Handbuch der Trainingsmethoden

4. Auflage

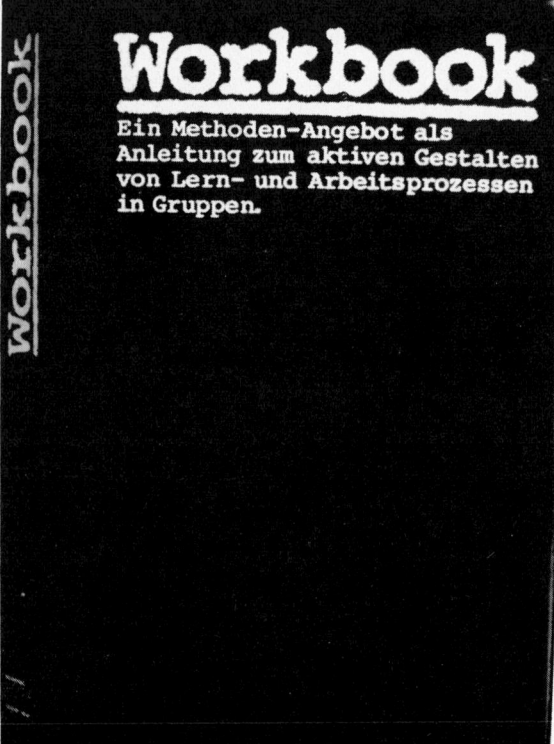

Das Workbook ist ein Werkzeugkasten der Didaktik.

Vier Fächer enthalten insgesamt 140 verschiedene Bausteine in Form von didaktischen Methoden. Sie helfen aktiv das Seminar, ein Training, eine Tagung, eine Arbeitsbesprechung, eine Problemlösungsklausur, eine Informationsveranstaltung zu planen und zu gestalten.

Jedes Methodenblatt ist nach einem einheitlichen Muster aufgebaut. Und jede Methode ist nach den für Sie wichtigen Kategorien beschrieben, nämlich:

- In welcher **Situation** ist die Methode geeignet
- Wie muß ich **vorgehen**
- Was ist zu **beachten**
- Welche **technischen Hilfsmittel** brauche ich
- Welche **Alternativen** gibt es dazu (z.B. wenn die Teilnehmer die Methode schon vom letzten Mal kennen)
- Womit kann die Methode **kombiniert** werden
- Welches sind ihre **Stärken und Schwächen**
- Woher kommt die Methode: **Literatur und Quellen**

ISBN 3-922789-12-9   198,– DM

**Der unerschöpfliche Ratgeber für die Praxis des Trainers:
Vielseitiger Ideenkatalog für die Gestaltung von Seminaren und systematische Erfassung aller heutigen Trainingsmethoden.**

Windmühle GmbH, Verlag und Vertrieb von Medien

Postfach 55 10 33 · 2000 Hamburg 55 · Telefon (0 40) 86 83 07